CRÓNICAS NEGRAS

DESDE UNA REGIÓN
QUE NO CUENTA

Sala Negra de El Faro

CRÓNICAS NEGRAS

DESDE UNA REGIÓN
QUE NO CUENTA

AGUILAR

AGUILAR

© 2013, Trípode, S. A. de C. V.

© De esta edición:

2013, Editorial Santillana, S. A. de C. V.
Calle Siemens No. 48
Zona Industrial Santa Elena
Antiguo Cuscatlán, La Libertad
El Salvador, C. A.
Teléfono (503) 2 505 89 20. Fax (503) 2 278 60 66
E-mail: santillana@santillana.com.sv

Impreso en:

Primera edición: abril de 2013

Diseño de cubierta: Iván B. von Ahn

ISBN: 978-99961-905-0-6

PRISAEDICIONES

Índice

Prólogo

La más terrible de las guerras
Jon Lee Anderson

Crónicas negras es una selección de los mejores trabajos hechos durante el primer año de de Sala Negra, el equipo de investigación del periódico virtual centroamericano El Faro. Como explica Óscar Martínez, el coordinador del grupo de cinco periodistas: «De alguna forma, es un libro sobre la violenta posguerra de nuestros países, que se enraizó y estiró más de lo debido. Es un libro sobre crimen organizado, pandillas, cárceles y víctimas en El Salvador, Nicaragua, Honduras y Guatemala, una región del mundo poco familiarizada con la palabra *paz*».

No es casual que entre las repúblicas centroamericanas, escenarios importantes de cruentas guerras civiles que acabaron hace dos décadas, algunas son hoy de las más violentas sobre la faz de la tierra. Sendos acuerdos de paz en El Salvador y Guatemala dejaron actores en conflicto, incluyendo individuos responsables de horrendos crímenes de guerra, con una impunidad casi absoluta y estableciendo un nefasto precedente para las sociedades afectadas, que quedaron armadas y repletas de familias mutiladas. Ambos países viven con espeluznantes niveles de violencia, y con gobiernos que parecen incapaces de pararla. Para algunos pandilleros, la depravación es tal que la violación y asesinato de mujeres no es un acto de salvajismo sino un habitual entretenimiento.

El frágil país vecino de Honduras, santuario para refugiados de los conflictos vecinos durante las guerras, tampoco salió ileso; hoy es considerado un narcoestado, el país con mayor índice de homicidios en el hemisferio occidental, el pedazo de tierra más desangrado si nos guiamos por esa medición. Por su lado, Nicaragua no logra establecer un gobierno transparente y, aunque sus índices de violencia son considerablemente menores que los de sus vecinos, aún tiene zonas olvidadas, tierras huérfanas de un gobierno que aún las recuerda como allá donde durante la guerra prosperó la oposición apoyada por Estados Unidos. Y en esas regiones, el crimen organizado ve tierra fértil.

O sea que, en muchos sentidos, la posguerra centroamericana no estableció la paz, sino más bien una especie de guerra nueva. Esta guerra nueva es la del hampa, la de los pandilleros, una población desamparada que encontró una forma de vida en el control de los negocios ilícitos, en el acto de crear sus propias víctimas. En esta guerra también participan militares, policías y funcionarios corruptos, ante estados débiles o que en sus zonas más oscuras han sucumbido al crimen organizado. Esa amalgama histórica, compleja, se convierte en la realidad de siempre para la gente común y corriente que intenta sobrevivir, levantar su cabeza de la pobreza, que es la suerte de la mayoría, del terrible drama de los migrantes que van y vienen de estos países hacia el norte, a través de México. Gente que, en su intento de encontrar cualquier lugar mejor, se convierte en presa fácil para temibles mafias como Los Zetas, que los ven como carne de cañón. Mafias que poco a poco se instalan en Centroamérica, una región donde no encuentran tantos reflectores como en México.

No hay cifras fidedignas para las muertes en esta nueva guerra cotidiana de Centroamérica, pero son miles y miles y miles. Esta guerra nueva, que no tiene fronteras y tampoco nombre, es la más terrible de las guerras, porque en ella los hombres que luchan han olvidado el valor de la vida para enamorarse de la muerte.

Con su característica forma directa de hablar, Óscar Martínez dice que Sala Negra intenta con este libro «explicar qué diablos ocurre en Centroamérica, por qué nos hacemos esto». No es poca cosa. Los ingredientes son muchos. Del bajo mundo centroamericano, de sus mafiosos, sus formas de ser, sus rituales y costumbres, y sus historias, se dice mucho en este libro. También de los otros mafiosos, los que tienen muchas veces cargos públicos y predican lo que no hacen desde sus bien pagados púlpitos. Todo esto se narra más allá de los boletines morbosos de la tradicional y vulgar «crónica roja». Lo hacen periodistas que fueron, vieron, olieron y permanecieron.

Hay poco periodismo investigativo de calidad hoy en día, y mucho menos sobre estos temas. El trabajo de Sala Negra es excepcional en este sentido, y no es por nada que su equipo y El Faro han ido ganando premios y reconocimientos. Desde investigaciones en sonados crímenes de la historia reciente, como la que hicieron acerca del asesinato de Monseñor Romero, hasta los acuerdos secretos que el año pasado estableció el gobierno salvadoreño y los cabecillas de las pandillas, los periodistas de El Faro han mostrado que no hay barreras que reconocer por delante.

El valor de este tipo de periodismo es obvio, y es lo que hace de este libro un ejemplo excepcional del género de la crónica. *Crónicas negras* contiene dieciocho piezas que realmente demuestran la diferencia entre un periodismo tipo boletín informativo y el periodismo narrativo, investigativo, de profundidad. Estas son crónicas muy bien escritas, que se dejan leer por sí mismas, más allá de su tema.

Acá tenemos a Óscar Martínez en la crónica «Guatemala se escribe con zeta», moviéndose entre soplones y generales para darse cuenta del poderío del temible grupo de Los Zetas en Guatemala, así como de la incapacidad del gobierno para hacerles frente. En «El Barrio roto», tenemos a Carlos Martínez y a José Luis Sanz, rebobinando la historia, hablando con pandilleros en las prisiones salvadoreñas y fuera de ellas, revistiendo de sentido muertes como la del cabecilla llamado *El Cranky*, para así explicar cómo se formó la pandilla del Barrio 18 a partir de la deportación masiva de jóvenes indocumentados de Estados Unidos, hijos de gente que huyó de la guerra años atrás.

Aquí aparece Daniel Valencia sumergido en la cotidianidad de la Policía hondureña, en «Así es la Policía del país más violento del mundo». El cronista rompe con los formalismos de una entrevista y sostiene reveladoras conversaciones, alcanza el preciado objetivo de que sus sujetos actúen ante él como suelen hacerlo, y nos abre la ventana de algunos procedimientos policiales ante los que la palabra *negligente* se queda corta.

Está también el que probablemente es el relato más conmovedor y memorable de esta colección: «Yo violada», la historia de la joven Magaly, escrita por Roberto Valencia. Se trata de la vida de una chica que sufrió una violación masiva por parte de los pandilleros de su barrio, algo que, descubre Valencia, es un hábito ritual. Lo de Magaly es una experiencia más entre muchas. La mayoría no reportadas ni contadas. Se quedan ahí, ocultas en esos barrios olvidados a su suerte. El director de un colegio de la zona reconoce que sabe de lo sucedido, que conoce a algunos de los que lo hacen, que sabe que pertenecen al poderoso Barrio 18 y que no tiene ni el poder, ni el coraje, ni la temeridad necesaria para denunciarlos. «Yo violada» parece ser la metáfora más visceral de una sociedad sofocada, que no logra imponer la autoridad moral, porque no la ampara un estado de derecho. El impacto de esta crónica es muy fuerte, casi desolador.

La injusticia es un matiz común en casi todos los relatos de este libro, y sus crónicas nos obligan a enfrentar su causa central, la impunidad. Nos proponen, sin decirlo, transitar de la desazón al desafío. Este parece ser el impulso detrás de estas crónicas y del trabajo valiente de los jóvenes periodistas de Sala Negra. Ellos parecen preguntar: ¿Quieren saber lo que pasa en nuestra sociedad? Pues, acá está. Véanlo, huélanlo, saboréenlo, siéntanlo, estremézcanse con la evidencia, y hagan algo. Hagan justicia. Exíjanla. Sala Negra les reta a unirse al esfuerzo.

Capítulo I – El Salvador

Yo violada

Roberto Valencia

A Magaly Peña la violaron no menos de quince pandilleros durante más de tres horas, pero eso quizá sea lo menos importante de esta historia.

La conocí hace más de un año, cuando ella acababa de cumplir diecinueve. Vivía —aún vive— en una ciudad del área metropolitana de San Salvador llamada Ilopango, en una colonia periférica con fuerte presencia de maras —del Barrio 18, en concreto—. Con el paso del tiempo comprendí que situaciones como qué pandilla lo hizo, si fueron seis, doce o veinticuatro los violadores, o en qué municipio sucedió, son hechos circunstanciales; comprendí que lo que ella vivió tiene muy poco de extraordinario en un país como El Salvador. Comprendí que incluso podría considerarse afortunada.

«De la escuela me fueron a sacar los pandilleros y me violaron», me soltó Magaly una mañana de julio de 2010, cuando chateábamos en el messenger. «Pero mi familia no sabe nada por que amenazaron con acerles daño si decia algo», escribió. «Se supone que uno de ellos estaba cumpliendo años y me querian de regalo», dijo. «Se imagina mas de dieciocho hombres con una sola mujer??????? Eso solo demuestra que son y seran unos perros muertos de hambre para toda su maldita vida», sentenció[*].

Todavía no logro entender por qué me lo contó. No éramos amigos, apenas conocidos. Quizá solo quería desahogarse. De hecho, transcurrido ya más de un año de la violación, lo que le ocurrió aún no lo saben ni su madre ni su padrastro ni sus hermanos mayores. Tampoco la Policía Nacional Civil ni la Fiscalía General de la República ni la Procuraduría para la Defensa de los Derechos Humanos ni el Ministerio de Salud. Cuando me lo dijo

---

[*] Las conversaciones a través de mensajes electrónicos han sido transcritas literalmente de su original, para respetar el carácter testimonial del texto.

habían pasado tres semanas, y las secuelas estaban en plena ebullición. Quizá por eso me sorprendió la frialdad con la que se expresó en aquel chat: «Ya cerre eso como un capitulo de mi vida que se fue y paso».

Nos vimos en repetidas ocasiones en los meses siguientes, y cada vez la hallé más atrincherada en la idea de que es mejor no remover lo pasado. «Mire —me dijo en una ocasión que quedamos para almorzar— no sé cómo decirle… Tal vez usted me comprende, porque a mí nadie me entiende. Digamos que le pasa algo que a usted no le gusta, pero hay personas que se encierran en eso, personas que… que "me pasó esto" y solo quejándose pasan. Vaya, yo no. A mí me pasó esto y va, amanece, amanece y ahora ya no es ayer. No me entiende, ¿va?»

Cuesta siquiera intentar entenderla. A Magaly la violaron no menos de quince pandilleros durante más de tres horas y tuvo que callar, pero en vidas como la suya no es algo tan estridente.

En otra ocasión fuimos ella, su hermano menor y yo al zoológico, a pasar la mañana sin mayores pretensiones. Me dijo que, dos meses atrás, una tía del padrastro había ido como penitente al cerro Las Pavas para agradecerle a la virgen de Fátima que la sacara de la cárcel, pues había pasado unos días recluida por consentir las continuas violaciones de su marido hacia su nieta, una niña de catorce años con discapacidad intelectual. Magaly me lo contó como quien recita la lista del supermercado, sin la más mínima expresión de extrañeza en su rostro; tampoco en el de su hermano, a quien a cada rato le pedía que corroborara su relato. «¿Va, Guille? —le decía— ¿va, Guille?».

—¿Hay en el mundo algún lugar que te gustaría visitar? —pregunté a Magaly en otro de nuestros encuentros.

—Donde sí quisiera ir, aunque ya no se puede porque lo cerraron, es al teleférico del cerro San Jacinto. Fui una sola vez de pequeña, con mi abuela y mi tía; yo tenía como siete años. Y ¿sabe qué nos pasó? que se fue la luz y quedamos en la góndola a mitad de camino —Magaly sonreía mientras me contaba que su mundo termina en el cerro San Jacinto, a pocos kilómetros de la colonia donde vive—. Fíjese que yo desde que tengo como seis años sueño que me estoy quemando en mi casa—, dijo inmediatamente después de recordar su viaje en el teleférico. Siempre sonreía.

***

—Magaly, ¿por qué creés que ocurrió?

—Lo de violar bichas es un regalo que los muchachos le hacen a uno de ellos, pero, como se supone que es una fiesta, todos tienen que disfrutarlo.

16

—Pero, ¿por qué a vos?

—Mi pecado supuestamente era que yo, como quince días antes, cuando estaban violando a otra…

—Esperá, esperá, repetime eso…

—Sí, como dos semanas antes habían violado a otra bicha en la colonia. La cuestión es que… yo no sé cómo supieron, pero la Policía hizo un operativo y, aunque nunca dieron con la casa, creyeron que yo les había avisado. Eso porque dos días antes, en la escuela, iba pasando cuando escuché, ¿va? porque usted sabe que a veces uno sin querer escucha cosas, y yo iba saliendo…

—Dentro de tu escuela…

—Ajá, estaban hablando en una esquinita, y no recuerdo qué estaba haciendo yo, barriendo creo, y lo que oí fue que iban a hacer eso a una bicha que se lo merecía…

—¿A alguna de tu grado?

—No sé si de mi grado, pero de la escuela. Yo iba pasando… Ni atención… Lo escuché porque estaba ahí. Y pasó que el día que la violaron la andaba buscando la Policía…

***

La mañana del día de la violación, Magaly salió a comprar algo en la tienda. Era miércoles. Unos pandilleros se le acercaron, la rodearon y le dijeron que se preparara, que en la tarde la llamarían. Ese coro de voces infanto-adolescentes, casi todas conocidas, algunas de compañeros de aula, representaba la máxima autoridad en la colonia, el Barrio 18, y ella mejor que nadie sabía que, escuchada la sentencia, poco o nada se podía hacer. En las horas siguientes actuó como un condenado a muerte que asume resignadamente su condición.

Magaly es una joven bien parecida. Salvo por su estatura —apenas supera el metro y medio—, está en las antípodas del estereotipo de una mujer salvadoreña. Su piel es lechosa; su cara, de facciones angulosas, con una nariz respingona pero bien combinada con el rostro; su pelo, oscuro, largo y liso, le cubre una cicatriz en el cuero cabelludo del tamaño de un centavo que le dejó un ácido que le cayó cuando niña. Está muy delgada, apenas supera las noventa libras, y no es para nada voluptuosa. La primera vez que la vi fue a mediados de marzo de 2010, durante una actividad del Ministerio de Educación que me llevó a Ilopango. Tenía que amarrar un contacto en la zona para el seguimiento de tal actividad, y ella fue la elegida. Nunca sospeché que esa joven menuda y dicharachera tuviera diecinueve años, condicionado quizá por el hecho de que estábamos en una escuela en la que solo se estudia hasta noveno grado.

17

La tarde del día de la violación Magaly llegó a esa escuela, como todos los días. Lo hizo poco antes de la una de la tarde, acompañada por Vanessa, su hermana pequeña. Se despidieron y cada quien entró en su aula. Estaba hablando con una amiga cuando un compañero de clases —un pandillero— se le acercó para entregarle un celular. «Te llaman», le dijo.

—Ajá, ¿conque vos sos la puta que nos puso el dedo? —preguntó una voz sonora y amenazante—. Mirá, pues ahorita los homeboys se quieren dar el taco.

—¿Conmigo? ¿Y por qué?

—No te hagás la maje, que bien sabés. Vos los pateaste cuando se llevaron a la morrita aquella. Ellos te van a decir...

—Pero no tengo nada que hablar con ellos.

No dudó de que se trataba de la persona que desde la cárcel lleva palabra sobre los pandilleros de su colonia, de su escuela, pero se atrevió a interrumpir la llamada. El teléfono volvió a sonar de nuevo.

—¡No me volvás a colgar, peeeerra! Vos sabés lo que te va a pasar si no...

—Fíjese, pero yo no tengo nada que ver con ustedes —consumió Magaly su último suspiro de valentía—, así que deje de molestarme.

—Es que aquí no es lo que vos decís, sino lo que los homeboys dicen. Ahora mismo vas a ir a donde te lleven y vas a pasar una hora con cinco de ellos.

—Pero yo no puedo hacer eso, ando con mi hermana pequeña.

—Es que no es lo que vos querrás, es que lo tenés que hacer. Si no vas, van a ir a sacarte de la escuela —y colgó.

Magaly y su hermana Vanessa tienen una relación especial. Se llevan diez años, pero es evidente su complicidad cuando están juntas. En una ocasión Magaly me contó un incidente que tuvo con su pelo. Se lo quería alisar y, como a falta de dinero toca improvisar, pidió a Vanessa que usara una plancha para ropa y una toalla, sentada ella de espaldas a una mesa y con la cabellera extendida. No midieron bien los tiempos, y el pelo resintió ligeramente el exceso de calor. No paraba de sonreír mientras me lo contaba.

Pese a esta relación, Magaly y los suyos no son el mejor ejemplo de una familia integrada. Cuando la violaron vivía en una casa diminuta con Vanessa, Guille —el hermano, de doce años—, su madre y el novio de esta, quienes salen al amanecer y regresan al anochecer. Cuando le pregunté cuántos hermanos tenía, respondió que eran nueve en total, menores que ella la mayoría, de diferentes padres y repartidos en distintas casas, incluido uno que, recién nacido, su madre se lo regaló a un hermano para que lo asentara como

Yo violada

propio, y que ahora vive en Estados Unidos. «Es la suerte que hubiese querido tener yo», me dijo un día Magaly. En otra ocasión le pregunté por su padre biológico. «Creo que vive en San Martín, pero a él no lo veo», me respondió.

Magaly es casi como una madre para sus dos hermanos menores, sobre todo para Vanessa, y no parece sentirse incómoda con ese rol. Quizá por eso, cuando el día de la violación la voz amenazante le ordenó salir de la escuela, lo primero que hizo fue pensar en ella. No podía dejarla sola. Salieron las dos de la escuela, y afuera había un grupito de pandilleros que comenzó a caminar delante. Al llegar al pasaje donde estaba la destroyer, la casa que usan como punto de reunión, le dijeron que Vanessa no podía llegar y que la cuidaría la hermana de uno de los pandilleros. Magaly le entregó su celular, y ahí se separaron. No tuvo que recorrer mucho más para llegar a la casa. Eran pocos los pandilleros cuando entró, cuatro o cinco; casi todos rostros conocidos; casi todos más jóvenes, compañeros de la escuela algunos. Le señalaron un cuarto: «Metete ahí y quitate la ropa, que ya vamos a llegar».

En la habitación no había nadie, solo un gran XV3 pintado en la pared y un colchón grande tirado en el suelo, sin sábanas. Ella misma se desvistió. Se quitó los tenis blancos con dibujitos de calaveras que calzaba, los calcetines, la blusa verde, la camiseta de algodón, los jeans y el calzón. Todo lo amontonó en una esquina. Se sentó en el colchón y se acurrucó.

Magaly no es de las que se congrega con asiduidad pero sí es creyente, lee la Biblia con sus hermanos antes de dormir, y quizás en ese momento pensó en su dios. «Yo seguido hablo con Él, porque sé que me oye y me entiende», me dijo en otra ocasión. Al menos esta vez a su dios le valió madre su suerte. Al poco entró el primero de sus violadores.

***

Mauricio Quirós es el nombre que daré a la persona que desde hace nueve años es el director de la escuela en la que estudiaba Magaly. Me costó semanas que se sentara a platicar sobre lo que sucedía —sobre lo que aún sucede— en el centro educativo que dirige; al final aceptó hacerlo sin grabadora, bajo estricta condición de confidencialidad y en un lugar público y alejado de Ilopango. Su vida no debe ser fácil: trabaja en una zona controlada por el Barrio 18 y vive en una colonia asediada por la Mara Salvatrucha —MS-13— a dos rutas de buses de distancia. Sin embargo, cuando se convenció de que yo conocía a detalle el caso de Magaly, fue como un libro abierto, como si con esa plática quisiera de alguna manera compensar su silencio cómplice.

19

—Siempre me ha gustado tener buena relación con los alumnos, solo así uno se da cuenta de tantas cosas, pero lo único que uno puede hacer aquí es callar —me dijo Mauricio, quien supo de la violación a los pocos días. Ella dejó de asistir a clases, su profesora de noveno grado lo reportó y, primero por teléfono y después en el despacho, Magaly confirmó a Mauricio lo sucedido.

—Es una indignación… saber que le han hecho eso a una joven que he visto crecer… pero… ¿qué puede hacer uno? —me dijo. Las respuestas se me amontonan, quizá porque responder resulta sencillo cuando se desconoce qué implica vivir bajo el yugo de las pandillas.

El Salvador es un país muy violento: somos poco más de seis millones de personas y en 2010 hubo cuatro mil asesinatos, de los que la Policía Nacional Civil atribuye al menos la mitad a las maras. Naciones Unidas habla de «epidemia de violencia» si en un año se superan los diez homicidios por cada cien mil habitantes, siendo siete el promedio mundial. Marruecos, Noruega y Japón están abajo de uno; España y Chile, en torno a dos; Argentina y Estados Unidos rondan los seis; y el México de cárteles y narcos se dispara hasta los dieciocho. En El Salvador, la tasa en 2010 fue de sesenta y cinco.

Pero la violencia que caracteriza a la sociedad salvadoreña no es solo una cuestión de números. El Salvador es un país en el que en las tiendas te sirven a través de una reja, te cachean al entrar a un banco, te disparan por negarte a entregar un teléfono celular en un robo; un país en el que te recomiendan, sin rubor, que si atropellas a alguien lo mejor es huir; un país en el que hay más guardias de seguridad privados que policías; en el que se denuncia solo una fracción de lo que sucede y se judicializa solo una fracción de lo que se denuncia; un país en el que los profesores saben que sus alumnas son violadas salvajemente y lo más que las ayudan es a pasar el grado.

—Pero usted tiene que conocer a los pandilleros que violaron a Magaly —le dije a Mauricio.

—Claro, a casi todos, y créame que me repugna cuando los veo.

Mauricio confirmó la violación de Magaly y me habló de otras, antes y después. Todos los maestros saben o intuyen lo que sucede. Todos callan. Todos temen. En escuelas como la que él dirige, los pandilleros violan sistemáticamente. La excusa de turno aparece más temprano que tarde. Tampoco importa si se es gorda, flaca, alta o baja. En el cuadro que me pintó solo se libran las protegidas del Barrio 18: la hermana de, la novia de, la hija de. Esto ocurre y no es algo que se intenta siquiera ocultar. Durante la plática, me contó que ha visto a pandilleros que en los pasillos o en el patio señalan a niñas de nueve o diez años y comentan obscenidades.

—Desde el momento en que van teniendo curvas, ya puede ser que las violen —me dijo.

En las reuniones de directores convocadas por el Ministerio de Educación, Mauricio no reporta nada de esto. En nueve años no ha sabido de nadie que denuncie lo que él cree que es, con mayor o menor intensidad, algo habitual en todas las escuelas ubicadas en zonas con fuerte presencia de maras. Pero tiene su propia teoría para explicar ese silencio: «Cada director tendrá su escenario, seguro, pero harán lo mismo que yo: callar».

***

Entró el primero de sus violadores. Nunca supo si era el palabrero o el cumpleañero. Se quitó la calzoneta, le ordenó a ella tumbarse boca arriba y abrirse de piernas, y comenzó a violarla, a pelo, y Magaly lloró, con la cabeza volteada hasta casi desencajarla del cuello para intentar evitar los besos y las lengüetadas. Quizá pensó en la hora eterna y maldita que tenía por delante; una hora de dolor rabia sangre impotencia saliva asco tortura vergas resignación… resignación infinita ante lo que se asume como inevitable, cuando se ha conocido tanta mierda que una violación tumultuaria forma parte del guion, algo que puede pasar, que de hecho estuvo a punto de pasarle cuando tenía diez años, la edad de Vanessa, cuando vivían en un mesón en Mejicanos, y un hombre aprovechaba las ausencias de su madre para tocarla y obligarla a tocarlo a él. Hasta que un día le mordió la mano, se defendió. Pero hacer algo así en la violación no era siquiera opción; moriría ahí mismo, la destazarían, porque el Barrio 18 viola, mata, destaza, descuartiza… y por eso no gritó. Aunque sabía que estaba en una colonia populosa, a primera hora de la tarde, mientras los vecinos veían HBO o telenovelas o National Geographic, y Magaly lloraba, y solo cuando se disparaban los decibeles de su llanto, el violador le decía que callara, puta, que callara… Hasta que él se fue y se fue, pero al poco vino uno; no, dos, y la violaron a la vez, sin importarles la sangre, y le decían: ponete así, hacele así… y entró un tercero con un teléfono, lo puso cerca de la boca de Magaly, y le dijo: ahora chillá, gemí, perra, que te oiga, y quizá en una cárcel salvadoreña alguien tirado sobre un catre se masturbaba con ese dolor, ese dolor interminable, porque al terminar uno, empezaba otro, y luego el otro, y luego el otro…

—Mirá —se encaró con el que creyó que era el sexto—, el que habló por teléfono dijo que solo iban a ser cinco y una hora.

—Pero él no está aquí ahorita —le respondió—, así que no estés pidiendo gustos. Abrite, pues.

Más llanto, más semen juvenil, y el dolor cada vez más agudo, y uno y otro y otro más, y dos al mismo tiempo, y tres, y vuelta, y vuelta, y hasta un grupito que se sentó en el suelo de la habitación, mirando, riendo, grabando y tomando fotos con el celular, jugando, violadores mareros pandilleros de doce años —doce—, de catorce, de dieciocho… Hasta que apareció uno al que le dio asco el sudor ajeno, la sangre, y pidió a Magaly que se fuera a bañar rápido, que bebiera un poco de agua, que dejara de llorar. Uno que le preguntó si le estaba gustando la fiesta, y luego a empezar de nuevo, y a llorar de nuevo, el undécimo, o el octavo, o el decimocuarto… ¿cómo saberlo? Más de uno repitió, porque tiempo hubo para humillar un cuerpo hasta la saciedad, sodomizarlo, vejarlo, ultrajarlo, malograrlo, envejecerlo, marcarlo de por vida… y el hilito de sangre que no cesaba, y las lágrimas y los ojos rojos siempre acuosos, hinchados, resignados… hasta que al fin terminó, cuando todos, donde todos incluye a pandilleros y a aspirantes, se cansaron de penetrarla, de darle nalgadas, de montarla, y su dios, el dios al que reza cada noche con sus hermanos, a saber dónde putas estaba ese día.

—Puya, mirá esta maldita cómo está sangrando —le dijo un pandillero a otro, riendo, mientras Magaly intentaba recomponerse—. Ganas dan de picarla, vos.

—Callate, vos, que nos vamos a echar un huevo encima. Además, ¿que no mirás que estaba virga la bicha?

Como pudo, Magaly se vistió y salió de la habitación. Eran las cuatro treinta de la tarde. La despedida fue una frase: «Si abrís la boca, iremos a tirar una granada en tu casa».

Cojeaba y los ojos siempre acuosos, hinchados, resignados. Así la vio su hermana cuando salió del pasaje. Pero Vanessa es niña todavía, diez años, se ve niña. Le reclamó de forma airada la interminable espera, sin sospechar siquiera, y Magaly prefirió no decirle nada. Ahorita no me hablés que me duele mucho la cabeza, respondió. También le dijo que se había torcido un tobillo. Caminaron hasta la casa. Guille abrió la puerta. También él preguntó, más consciente a sus doce años de lo que podía haber pasado, pero respetó las ganas de silencio de Magaly. Fue al baño. Se duchó largo, se restregó bien por el asco. Tomó un par de diazepam y se encerró en su cuarto, que no era suyo sino de los tres hermanos.

—Díganle a mi mamá que estoy enferma, que no vaya a molestar —fue lo último que dijo el día de la violación.

Le costó, pero al rato cayó profundamente dormida.

**

La psicología forense es la herramienta que permite traducir una evaluación psicológica al lenguaje legal que se maneja en los juzgados. El trabajo de un psicólogo forense consiste en tratar tanto con víctimas como con victimarios; los escucha, los analiza, los evalúa y los interpreta. Marcelino Díaz es psicólogo forense en El Salvador. Trabaja desde 1993 en el Instituto de Medicina Legal, institución adscrita a la Corte Suprema de Justicia. Por su despacho de dos por dos metros han pasado violadas y violadores, incontables ya. La segunda vez que me recibió, cuando le saqué el tema, alzó de detrás de la mesa una gran bolsa blanca llena de peluches. Me explicó que se los pide a sus alumnos de la universidad, para romper el hielo cuando evalúa a niñas violadas; algo que ocurre con demasiada frecuencia.

—Una de las cosas que he logrado entender de las pandillas —me dijo Marcelino, también un convencido de que las maras son responsables directas de buena parte de la violencia que embadurna al país— es que se creen diferentes; a los demás nos dicen civiles. Se consideran con derecho a hacer lo que les da la gana y, por la impunidad que hay, pueden tomar a la mujer que se les antoja.

La historia de Magaly era ya un drama infinito, pero en singular. Fue hasta que hablé con Marcelino que comprendí que es algo generalizado, que no es exclusivo del Barrio 18 o de la Mara Salvatrucha; que las violaciones tumultuosas no son algo extraordinario en El Salvador.

—Con los años —me dijo—, las violaciones de los pandilleros han ido cambiando, especialmente en cuanto a conductas sádicas. Lo último de lo que he tenido conocimiento es que toman a una joven, la desnudan, alguno se pone entre las piernas para violarla, otros la levantan, le agarran las piernas y, cuando la están violando, uno más le clava un puñal en la espalda, para que ella se mueva. Es una conducta totalmente sádica, bestial… no tiene nombre.

Las pláticas con Marcelino resultaron una sucesión de titulares, cada cual más cruel y desesperanzador: «Los pandilleros tienen un odio tremendo a la mujer, por la destrucción de cuerpos que hacen»; «las denuncias son solo la punta del iceberg de todas las violaciones que hay»; «hay niños de doce y trece años que ya son violadores»; «las están prefiriendo de catorce o quince años; son las que más aparecen muertas»; «el sistema educativo es un fracaso, pero parece que nadie quiere señalarlo»; «no le veo solución al problema de las pandillas».

Le esbocé lo vivido por Magaly y mencioné su aparente fortaleza emocional. Marcelino respondió que cuando se crece en un ambiente de amenaza constante, como lo es una colonia dominada por pandilleros, una violación no genera tanto trauma porque se asume que la alternativa es la muerte. Es cuestión de sobrevivencia, me dijo.

—¿Y cómo calificaría la actitud de la sociedad salvadoreña ante lo que ocurre en el país? —pregunté.

—La violencia está casi invisibilizada. ¿Cuántos medios de comunicación cuentan aquí la verdad? Casi ninguno, porque responden a grupos normativos que prefieren vender El Salvador como el país de la sonrisa. Y no está solo invisibilizada; la violencia también está naturalizada. No es natural que se descuartice a niños o a niñas, que maten a la abuelita; pero aquí todo eso se ha naturalizado. Yo creo que los salvadoreños tenemos adicción a la muerte. Adicción a la muerte —dijo.

***

Cayó profundamente dormida. A la mañana siguiente, los dolores en todo el cuerpo y una leve hemorragia vaginal le confirmaron que no había sido una pesadilla. En las horas que pasó despierta en la cama, hasta que su madre y su padrastro se fueron, Magaly ratificó para sí misma lo que desde el día anterior era una convicción: trataría de sobrellevarlo sola. Tomada la decisión, y confiando en que los dolores se irían, emergieron las tres preocupaciones principales: un posible embarazo, el sida, y la pérdida del año escolar. La posibilidad de denunciar ni siquiera fue considerada. «Yo creo en un Dios que todo lo sabe y todo lo puede, y Él tarda pero nunca olvida», me respondió cuando le pedí un porqué.

De los tres problemas, el de las clases es el que primero se solucionó. Dejó pasar unos días y, primero por teléfono y luego en persona, Magaly contó lo sucedido a su maestra y luego al director. Entre los tres improvisaron una manera de pasar el grado haciendo las tareas en casa, sin asistir a la escuela donde el encuentro con sus violadores era inevitable.

Y no solo con los violadores.

—Mirá —le dijo un compañero una vez que llegó a arreglar su situación—, dicen que aquellos tuvieron fiesta. ¿Cuándo me va a tocar a mí?

Disipar la duda del VIH tomaría más tiempo. Lo cierto es que esta posibilidad nunca llegó a atormentarla; más bien, palidecía ante lo que Magaly consideraba la preocupación mayor: el embarazo. Para poder dimensionar su aflicción, hay que conocer un poco mejor a su madre. «Yo hace dos años no existía», me dijo en una ocasión Magaly. Se refería a que hasta poco antes de cumplir los dieciocho no estaba asentada en ningún lado, por lo que no tenía ni partida de nacimiento ni ningún otro documento. Su hermana Vanessa aún está en esa situación. Para la madre no son cuestiones relevantes, mucho menos para el padrastro, por quien Magaly siente una profunda animadversión. Hace más de una década el Estado quitó a la madre la tutela de sus hijos, y Magaly

tuvo que pasar seis oscuros meses en un centro del Instituto Salvadoreño de Protección al Menor. Sin embargo, Magaly siente hacia
su madre una rara mezcla de respeto, cariño y temor que, para
bien o para mal, ha marcado su manera de ser. «Yo no soy nadie
para juzgar a mi nana», me dijo otra vez. En su casa se vive una
férrea dictadura en la que la única opción para los hijos es obede-
cer. Bajo ninguna condición se puede salir después de anochecer,
por lo que la adolescencia de Magaly transcurrió carente de fiestas, de bailes, de borracheras, de noviazgos, de vida social.

Una vez le pregunté cuál de sus cumpleaños recordaba
más.

—El de los quince años —respondió.

—¿Y cómo fue la fiesta? —pregunté.

—¿Cuál fiesta? —me dijo—. Si nadie se acordó; por eso
nunca se me olvida. Nadie… ni mi mamá.

En estas circunstancias familiares Magaly hizo frente a las
secuelas de su violación. Primero calló; a los dos días la tuvo que
chequear una médica por primera vez, y le detectó una fuerte infla-
mación en la matriz, además del sangrado que duraría semanas.
Unos antibióticos y a casa. Magaly comenzó a tomar cualquier cosa
que le dijeron que podría tener propiedades abortivas o curativas:
agua de canela, agua de chichipince, hierba del toro, orégano… Su
hermano Guille, el único de la casa que lo sabe, se convirtió en su
aliado. El leve sangrado nunca cesó; los dolores se incrementaron.
Su madre comenzó a interesarse y hasta la llevó a un doctor de
confianza, al que Magaly le contó todo a cambio de que no dijera
nada a su madre. La refirieron al Hospital de Maternidad, en San
Salvador. Tenía la convicción absoluta de que uno de sus violadores la había embarazado.

En esas vueltas estaba cuando aquella mañana de inicios de
julio me soltó por el messenger que la habían violado. Quizá solo
quería desahogarse, quizá solo quería ayuda. Le conté el caso a un
amigo que a su vez buscó a una conocida de un colectivo de mujeres de esos que dizque ayudan a víctimas como Magaly, a pesar de
ser El Salvador un país en el que el aborto está estrictamente prohibido. Ese intento naufragó porque los requisitos eran de imposible
cumplimiento para una joven humilde, sola y asustada. La ayuda
ofrecida, además, nunca fue más allá de una asesoría telefónica.

«La vida es hermosa», inició Magaly otro chat, dieciocho
días después de haberme dicho que el Barrio 18 la había violado.
«Me duele un poco pero estoy bien, siento como si estoy pariendo
no se que sea eso», escribió. «Solo tengo que comprar unos anti-
vioticos para que no alla infección… unas amoxicilina 500 me
dijeron que es bueno», dijo. «Si, me desangraron de ambos lados
fui al hospital y me hicieron una radigrafia en la parte de pelvis no

podia detener la sangre mi mami cree que fue la ulcera que me queria reventar. Estuve tres dias en el hospital», subrayó. Las pruebas de VIH, además, salieron negativas.

A Magaly siempre le ha gustado mirarse en un espejo que hay en el baño de la casa y hablar en voz alta con su reflejo. Quizás esa noche en la que sus tres problemas se solucionaron se miró fijamente a los ojos, se quiso engañar a sí misma y se dijo: «Gracias a Dios, todo ha pasado».

***

—Tu hermana Vanessa tiene ya diez años y podría sucederle lo mismo. ¿No creés que deberías contárselo?

—El problema es que es bien bocona y se lo diría a mi mamá. Lo que hago es aconsejarle.

—¿Y a tu madre? Magaly, han pasado ocho meses y había amenazas de los pandilleros; creo que entendería que en su día no le dijeras nada. ¿Por qué no te sentás con ella y le contás?

—No, mejor no. Es que mi mamá no es de razones…

—¿Pero cuál es el temor?

—No sé. Diría que algo habré hecho, o que me pasó por andar con gente que no debo… A saber.

—¿Y a tu padrastro?

—¡Peor! Es que… a ver… Mi casa no es así como usted piensa. Si algún día yo salgo embarazada, me echan. Ya me lo han dicho.

***

En los últimos meses he quedado tantas veces con Magaly que me he propuesto que el de hoy sea el último encuentro antes de ponerme a escribir esta crónica. Sé más de ella que de mi propia hermana.

Es sábado en la tarde, y la cita es en una pastelería del centro comercial Metrocentro. Magaly se presenta con unos jeans ajustados coronados por un grueso cincho, una blusa blanca de botones y unos zapatos de medio tacón. Luce bonita, demasiado quizá para la ocasión, como si viniera de una discoteca. Solo los cuadernos que carga bajo el brazo respaldan su discurso de que viene del instituto en el que cursa primer año de bachillerato en la modalidad a distancia. En su colonia no podía estudiar, pero se inscribió en un centro de San Salvador y asiste los sábados. «Si Dios me lo permite, quiero llegar a la universidad», me dijo otro día.

Mi idea es hablar lo mínimo sobre la violación, pero ella saca el tema: dos pandilleros violaron hace pocos días a Patty, una joven de la colonia de la que ya me había hablado. Como todas y

26

cada una las desgracias que le ocurren, esta también la cuenta sin la más mínima expresión de extrañeza en su rostro.

Su vida ha cambiado desde la violación. Cuando está en la colonia, no sale de casa, y el contacto con sus violadores es casi nulo. Hace un par de semanas vio por televisión a dos de ellos, cuando fueron presentados tras ser detenidos en un operativo de la Policía Nacional Civil. Supo también de otro al que lo asesinaron. Magaly lo llama «justicia divina», y está convencida de que, más temprano que tarde, le llegará a todos los que participaron en el trencito.

En su casa nadie sabe nada de la violación; solo Guille, que ahora tiene trece años. La férrea disciplina que impone la madre ha servido al menos para alejarlo del Barrio 18. Magaly me dice que hace unas semanas logró que su hermano le jurara que nunca diría nada a su mamá. Lo hizo una noche en la que, después de haber discutido, Guille jugara con fuego. «Mami, ¿recuerda aquella vez que la Magaly dijo que estaba enferma y que no la molestáramos?». Magaly se le quedó mirando. Guille se rio e improvisó una respuesta falsa.

Siento que Magaly sigue siendo en muchos aspectos una niña; una niña a la que violaron no menos de quince pandilleros durante más de tres horas, y tuvo que callar. Nadie lo diría si la viera aquí y ahora, sonriente como casi siempre. Hay mucha confianza ya y le comento que esta tarde se ve especialmente bonita. Se ruboriza.

—Es que… ¿le puedo contar algo? —me dice.

—¿A ver?

—No sé… Es que… me da pena…

—Me has contado casi toda tu vida, Magaly.

—Pues es que estos jeans me costaron solo dos dólares. Es que… es ropa usada. En Navidad vamos con mi mamá y la compramos en un local que se llama Santa Lucía; queda por ahí, por Simán Centro.*

Publicada el 24 de julio de 2011

Aclaración: los nombres de algunas personas que aparecen en este relato se han modificado para proteger sus vidas; también se han cambiado algunos lugares y otros detalles que podrían resultar comprometedores.

El Barrio roto

Carlos Martínez y José Luis Sanz

I. *Todas las muertes del* Cranky

Cuando las balas terminaron de zumbar en el parqueo del Cesar's Club Bar International, sobre el piso quedó desparramado lo único que se puede dar por cierto de este episodio: el rudo *Cranky* —con tatuajes dieciocheros en la cabeza, con su porte temible de *homeboy* angelino—, tenía veinte agujeros de bala regados por el cuerpo.

Amenazar al *Cranky* en sus dominios requería tener algo más que una pistola, pero vaciarle un par de cargadores al *palabrero* de la colonia IVU —uno de los barrios más bravos de San Salvador— y cobrador de las extorsiones en la 49a. Avenida Sur, y hacerlo, además, a las puertas del prostíbulo que controlaba, era demasiado temerario, demasiado espectacular, incluso para los cánones internos del Barrio 18.

Habría consecuencias y, tal como estaban las cosas, eso lo podía ver hasta el último niño tatuado con los símbolos de la pandilla. Una de dos: o era la acción de un inconsciente con el dedo nervioso, o alguien se proponía dejar claras algunas cosas y había utilizado al *Cranky* para escribir su mensaje a tiros.

José Luis Cortez Guerrero, el *Cranky*, había sido deportado de la ciudad estadounidense de Los Ángeles a principios de los noventa, junto con otros pandilleros que fueron obligados a retornar a un país que apenas les pertenecía, que les era enteramente extraño. Ayudó a parar el Barrio 18 en San Salvador y sobrevivió a las batallas fundacionales. Se ganó un nombre y también eso que entre pandilleros es un bien carísimo: el respeto. Al menos entre algunos de ellos. Quizá por eso la pandilla le había tolerado desobediencias en más de una ocasión. Quizá por eso aquella noche abusó de su suerte.

La suya fue una de esas muertes que llama a más muertes, que desencadena cosas, que parte una historia en dos. Aunque hay un abanico de relatos de cómo ocurrieron las cosas, lo inamovible es que la madrugada del 27 de julio de 2005 a José Luis Cortez Guerrero catorce plomos se le pasearon por el cuerpo, dejándole veinte agujeros en la piel. Hay una coincidencia en todas las versiones sobre lo que ocurrió aquella noche: al *Cranky* lo mató su propia pandilla.

Desde hacía al menos dos años, y de forma creciente, en el interior del Barrio 18 hacían ebullición un sinfín de rencores y de ambiciones encontradas, pero hasta aquella noche se hacía lo posible por esconderlas bajo la alfombra. La muerte del *Cranky* terminó por mandar los modales al carajo, y la pandilla acabó partida en dos facciones enemistadas a muerte, dos Barrios 18, autonombrados como Revolucionarios y Sureños. A partir de aquel homicidio, los *homeboys* andan, dicen, a cañón suelto, a odio destapado, ya no solo contra sus adversarios de la Mara Salvatrucha (MS-13), sino también contra los dieciocheros agrupados en la facción rival.

***

Contrario a lo que se creía, el Cesar's Club Bar International no era propiedad del Barrio 18, aunque había buenas razones para la confusión. Se trataba de un local de dos plantas y colores chillantes, enclavado en una de las principales arterias de la capital, apenas a unos metros del Estadio Nacional Jorge «Mágico» González.

El prostíbulo pertenecía, digamos, a un socio de la pandilla, y el *Cranky* y su gente eran asiduos del lugar por más razones que los bailes eróticos. Desde allí despachaban polvo blanco y piedras fumables a la fauna nocturna de la 49a. Avenida Sur. Desde allí extorsionaban a todos los antros de la zona.

Cuando un hecho se convierte en leyenda, deja de ser pesado, deja de estar atado a una verdad mundana, y se convierte en explicación, en argumento. Para el Barrio 18, lo que ocurrió aquella noche se esfumó de las aceras de aquel prostíbulo, y una parte de la pandilla se lo apropió como una herida íntima… peligrosa. Esta es la versión de alguien que narra lo sucedido como si hubiera estado ahí, como si hubiera escuchado cada susurro, cada tintineo de vasos, como si él mismo llevara olor a pólvora. Pero no es solo su versión, sino la de un inmenso colectivo que la ha construido de boca en boca, de odio en odio, y la ha moldeado hasta hacer de esa muerte una bandera y una causa de rebeldía frente al resto de la pandilla.

Aquella noche, sentados frente a la barra, estaban el *Cranky*, su colega *Duke*, y varios *homeboys* más, cuando vieron entrar a uno de los lugartenientes del *Viejo Lin* —quien entonces era el líder máximo del Barrio 18— llamado el *Chino Tres Colas*. No llegó solo. Lo acompañaba *Eddie Boy*, o si se prefiere, José Heriberto Henríquez, director de rehabilitación de la ONG Homies Unidos. *Tres Colas* no era bienvenido en el lugar, pero la presencia de *Eddie Boy* suavizó un poco las cosas; era un viejo conocido del *Cranky*, se habían seguido la pista desde allá, desde el idealizado Norte, desde las calles angelinas donde los dos nacieron para el Barrio 18.

Tres Colas y *Eddie Boy* se acomodaron y pidieron bebidas. Los problemas entre *Tres Colas* y el *Cranky* pasaban —entre otras cosas— por la competencia por el control de la Zona Rosa, uno de los territorios más jugosos para la extorsión y la venta de drogas. No era un conflicto subterráneo, ambos sabían lo que había y, por ello, la sola presencia de *Tres Colas* en el Cesar's era una afrenta directa a la soberanía del lugar, al territorio reclamado por derecho ganado a golpe de intimidaciones y respeto callejero. ¿Qué diablos estaba haciendo ahí *Tres Colas* con sus ínfulas de jefe, con ese aire de gente importante? Fue más de lo que el impulsivo *Duke* era capaz de soportar.

Sobra decir que, como en las cantinas de las películas de vaqueros, todos ahí daban por hecho que bajo el cinto de cada uno de ellos había un arma de fuego, o sea, un tizón, un mazo, un mortero, un cuete... La terminología para designar una pistola es vasta en esos ambientes.

Con su razonamiento de *cowboy*, *Duke* susurró al oído del *Cranky*: «Saquemos los tizones, peguémosles aquí y vamos a botarlos a la Puerta del Diablo». Pero el *Cranky* dejó ir su última oportunidad de cambiar el nombre del muerto de aquella noche. El problema era solo con *Tres Colas* y no estaba bien llevarse entre las patas a *Eddie Boy*. Sin embargo, había que dejar claro quién era el gallo de aquel gallinero.

El *Cranky* se levantó de su asiento y se dirigió a la mesa de los visitantes: «Hey, *Chino*, no sé qué putas venís a hacer acá, vos sabés que nos la llevamos, traemos una bronca... definamos esto». La definición que pedía el *Cranky* pasaba por un acuerdo básico: vos no te aparecés por mis territorios, yo no me aparezco por los tuyos.

Tres Colas y *Eddie Boy* se deshicieron en explicaciones, juraron que solo habían pasado por un trago, que no buscaban provocar a nadie, que no querían problemas... Pero, ya puestos en ambiente, *Tres Colas* propuso al *Cranky* quitarse las ganas, a través de un one on one, que viene siendo algo así como el batirse a duelo del pasado. En la pandilla es un reto de honor que no se puede rechazar y en el que solo se ocupan los puños. Sirve para liberar presión entre *homeboys* y para poner las cosas en su lugar con apenas costos por moretones o algún diente que se echará en falta. El *Cranky* aceptó.

Acordaron salir al parqueo y reventarse hasta calmar la sed. *Eddie Boy* salió con ellos. Apenas estuvieron afuera, algo se movió dentro del pick up en el que habían llegado los visitantes: un Nissan

Frontier rojo. Una ventanilla se bajó y asomaron dos tiradores. El *Cranky* apenas tuvo unos segundos para reparar en que había caído en una trampa, que *Tres Colas* no era hombre de puños, que *Eddie Boy* no era ya su amigo… Pum, pum, pum, pum… Intentó cubrirse con las manos. Pum, pum, pum… Ya no había nada que hacer. El *Cranky* yacía en el suelo, probablemente vivo, cuando *Tres Colas* desenfundó una .40 y le dejó ir una bala en la cara.

Cuando *Duke* y el resto salieron, *Eddie Boy* y *Tres Colas* habían abordado el pick up y huían del lugar. *Duke* corrió sobre la acera, prodigando plomo al vehículo en marcha, que ya escapaba. Consiguió herir a alguien dentro del carro y también recibió un tiro en la nalga derecha, que le salió por la pierna.

Tres Colas había ido al Cesar's a cumplir una misión encomendada por el *Viejo Lin*, y *Eddie Boy* había sido la coartada.

***

Hace un calor furioso y húmedo, tanto que al cabo de unas horas las yemas de los dedos se arrugan a fuerza de sudar, como si acabaras de salir del mar. Estamos en el centro penal de máxima seguridad en Zacatecoluca, bautizado sin mucho esfuerzo por el habla popular como «Zacatraz». Por entre los barrotes que conducen a los pasillos de celdas aparece *Duke*. Viene esposado y viste el uniforme del penal: camiseta blanca, pantaloncillos cortos blancos, tenis blancos y calcetines blancos subidos a todo lo que dan, al estilo cholo. Va tatuado hasta el cuello. Nos mira con la desconfianza de un animal enjaulado. «¿Y ustedes quiénes son?».

Duke es una sonrisa constante, de esas que por distendidas son casi ingenuas y harían que le contaras tu vida a un desconocido en el bus. O de esas que pueden significar que para él todo es un juego y nunca conocerás su verdadera cara. Su expresión es la del *Joker* de las barajas de cartas. Es imposible saber si te sonríe o si te amenaza.

Nos presentamos y le decimos que queremos entender por qué el Barrio 18 está partido; se seca el sudor de la frente, y comienza a relatar su historia de veterano pandillero. Nos deja claro que su ingreso al Barrio fue allá, asegura haber estudiado dos años de periodismo en la Universidad de Beaumont en Houston, Texas, que tiene treinta y siete años y que no siente rencor contra los asesinos del *Cranky*, ni los visibles ni los menos visibles.

Le contamos el relato que tenemos. Se echa a reír con su risa generosa y nos mira con desprecio: «Ya le pusieron patas y cola a todo… Esto es como un accidente de carro, donde cada quien tiene su propia versión». *Duke* deja claro que hay partes de la historia que no las escucharemos de su boca, puesto que hay asuntos que solo son de la pandilla, secretos que están reservados. Se vuelve a mirar a los custodios y a los militares que nos flanquean con el rostro cubierto con gorros pasamontañas durante toda la entrevista y se ríe de nuevo.

—Les voy a contar… Esto no es soplo porque nosotros no somos leales a los policías corruptos. Nosotros teníamos un negocio. Estaba en la 29.ª Poniente, por el Hospital Bloom, se llamaba el Cesar's II, y un día llegaron unos agentes a pedirnos dinero. Tomaron y no quisieron pagar, y nosotros no quisimos clavarnos por no tener pedos. Uno sacó la placa y el otro la pistola. Sabíamos que eran policías desde que entraron. Si hubiéramos querido, los habríamos matado. Lo volvieron a hacer otro día, pero entonces entramos en conflicto y no les quisimos dar ni un centavo. Desde ahí comenzaron los problemas y nos cerraron ese negocio, porque dijeron que hacíamos mucho ruido y que no pasábamos la inspección… Luego nos fuimos a otro lugar. El primer local sí era de nosotros; el otro local era de un amigo, de un amigo al que ayudábamos.

—Entendemos que el negocio del prostíbulo era del amigo de ustedes, pero que el que ustedes tenían ahí era… mmm… otro negocio…

Se vuelve a reír mientras mira de reojo a los agentes.

—Ese era el que sí teníamos ahí. El local era de un amigo.

Eran las primeras horas del 27 de julio del año 2005. Y, según *Duke*, frente al Cesar's Club Bar International estaban solo él y el *Cranky* —su amigo y socio— cuando llovieron los balazos. Es obvio que *Duke* no dirá nombres, que va a respetar hasta donde le sea posible la máxima de que la ropa sucia se lava en casa. Así que en su versión simplemente «llovieron los balazos».

—Si ha estado en una balacera —dice—, sabrá que el soldado más adiestrado lo primero que busca es el suelo, y es difícil observar lo que está sucediendo cuando le están disparando a uno. Estábamos en la calle frente al negocio. En ese parqueo estaba yo.

—Según tu versión, ustedes estaban conversando y comenzó a tronar.

—Así es. Yo fui al primero que balearon. Todo lo que les han dicho es cuento. Usemos la lógica. A veces la gente cuenta las cosas… Si yo llego con la intención de matarlo a usted, ¿por qué entrar en un pleito si usted ya me dejó acercarme? Si ya te confiaste, te mato y me voy. Si ya tengo decidido matarlo a usted, ¿por qué voy a tener un pleito…?

Al año siguiente de aquel homicidio, cuando un tribunal juzgó el caso, *Duke* apareció en la audiencia en calidad de testigo de descargo. En su declaración, dos hombres que llegaron al Cesar's mataron al *Cranky* en el parqueo… solo que nunca antes los había visto. Sin que nadie se lo preguntara, se apresuró a aclarar que desde luego no eran ni *Tres Colas* ni *Eddie Boy*.

—A mí, supuestamente, el *Chino* me *cuetió* y yo a él. Ese día los dos nos balaceamos. ¿Cómo explica que yo fui testigo de descargo?

—¿Temor?

—¿¡A él!? Claro que no. Yo fui una persona principal del movimiento de la Revolución dentro de la pandilla, ¿qué temor le voy a tener a él?

—¿No lo considerás tu enemigo? Tenés un plomo de él en tu cuerpo.

—Me salió, me traspasó. Él también tiene uno mío… —vuelve a ver de reojo a los custodios al caer en la cuenta de que quizá ha hablado de más—. Ja, ja, ja, o sea, o sea, no digo que él me disparó ni yo a él, estamos hablando de lo que se dijo en la audiencia, en la audiencia…

—Entendemos que dentro del Barrio hubo como una especie de comisión de revisión de lo que pasó aquella noche. Y que algunos concluyen que había una instrucción precisa para acabar con tu vida.

—Así fue.

—Y que, por lo tanto, la orden venía de alguien que podía dar instrucciones.

—Sí, fue alguien muy objetivo.

***

Luego del tiroteo, los peritos policiales establecieron que lo que ahí ocurrió lució más como un enfrentamiento que como un acto de sicariato: hubo sesenta y siete balazos, disparados por seis armas distintas. Entre ellas una .380 que aportó cinco plomos a la escena.

Un mes después de aquel asesinato, *Eddie Boy* y *Tres Colas* regresaban del penal de Chalatenango a bordo de un pick up Nissan Frontier azul claro. Para ese momento Chalatenango era ya una voz profunda de autoridad para el Barrio 18 en El Salvador, una voz como nunca antes la había habido, y como probablemente no la vuelva a haber. Venían, dicen, de repartir zapatos entre los *homeboys* presos. Dejaron a alguien en la residencial Valle Verde, en Apopa, y al salir los estaban esperando. Fue una ráfaga de M-16 y tiros de otras armas menores. El Nissan Frontier terminó con dieciséis impactos de bala. *Eddie Boy* y *Tres Colas* no saben explicar cómo consiguieron salvar el pellejo esa tarde. A la escena se presentó el agente investigador Molina, que al revisar el vehículo de las víctimas tuvo el presentimiento de haber dado con algo familiar.

Tú pegas, yo contesto: la guerra estaba abierta.

Para los aliados de *Tres Colas* y *Eddie Boy* estaba claro que los autores del atentado eran *Duke* y sus secuaces. Por una intrincada cadena de razones responsabilizaron al dueño del Cesar's de haber proporcionado las armas, y decidieron enfilar su venganza contra él. Discutieron si lanzar contra el local un bazucazo con un lanzagranadas antitanque LAW o simplemente matar al tipo con métodos menos peliculeros. Se decidieron por la segunda opción.

La muerte del *Cranky* había producido al menos una muerte más y una lluvia cruzada de balas difícil de explicar para quienes, desde la Policía Nacional Civil (PNC) o desde las redacciones de los periódicos, solo las veían venir de un lado a otro.

***

Casi un año después del homicidio del *Cranky*, en mayo de 2006, las autoridades creyeron tener un caso sólido y ordenaron capturar a Heriberto Henríquez. Cuando lo arrestaron al interior del local de Homies Unidos, llevaba consigo una pistola Taurus .380 registrada a su nombre. Las autoridades también inspeccionaron su vehículo, que había quedado confiscado en calidad de prueba luego del atentado en la Valle Verde. Ese pick up azul claro se le hacía demasiado familiar al agente investigador Molina y decidió husmear. La tarjeta de circulación decía que era propiedad de Heriberto Henríquez y que era rojo. Bastó raspar un poco para que apareciera su color original, el mismo color del vehículo que —según testigos— utilizaron los asesinos del *Cranky* para escapar.

A *Tres Colas* no hubo necesidad de capturarlo; desde febrero estaba preso en el penal de Cojutepeque por extorsión y agrupaciones ilícitas. Ahí, a pesar de estar rodeado de miembros del Barrio 18, había pedido que se le mantuviera en un área aislada, por su propia seguridad. Allí le notificaron sus nuevos cargos.

El juicio se celebró en agosto. Sentados en el banquillo de los acusados, *Tres Colas* y *Eddie Boy* escucharon al testigo protegido por la Fiscalía que fue el pilar del caso. Ninguno podía verlo ni oír su voz natural. Su identidad estaba en un sobre cerrado al que solo tuvo acceso el juez.

«Clave Armando» aseguró que era pobre, que había llegado al Cesar's con la plata justa para pagar los tres dólares de *cover* —cerveza incluida— y poco más; que solo quería recrearse viendo bailar a las señoritas y que, por desgracia, le tocó ver todo lo demás. Que cerca de la medianoche entró *Tres Colas* con *Eddie Boy* y dos acompañantes más a los que no conocía. Que los primeros dos eran asiduos del lugar y que los había visto llegar en un pick up rojo modelo Nissan Frontier. Que se sentaron cerca del bar. Que minutos después entró el *Cranky* con un sujeto al que tampoco conocía. Que se sentaron junto a los otros cuatro. Que, pasado un tiempo, *Tres Colas*, *Eddie Boy* y los otros dos desconocidos con los que habían llegado se retiraron. Que el *Cranky* los siguió, solo. Que aquello le olió muy mal, que le dio miedo. Que tenían fama de peligrosos y que todos eran de la 18. Que al salir del local vio a *Eddie Boy* y a *Tres Colas* conversando con el *Cranky* en el parqueo. Que pasados unos segundos los volvió a ver disparándole con sus pistolas, a corta distancia. Que el acompañante del *Cranky* salió y que también se llevó un tiro. Que él, preso del pánico, volvió a entrar al prostíbulo y que, aunque no vio nada, escuchó que seguía la balacera fuera. Que todo ocurrió en dos o tres minutos.

Su versión no coincidía exactamente con la que para ese entonces corría por los callejones del Barrio 18, pero apuntaba hacia los mismos culpables. El examen de algunos casquillos encontrados en el parqueo del Cesar's encajaban, además, con la Taurus .380 de *Eddie Boy*.

En su defensa, *Eddie Boy*, el dirigente de Homies Unidos, hizo comparecer a tres personas que atestiguaron que aquella noche él estuvo reunido en el hotel Álamo con ellas y con la directora de Homies Unidos en Estados Unidos. Ante el interrogatorio una dijo que cenaron en el área de la piscina. Otra dijo que lo hicieron en un restaurante desde el que no se veía la piscina. La tercera dijo que no creía que en el lugar hubiera piscina. Cuando los fiscales preguntaron la manera en la que habían viajado al interior del Nissan Frontier de *Eddie Boy*, al menos dos dijeron haber viajado en el puesto del copiloto.

Luego testificó *Eddie Boy* y aseguró que su único delito había sido trabajar por la rehabilitación de jóvenes. Dijo que ahora la sociedad lo despreciaba por querer dar una segunda oportunidad a los muchachos y que, desde luego, había estado en el hotel Álamo aquella noche, cenando en un restaurante en el que, dependiendo del lugar en el que te sentaras, se miraba, o no, la piscina.

Tres Colas se negó a defenderse y calló durante la audiencia. Se limitó a decir al final del juicio que su expediente estaba limpio —en ese momento estaba en la cárcel, aún pendiente de otro juicio— y que, si lo condenaban por aquella muerte, su hijo y su mujer corrían peligro.

Duke testificó en defensa de ambos, pero arrancó con el pie izquierdo: primero, el tribunal no sabía con qué nombre identificarlo, puesto que él, según qué ocasión, decía llamarse Víctor García Cerón o Jorge Antonio López. Para salir del embrollo, *Duke* tuvo que explicar que su verdadero nombre era Víctor, y que utilizaba el otro para burlar a la Policía. En todo momento *Duke* aseguró que el *Cranky* era su hermano. Tuvo que intervenir el fiscal para aclarar que el testigo y la víctima no eran hermanos de sangre, sino de pandilla. *Duke* quiso explicar que había sido hermano de crianza del *Cranky*, porque su familia lo acogió desde niño. Cuando el juez le preguntó por el nombre de los padres del *Cranky*, no supo qué responder.

Al comenzar el relato de lo ocurrido aquella noche, *Duke* aseguró que había estado ahí y que había visto a los pistoleros. Se abalanzó a asegurar que no estaban en la sala y describió a dos tipos radicalmente distintos a *Eddie Boy* y *Tres Colas*: en lugar de rapados, los describió con frondosas cabelleras y los recordó delgados y rubios. Aseguró además que en el parqueo únicamente dispararon aquellos dos extraños. Él no lo sabía, pero los expertos en balística de la Policía ya habían demostrado la participación de al menos seis armas en el tiroteo.

Al final, el tribunal decidió no dar crédito a los testigos de descargo y condenó a los dos imputados a dieciséis años de prisión, y no fueron más por no haberse demostrado el agravante de premeditación. Hoy, ambos viven en sectores diferentes del penal de máxima seguridad de Zacatecoluca.

Desde el infierno de esa prisión, *Eddie Boy* sigue afirmando que sobre él pesa una injusticia. Insiste en que ni siquiera estuvo en el Cesar's.

Tres Colas es menos vehemente al defender su inocencia. Simplemente asegura que escuchó disparos, y que *Eddie Boy* y él —ambos— se asustaron tanto que al huir del local abandonó su Hyundai gris y se marcharon a toda velocidad en el pick up rojo de su amigo.

¿Por qué entonces *Duke*, luego de haber sido víctima en el Cesar's y de haber supuestamente orquestado un ametrallamiento contra ellos en la Valle Verde, apareció como testigo de descargo? Al oír ese nombre, *Tres Colas* se seca el sudor, se retira los anteojos del rostro y pierde el gesto de chico bueno que le da su cara redonda.

—Le dieron dos mil dólares para que declarara... sin saberlo yo. El *Duke* se los pidió a mi esposa y a la de Heriberto, y ellas le dieron dos mil dólares... Y yo sin saberlo.

***

Al interior del Barrio 18 aquel crimen ahora es una leyenda. Probablemente con el tiempo los detalles se irán perdiendo y quedarán sepultados bajo un alud de versiones. Pero es imprudente dudar sobre las consecuencias que trajo. *El Hamlet*, un veterano dieciochero, las resume bien: «El *Cranky* fue el mártir de la pandilla, y ahí estalló el Barrio».

II. El juego del parque Libertad

Cuando el *Sherlock* todavía era David, ya hacía algunos años que los muchachos no tenían en la cabeza los modales de la Guerra Fría. El enemigo de las juventudes rebeldes salvadoreñas era menos diáfano y menos puro que el imperialismo yanqui. Los sueños revolucionarios se le habían diluido a la generación que se tropezó con la paz a media adolescencia.

Corría 1994 y la oscura Policía Nacional agonizaba porque los Acuerdos de Paz, que cerraron doce años de guerra civil, habían negociado su fin y los agentes estaban más preocupados por conseguir trabajo o por robar un arma que por vigilar las calles. La nueva Policía Nacional Civil tenía suficientes problemas intentando conciliar su propia electricidad interna: el experimento buscaba uniformar por igual a ex guerrilleros y ex miembros de los cuerpos de seguridad que apenas dos años atrás estaban matándose.

En medio de esa transición, en las calles del centro de San Salvador los alumnos de los institutos técnicos libraban una especie de guerra florida con los estudiantes de los institutos nacionales. A mediodía era frecuente ver a un tropel de chicos correteados por otros chicos que hacían llover piedras cerca del mercado Excuartel, o persiguiéndose a pocas cuadras de la Catedral metropolitana, donde hacía quince años había ardido la voz de monseñor Romero, y cuyo campanario había visto tanta muerte.

David se dejó seducir por aquel juego fascinante que permitía seguir en guerra sin creer en nada. Los nacionales reclamaban para sí el parque Libertad, el propio corazón de San Salvador, y lo defendían con la sangre... hasta que llegaba la noche e iban a cenar caliente y a dormir a casa para recobrar fuerzas y soñar con la batalla del día siguiente. Los técnicos se habían apropiado de la zona del Parque Infantil, situada apenas a seis cuadras al norte del parque Libertad.

Entre los técnicos estaban el Instituto Técnico Industrial (ITI), el Colegio San Martín (que después se llamaría Centro Cultural Italiano), el Instituto Técnico Metropolitano (ITEM), el Liceo Politécnico Salvadoreño y otros con nombre más pretencioso como los colegios Oxford y Stanford. En el bando de los nacionales guerreaban, entre otros, el Tercinframen (que después pasó a ser el Instituto Albert Camus), el Inframen, la Escuela Nacional de Comercio (Enco), el Centro Hispanoamericano de Cultura, el Nuevo Liceo Centroamericano, el Instituto Juan Manuel Rodríguez, el Instituto Arce, el David Joaquín Guzmán, el Instituto Nacional Metropolitano (Inam) y la escuelita Panamá. En uno de estos estudiaba David.

Los tirapiedras no eran todos los estudiantes, ni siquiera la mayoría; solo pequeños grupos con deseo de adrenalina. El juego dejaba lesionados por piedras y por puños. Se dio el caso de alguno al que se le fue la mano con la navaja, pero en general se trataba de una competencia de bravuras y de poses. El conflicto daba la oportunidad de labrarse un nombre y brindaba una causa por la cual sangrar y hacer sangrar.

Cuando en 1992 David, que estudiaba todavía tercer ciclo, se unió a esa guerra, el origen del conflicto se había perdido ya en un universo de leyendas acumuladas durante décadas y enraizadas en las rivalidades deportivas intercolegiales de la década de los setenta.

Estudiaba en el turno de la tarde y, mientras esperaba a entrar a clases, se detenía en alguno de los carretones de tortas que bordeaban el parque Libertad para almorzar. Ahí fue aprendiendo el juego. «A veces dejaba de comerme la torta y me iba a tirar mi pedrada. Esa es la forma en la que me involucré».

Los estudiantes tirapiedras convivían con pequeñas pandillas de ladrones que salpimentaban el escenario: la Sandía, la MZ (la Morazán), y la Mara Gallo, formada por delincuentes de poca monta del barrio La Vega. Parecería poca cosa para un país que se llenaba la boca de grandes palabras como «reconciliación» o «desarrollo», pero terminó siendo el caldo de cultivo ideal para lo que vendría después.

Las cosas comenzaron a cambiar en serio la tarde del 15 de enero de 1994. El Salvador había sido premiado con la sede de los V Juegos Deportivos Centroamericanos, como corona por su paz reciente. Esa tarde, el presidente Alfredo Cristiani, firmante de los Acuerdos de Chapultepec, celebró a lo grande su última medalla.

En el Estadio Nacional Flor Blanca se presentaron decenas de bailarines que ejecutaron piezas típicas, se reventaron cohetes de vara, se hizo retumbar la pista con los tambores de las más afamadas bandas de guerra del país. Desde los graderíos, multitudes sincronizadas formaban mosaicos con la bandera de El Salvador, con «Bienvenidos» gigantes, con el rostro de Cristiani... Debajo de los mosaicos había estudiantes ganándose sus horas sociales. Atraídos por las chicas, también llegaron los tirapiedras. Entre ellos estaba David.

Esa fue la primera vez que vio a «los bajados». Estaban sentados en una de las gradas del estadio, tan... tan atrayentes, tan distintos a todo lo que se había visto. Ese modo de vestir, de llevar el cabello, esos tatuajes tan... tan de allá. Llevaban pantalones Dickies y Ben Davis, camisas holgadas, y se llamaban por nombres geniales como *Whisper*, *Sniper*, o *Spanky*. Eran considerablemente mayores que los muchachos de los institutos —todos rondaban los veinticinco años— y hablaban en inglés entre ellos. ¿Cómo no acercarse?

Los *homeboys*, como los pandilleros se llamaban unos a otros, hablaron un poco con los muchachos… pero más con las muchachas, que habían quedado impresionadas ante tanto derroche de estilo. A partir de ese día, los nuevos personajes comenzaron a visitar el parque Libertad. David los vio tomar posesión de la plaza y multiplicarse poco a poco: «Se mantenían tomando café, comiendo tortas en los carretones de la esquina. Comenzaban a llegar tipo diez de la mañana. La onda es que de repente veíamos a otro y a otro…».

A principio de los noventa, George Bush padre, presidente de Estados Unidos, decidió deshacerse de lo que consideraba un excedente. Durante su administración tuvo lugar una de las olas de deportaciones de indocumentados más grandes de las últimas décadas. De paso, aprovechó para vaciar un poco sus cárceles, regresando a sus países de origen a jóvenes centroamericanos que en los ochenta habían ingresado en las pandillas del sur de California, y que tenían poco o ningún arraigo con su tierra natal. Cuando tocaban suelo salvadoreño, a esos bajados no les quedaba otra que recurrir al primer familiar que la memoria consiguiera recordar o aventurarse a tomar el único microbús que en ese momento pasaba por la terminal aérea. En su recorrido, ese microbús se detenía en el parque Libertad, donde los recién llegados tenían la oportunidad de encontrarse con viejos conocidos.

Con el tiempo, en el parque Libertad se multiplicaron los muchachos tatuados con el número 18, con el *eighteen street*, con el XVIII, pero David y sus compañeros tardaron en dimensionar aquellos símbolos: «Nosotros sabíamos que eran una pandilla, pero aún no entendíamos la relevancia que tenía».

Los recién llegados comenzaron a participar en las lluvias de piedras, en los correteos por las calles del centro a los que aportaban cada vez más navajas, más garrotes y una creativa variedad de instrumentos: chacos —que nadie sabía manejar—, aspirómetros —cables de transmisión de carros o cadenas de bicicletas o de motos—, resorteras… Pero no había aparecido en escena un arma de fuego. Hasta el 15 de septiembre de 1994.

El Día de la Independencia, por tradición, los presidentes de El Salvador se colocan la banda presidencial, citan a todo el gabinete de Gobierno en la plaza Libertad y caminan, flanqueados por cadetes de la Escuela Militar que hacen un pasillo de bayonetas, hasta un podio que se coloca al pie del obelisco en el centro del parque. Ese año, el derechista partido Arena había ganado su segunda elección presidencial, y el nuevo presidente, Armando Calderón Sol, debía pronunciar su primer discurso del 15 de septiembre. Para ello, la flamante PNC desplegó uno de sus

39

primeros operativos y trapeó a todos los indeseables que había en el perímetro para evitar que los ya famosos tirapiedras aguaran la fiesta cívica.

Estudiantes y pandilleros se habían refugiado en una cafetería situada en una de las esquinas que flanquean el parque, junto a la iglesia El Rosario, listos para recuperar el control de su parque cuando terminaran los actos protocolarios. Pero cuando la Policía entró a revisar el local encontró, oculto en una bolsa blanca, un revólver cargado. El hallazgo alborotó el hormiguero.

Los agentes comenzaron a cachear, manos en la nuca, a los pandilleros y a cuanto estudiante se cruzó por el lugar, pero uno de ellos echó a correr como un loco y escapó. En la confusión, otros aprovecharon para zumbarse.

Preocupados por perder el control de la situación, los agentes no se anduvieron con distingos y subieron a todos a sus pick ups. Esa fue la primera vez que David durmió tras las rejas. Tres días y tres noches juntos en las bartolinas de la Policía terminaron de fraguar la fraternidad entre los pandilleros angelinos y los estudiantes de institutos nacionales. Hubo tiempo para escuchar de gestas pandilleriles, para aprender a respetar aquellos números, para entender el profundo significado que tenía para sus portadores. «Algunos desde ahí nos comenzamos a considerar 18», recuerda David.

En los días siguientes, los sacerdotes de El Rosario fueron testigos de los primeros *brincos* de adolescentes al Barrio 18 en el centro de San Salvador. A pocos metros de la fachada de la iglesia, decenas de estudiantes se sometieron, uno tras otro, a ese rito de iniciación pandilleril: una paliza de dieciocho segundos proporcionada por tres homies ya *brincados*, y que prueba tu valor y tu compromiso con la pandilla. Cuando los curas los corrieron a gritos del lugar, los jóvenes trasladaron los bautismos a un pequeño callejón sobre la 4a. Calle Oriente que se hunde unos metros desde el nivel del suelo y al que se accede por unas gradas curvas.

Para el que transitaba por la calle era imposible ver lo que ocurría ahí, pero antes de que terminara 1994 decenas de chicos habían cruzado ese umbral. David recuerda eventos multitudinarios. «¡Había hasta colas para *brincarse*! Ahí vos mirabas al vergo de hijos de puta».

En ese pasillo de la 4a. Calle Oriente, un día de diciembre de 1994 David decidió dejar de ser David y renacer a fuerza de puños y puntapiés como *Sherlock*.

***

Samuel venía de un cantón mínimo, donde no había parque ni iglesia ni mercado. Llegó a la gran ciudad siendo un niño. Para él, la gran ciudad se llamaba San Martín, un apretujado municipio de San Salvador en el que recaló a los once años. Intentó estudiar, pero reprobó y lo sacaron de la escuela. «Entonces yo andaba en las calles viendo el menú», recuerda. A su modo de ver, había un menú bien servido: salones de máquinas de videojuegos, parques, calles... Comenzó a vagabundear con una fauna local mucho más vivida y experimentada en el modo de vida urbano. Era 1991.

El hermano de Samuel vivía en otra colonia y acababa de ser padre. Cada vez que conseguía meterse en la bolsa algunos centavos, Samuel compraba algún regalo para el bebé y corría a visitarlo. En esa colonia conoció al primer pandillero del Barrio 18 con el que tuvo relación. Tras los lustrosos bajados caminaba un enjambre de niños, que él considera su «promoción».

En un principio, antes de adoptar como suyo el parque Libertad, cada uno de los pandilleros deportados recurría a lo que le quedara de familia en el país. Si no les quedaba ningún ancestro en la memoria, recurrían a la hospitalidad de los homies que ya habían conseguido un techo; de modo que al aparecer uno en algún barrio, no tardaba en aparecer otro y otro y otro...

Pero en los aviones de deportados no viajaban solo miembros de la 18 —una de las más antiguas pandillas angelinas, consolidada en los años 50—, sino también sus adversarios de una agrupación surgida en los años 80, formada principalmente por centroamericanos y que había tenido una vertiginosa expansión, llamada la Mara Salvatrucha o MS-13.

La lógica incluso hizo pensar a muchos bajados que, a medida que creciera el número de pandilleros angelinos en El Salvador, la Mara Salvatrucha sería hegemónica en el país. Por identidad, por número de integrantes salvadoreños, porque muchos de sus miembros eran migrantes de primera generación y conservaban familia aquí... No fue así, aunque los miembros de la Mara Salvatrucha se regaron por las colonias y barrios del país más rápidamente que los del Barrio 18. Los nuevos brincados de uno y otro bando fueron adoctrinados enseguida en el conflicto.

San Martín fue uno de los lugares pronto dominados por la MS-13. Samuel aprendió a vivir de forma secreta su simpatía por el Barrio 18.

—Todo empezó así, en los barrios, colonias, municipios. Hasta que en el parque Libertad surgen los deportados... Del parque se bajaba todo, o sea que era como la comandancia; había *homeboys* de San Martín, Quezaltepeque, Ciudad Delgado, Soyapango... pero en ese tiempo, esos lugares estaban llenos de los de las letras (MS-13). No podías decir que eras 18 porque te comían frito. Pero su altivez no les permitía ver que estaban fracasando...

Para 1994, Samuel se había convertido en una pieza valiosa

para la nueva guerra entre pandillas que comenzaba a fraguarse. Guardaba silencio en San Martín, rodeado por los primeros simpatizantes de la Mara Salvatrucha que reclamaban a los cuatro vientos esos territorios como propios. Pero sabía que sus enemigos tenían que moverse de ahí, tenían que tomar autobuses que generalmente atravesaban el centro de San Salvador. Y allí, en terreno neutral, Samuel los reconocía y los señalaba.

—Les decía a los *homeboys*: guache, ahí va un fulano, y salíamos corriendo a parar el bus, a enfierrarlo dentro del bus, o lo bajábamos a pedradas. Yo era bastante útil. Ellos se hacían esclavos de sus propias colonias, mas no sabían que los cazábamos en otros lados. Y así es como se le daba uso al *filero*, y así sucedía la violencia en el centro…

Samuel se desvivió por demostrar lealtad, por probar que era un morro firme, que aunque era *bicho* no le temblarían las piernas, que no traicionaría… Que viviera en una colonia de contrarios era útil para guerrear, pero despertaba recelos entre los dieciocheros.

Sus homies le recomendaron prudencia, le explicaron que una vez brincado no había retorno, lo pusieron a prueba, le hicieron mojar el puñal, matar… hasta que se ganó la entrada. Un día de 1994, Samuel recibió su paliza bautismal y sus nuevos hermanos de furia le llamaron *Hamlet* y le tatuaron los números en la piel. *El Hamlet* se puso muy contento.

***

Para 1995, en el ambiente ya se asociaba al parque Libertad con el Barrio 18. La Mara Salvatrucha no se había quedado de brazos cruzados: se vinculó con los estudiantes de los institutos técnicos y se asentó en la plaza Zurita y la plaza Morazán. En su expansión, chocó con la pandilla local MZ, que en el parque Libertad ya caminaba refugiada bajo la sombra del Barrio 18, y consolidó la alianza entre sus enemigos. Algunos miembros de la MZ se tatuaron, a la par de los símbolos de la pandilla Morazán, unos guantes colgados y los números del Barrio. Dejaban una pandilla y se unían a otra.

Las pandillas no solo peleaban por el control de plazas y parques, sino también por imponer su presencia en locales nocturnos, como la legendaria discoteca El Sancocho que, a fuerza de matonerías, terminó siendo reclamada por el Barrio 18.

Se sellaron alianzas con la mara La Máquina, que operaba sobre todo en el municipio de Apopa, y con la Mao Mao, que se había hecho fuerte en San Antonio Abad, uno de los escasos cantones urbanos de la capital. Ambas pandillas también buscaban cómo sobrevivir ante el embate de la expansiva Mara Salvatrucha.

Con su estrategia de guerra, el Barrio 18 logró ir desplazando a la Mara Salvatrucha de algunos lugares, y reclamó el control mayoritario de populosos municipios y colonias de la zona metropolitana, sobre todo en San Salvador, San Marcos, Soyapango, San Martín, Quezaltepeque y Ciudad Delgado.

Sin embargo, la presencia de las pandillas no traía implícito el yugo de la extorsión, de la renta a los autobuses que circulaban por los territorios reclamados, ni el saqueo de los negocios de la zona, o la venta sistemática de droga en las esquinas. Se trataba de eso: de tener presencia, de decir: aquí yo controlo. Se estilaba arrebatar algún reloj, o asaltar a alguien por la cartera; o simplemente pesear, que no era otra cosa que pararse en una esquina a pedirle un colón a todo el que se atravesara; o sea, de mendigar una moneda de aproximadamente diez centavos de dólar.

Desde el parque Libertad se irradiaba la pandilla para el resto de sus territorios, siempre menores que los que controlaba la MS-13, pero no por ello despreciables. Como había que proteger aquel bastión ante enemigos crecientes y más organizados, algunos dieciocheros del parque acordaron aportar cinco colones cada domingo para conseguir armas para la guerra.

Al principio compraban pólvora en las fábricas de juegos pirotécnicos y con ella fabricaban papas, una especie de granadas hechizas que en su versión más rudimentaria consistía en apisonar pólvora con cinta adhesiva alrededor de dos piedras que con el contacto provocaban una pequeña chispa y ¡*pum*! Luego se sofisticaron más: la pólvora dejó de ser de petardo y comenzó a ser de las balas de fusil que compraban a los soldados en los cuarteles… Luego alguien inventó agregarle la raspadura de metal que dejan los tornos, lo que aumentaba la capacidad explosiva del artefacto y sugirió agregar las balas sin casquillo, que al explotar la papa volaban como esquirlas y multiplicaban el daño… Luego alguien inventó los trabucos y los percutores: tubos de metal en los que se metía una bala que se detonaba golpeándola por distintos medios. Dependiendo de su grosor, el tubo disparaba balas de diferentes calibres. El problema es que el tubo se doblaba luego de tres o cuatro tiros.

El *Sherlock* estrenó una de estas armas hechizas un día que su autobús bordeaba la plaza Zurita y un grupo de pandilleros de la Mara Salvatrucha se encontraba reunido: lanzó una papa desde el vehículo en marcha y asegura que nunca supo si aquella vez alguien murió.

Los conflictos comenzaron a traslaparse. ¿Cómo saber si guerreaban técnicos contra nacionales o el Barrio 18 contra la Mara Salvatrucha? Cada vez estaba menos claro. ¿Qué hacer si un *homeboy brincado* al Barrio estudiaba en un instituto técnico? Al principio, los muchachos, aferrados aún a su conflicto añejo, les permitían estar en el parque Libertad siempre y cuando se quitaran el uniforme del instituto. Para los bajados aquello no tenía sentido, pero para los estudiantes no fue fácil abandonar sus rituales.

No todos los tirapiedras terminaron en el Barrio 18 o en la Mara Salvatrucha, y por ello los conflictos convivieron hasta que terminaron diferenciándose, pero un nutrido grupo de muchachos dejó los centros de estudios y continuó la guerra ya solo como pandilleros.

En aquellos años nadie se consideraba jefe de nadie y no existían los títulos nobiliarios pandilleriles, como los actuales *palabrero* o *ranflero*. Simplemente había algunos que tenían más respeto que otros. La autoridad llegaba si para el resto de *homeboys* tu palabra tenía valor o no, aunque por lo general la palabra que más valía era la de los bajados.

«Para mí, los mejores años de las pandillas fueron los de los deportados, que gobernaban con carisma», repite el *Hamlet*, enfatizando que aquellos no se hacían respetar a través del miedo, sino de actitudes solidarias, como compartir la comida o ilustrar a los demás sobre los códigos pandilleriles. Destacaba, por ejemplo, el *Whisper* y también otro pandillero grande y musculoso, que llevaba tatuados en la cabeza los números. Lo llamaban el *Cranky*.

El *Cranky* hacía respetar los códigos de la pandilla con sus propias manos: cuando supo que cuatro de sus *homeboys* habían violado a otra pandillera del Barrio, les dio una paliza y una puñalada a cada uno. Aquel hecho le granjeó respeto y admiración entre los demás.

En los años siguientes, algunos crearon sus propios negocios de venta de droga, que se hacían a título personal. El Barrio 18 les pedía alguna colaboración puntual, pero esta no se entendía como una obligación. La pandilla a finales de los noventa era más bien una federación de lugares controlados, de pequeñas células de homies, de clicas repartidas en todo el país con poca o ninguna comunicación entre ellas.

Al no existir con claridad una cadena de mando, no era extraño que se tomaran decisiones poco meditadas, o que ocurrieran batallas internas que nadie estaba en posición de detener. En 1997, un respetado pandillero de la colonia Dina de San Salvador, el *Tío Barba*, antiguo bachiller del Nuevo Liceo Centroamericano, acusó a un *homeboy* de San Marcos de haber matado a su amiga. La guerra entre las clicas de la Dina y de San Marcos duró varios años y se cobró varias vidas de dieciocheros… a manos de dieciocheros.

El *Sherlock* fue a parar a la cárcel, al tabo, por el homicidio de un miembro de la Mara Salvatrucha en 1999. Dos años más tarde, también el *Hamlet* fue encausado por haber ocasionado lesiones a un tipo. La década de los noventa había transformado a un niño de cantón y a un estudiante de bachillerato en *homeboys* del

Barrio 18. Al estar encarcelados ambos comenzaron a sospechar que en la calle las cosas estaban cambiando. Cada vez las normas eran más estrictas, cada vez había más autoridad y cada vez era ejercida de una manera más férrea. Una sombra se comenzaba a alargar al interior del Barrio 18, y la pandilla poco a poco dejó de ser lo que era.

Alguien estaba afinando al Barrio 18 para convertirlo en un instrumento más preciso, más complejo. El juego había terminado.

III. El imperio de Lin

La mañana del 7 de enero de 2003, la portada de *La Prensa Gráfica* anunció orgullosa: «ONU da por finalizada verificación de los Acuerdos de Paz». Un ciclo simbólico se cerraba. La palabra *paz* podía guardar su título membretado de graduación en una carpeta en algún despacho de Nueva York.

Esa noche el *Viejo Lin* —a quien la Policía ya identificaba como el principal líder del Barrio 18 en El Salvador— pasó por la Dina, una pequeña colonia popular al sur de San Salvador, a visitar al *Chino Pizurra*, el joven *palabrero* del lugar, para darle un abrazo de respeto y apoyo. El ambiente en la zona estaba tenso. Unos días antes, *Pizurra*, cuyo nombre era Mariano Alberto Salazar García, había ordenado ejecutar a uno de sus soldados, el Cuche, como castigo ejemplar por haber perdido un arma. Un precio alto, que indignó a parte de la pandilla. Sobre todo al *Cranky*.

El *Cranky*, que era el *palabrero* de la cercana colonia IVU, mandaba en la zona. En el ambiguo sistema de jerarquías y respetos de la pandilla, la autoridad se contagia a territorios limítrofes, y el jefe de la IVU había advertido a *Pizurra*: no lo matés, la vida de un *homeboy* no vale un arma. Pero *Pizurra*, a sus diecinueve años, se sentía con el carácter y el respaldo suficientes para decidir qué era justo y qué no lo era en su cancha, en su pequeño mercado de droga, en las ocho calles que controlaba para la cúpula de la pandilla y para *Lin*, su rostro visible.

Esa noche del 7 de enero, a las nueve y media, mientras *Lin* y *Pizurra* hablaban, el *Cranky* y su eterno lugarteniente, *Duke*, entraron en la Dina y esperaron. Minutos después de que *Lin* se fuera, se acercaron, llamaron aparte al *Chino Pizurra* y lo asesinaron en la calle. Diecisiete tiros. Lo ametrallaron con un AK-47 y un M-16. Armas de guerra para matar a un *homeboy* por haber matado a otro *homeboy* y, sobre todo, para decir algo a todos los dieciocheros: la pandilla no se puede seguir gobernando así.

Lin lo consideró una traición. Pensó que el *Cranky* debió haberle consultado una acción como esa. Matar a alguien a quien él acababa de abrazar era un intolerable abuso de confianza. Alentados por *Lin*, decenas de pandilleros armados buscaron en los días siguientes al *Cranky* y a *Duke* para matarlos. No los encontraron, pero esa noche comenzó un pulso a muerte por dejar claros los límites del redil y hacer entender al *Cranky* que el Barrio 18 tenía una única vara de castigo. Y un único juez.

***

A mediados de los setenta, en Los Ángeles, un hombre de tez blanca se acercó a un muchacho salvadoreño de unos doce años que contemplaba el ventanal de un restaurante. Con acento escupido, como si cada sílaba fuera un latigazo, le advirtió: «No-ha-bla-es-pa-ñol». «Aquí no se habla español», quería decir. En la mente de aquel chico delgado, de apariencia casi frágil, aún resuenan esas palabras. Las recuerda con una sonrisa ácida cuando le pedimos que nos explique por qué se hizo pandillero, a qué edad, en qué lugar.

Trata de no ser preciso en la respuesta. «Por la seguridad de otras personas», dice. Pero revela que aquel desprecio hacia los latinos, el deseo plomizo de escupir de regreso a quien le marginaba, le llevó a buscar a la pandilla. Se tatuó su primer 18, recuerda, «siendo bien *bicho*», en Estados Unidos, en los lejanos setenta. Se brincó a la clica Los Malditos de la Eighteen Street, dejó de llamarse Carlos y sus nuevos hermanos lo bautizaron a golpes como *Lince, Lynx*. En El Salvador, más de tres décadas después, nadie recuerda esa equis, y la ye fue cambiada a una i. Aquí es *Lin* y el 2 de julio de 2011 cumplió cuarenta y nueve años.

***

La altura e impenetrabilidad de una sombra varía dependiendo de cómo acometa la luz y desde dónde mires. Buena parte de la autoridad que tuvo o tiene el *Viejo Lin* en el Barrio 18 descansa sobre su enigma, sobre la sombra de su cuerpo escaso que, a base de ser desmedida e intangible, acabó siendo mítica y reinando en medio de hombres muchas veces fornidos y siempre armados. Sus orígenes difusos, su aparición sorprendente a finales de 2002 en una cúpula pandilleril a la que pocos saben cómo ascendió… Hay en la pandilla quien llegó a escuchar que en los ochenta *Lin* era un civil que vendía droga al Barrio 18 en Estados Unidos. Otros se preguntan si siquiera sabe hablar inglés, y hay quienes dudan si realmente estuvo en el Norte.

El pasado guerrillero de *Lin* es parte esencial de su alargada sombra. Que perteneció al Partido Revolucionario de los Trabajadores

Centroamericanos (PRTC) es una verdad que él mismo hizo pública hace años, pero el boca a boca de la pandilla todavía la estira y dobla, como las leyes no escritas, hasta hacerla parecer gigantesca. «Dicen que estuvo en la guerrilla», mencionan con respeto incluso los dieciocheros que lo odian, como si en el Frente Farabundo Martí para la Liberación Nacional (FMLN) *Lin* hubiera aprendido a ser más duro, más fatal. No tiene que ver con ideologías. Lo mismo ocurre con otros dieciocheros cuarentones que sirvieron en el Ejército durante la guerra civil de El Salvador. Haber peleado en una guerra les da en la pandilla un aura de inocencia perdida que los *morros*, los pandilleros jóvenes, los niños con pistola, no alcanzarán por mucho que decapiten, violen y se tatúen en el rostro los tres seises que suman dieciocho.

La primera cárcel de *Lin* fue, es irónico, la de un revolucionario. Tenía dieciocho años. Cuenta que lo capturaron en febrero de 1981 durante una emboscada en un cantón de Sonsonate, junto a la comandante Arlen Siu Guazapa, Celia Margarita Alfaro, una compa a la que la jefatura del PRTC todavía hace homenajes, al contrario de lo que sucede con él, a quien curiosamente todos en el FMLN han olvidado. O casi todos. Tras pasar por el penal de Sonsonate y por las cárceles clandestinas de la Policía Nacional, fue a parar al penal La Esperanza, en Mariona. Al Sector 1, entonces reservado para presos políticos. *Lin* ocupó la celda A1.

Otro militante del PRTC que compartió condena en esos días con él, lo recuerda con el pelo rizado y largo, hasta el hombro, siempre vestido con una camiseta oscura, negra o marrón, y una inseparable gorra verde con un broche en la visera. «Era serio, poco amigo de bromas. Hablar con Mojica era estar dispuesto a discutir fuerte, porque era muy serio, de ideas claras», dice su antiguo compa. Después vendría un traslado colectivo al Sector 2 del penal, donde *Lin* coincidió con José Antonio Morales Carbonell, hijo del dirigente democristiano José Antonio Morales Ehrlich, en ese momento miembro de la Junta Cívico-Militar que gobernaba un país a la deriva.

En su expediente penitenciario, que crecería hasta la obscenidad en las décadas siguientes, consta el encierro de Carlos Ernesto Mojica Lechuga por «subversivo» y su liberación por orden directa de la Corte Suprema de Justicia el 1 de abril de 1982. Probablemente *Lin* fue el primer pandillero del Barrio 18 que se apoyó contra los muros de la cárcel de Mariona.

Tras su paso por Mariona, *Lin* volvió a la montaña. Combatió en el volcán de Guazapa y estuvo bajo las órdenes del ahora ministro de Seguridad, Manuel Melgar. Sobre lo que ocurrió después, sin embargo, *Lin* es esquivo. Su antiguo compañero de armas y cárcel asegura que Mojica desertó del PRTC en 1983. Él se limita a decir que viajó de nuevo a Los Ángeles, donde a mediados de los ochenta él y sus reencontrados compañeros del Barrio 18 recibieron con alegría los primeros grafitos de la Mara Salvatrucha en las paredes de los barrios habitados mayoritariamente por centroamericanos. Él, miembro de la Eighteen Street, celebraba el empuje de los salvadoreños en la ciudad. Todavía no había surgido esa enemistad a muerte que a partir de 1989 ha unido a la MS-13 y al Barrio 18 como las dos miradas de un espejo.

Lin también mantuvo más vínculo con su terruño que la mayoría de los jóvenes que en los setenta y ochenta crecieron en el sur de California con nostalgia y apellidos salvadoreños, pero hablando, pensando y *rifando barrio* en inglés. No se enraizó allá, y regresó a El Salvador.

Su sombra se pierde hasta que la luz de un archivo la proyecta otra vez contra el muro de otro penal, el de Santa Ana. Entró, acusado de robo, el 29 de diciembre de 1992. Salió seis meses después sobreseído, inocente. Regresó a esa misma cárcel el 12 de octubre, por homicidio. Defensa propia, dice él. Esta vez lo condenaron a diez años. Afuera, en las calles de Santa Ana, dejaba aleccionados a algunos de los primeros brincados del Barrio 18 en suelo salvadoreño, en días en los que el parque Libertad de San Salvador todavía no irradiaba calor de pandilla grande. Comenzaba su lenta forja como líder carcelario, como domador de voluntades, como susurrante hombre fuerte.

***

«Nunca fui mucho de parques, soy más de prostíbulos», suele bromear *Lin*. Mientras otros levantaban el barrio en parques, colonias y cantones, él pasó los noventa de penal en penal, de cloaca en cloaca, de pelea en pelea. En las cárceles salvadoreñas de aquellos años, controladas por bandas criminales, los motines eran habituales y salvajes. Una vez, en San Francisco Gotera, los reos acabaron jugando al fútbol con la cabeza de un adversario. En esas aguas, los pequeños grupos de pandilleros dispersos en uno y otro penal tenían que ganarse los espacios de dignidad y seguridad física entre ejércitos de reos comunes. Y eso en la cárcel se hace a golpe de fierro.

Lin encabezó un motín en 1996 en Sensuntepeque, contrajo tuberculosis en 1997 en San Vicente, pasó también por Cojutepeque, San Francisco Gotera, regresó a Santa Ana… doce traslados en diez años que le cubrieron de veteranía en una pandilla todavía de inexpertos, de muchachos nacidos en los ochenta para los que un pandillero de la edad de sus padres —*Lin* rondaba los cuarenta para el cambio de siglo— era más que inusual, casi venerable. Líderes de la MS-13 conocían su nombre y cuentan que más de una vez trataron de pagar a alguien para que lo acuchillara en un patio, en una celda. Entre las autoridades policiales, que comenzaban a intuir la necesidad de prestar atención a las pujantes pandillas, ya sonaba su taca, su apodo.

Él dice que en cualquier penal al que fuera por esos días mandaba, encabezaba. Tal vez. Tal vez no. Lo que sí prueban sus constantes traslados es que *Lin* no fue un reo de los que bajan la cabeza y se camuflan, concentrados en tachar días de un calendario. Para las autoridades era alguien incómodo. Entre los presos de la pandilla se iba haciendo un nombre a base de no *botar plante*, de no ser blando, de pelear con comunes y cada vez más con salvatruchos, de poner en alto los números aunque en la calle apenas lo conociera nadie. Todavía.

A finales de 2000, el gobierno de Francisco Flores, cansado de que las cada vez más habituales disputas entre pandilleros de la MS-13 y del Barrio 18 en las cárceles causaran muertes y acapararan titulares, decidió comenzar a colocar a los presos de ambas pandillas en distintos sectores, e incluso les reservó penales enteros. Una parte importante del Barrio 18 fue oficialmente segregado al recién inaugurado penal de Ciudad Barrios, en San Miguel. Dentro de la pandilla la lectura fue triunfal: se habían ganado esos muros, esa autonomía, ese espacio seguro. Lo habían comprado con la sangre de sus caídos y ahora tenían un hogar. *Lin* llegó allí junto a un centenar de dieciocheros el 1 de marzo de 2001, después de dos días de un enfrentamiento a machetazos con pandilleros de la Mara Salvatrucha en el penal de Apanteos. En el choque habían muerto dos pandilleros de la 18 y uno de la MS-13.

La reunión forzosa en Ciudad Barrios propició un acelerado salto en la evolución del Barrio 18, que de pronto se encontró en un entorno lleno de ventajas: no había depredadores contra los que pelear; representantes de todo el país coincidían en un solo sitio; pero, sobre todo, la nueva situación lanzaba una advertencia clarita a todos y cada uno de los *homeboys* en libertad: tarde o temprano darán un mal paso y acabarán aquí, entre estos barrotes, al alcance de nuestra admiración o de nuestros machetes. Sometida a esa certeza amenazante, la calle empezó a plegarse a la mirada y la voz de la cárcel.

En Ciudad Barrios quienes habían liderado la pandilla en los diferentes penales formaron una rueda, un consorcio, una cúpula que daba ley al resto de presos y empezó a lanzar órdenes a los pandilleros de la libre. Se promulgaron nuevas normas, se reforzó la disciplina interna, se comenzó a dar a todos los *morros* una sola *clecha*, una sola enseñanza de cómo vestir, cómo caminar, cómo hablar en clave, cómo pensar como lo hace un pandillero.

Lin, pese a su falta de arraigo en las calles, pese a que no generaba la misma fascinación que los deportados de los últimos años, más jóvenes y aún rebosantes de cultura californiana, hizo valer en ese círculo de liderazgos su voz delgada y su don de palabra. Conocía las leyes penitenciarias como ninguno de sus compañeros, y su formación política cultivada en los ochenta le permitía articular un discurso reivindicativo y estratégico que pareció útil a buena parte del resto de *palabreros*. Por esos días fue jefe de sector, fue pantalla de alguien con más influencia. Pero quienes han visto crecer su poder a partir de entonces aseguran que tenía una ambición igual a la de todos los demás juntos.

Ese año las autoridades lo castigaron con nuevos traslados. En Sensuntepeque hizo una huelga de hambre de veintisiete días. Cerró el año habiendo pasado por cuatro cárceles diferentes. Pero a inicios de 2002 regresó a Ciudad Barrios, que todavía era el cuartel general. Cuando el 2 de agosto salió después de haber cumplido íntegra su pena, llevaba bajo el brazo *wilas* —cartas manuscritas y codificadas en lenguaje pandilleril— firmadas por los grandes nombres de la 18 en las que se pedía a cada cancha, a cada jefe de colonia o municipio, que confiaran en *Lin*, que lo trataran bien, que le tuvieran respeto. Con ese respeto que le delegaban los demás, *Lin* planeaba levantar un imperio.

***

El Hamlet ha nacido para contar historias. Estamos sentados en la terraza de una pastelería en un centro comercial, ante un café que hemos tenido que pedir por él, porque ha insistido en no tomar nada, en que no necesita nada. Y sin pedir nada nos muestra la carpintería sobre la que se sostiene la historia reciente del Barrio 18 con la soltura con que, en una reunión de viejos amigos, se encadenan a toda velocidad anécdotas de los tiempos de escuela.

Es un tipo nervioso y apresura las palabras, pero mira constantemente a los ojos, buscando en nuestros gestos la certeza de que le entendemos. Otras veces, al hablar de su pasado, otros pandilleros se olvidan de quien escucha y entran en trance revestidos de rabia o del orgullo de cuando sangraron e hicieron sangrar por lo que según ellos es un código o un honor o una causa. *El Hamlet* no. Reviste de cierta naturalidad su relato, aun en sus pasajes más crudos, más tensos. Si no está seguro de haber sido claro, busca otra metáfora. Si le pedimos que se explique, pone ejemplos, reconstruye diálogos. Responde a nuestras preguntas con un tono firme y paciente que, si hablara un poco más despacio, sería el de un buen maestro de escuela o un párroco explicando una y otra vez el misterio de la Santísima Trinidad.

—En el tabo, al principio *Lin* era un títere, porque quien tira la casaca es el *palabrero* general, que todos lo ven. Pero a la par de ese primero siempre hay un segundo, y puede que el primero al que todos ven sea el segundo, y que el primero esté oculto. *Lin* en Barrios fue títere de varias personas pero luego llegó a ser él quien manipuló a todos.

—Pero no tenía fuerza en las calles. ¿Cómo pudo imponerse a pandilleros que habían hecho más misiones y eran líderes en sus colonias y barrios?

—La calle es la calle, y la cárcel es la cárcel. Allí todos manipulaban. Decían: «Aquí todos somos iguales, ni aquel es diecisiete ni este es diecinueve… Todos somos 18». O «A los perritos no los vamos a andar timando». Pero vos sabés… la mayoría ahí son analfabetos… y ven a un bachiller y dicen: ¡puta, qué maldito! Y el que tenía más léxico era *Lin*. Por eso en todos los penales que estuvo la onda era: ¿Que queremos una reunión con el director? Viejo, andá vos. Y se agarraba de la Ley penitenciaria y zas, vámonos a huelga de hambre, que nadie agarre comida, ras. Y ajá, ¿qué quieren?, decía el director. Y salía *Lin*. ¿Mojica, qué quieren? Y como lo veían viejo… El diablo sabe por diablo y por viejo, pero sabe. *Lin* movía masas, en cosas sencillas. Practicó tanto eso que, cuando llegamos todos a un solo penal, él ya sabía cómo.

—Pero eso no te vuelve un jefe…

—Fijate que en Barrios, en 2002, había un vato al que le pedimos que nos llevara la palabra. Se llamaba el *Flaco de Hoover*, y *Lin* le dio el halago: «Esta es pija de perro», porque sabía que la raza lo estaba pidiendo. Pero para acabárselo usó a otro, a uno de sus analfabetos.

—¿¡Lo mandó matar!?

—No. Mirá, el *homeboy Flaco* desde que entró en la cárcel empezó su proceso de reinserción: hacía dibujo, vendía cosas, adornos en plywood, así con Winnie Pooh y esas cosas. El vato era mente en ese aspecto, con las manos… Pero cuando estaban para tomar la decisión, sale ese que te digo: «¿Cómo es que ese vato nos va a llevar palabra, si cuando hubo una reyerta en Jucuapa no se metió? Él estaba en talleres… Y en San Miguel nosotros en la línea todos a la hora del topón, ¿y él? ¿Cómo ahora en la casa de nosotros, en Ciudad Barrios, él va a salir y nos va a decir qué hay que hacer y qué no? ¡Si ese vato es galleta, es peseta, es renque!». En público habló este, pero ese celo lo despertó *Lin*.

—Sin mancharse las manos.

—Cabal. Ese *meeting* terminó en que el vato este tiró su verba y le siguieron otros. Eran unos mercaderes, los mercaderes de *Lin*. A la hora de los *meeting* todo el tabo se reunía, se paralizaba todo, y él los lanzaba: «Opinen, perros». Y aparecían opiniones a favor de *Lin*, que eran sus compradores, que sabían que si él llegaba, ellos iban a llegar. Al final el *Flaco* dijo: «No, yo no quiero esa camisa, porque ustedes son más acreedores». Pero ya vio quiénes eran sus enemigos.

El Hamlet, que está sentado de espaldas a las escaleras mecánicas y al sube y baja incesante de familias con bolsas plásticas, mira a los lados y se echa hacia adelante, para subrayar las frases que sabe que son las más atrevidas.

—Allá en teoría no puedes hablar mal de un *homeboy*, en público ni personalmente. La misma raza te dobla. O sea, que en la superficie se ve como que no hay cizaña. Y aquí en El Salvador lo que más hay es cizaña.

La palabra es el hilo con el que se borda el volcán de acciones de la pandilla. *El Hamlet*, por ejemplo, tuvo alguna vez el respeto y la experiencia para ser alguien en el Barrio, llegó a ser *palabrero* de su clica y a representarla en *meetings* importantes. Llegó a echarse al hombro misiones —asesinatos— importantes para el rumbo de la revolución que rompió la pandilla en dos o tres pedazos. Pero le faltó ser mente. Le faltó afición a lo que él llama «la política», la conspiración constante, inacabable, para que el poder de la pandilla esté en unas u otras manos, para cambiar *clecha*. Por eso ha acabado teniendo un nombre, una fama, pero siendo nadie. En la pandilla, la política se hace a tiros o puñaladas, pero no basta tener una pistola para ser alguien, al menos para serlo durante mucho tiempo. Detrás de todo soldado que dispara, alguien piensa y habla.

El Hamlet estaba en el penal de Mariona cuando *Lin* salió de Ciudad Barrios y comenzó a recorrer cancha por cancha en busca de apoyo, anunciando las nuevas reglas. Supo que alguien estaba «calentando la cabeza a los *morros*», dice. Era *Lin*, haciendo ver a los pandilleros jóvenes que hay que ir más lejos, ser más crudos que el enemigo, desconfiar siempre, adelantarse siempre, castigar siempre.

En la cárcel, *Lin* solía criticar lo que el Barrio 18 estaba haciendo en las calles. Decía que la calle tenía que formar hombres, y que algunos de los *homeboys* que estaban llegando a la cárcel no eran hombres completos. Pedía más carácter. «Yo cuando salga voy a hacer sonar la 18. Voy a agarrar un mierdoso y lo vamos a hacer pedazos, vamos a dejar un pedazo en el oriente, otro al norte, otro al sur, para que suene la 18», advertía. Y todos adentro le gritaban: «Órale», porque estaba hablando de matar a miembros de la Mara Salvatrucha, a enemigos, de demostrar hombría, de ganar espacio en las portadas de los periódicos para que los dos números viajaran por el país y que en Los Ángeles supieran lo fiera y firme que había crecido en El Salvador su semilla.

—Sí, eso lo hizo, pero no solo con el enemigo. Vino a matar mujeres y alteró las leyes —se queja el *Hamlet*.

—¿Qué leyes?

—Las leyes de mano dura siempre iban a entrar en nuestro país, pero él las aceleró y entraron en 2003. Porque, cuando la mano dura entró, entró con un gran poderío de que estos son malos, descuartizan mujeres, estos arrancan la cabeza a alguien y la dejan en un parque. Y eso en El Salvador la pandilla nunca lo había hecho y, si lo había hecho, nadie se había dado cuenta de que lo había hecho la pandilla. En Estados Unidos no te permiten eso si sos pandillero.

**

En las primeras semanas de 2003, sentada ante un agente policial con mala ortografía, una pandillera del Barrio 18 relató lo que, según ella, había sucedido el 9 de enero anterior en la cervecería Mima, a una cuadra del parque Libertad y a dos del cuartel general de la PNC. Según su relato, esa noche varias decenas de pandilleros habían golpeado y violado, ante sus ojos y durante horas, a una mesera del local, lugar habitual de reunión de la 18. *Lin* era uno de ellos, el que daba las órdenes, el que había decidido que a Rosa N. —el nombre judicial que alguien en la Fiscalía dio a esa niña de dieciséis años— había que matarla porque era novia de alguien de la MS-13.

La cómplice-testigo dijo que *Lin* en persona, primero con un machete y luego con una sierra, arrancó la cabeza a ese cuerpo de niña deshecho, la sostuvo en alto y bufoneó con su voz aguda, hiriente: «Pobrecita la Rosita. Lo que te han hecho». La cabeza apareció al día siguiente dentro de una mochila en uno de los bancos del parque Libertad.

La Fiscalía acusó a *Lin* y a otros diecinueve pandilleros del asesinato, pero él presentó pruebas de que la noche del asesinato estaba encerrado en unas bartolinas policiales en Ilopango por tenencia ilegal de armas. El caso se desmoronó, y todos fueron sobreseídos. El relato oficial de la muerte de Rosa N. se convirtió en una versión apócrifa. La supuesta responsabilidad de *Lin*, su «maldad sin límites», como escribió algún periodista, derivó en un mito que él desprecia pero del que no logra desprenderse.

Sus rivales en el Barrio 18 hablan de esa decapitación, y de otras cometidas el mismo año, con la certeza con que las familias recuerdan sus nacimientos y sus muertes en las aldeas de tradición oral. Dicen que en El Salvador, mientras *Lin* trabajaba por construir su autoridad en las calles, descabezar un cuerpo se convirtió en un macabro sello de estilo.

Según se cuenta en la pandilla, Rosa N. fue asesinada sin *Lin* pero por órdenes de él. No porque conviviera con un MS-13 sino por algo más sutil: vivía en una colonia controlada por la

Mara Salvatrucha. *Lin* convenció a sus seguidores de que Rosita no podía trabajar en las calles de influencia del parque Libertad y vivir donde vivía. Seguro que era una espía. Con ella allí estaban vendidos. Rosita era los ojos del enemigo. Había que arrancar la cabeza en que esos ojos miraban.

La ley de brutalidad que se contagiaba rápidamente por la pandilla había patrullado ya por esas mismas calles que consideraban su territorio. Cuatro días antes del asesinato de Rosa N., un sábado a eso de la una de la madrugada, dos jóvenes y una amiga estaban en la discoteca Samcap, la mítica Sancocho, uno de los locales más antiguos de la noche de la capital, tan solo a una cuadra de la cafetería en la que asesinarían a Rosa. Bebían cerveza, se reían, se olvidaban de su puesto de venta de zapatos, bailaban.

Animado por la música, uno de ellos comenzó a agitar el puño y a hacer cuernos con los dedos, como suelen hacer los roqueros. Un gesto peligroso, porque es el que en los ochenta en Los Ángeles inspiró la garra de la Mara Salvatrucha, que apenas separa el índice y el meñique unas pulgadas más para identificarse.

Un pandillero se acercó a él, con un gesto amenazante lo llevó aparte y le levantó la camisa en busca de tatuajes. No halló ninguno. Lo dejó ir. Pero al cabo de unos minutos, mientras el joven bailaba, un pequeño grupo de pandilleras le ordenó salir a la calle. Los empujones siguieron a las amenazas. Sus amigos trataron de intervenir, pero un nuevo grupo de pandilleros se levantó de otra mesa, los rodearon y los comenzaron a golpear. Otros más bajaron del segundo piso y los empujaron a la calle.

Instantes después, como arrastrados por una cadena invisible que los sujetara a todos como parte de una misma jauría, unos treinta pandilleros golpeaban, apedreaban y acuchillaban a los tres jóvenes. Los cuerpos sin vida de José Ismael Constanza Baires, de diecisiete años, y Rosa María Rivera, de veintisiete, quedaron en una esquina, a media cuadra del local. Javier Antonio Hernández Constanza, de veintinueve, murió esa misma noche en un hospital.

***

El autor de esas muertes no era *Lin*, pero sus enemigos en la pandilla lo culpan por haber alimentado a ese monstruo y le achacan asesinatos brutales —entre ellos el de dos de sus mujeres— y maniobras de sangrienta propaganda. «Tengamos una semana loca», decía en un *meeting*, y las órdenes bajaban en cascada para que los pandilleros de una u otra clica se comprometieran a asesinar cada uno a dos enemigos de la MS-13 esa misma semana. Dos por diez, dos por veinte, dos por cuarenta pandilleros. Hasta ochenta homicidios en una semana para alimentar el respeto de los *palabreros* en Ciudad Barrios y la autoridad de quien los estaba representando fuera, en la libre.

La Policía lo dijo. El entonces director de la PNC, Ricardo Menesses, declaró en público que «las maras» —ese nombre genérico con que se abarca a todas las pandillas de Centroamérica— se habían marcado una cuota de homicidios a la semana o al mes, que las cifras se disparaban por eso, que no era culpa del mal gobierno, de la falta de política anticriminal, de una mala Policía. La mayoría no le creímos. Porque estábamos cansados de excusas, porque era evidente que el gobierno de Francisco Flores no tenía una política anticriminal coherente. Porque era absurdo eso de las cuotas. No tenía finalidad, no tenía sentido.

En realidad lo tenía, pero Menesses no quiso o supo revelarlo. En las calles se estaba edificando un poder. *Lin* estaba luchando por construirse un respeto que sometiera al resto de respetos en el mundo medieval de la pandilla. Esas muertes le permitieron en poco tiempo encabezar la mesa redonda de los *palabreros* de la 18.

En la pandilla llaman *clecha* mala a la línea que emana de alguien que antepone el interés personal al de la pandilla. Hoy, cuando algunos hablan de *Lin*, ya en pasado, hay quienes aseguran que la suya era *clecha* mala. Pero a partir de aquel inicio de 2003 fueron cada vez menos los que, entre los pandilleros con edad y galones, se atrevieron a desafiar su autoridad. Y para los más jóvenes, pandilleros de doce o trece años, sobreexcitados por la vorágine de violencia, no debió scr muy sencillo decidir qué *clecha* era buena y cuál era mala. Probablemente porque ambas se parecen demasiado.

***

—¿Cómo es posible que nadie desde Ciudad Barrios pusiera límites a *Lin*? —preguntamos una tarde al *Hamlet*.

—Esto empezaba… Y las *clechas* del Barrio estaban cambiando. Como todos andábamos faltos de *clecha*, porque la pandilla no es nata de aquí, los venidos de los Estados Unidos decían que ellos tenían la verdad. «La pandilla 18 camina así en Honduras, camina de la manera que vos conocés en Guatemala, camina así en El Salvador… Ahora hagamos que camine así en San Martín, en Soyapango…», decían. Y él quería que la pandilla caminara como él decía. Y los demás decían: «Está haciendo algo bueno, está jalando una sola pita, en la línea». Una sola *clecha* para todo El Salvador. Muchos entramos en contra de nuestra voluntad. Ni modo, probemos. «¿Quién soy yo para rebelarme? Para que digan ¿quién es este hijueputa?».

—A *Lin* lo conocieron en todo el país porque el tabo avisó a todos que iba en su nombre.

55

—No. No había tanta organización entonces. A *Lin* lo conocieron en todo el país porque él se hizo una imagen pública. Se la hicieron los medios, el gobierno. Había jóvenes de dieciocho años, diecinueve, que veían la tele y se creían eso de que *Lin* era el jefe de la 18. Los medios tuvieron mucha culpa, porque los *morros* en vez de cubrirse el rostro y no dejarse ver porque algún día van a recobrar su libertad y van a pasar por lugares y les van a decir, «ah, este maje es el que salió en la tele, matémoslo aquí», ellos se jactaban en la televisión. «Hasta la maldita muerte, órale, va»... Y eso lo inculcaba él, ¿me entendés? Todo lo que hacían los *morros* llevaba hasta él.

El Hamlet no es el único que atribuye al periodismo haber entronizado a *Lin*. El *Sherlock* —el dieciochero que fue bachiller y con el que el *Hamlet* coincidió en el penal de Mariona— nos dijo algo parecido: «*Lin* es un misterio. Antes de que los periódicos dijeran que era el líder de la 18, en la calle no lo conocía nadie. ¡Pero nadie!». Es probable que exagere, aunque no son pocos los pandilleros de la 18 que repiten que *Lin* multiplicó su poder a golpe de periódico, a base de que sus detenciones o liberaciones en 2003 y 2004 abrieran los noticieros.

Todo sucedió muy rápido, demasiado: el *Viejo Lin* salió de la cárcel en agosto de 2002 y a finales de enero de 2003 los medios de comunicación ya lo presentaban como el líder del Barrio 18. A veces. Otras, el policía de turno filtraba al reportero de turno que *Lin* era nomás el cabecilla de la 18 en Soyapango. O uno de los muchos líderes. Eran días de confusión, en los que el hambre por explicar lo que sucedía arrastraba a autoridades y a periodistas a páginas y páginas de palabras y fotos no siempre precisas, pero espectaculares sin excepción.

A *Lin* le gustaba repetir que en la pandilla era uno más. «Son mentiras de la Policía. No soy el jefe de nada. Aquí todos somos iguales», decía ante los micrófonos y cámaras de televisión. Pero no era cierto. En los seis meses que pasó en la calle —desde su salida de Ciudad Barrios hasta su captura el 24 de enero de 2003, por homicidio y tenencia de armas de guerra— *Lin* sostuvo constantes reuniones con diferentes clicas para hacerles ver precisamente lo contrario: que había jerarquía.

Sus actuales enemigos aseguran que, en esos días, *Lin* pasaba la mayor parte del tiempo drogado. Que una vez, con la confianza impostada de la gente de Ciudad Barrios, pidió prestadas armas a una clica de San Salvador y las empeñó en Sonsonate para comprar piedra, *crack*, ese pequeño demonio blanco que la pandilla siempre ha prohibido consumir. En el Barrio 18 se fuma marihuana, pero se castiga al que huele pega o fuma piedra, porque nubla la razón, te hace vulnerable al enemigo, ensucia la firmeza con la que debe caminar el Barrio, dicen. De *Lin* reclaman que no caminaba recto, aunque en los *meetings* proclamara que los nuevos tiempos requerían más disciplina y leyera una lista de veintiséis nuevas y rigurosas normas para regir la pandilla.

Aun si fuera cierto, su adicción al *crack* no debilitó su pulso. Avalado al principio por las *wilas* del puño y letra de los pandilleros de Ciudad Barrios, y respaldado después por *palabreros* de Santa Ana y de San Salvador que se plegaron a su liderazgo, *Lin* fue aleccionando a todos en una nueva lógica de funcionamiento: las canchas podían mantener cierta autonomía pero, ahora que la pandilla era grande y protagonista, debían someterse por primera vez a una voz paternal, a la tutela de un reducido grupo de *palabreros* que, desde la cárcel, eran gobierno. Y a la guía de su representante en la calle: *Lin*.

Vecinos de Las Palmas, esa comunidad agazapada a espaldas de la Zona Rosa de la capital y desde la que se coordinan parte de los delitos que se cometen en las puertas y parqueos de los bares de moda de San Salvador, cuentan cómo el *Chino Tres Colas*, el principal hombre de confianza del *Viejo Lin*, apareció un día para exigir que se comenzara a «rentear», uno por uno, a todos los pequeños negocios y casas de la colonia. Casa por casa, vecino por vecino. Una parte fija de ese dinero se le debía hacer llegar a *Lin*, que iba a centralizar las ganancias de todo el Barrio 18 para, con ellas, ayudar a quienes estaban en la cárcel, comprar armas para las clicas que las necesitaran, establecer prioridades.

La nueva autoridad metía las manos en el agua que en realidad mueve los engranajes de la pandilla: sus negocios, su dinero.

El *Muerto de Las Palmas*, el *palabrero* de la colonia, a quien muchos conocen también como el Cementerio, le dijo a *Tres Colas* que no, que *Lin* estaba loco si pretendía administrar su renta, que su cancha seguiría leal al Barrio 18 pero actuando por libre. Otro *palabrero* que, sin pretenderlo, se estaba convirtiendo en Revolucionario. Otro pandillero que, como el *Cranky* o *Duke* antes, se ganaba un enemigo peligroso dentro de su misma pandilla.

* * *

Franklin es un antiguo dieciochero con una Biblia en la mano. Desde 2006 es cristiano y no participa en las actividades de la pandilla, pero no olvida la primera vez que vio a *Lin*, hacia el final de 2002. Habían llamado a todas las clicas de Soyapango a un enorme *meeting* en el reparto La Campanera y al frente, flanqueado por algunos hombres armados y un reducido grupo de *palabreros* de la zona, estaba ese hombre delgado del que todos habían oído ha-

57

blar en los últimos meses. Sin rodeos, *Lin* se presentó a sí mismo como el nuevo líder nacional, como el jefe de todas las clicas. Miró a su izquierda, extendió el brazo y apuntó al *Baby*, un pandillero corpulento, moreno, con candado chicano, el principal *palabrero* de Soyapango hasta ese momento.

—Aquí el *homeboy* seguirá siendo su *palabrero*, pero a partir de ahora me rendirá cuentas a mí —dijo.

El *meeting* entero estalló en gritos. Unos estaban de acuerdo, muchos otros no. El *Baby* no dijo nada. Pero no aguantó demasiado tiempo callado. Al día siguiente, reunió a su clica y les dijo a todos que *Lin* era casaca, que las cosas iban a seguir como hasta entonces, que todos sabían lo que le había costado levantar esa cancha y no iba a entregarla al primero que llegaba.

Al *Baby* lo mataron el 25 de septiembre de 2003. Lo ametrallaron. En Soyapango toda la pandilla supo quién había dado la orden.

***

Que *Lin* ordenó asesinar a muchos de sus adversarios en la misma pandilla es algo que saben los miembros del Barrio 18 en toda Centroamérica. En la cárcel de Támara, a las afueras de Tegucigalpa, en Honduras, le preguntamos a un pandillero retirado —que lleva más de veinte años sobreviviendo en las calles y los penales hondureños— si oyó hablar de las purgas en el Barrio 18 de El Salvador y de la posterior ruptura de la pandilla. «Eso ya no tiene solución. *Lin* derramó demasiada sangre», dijo, mientras negaba con la cabeza.

Los cadáveres del *Baby*, del *Camaracho*, del *Big Lonely*, de la *Chola* y de otros *palabreros* ajusticiados por la misma pandilla asentaron durante 2003 el gobierno interno de *Lin*, al mismo tiempo que resquebrajaban la unidad que él intentaba imponer. Clicas enteras empezaron a acumular rencor. La Policía supo parte de lo que estaba sucediendo en la 18 y lo llevó a los periódicos con titulares que hablaban de «vendetta», de lucha interna por el poder, de asesinatos en los que las víctimas eran, según las autoridades, el número dos, el número tres, el número cinco, en el escalafón de la pandilla.

Números sin ningún sentido en el sistema de toma de decisiones del Barrio 18, que no tiene línea de sucesión y en el que cada clica, cada tribu o conjunto de clicas, tiene un fuerte nivel de autonomía siempre que se someta a los lineamientos generales de la rueda principal, de la cúpula, que generalmente opera desde la cárcel. En algunos temas, incluso, cada pandillero toma sus propias decisiones… y se atiene a las consecuencias en el caso de que estas no logren la posterior aprobación de sus superiores.

A mediados de 2003, la Dirección General de Centros Penales trasladó al núcleo central de la pandilla 18 de Ciudad Barrios al penal de Chalatenango. *Lin* en ese momento estaba en la cárcel de San Francisco Gotera, de donde salió en mayo de 2004. Solo pasó dos meses en libertad. En julio fue de nuevo a la cárcel, por tenencia de armas de guerra, y lo enviaron a aquel nuevo cuartel general. Desde Chalatenango reorganizó al Barrio 18. Hizo girar la rueda alrededor suyo y creó una estructura de veinte *palabreros* que en la calle o en la cárcel actuaban como su comandancia. En secreto, a esa comandancia, los dieciocheros que temían pero rechazaban el poder de *Lin* la llamaban despectivamente «los veinte puerquitos».

***

—*Lin* se deshizo de quienes le podían hacer sombra. Decía: «Si es necesario botar clicas enteras, clicas enteras vamos a matar… pero aquí la 18 va a caminar con una sola línea» —cuenta el *Hamlet*.

—Y para lograrlo comenzó a depredar la misma 18.

—Claro… eso pasó con aquel al que le decíamos el *Baby*. Era uno de los que creció en Soyapango.

—¿Soyapango se rebeló contra *Lin*?

—Más que nada, las cabezas. Siempre existió una regla en el país de que *homeboy* que mata a *homeboy* se muere.

—Lo que le pasó con *Pizurra*.

—A huevo, así fue.

—Pero a *Lin* se le permitió romper esa regla.

—Al principio lo hacía bajo de agua, o convencía a su gente de que era por el bien del Barrio.

—Nos han dicho que *Lin* les hacía creer que esas muertes eran cosa de las dos letras (MS).

—Es que lo negociaban los *palabreros*. Yo estuve en una reunión en la que al menos una vez se habló de entregar a un *homeboy* a los contrarios, y *Lin* aceptó, y otros aceptaron. En la pandilla *Lin* hizo lo que quiso, porque muchos se callaron pensando: «¿Qué ondas si me volteo y él me tira a cualquier lado?». El viejo tenía influencia, respeto…

—El *Cranky*, por ejemplo, se le oponía.

—Había muchos que se oponían, pero nadie podía decirlo. Te podía llegar alguien y decir: «¿Ya viste cómo está actuando el *Viejo*?». Pero tú no sabías si ese *homeboy* te lo decía para saber lo que tú tenías adentro, así que decías: «No, hombre, no hables así del *Viejo*…». Se supone que en la pandilla hay hermandad pero ahí ya nadie tenía confianza en nadie. Oíme, *Lin* siempre fue piedrero, y antes de estar juntos todos en Ciudad Barrios llegó al extremo de, por unas piedras, tatuarle las letras de la mierda seca a un loco. Y muchos sabíamos y nadie le sacaba eso. ¿Por qué? Porque si se lo sacabas, perdías, porque él tenía la dictadura. Hacía cosas que si yo las hago con un lapicero me pegan una gran matada, por andar escribiendo cosa de los rivales. Pero nadie se le paraba enfrente a *Lin*… Hasta que ocurrió lo de Mariona.

IV. La Revolución en Mariona

Cuando el *Chino Tres Colas* ingresó a Mariona, en agosto de 2003, encontró un hormiguero de intrigas y de silencios afilados. Al día siguiente de su llegada, un civil, como se conoce a los reos que no pertenecen a pandillas, le lanzó una granada. Alguien de afuera, un adversario en el negocio de la droga, había pagado por su muerte. El artefacto no explotó, pero *Tres Colas*, encerrado en la celda 12 baja del Sector 2, supo que en esa cárcel estaba tan vendido, tan entregado, como el resto de dieciocheros presos, un grupo de pandilleros que, además, no eran de su entera confianza, y a los que él y el resto de la cúpula del Barrio 18 despreciaban.

—Siempre andaban fumando piedra y, cuando se les trataba de prohibir, hasta querían matarlo a uno —dice ocho años después, esposado, en la sala de audiencias del penal de Zacatecoluca.

Tres Colas mide algo menos de un metro setenta y, pese a estar algo consumido por la dieta de la prisión, conserva la cara redonda que recorrió los televisores de El Salvador en 2009, en los anuncios de campaña electoral de Arena, esos que los señalaban a él y al *Viejo Lin* como dos de los peores asesinos de El Salvador y los comparaban con el excomandante guerrillero y hoy vicepresidente de la República, Salvador Sánchez Cerén.

A *Tres Colas* su pequeño bigote, sus gafas redondas y sus ojos radicalmente rasgados le dan un aspecto de intelectual, pero el mismo *Lin*, uno de sus amigos más cercanos, nos ha dicho que es «un pistolero», que no le cuesta jalar gatillo y que lo hace con puntería. Sus enemigos dentro de la pandilla aseguran, además, que es un hombre que se mueve por dinero, que cuando llegó a El Salvador deportado desde Estados Unidos no buscó al Barrio 18, sino que montó sus propias redes de venta de droga. Fue el Barrio el que, al cabo de un tiempo, lo buscó a él y le ofreció integrarse en la cúpula, estar cerca de *Lin*. No tenía sentido que su talento para matar y hacer dinero caminara solo por las calles.

Dicen que para sobrevivir en la pandilla se tiene que saber que tú matas y que tú quemas. *Tres Colas* lo hizo. Bajó a El Salvador desde el Norte y empezó a actuar como un gánster, no como uno de los *bichos* que esos días *rifaban* en las calles de San Salvador sin finalidad alguna. Puso sus ojos en la Zona Rosa, un cruce de calles copado de restaurantes y discotecas para la clase pudiente. Ese mercado de droga ya tenía dueño; lo controlaba una banda que reunía a deportados de pequeñas pandillas sureñas y a civiles, pero eso a él no le importó. Varios pandilleros cuentan cómo mató o hizo matar a los vendedores que se pusieron en su camino y se adueñó de la zona. También se apropió del mercado de la adicción en casi todo Soyapango. Y no lo hizo en nombre de la pandilla, sino en el suyo propio.

Por eso sus propios homies comenzaron a tenerle miedo y respeto. Y por eso se ganó a los enemigos que, cuando *Tres Colas* cayó preso, intentaron matarlo; unos enemigos que no eran de la MS-13.

Solemos pensar que el odio entre pandillas es la única ecuación que explica las muertes en las calles de El Salvador. Nos han enseñado a creer eso. Pero el negocio de las calles y las pistolas no nació en Los Ángeles ni bajó deportado. Antes de que las pandillas se profesionalizaran, en este país ya había armas, había drogas, había esquinas y había cárceles. Y en esas esquinas, civiles que vendían drogas. Y civiles armados en esas cárceles.

***

La Mariona en la que se conocieron *Tres Colas* y el *Hamlet* la gobernó, desde finales de 1998, Bruno —el *Brother*—, un asesino civil de menos de treinta años que, a base de astucia y violencia, reinaba sobre narcotraficantes, homicidas, robacarros y también sobre los pandilleros de la Mara Salvatrucha y de la 18, que para él no eran nadie. Dentro de la cárcel, al igual que sucede afuera, es poderoso el que administra las necesidades y anhelos de otros. Bruno controlaba la droga y los favores dentro de aquellos muros. Durante tres años, en la mayor cárcel de El Salvador nada se compró o vendió, nadie alzó un machete y ningún hombre sobrevivió sin su autorización.

La madrugada del 16 de diciembre de 2002, repentinamente el gobierno trasladó a Bruno al penal de Apanteos, y Mariona quedó huérfana de autoridad pero cargada de rencores acumulados. En menos de cuarenta y ocho horas, cientos de televisores y ventiladores, decenas de cocinas o incluso refrigeradoras fueron sacadas de las celdas y cargadas en camiones. Era la fotografía del fin de un régimen de privilegios consentidos por las autoridades a cambio de que Bruno y a su gente mantuvieran la estabilidad del penal más peligroso del país.

Para acabar de escenificar el cambio de era, la misma mañana de la marcha de Bruno una jauría de presos asesinó a golpes y cuchilladas a dos policías antinarcóticos que realizaban cateos de las celdas. El *Sherlock* recuerda, aún sorprendido, la ferocidad con la que reos comunes del Sector 3 se abalanzaron sobre los policías. Algunos se hirieron a sí mismos en la desesperación por alcanzar a dar al menos una estocada a aquellos hombres, literalmente sepultados bajo la montaña de sus asesinos. Ese lunes, los cerca de cuatrocientos pandilleros de la 18 que cumplían pena en Mariona supieron que venía una guerra.

El *Sherlock* y el *Hamlet* estaban allí y recuerdan las rápidas maniobras de La Raza —una de las principales organizaciones de reos civiles que funcionan en El Salvador— por conservar el poder, para que en los patios del penal nada cambiara. «Pero es mentira, no va a ser igual, porque una administración como la de Bruno nunca la ha habido ni la va a haber», dice el *Hamlet*. La Raza puso las riendas de Mariona en manos de José Armando Posada Reyes, pero Posada no tenía la autoridad de Bruno. Y no basta una designación para impedir que en el mar de una cárcel haya olas.

—Las pandillas y las bandas empiezan a verse, ¿vea? —cuenta el *Hamlet*—. Cada uno en sus esquinas, esperando a ver quién se le tira a quién. Pero no daba muertos aún. Así que nosotros por escrito mandamos decir a los *homeboys* en las calles: «Hey, la onda es que aquí esta mierda reventó. Consígannos feria allá afuera, compren armas y mándenlas para adentro. Si mandan dinero para adentro es mentira, aquí lo vamos a gastar; manden armas, porque aquí los mierdas (MS) andan alivianados, tienen *cuetes*, y nosotros no».

—¿Qué respondieron?

—*Lin* amenazó con cobrar a cualquiera que nos mandara un cinco. Dijo: «¿Cómo van a estar reuniendo dinero para mandar a los de Mariona? Nada para esos marqueros de Mariona. Nada, ni sal ni agua». Eso dijo el *Viejo Lin*: «Ni sal ni agua para esos *cagapalos*.»

Los llamaban «*cagapalos*» porque decían que Mariona era para cobardes. La rueda quería que todo el Barrio 18 estuviera en Ciudad Barrios, reunido, organizado, disciplinado. «Aquí estamos los cabales, aquí estamos los que simón, los que no nos arrepentimos», decían. Porque haberse sometido a las reglas de Bruno, aceptar la paz que él y La Raza administraban era, según la cúpula de la 18, una rendición. La ley de la pandilla es «rifa, mata, viola, controla», y controlar significa gozar de respeto por la vía y al costo que sea, nunca admitir debilidad, jamás bajar la cabeza.

Tras el *no* de la pandilla, el *Hamlet* admite que él y muchos de sus *homeboys* sintieron por semanas la agonía de la muerte. No podían dormir. «Nos van a matar, cabrón», se confesaban entre ellos. Por eso decidieron crear una bolsa común para comprar armas por su cuenta. Se obligaron a aportar una o dos coras (monedas de veinticinco centavos de dólar) cada uno los días de visita. Cada jueves o domingo, se recogía el dinero. Aquel que no recibía visita se rebuscaba: lavaba ropa, vendía algo, hacía otros trabajos, pero conseguía esas monedas.

La gente de Posada, con ojos en cada puerta y oídos en cada muro, supo de ese fondo y pidió explicaciones. Los dieciocheros le dijeron que era para pagar las deudas de droga de sus *homeboys*. En la cárcel, a quien no honra sus deudas, o a quien roba, se le castiga a golpes, y para los pandilleros es un desprestigio ser castigados por civiles. Los castigos son brutales pero internos; la ropa sucia se lava en casa.

En unos meses, los pandilleros se hicieron con algunas granadas y con dos pistolas, una .38 y una .22. Parte del pequeño arsenal lo consiguieron sobornando a custodios. El resto se lo compraron al enemigo del enemigo, dentro de aquel penal descompuesto en múltiples bandos. Armados, los dieciocheros se sintieron menos solos.

—Pero el Barrio nos dio la espalda —dice el *Hamlet*—. Aquello fue como que le digás a tu papá y tu mamá: «Miren, hay un loco y me quiere matar», y que ellos te digan nomás: «Hacele huevos».

***

El 20 de abril de 2004 la procuradora para la Defensa de los Derechos Humanos, Beatrice de Carrillo, envió a la Dirección General de Centros Penales una carta que le habían hecho llegar los pandilleros del Barrio 18 encerrados en Mariona. En ella advertían que su vida corría peligro, que en el penal se estaba gestando «una masacre de gran connotación».

El año 2003 se había consumido entre constantes reyertas protagonizadas por pandilleros de la MS-13 y del Barrio 18 en los penales en los que aún convivían. El resultado solía ser heridos por cuchilladas, quemados con agua hirviendo… pero el 24 de julio en Mariona hubo un muerto.

Ese día se oyeron balazos y se lanzaron papas. Poco a poco la presión aumentaba y amenazaba con hacer saltar los cerrojos de las celdas. El 8 de diciembre de 2003, el gobierno sacó de Mariona a doscientos veinticuatro pandilleros de la Mara Salvatrucha y se los llevó al penal de Ciudad Barrios, después de haber trasladado a toda la cúpula del Barrio 18 a la cárcel de Chalatenango. Las autoridades creían que estaban solucionando el problema de Mariona.

En realidad, no fue una decisión solo de la Dirección General de Centros Penales. Antes habían consultado a los verdaderos gobernantes del penal, a La Raza: «Miren, hay dos pandillas en guerra y ustedes salen perjudicados. No podemos sacar a las dos de aquí. Elijan con cuál prefieren convivir». Los reclusos recogieron firmas y eligieron a la 18, en teoría menos violenta que la MS-13, en teoría más disciplinada por ser una pandilla vieja, con más historia y más reglas internas que la Salvatrucha.

Pero los recelos y miedos no se diluyeron. Algunos grupos de civiles, que hasta entonces habían hecho negocios y caminado con la MS-13, se sintieron de repente desprotegidos e imaginaron una venganza de los presos de la 18 que nunca iba a llegar, porque los pandilleros estaban tan atemorizados como sus enemigos. Tanto las bandas de civiles como los pandilleros estaban armados y alerta. Y el miedo, en la cárcel, es la espoleta que hace estallar las bombas humanas.

El primer encontronazo entre dieciocheros y civiles fue en enero de 2004 y dejó siete heridos. Después, roces, amenazas, alguna pelea. A comienzos de agosto, voceros de La Raza hablaron con el director del penal y le dijeron que no aguantaban más tener allí a la pandilla. «Diez *cholillos* le vamos a matar. Cuéntelos», dicen que le dijeron. «Y cuando vea salir a los diez *cholillos* picados, macheteados, métase». Pero quizá no contaban con que los *cholillos*, como llamaban a los pandilleros de la 18, ya estaban armados y preparados para despedirse matando.

Cuando en un penal va a haber una molleja grande, un gran enfrentamiento, se crea un silencio pesado y los reos se miran entre sí de forma diferente. Todo el mundo lleva las cintas de los zapatos atadas y las bandas se agrupan y toman posiciones. La mañana del 18 de agosto, el patio de Mariona empezó a llenarse lentamente de grupos de hombres entoallados y encorvados, es decir, con corvos en las manos y con los brazos y cuellos envueltos en toallas para protegerse. Los civiles se fueron escabullendo uno a uno de la escuela penitenciaria y en silencio fueron preparando la cacería. Al *Barba Hollyman*, el civil que encabezaba el comité de disciplina —un grupo de ochenta o cien presos armados y encargados de mantener el orden—, un pandillero lo oyó decir: «Voy a encender el tabo. Ya van a ver estos *cholillos* cómo corre el diablo en calzoncillos detrás de ellos».

El *Barba Hollyman* murió acuchillado antes del mediodía, mientras escalaba un muro para huir de la carnicería. Algunos sobrevivientes aseguraron que los dieciocheros empezaron todo, que querían hacerse con el control del penal, pero cuesta creer que siendo menos de cuatrocientos se lanzaran a conquistar una cárcel con más de tres mil doscientos presos. Todo indica que los pandilleros fueron atacados y respondieron con granadas y con la violencia desesperada de los animales acorralados. Cuando los dos bandos de reos decidieron rendir las armas, y los custodios por fin pudieron entrar a los patios y celdas, encontraron treinta y dos cadáveres: veinticuatro de civiles y ocho de miembros del Barrio 18. Es la mayor masacre que se recuerda en la historia del sistema penal salvadoreño.

***

A las cinco treinta de la mañana del 21 de agosto, tres días después de la masacre, las autoridades sacaron de Mariona a cuatrocientos sesenta pandilleros de la 18 y a alrededor de seiscientos civiles vinculados con ellos. Algunos fueron trasladados a la cárcel de Apanteos, pero a la mayoría los llevaron al penal de Cojutepeque. Casi todos estaban ya unidos por un rencor común hacia *Lin*, el hombre que les negó la sal y el agua antes de la batalla. En la cárcel de Cojutepeque —una catacumba en pleno centro del pueblo, un entramado de celdas edificadas en un hoyo por debajo del nivel del suelo de los libres —empezó a formarse la Revolución.

En los meses siguientes, si un pandillero preso no estaba de acuerdo con la forma en que *Lin* gobernaba, pedía moverse para Cojutepeque. La nueva línea que bajaba desde la cúpula de la pandilla a la calle era simple: «Todo cabrón que caiga preso, a Chalate». Pero comenzó a haber quienes preferían no cumplir esa orden, aunque *Lin* y su rueda les llamaran, por eso, *cagapalos*.

—¿Alguien lideraba el movimiento en Cojute? —preguntamos al *Hamlet*, que viajó en esos buses de Mariona a Cojutepeque, con las manos aún cansadas de dar machetazos y segar vidas.

—No. En Cojute para ese entonces no estábamos a favor de *Lin*, pero tampoco estábamos en contra del resto de Barrio 18... Si el día de mañana teníamos que entregar cuentas a la pandilla, las íbamos a entregar, pero no íbamos a aceptar lo que él quisiera. El juicio iba a ser recíproco.

—Pero habría un *palabrero* del penal.

—Claro, pero todavía no teníamos una posición de estar en contra de los de Chalate. Solo que teníamos una ideología que no nos parecía lo que estaban haciendo.

Resulta extraño escuchar la palabra «ideología» de boca de un pandillero, pero acaba siendo habitual cuando se pregunta por las divisiones en el Barrio 18. Varios pandilleros aseguran que la Revolución y Chalate estaban separados por la política. «El *Cranky* y *Tres Colas* tenían diferencias ideológicas», dice la *Biutiful*, una pandillera que trabajó con uno de ellos. Se refiere a diferencias en la manera de llevar los negocios; diferentes visiones sobre la realidad compleja en la que habita la pandilla; diferentes opiniones sobre el uso del poder.

Desde la cárcel de Chalatenango no tardaron en llegar mensajes de repentina hermandad para los pandilleros encerrados en Cojutepeque. Primero fue una wila que proponía perdón y olvido. Además, *Lin* y su gente ofrecían enviar a Cojute cargamentos periódicos de marihuana para que la pandilla los vendiera allí y devolviera parte de los beneficios a Chalatenango. Se interpretó como un intento encubierto de controlar desde Chalate las finanzas de Cojute. La respuesta fue *no*. Después, algunos de los veinte *palabreros* llegaron de visita: el *Grampy*, *Sparky*, el *Clown*, *Spooky*, *Tito*… Los cancilleres de *Lin*. Pidieron hablar en privado con los meros-meros de Cojute, no con la masa.

—Nos dijeron: «Chalate y Cojute, una sola pita» —cuenta el *Hamlet*—. «Seamos como la parte izquierda y la parte derecha del corazón, diferentes pero bombeando juntas en El Salvador. Porque el corazón bombea sangre, y cada *homeboy* es una célula de sangre de la pandilla». Ya sabés… la teoría que te dan cuando entrás a la pandilla. ¡Casaca!

Si antes era la cúpula en Ciudad Barrios la que acusaba de falta de carácter a los pandilleros de Mariona, ahora la tortilla se había volteado, y eran los veteranos de la masacre de Mariona quienes encaraban a los enviados desde el cuartel general de la pandilla: «Vos toda la vida entre *homeboys*. ¡Yo vengo de vivir entre el enemigo! Y nunca me mandaste ni una cuchara para hacerla cuchillo.»

Ni perdón ni olvido. La 18 era ya un matrimonio de camas separadas. De cárceles separadas.

Antes de que acabara 2004, en Cojutepeque se había empezado a hablar de la R, de la Revolución, y desde allí el concepto se había contagiado a otros penales y a la calle. No todos los pandilleros recluidos en Cojutepeque estaban de acuerdo con la forma de enfrentar sus problemas con *Lin*, pero en el penal ondeaba una bandera de independencia. *Tres Colas* pasó una temporada allí y tuvo que pedir una celda de aislamiento con el argumento de que peligraba su vida. Incluso en Chalatenango el círculo de lealtades del *Viejo Lin* comenzó a quebrarse. Dentro de su propio penal, con su propia gente, *Lin* se sentía inseguro. El Barrio introdujo en Chalate una pistola .25 para uso personal del líder. Frente a la puerta de su celda siempre había dos hombres haciendo guardia. No se permitía a ningún *homeboy* acercársele sin antes haber sido registrado de pies a cabeza.

En la calle, los *palabreros* empezaron a tomar partido. El *Cranky* fue uno de los que reunió a su gente y les aclaró la nueva situación: en adelante, la marihuana que él y su clica introducían sistemáticamente en todos los penales del Barrio 18 se enviaría solo a los que, herederos de la masacre de Mariona, claramente se identificaban con la Revolución: Cojutepeque y Apanteos. Negocios separados, finanzas separadas, solidaridades separadas.

Algunos pandilleros, al salir de la cárcel, tuvieron que elegir entre los hogares separados de una familia dividida. Otros se encontraron con que su antigua casa estaba ahora en la cancha de la facción contraria y tuvieron que cambiar de residencia. En la pandilla siempre se ha hablado del pase del amigo, de la muerte silenciosa que se da a los traidores. En el Barrio 18 las sanciones internas empiezan con regaños verbales, siguen con palizas de dieciocho o treinta y seis segundos, y pueden terminar en una ejecución. En el Barrio 18, una parte de la pandilla pasó automáticamente a considerar traidora a la otra, y las luces verdes se comenzaron a encender en silencio con una sed vertiginosa de castigo.

**

A las tres de la madrugada, Silvia Yamileth terminó su turno como repartidora de fichas en el Casino Colonial, en Antiguo Cuscatlán, y salió al parqueo donde la esperaba el Mazda 323 de su novio, Carlos Roberto, que también trabajaba en el casino, pero que había tenido el día libre. Eran pareja desde hacía solo un par de meses. Ella tenía veintinueve años, era hondureña, y llevaba varios años viviendo en El Salvador. Él tenía veinticinco y vivía con su padre. Ambos cobraban un salario de unos doscientos sesenta dólares mensuales. Pusieron juntos rumbo a casa de ella, a las afueras de San Salvador, pero a la altura de la gasolinera Shell de la 25a. Avenida Norte un vehículo comenzó a seguirlos y al llegar a la Santa Lucía, ya en Ilopango, les cerró el paso. De él se bajaron cuatro hombres armados. Pandilleros de la 18.

Aquel 27 de julio de 2005 el cuerpo del *Cranky* yacía, aún caliente, en el suelo del parqueo del Cesar's, pero la noticia de su asesinato corría ya de boca en boca y el *Muerto de Las Palmas*, junto a algunos pandilleros de la colonia IVU, querían disparar su rabia. Reunió a su gente, les contó lo sucedido y dio órdenes para alistar armas, robar un carro e ir de inmediato a la caza del *Chino Tres Colas*. El Mazda de Carlos Roberto encajaba en sus planes.

Los soldados del Muerto no querían testigos, así que llevaron a los dos jóvenes a las inmediaciones del Rancho Navarra, los hicieron arrodillarse y, sin más ritual que el de la rutina de los sicarios, los ejecutaron. Un disparo en la cabeza a cada uno. Ella vestía aún el uniforme del trabajo y sobre el pecho una placa con su nombre. Después, los pandilleros se dirigieron a la colonia residencial Bosques de la Paz, donde vivía *Tres Colas*. No lo encontraron allí. La casa estaba vacía.

Que después de matar al *Cranky* el *Chino Tres Colas* llegara a casa como quien sale de la rutina del trabajo era, quizá, esperar demasiado. Pospusieron su venganza.

Los cuerpos sin vida de Silvia Yamileth Dubón Álvarez y Carlos Roberto Méndez Najarro fueron hallados cuando por fin amaneció aquel 27 de julio. Algunos testigos dijeron que habían escuchado los disparos. Otros hablaron de un vehículo verde. La Policía, aunque las víctimas no llevaban documentos y tardaría todavía veinticuatro horas en identificar los cadáveres, dijo a los periodistas que sospechaban que se trataba de un crimen pasional.

***

Esa noche, en la IVU, se celebró la vela del *Cranky*. En todo el perímetro de la cancha de fútbol de la colonia se apostaron pandilleros armados, y en las entradas de la colonia los vecinos —familiares, amigos o cómplices de la pandilla en su mayoría— se pusieron alerta. Era poco probable que alguien del entorno cercano a *Lin* tuviera el descaro o la valentía de aparecer por allí, pero el ataúd expuesto en la casa comunal era la mejor prueba de que en el Barrio 18 ya no quedaban imposibles.

Los pandilleros hacían un esfuerzo por no hablar demasiado sobre la balacera de la noche anterior en el parqueo del Cesar's. Quien tenía detalles los guardaba. Conocedores del intento fallido del Muerto, quienes deseaban salir a castigar a los culpables esperaban órdenes. El *Gato*, uno de los *homeboys* de confianza del *Cranky*, se acercó al Smooky, uno de los *palabreros* del parque Libertad, se apartó con él a una esquina y le contó lo que sabía: la madrugada anterior, pasadas las dos, *Duke* en persona, herido y camino del hospital Rosales, había llamado por teléfono a otro *homeboy* preso en el penal de máxima seguridad de Zacatecoluca para contarle que habían matado al *Cranky*. Le dijo también el nombre de quienes dispararon. Desde Zacatraz, la noticia se había regado de inmediato al resto del país.

Dos semanas después, el cadáver de un soldado de *Tres Colas* apareció dentro de una bolsa de basura, en la carretera hacia Chalatenango. Lo habían bajado a la fuerza de un bus y lo habían ejecutado. Poco después vendría el atentado en Valle Verde contra *Eddie Boy* y el mismo *Tres Colas*. Tras un año de amenazas y lenta desconfianza mutua, el asesinato del *Cranky* había desnudado los odios.

El Hamlet recuerda un *meeting*, a finales de aquel año explosivo, en el que los *palabreros* del oriente de San Salvador pasaron cuentas.

—Se habló uno por uno, viendo quién había limpiado su cancha y quién no. «¿Y vos ya limpiaste la tuya?», te decían.

—¿Y si no lo habías hecho?

—Se mandaba a alguien más a cumplir la misión.

Limpiar y cumplir la misión son sinónimos de asesinar. En este caso a los Sureños, a quienes no se alinearan con la nueva Revolución. Del otro lado, otros limpiaron de revolucionarios otras canchas.

«La cosa era proteger el territorio», dice la *Biutiful*, que se retiró de todo, o de casi todo, en 2006. Recuerda cómo cobró fuerza la R cuando hicieron de la figura del *Cranky* una bandera y de su asesinato una razón definitiva para la fractura. En el penal de Cojute, todos los presos se raparon el cabello como hacía el *Cranky*, a modo de homenaje. En la IVU, al joven Xochilt, que tiempo después se convertiría en *palabrero* de la colonia, lo rebautizaron como *Little Cranky*.

—*Tres Colas* estaba encargado de la panadería que había puesto Homies Unidos en La Campanera, y la usaba para tapar los negocios que él estaba haciendo allá. Se supone que el asunto del Cesar's vino porque el *Cranky* estaba queriendo pelearle el proyecto a *Tres Colas* y llevárselo para tapar sus asuntos en la IVU.

La panadería a la que se refiere la *Biutiful* es la que aparece en el documental *La vida loca*, que el fotógrafo Christian Poveda grabó entre 2006 y 2007. La película narra la convivencia de un grupo de pandilleros inscritos en un proyecto de rehabilitación administrado por la ONG Homies Unidos. Uno de sus protagonistas es Heriberto Henríquez, *Eddie Boy*, juzgado y condenado junto al *Chino Tres Colas* por el asesinato del *Cranky*.

—¿*Tres Colas* movía la droga de Soyapango y de la Zona Rosa?

—Todavía la mueve. No le voy a mentir: la pandilla era fuerte, era un monstruo, pero internamente dejó muchos daños, muchos homicidios, y todavía van a caer varios. Antes te hablaban de que en la pandilla eras una familia. Hoy solamente se pelean la droga, las armas y el poder, tener un rango dentro de la pandilla.

El *Viejo Lin* asegura ahora que cuando mataron al *Cranky* él ya había renunciado a ese poder del que parecen emanar todos los odios. Cinco meses antes, el 7 de febrero de 2005, la Dirección General de Centros Penales había sacado de Chalatenango a *Lin* y a algunos de sus principales *palabreros*, y los había dispersado por distintos penales del país. *Lin* fue llevado a San Francisco Gotera y, veinticuatro horas después, lo enviaron a la cárcel de máxima seguridad de Zacatecoluca.

Lin empezó entonces a decir que se retiraba, que dejaba esa pandilla dividida en manos de otros y que se hacía a un lado. Sus enemigos no le creyeron y siguen sin creerle. En las entrevistas que ha concedido desde entonces, las palabras de *Lin* están a medio camino entre el reconocimiento de que fue derrotado por sus enemigos internos en el Barrio 18 y el anuncio de que algún día volverá a levantarse.

A comienzos de 2010, los pandilleros de la 18 recluidos en el penal de Cojutepeque pidieron formalmente por carta a la Dirección General de Centros Penales que los separara. A pesar de que *Lin* ya no lideraba la pandilla, las diferencias continuaban y la convivencia se había vuelto imposible.

Las autoridades accedieron al traslado y el 10 de abril de 2010 reacomodaron el sistema penitenciario entero para separar a los 18 Revolucionarios y a los que desde ese momento se comenzaron a autodenominar 18 Sureños, en referencia al origen de la pandilla en el sur de California. Cojutepeque —donde la Revolución se levantó—

quedó en manos de los sureños. El penal de Quezaltepeque fue adjudicado a los Revolucionarios. En la cárcel de Izalco, adjudicada al Barrio 18, las dos facciones de la pandilla ocupan desde aquel día sectores diferentes y no tienen ningún contacto entre sí. En las bartolinas policiales, Sureños y Revolucionarios también ocupan celdas separadas.

Lo mismo ocurre en Zacatraz. *Lin* comparte celda con *Tres Colas*. Ambos aseguran haberse desmarcado del resto de la 18 y formar parte de un nuevo grupo, el tercero, el de los Retirados. *Duke*, quien fuera el mejor amigo del *Cranky*, comparte sector y celda con el Cholo William, uno de aquellos pandilleros que levantaron el Barrio 18 en la plaza Libertad y a quien la Policía considera en este momento líder de la R. *Duke* acumula múltiples condenas, una de ellas a quince años de prisión por el intento de asesinato de *Tres Colas* en agosto de 2005. En su mismo sector está el *Muerto de Las Palmas*, el hombre que plantó cara a *Tres Colas* cuando le pidió que le entregara sus beneficios de la renta, que trató de vengar al *Cranky* la misma noche de su asesinato y que fue condenado a treinta años de cárcel por participar en la masacre del Plan de la Laguna, donde murieron tres niños y dos mujeres, una de ellas embarazada. Aquella matanza pretendía, de hecho, acabar con la vida de una joven que incriminaba a *Duke* en otro asesinato.

En otro sector de Zacatraz, sin contacto con *Lin* ni con los Revolucionarios, está la cúpula de los Sureños. Los únicos que, en ese penal, no han querido dar entrevistas. Dicen que no quieren hablar con periodistas sobre la ruptura interna de la pandilla.

***

Se abre la reja que conduce a las celdas, y *Tres Colas* sale esposado. Su presencia inspira distintas sensaciones. La última es miedo. Serenidad no es la palabra más precisa, pero es la primera que se viene a la mente. Soporta sin el mínimo gesto la tosca revisión de los soldados, se sienta en la silla detectora de metales, pone la barbilla en el escáner que asegura que no esconde trampas en la boca, se descalza, le meten mano hasta en la entrepierna, luego el detector de metales manual… nada. El temible *Tres Colas* no levanta ni una ceja. Camina por el pasillo que lo llevará hasta la sala de audiencias, dejándose guiar por los cuatro custodios y tres militares que vigilan sus pasos.

Desde una celda especial ubicada en el pasillo de salida, conocida como La Exclusa, un pandillero tatuado con los números del Barrio 18 lo insulta, y *Tres Colas* pasa de la parsimonia a la ira en un segundo: «¡¿Vos qué estás hablando, *bicho* hijueputa!? Ya sabemos que vos trabajaste con la DECO, hijueputa». Los custodios y soldados se apresuran a meterlo en la sala de audiencias, y tras ellos entramos nosotros.

Aún con la respiración acelerada, *Tres Colas* toma asiento, se quita los lentes y los pone sobre la mesa. Se limpia el sudor de la frente y se vuelve a colocar los lentes. Nos extiende la mano. «Carlos, mucho gusto. ¿De qué querían hablar?», pregunta.

—¿Por qué tenía que morir el *Cranky*?

—Por varias situaciones. Se le dio la oportunidad varias veces, y no la aprovechó… Ya estaba que se tenía que morir. Pero lo del *Cranky* no fue como anda diciendo la gente de la R. Es mentira. Las personas que han hablado no lo han hecho con intención de ayudar, sino de sacar el coraje que ellos traen dentro, manipular las cosas y hacernos ver mal a nosotros. Fue un pretexto para destruirnos, para desorganizarnos. Y lo lograron.

—¿Cómo?

—Pactaron con la DECO (la División Élite contra el Crimen Organizado de la Policía Nacional Civil), porque fue la única forma en que pudieron… ¿Ya sabés cómo nos sacaron de Chalate? A uno por un lado y a otro por otro, sin comunicación. Mirá lo que han logrado. Mientras estuvimos nosotros no hubo masacres de niños. Y mirá la masacre del Plan de la Laguna… Ahí podés ver la mente que tienen los de la R.

—¿En el momento en que matan al *Cranky* tú todavía estabas en la rueda de decisión?

—Ellos nos tildaban… Muchos dicen que nosotros éramos *palabreros*. Yo nunca me consideré *palabrero*. Yo simplemente aportaba lo que yo podía aportar en lo productivo, porque nosotros siempre tuvimos una visión más grande. Como llegó la guerrilla a un gobierno, nosotros estábamos preparando gente, que estudiaran, que se prepararan para abogados, porque no solo porque sos pandillero no podés lograr unos objetivos.

—Gente que fuera abogado pero que siguiera dentro del Barrio.

—Como te digo, ellos lo deshicieron. Algunos sureños, como el bocón que está ahí, estaban de acuerdo con lo que los revolucionarios armaron con la DECO: sacar a todos los que estábamos en Chalate.

—¿Dices que la DECO está metida tanto en el Sur como en la R?

—Sí.

—¿Por qué de repente colapsa una estructura como la que tenían ustedes en la pandilla?

—Lo que estos hicieron fue crearle una imagen negativa a *Lin*, pero todo era mentira. Dijeron que él se estaba comiendo el dinero de la pandilla, que él hacía esto y lo otro, y era mentira. ¿Con qué objetivo? Para agarrar poder. Acordate que son *morros* que empiezan y piensan que todo es color de rosa. Esto de estar en la pandilla es grande, pues, y a lo único que te lleva es a la muerte, al hospital o al cementerio. Y estos señores se unieron con los Revolucionarios para inventar lo que sacaron de *Lin*. Señores que todavía están dentro del Sur.

—Estamos hablando de un Barrio que está roto.
—Está despedazado.

V. *La respuesta del* Viejo

Lo de «*Viejo*» no le gusta nada. Asegura que es un mote despectivo con el que le llamaban sus adversarios. «En un mundo que tiene millones de años de existir, ¿qué tan viejo puede ser lo viejo, compadre?», refunfuña. Pero lo cierto es que *Lin* está viejo. Sobre todo en este mundo, donde no se estila peinar canas, tener cincuenta años es estar venerablemente viejo.

Carlos Ernesto Mojica Lechuga es probablemente el pandillero más célebre en El Salvador. De su afilada delgadez, de su cabeza prominente, de su risa de vampiro, de su gesto burlesco, de su piel morena, han hablado incontables portadas de periódicos y tomas de noticieros que lo anuncian. Según el saber colectivo, *Lin* está atrapado desde hace varios años en la cama de un pick up policial, desde hace años vive esposado, desde hace años es líder de… de algo. ¿Quién recuerda de qué? Simplemente ha sido jefe de algunos malos. En alguna foto era un hombre extremadamente flaco, con el cabello negro, y en alguna línea de periódico, en alguna voz de la televisión, decía eso… «Líder». Lleva un epitafio en la frente que dice «En memoria de mi madre», y tiene los brazos tatuados con sombras indescifrables. Ahí termina lo que el saber popular, lo que la enciclopedia colectiva de salvadoreños nos dice sobre el *Viejo Lin*.

***

En el penal de máxima seguridad de Zacatecoluca hay una celda especial. Se conoce como La Exclusa. Cada vez que un interno regresa a la cárcel proveniente de una audiencia o de una revisión médica especializada, debe quedarse en La Exclusa un tiempo. No podrá ingresar a los sectores del penal ni a su celda sino hasta que vacíe el estómago. Para abreviar: el reo debe cagar frente a los custodios para que estos estén seguros de que no lleva nada dentro de su cuerpo.

Uno de los días en que visitamos Zacatraz, en La Exclusa había varios pandilleros de la Mara Salvatrucha. Uno de ellos tenía en la cara las dos letras de esa pandilla, y otro había convertido sus antebrazos en un letrero gótico: MS. Fue la algarabía que formaron la que nos alertó de que del interior profundo de esa prisión estaba saliendo el *Viejo Lin*.

—¡Ehh, *Viejo* Lechuga!

—¿Qué pasó, *viejo*?

—Préstame el libro de las mujeres de la Mafia.

—Simón, ahí lo tengo. Pero oíme… creo que te voy a prestar uno mejor.

—¿Cuál?

—El *Cartel de los Sapos*… es de gánsters. ¡Pero ida y vuelta!

—Jejeje… Simón, ya sabés.

Luego, uno de los MS se divirtió imitando la voz gastada de *Lin*. Ellos comparten con el más reconocido dieciochero un sector de la prisión destinado para pandilleros retirados.

Lin tiene un andar desparramado, como si su cuerpo fuera de hule. Sus alargadas extremidades lo hacen parecer más alto de lo que en realidad es. Camina con el torso echado para atrás, como lo haría un adolescente pendenciero. Su cuerpo tatuado de arriba a abajo y el *look cholo* —unos pantaloncillos blancos abajo de las rodillas, unos calcetines blancos subidos y unos enormes tenis blancos— le dan un aire juvenil. Pero ya se ha dicho que *Lin* está viejo, que eso es una ilusión. Cuando se le mira de cerca aparece su medio siglo de vida.

Aunque tiene el pelo rapado, en el cuero cabelludo se le adivinan un sinfín de puntitos blancos. Ha perdido el rostro anguloso con el que aparecía en las noticias. Ahora su cara se ha redondeado, las mejillas se han caído, hay papada bajo su barbilla y algunos de sus dientes son artificiales. Su voz arrastra el sufrimiento de un cuerpo pandillero: parece un gemido doloroso, posiblemente recuerdo de la tuberculosis que contrajo a finales de 1997, cuando estaba en el penal de San Vicente.

Durante varias horas, en distintos días, conversamos con *Lin* sobre lo que ha ocurrido los últimos años en la pandilla que lleva tatuada en la piel, de la que es miembro desde que era un niño. Es un espadachín del argumento y muchas veces se enoja cuando sus mensajes encriptados, cuando el fino interlineado de sus palabras, no es entendido con la celeridad que quisiera. Abundan los episodios en los que detiene la conversación: «¡Me extraña que no hayás entendido… se ve que no me estás poniendo atención!».

Lin también es un escapista brillante. Cuando no quiere contestar, hace sonar cascabeles que usualmente consiguen desviar una pregunta. Es evidente que tiene formación política. Su discurso está plagado de categorías marxistas, de modos de organización que fueron modélicos durante la Guerra Fría, o de terminología de la guerra civil salvadoreña. A las políticas represivas contra pandilleros las llama «de yunque y martillo», dice que la sociedad considera a los pandilleros «lumpen», y que él dirigía al Barrio 18 según un modelo de «centralismo democrático».

Este veterano del Barrio 18 tolera el infinito calor que hace en una sala de audiencias, al interior de la cárcel; gesticula todo lo que le permiten sus manos esposadas y poco a poco se va soltando ante dos periodistas y contándoles a trompicones su versión de una ruptura.

***

—No sé —dice *Lin*— si en realidad se habrán formado un cuadro bastante cercano a la realidad histórica... o sea, sobre el desarrollo de la pandilla. Así como a ustedes, ha habido policías de organismos élites de carácter investigativo a los que les han dado un montón de paja.

—¿Quiénes?

—Los compadres de nosotros allá afuera. Hay mucha distorsión, incluso cuando no nos habíamos dividido. Hay cosas que en realidad estoy limitado para contártelas, porque no puedo. Les voy a tratar de expresar en concreto cuál era la línea de nosotros.

—¿Quiénes son nosotros?

—Sí, te lo tengo que aclarar: yo y otros compadres fieles a mi persona —y tal vez no a mí, sino que siempre coincidimos en la misma línea de pensamiento— nos hemos retirado.

—¿Se han retirado o los han retirado?

—Nos hemos retirado, porque podríamos continuar peleando por el poder. No nos interesa. Puede que sí podamos. Por eso digo que te han dado un panorama distorsionado, porque quienes nos hemos retirado tenemos lo que ellos no: el acceso a organismos y a personas que a ellos no los oyen y que a nosotros nos siguen oyendo. Tanto clandestinos como oficiales.

—¿Quiénes son ellos?

—Los activos de ambas líneas. Aquí existimos tres líneas: nosotros los Retirados, los Sureños y los de la R (los Revolucionarios). Tal vez los Sureños nos consideran a algunos de nosotros como parte de ellos, pero yo no me considero parte de ellos.

—¿Ahora o nunca te consideraste?

—No existían antes. A partir del momento en que se formaron, su lineamiento y su política no me parecen. Hay cosas que aun siendo parte de la pandilla, yo he aborrecido de estos cipotes de las últimas generaciones: el asesinato de niños y de señoras, de cobradores, de motoristas... Eso jamás se vio mientras yo estuve al frente de la pandilla, porque sí, estuve. Esas son cosas que ni yo ni otros compañeros permitíamos.

—Los Revolucionarios aseguran que tú estabas centralizando el dinero y que además llevabas a cabo una purga interna de quienes no te eran leales. Dicen que estando en Mariona te pidieron ayuda, para evitar ser masacrados por sus adversarios y que te negaste. También dicen que mandaste a matar al *Cranky*.

—Yo no manipulaba dinero de las rentas, si a eso te referís. Nunca me mezclé en eso.

—Nadie dice que eras tú el que contaba el dinero...

—Sabía cómo ocurría la situación, pero había gente encargada de eso. En cuanto a lo de las purgas, esa es otra falacia. No sé con quién han hablado. Nosotros, la pandilla verdadera, llamamos a eso «escoria», a los de la R, porque esa es la escoria de la pandilla.

—¿Por qué son escoria?

La mayoría de los que bajamos del Norte traíamos y mantenemos los mismos principios con los cuales vinimos. Nunca estuvimos de acuerdo con las violaciones, con el asesinato de niños, con andar usando piedras en las calles, robándole a la viejita su cadenita. Eso era parte de las reglas de nosotros. Instituimos reglas que prohibían todo este tipo de acciones. Se prohibió robar en la colonia, en las diferentes colonias, entonces toda esta gente, cuando caía presa, pedía ir para Mariona, porque nosotros teníamos reglas y si habías cometido el error, tenías que pagar.

—¿Estás diciendo que a Mariona llegaba la gente del Barrio que quería evitar el castigo?

—¡Gente que quería evitar el castigo! Gente que tal vez en las calles andaban encendidos en la pipa, robando... Te voy a decir algo: no es que nosotros viéramos la cuestión desde un punto de vista santo, como que fuéramos monjas, no queríamos crear monjas; pero sencillamente sabíamos hacia dónde nos iba a guiar ese tipo de gente. La situación del asesinato de niños es una regla de la pandilla que viene desde 1938.

—¿Cómo decidís quién merece morir y quién no, si *brincan* a menores de edad? La clica de la IVU la llevaba un niño de dieciséis años al que llamaban Charly.

—Pero esa no ha sido nuestra gente. Te voy a traer a cuenta la masacre del Plan de la Laguna... ¿quién creés que la llevó a cabo, qué línea? O la masacre del microbús en Mejicanos, ¿qué línea cometió esto? ¡La R, la R! ¡Ellos, los de la R! Con la cuestión de Mariona, cuando ellos me solicitaron ayuda, no estuve de acuerdo. La situación es un poco más compleja. Otra falacia: el *Cranky* era alguien insignificante. Era importante para *Duke*, porque era su compadre, pero de ahí él no era nadie. El *Cranky* ya había sido declarado traidor por la misma pandilla desde tiempos atrás.

—¿Cuando la pandilla eras tú?

—No, cuando la pandilla era la pandilla, cuando era una sola pandilla. El *Cranky* traía más de cuatro muertes de los mismos compañeros y de alianzas con la pandilla contraria. La historia del *Cranky* es larguísima. Era un traidor. Cuando lo mataron yo aquí estaba (en la cárcel).

—Nadie te acusa de jalar el gatillo.

—Hay un error bien grave aquí. Te voy a explicar qué es lo que todo el mundo asume: los *palabreros* tenían poder de decisión. Nosotros trabajábamos con base en un centralismo democrático. No te estoy hablando de un pluralismo, sino de un centralismo democrático. ¿Ya sabés el modo de operar de la pandilla en cuanto a los *meetings*? La opinión de la mayoría es la que cuenta. Si no, no tendría sentido, no se va a hacer un *meeting* si preguntás ¿matamos a fulano? y todos dicen que no, y yo dijera que no importa, que de todas maneras lo voy a matar. La cuestión del *Cranky* no la decidí yo. Nada personal ni con él ni con *Duke*.

—¿Te opusiste?

—Noooo… Te acabo de explicar que nosotros trabajábamos con base en un centralismo democrático. Aquí no era que porque yo quería ver muerto a alguien. Yo pude tener mis compadres afuera y que si alguien de alguna manera… ¿ves? Hay cosas que aún en estos tiempos puedo hacer ¿entiendes? No vamos a ir muy lejos: ¿sabías que gente de los Sureños nos están pidiendo de nuevo? Nos están pidiendo que volvamos. Porque a partir del momento en que la pandilla se dividió todo se vino abajo. Todo.

***

El mundo de este hombre tiene barrotes. Hace mucho que no decide qué come, o dónde o a qué horas hay que ir a la cama. Casi el 70% de su vida como adulto ha transcurrido en una cárcel. Desde 1991 hasta la fecha apenas ha vivido en libertad menos de doce meses y ha recorrido once de los diecinueve penales de El Salvador. Ahora pasa el día entero encerrado en una celda que comparte con *Chino Tres Colas*. Tiene treinta minutos de sol a la semana, y cada vez que camina por los pasillos de Zacatraz va escoltado por custodios.

Le decimos que imaginamos que un hombre llega a olvidarse de la libertad, que tras años encerrado ese hombre se hará a la imagen y semejanza de los barrotes que lo limitan. Le decimos que después de tantos años lo imaginamos torpe en la libertad. Nos dice que imaginamos mal, que la libertad solo la puede apreciar un hombre que la ha perdido tanto tiempo. El caso de *Lin* por el asesinato de una mujer que apareció desmembrada en 2003 y a quien las autoridades llaman «La Nena» aún está en proceso de casación en la Corte Suprema de Justicia. Si el máximo tribunal decide dejar en firme la sentencia, al recuperar la libertad tendrá setenta y seis años.

Precisamente porque su vida como líder pandilleril se forjó en la cárcel y no en las calles, no es de extrañar que las explicaciones que ofrece, los argumentos con los que justifica los movimientos en el Barrio 18, tengan como escenario principal una prisión.

—¿Cuándo se dividió la pandilla?

—En realidad la pandilla se empezó a dividir desde el momento en que se pidió a la gente de Mariona que se saliera. Teníamos un aproximado de quinientos compañeros ahí. Te estoy hablando de 1999. Ahí comenzó esto. ¿Sabés por qué nunca quisimos a la gente de Mariona? Porque a través de once años de mi vida anduve de cárcel en cárcel junto con otros compañeros en medio de una puñada de MS… Solo el que lo ha vivido tiene idea de qué es andar veinticinco de nosotros entre cien o ciento cincuenta MS, y todos con corvo. Nos bañábamos con los corvos, con la pollera (una cinta que se amarra al mango del machete) en la mano y nos bañábamos con zapatos. Podíamos hacer eso o podíamos correr a la Policía a decirle que nos sacaran de ahí. Y mientras eso pasaba los otros estaban metidos en Mariona, aguantando humillaciones y pechadas de la gente de Bruno.

—En Mariona mandaba Bruno en ese momento…

—Bruno era un gran amigo mío. Es amigo mío. Había compañeros que querían que llegáramos a ametrallar la entrada de Mariona con la visita de ellos. Poner de acuerdo a la visita de nuestros compañeros. Era lo que pedían los de la R. Que fuéramos a ametrallar a la visita de los señores civiles que estaban adentro.

—¿Para amedrentar? ¿«Si adentro nos joden, afuera los topamos»?

—Ese es el mensaje que querían. Nunca nos pareció eso. No solo a mí, sino a la cúpula; nunca nos pareció.

—¿La cúpula eran los veinte *palabreros*?

—Mirá, en cada departamento ha habido diferentes colonias, en las cuales ha habido un sinfín de compañeros que pelearon y lucharon por levantar esto. Se hizo un consenso a nivel general para ver cuál era la gente aceptable para la mayoría de canchas para que pudieran ser representados a nivel nacional dentro de la pandilla, y ese fue el mecanismo que se utilizó. Al principio aparecieron diez, luego doce y luego más. En realidad nunca hubo un número específico impuesto por nadie, sino que se estuvo moviendo. La situación de las purgas… una cosa sí te digo: si gente como este señor que cometió la masacre del Plan de la Laguna hubiera caído en mis manos estando en Chalate, lo mato, viejo. ¿Ves? Lo mato porque la pandilla me hubiera exigido matarlo, porque lo que él hizo vino a redundar en un perjuicio enorme para nosotros. Hasta leyes crearon a costa de eso. ¿O qué tenía que ver todo ese vergo de gente de ese microbús en Mejicanos?

—A ti te acusan de decapitar mujeres…

—Pero esa es otra falacia. Estoy purgando una condena por un pedazo de cuerpo que encontraron. Se me había probado que yo estaba preso en ese momento y me volvieron a juzgar. Primero me juzgaron por la cabeza y luego por el cuerpo, ¡ja! ¿Sabés que hay atrás de mi cuestión? Un trasfondo político. ¿Sabés por qué? Te invito a que investigues mi vida dentro de los penales en los noventa y antes de 2001, y verás la lucha de carácter reivindicativo que he llevado a cabo en los penales. La historia es más larga.

—Ayúdanos a comprenderla. Porque no creo que las diferencias con la R radiquen en que a ellos los desprecian «por malos».

—César Renderos, el Muerto, está condenado por la cuestión del Plan de la Laguna. Y el asesino de Cristian Poveda, el Molleja le dicen, ¡son de la R! Cuando me decís que «por malos»… Mirá, la situación es bien sencilla: en este país se está peleando a nivel nacional por el control de territorios, por decirlo de esa manera.

***

En 2003 *Lin* era ya una celebridad en la prensa nacional, y la Policía insistía en que ese tipo de cuerpo enjuto era uno de los más peligrosos criminales de El Salvador —donde la competencia por el título es dura— y que era el líder nacional del Barrio 18. Sus adversarios aseguran que la prensa lo terminó de endiosar ante la pandilla y que una verdad a medias terminó siendo verdad, a secas.

La primera vez que *Duke* tuvo noción de la creciente fama de *Lin* entre el público fue en 2003. Se había detenido a comprar fruta en un puesto callejero del centro de San Salvador cuando escuchó al vendedor de cuchillos de al lado pregonar su producto: «¡Hay cuchillos, hay cuchillos, de los mismos que ocupa el *Viejo Lin*»!

Duke recuerda haber sonreído.

Ahora *Duke* es considerado uno de los pandilleros con más autoridad dentro de la Revolución. Él mismo nos retó durante la entrevista que nos concedió al interior de Zacatraz: «Si han hecho su tarea, saben quién soy y quién he sido dentro de la Revolución… Yo reventé eso…».

Sin embargo, antes de contestar cualquier pregunta, *Duke* nos sugirió que habláramos con otro «compañero», con uno —aseguró— que era mejor que él para hablar con la prensa y que, por ser más veterano, tenía más conocimiento sobre la pandilla. Para nuestra sorpresa, nos recomendó hablar con *Lin*. *Duke* aseguró que si tuvo algún problema con *Lin* —como, por ejemplo, el hecho de que *Lin* ordenara en 2003 su ejecución tras la muerte del *Chino Pizurra*—, eso quedó en el pasado. Nos hizo además una propuesta tentadora:

78

«Hágannos salir juntos para que debatamos ante ustedes nuestras diferencias». Incluso pidió testigos de honor que garantizaran que él no llegaría ahí a pactar con *Lin*. Obviamente las autoridades carcelarias nos adelantaron un rotundo *no*, y aquel debate no pudo ocurrir por razones de seguridad.

Cuando preguntamos a *Lin* si hubiera estado dispuesto a debatir con *Duke*, puso cara de asco, como si le aburriera tener que explicarle cosas a un niño tonto.

—¿*Duke* también es escoria?

—Yo hablo con él cuando me lo encuentro, lo cual no quiere decir que el día en que… pues… ya sabemos. Ellos colaboraron con la Policía para despedazar nuestra estructura. Esto lo sabemos porque hay policías que… pues… se venden. Entonces nosotros sabemos cosas. Es larga la cuestión.

—Parece que la división de la pandilla no tiene solución.

—Pues mira, la solución es un poco complicada. Tiene que morir mucha gente. Lo que yo quiero… El *Chino Tres Colas* y otros más lo que queremos es un *meeting* a nivel nacional, tanto dentro de los penales como en las calles. Y que se resuelva, y que el que esté sucio y tenga que pagar, que pague.

—¿Y si la pandilla decide que uno de los que han de pagar eres tú?

—¡Pagamos! Es bien sencillo. Pero como dicen que vale más el diablo por viejo que por diablo.

—¿Sería para ti intolerable aceptar a los Revolucionarios bajo la sombra de la 18?

—Es que nunca los he aceptado. ¡Ellos no tuvieron nada! Quienes organizamos todo eso, la pandilla acá, fuimos nosotros. El *Cranky* no tenía nada.

—Tenía su red de venta de drogas, su propio prostíbulo…

—Al *Cranky* le hicimos un préstamo para que fuera a comprar unos banquitos y abriera un su negocito que le llamaban el Cesar's II, sobre la 29.ª Oriente. Se le ayudó, se le consiguieron cipotas para que fueran a vender lo que venden… Él no tenía nada. A Chalate llegaba para ver de qué manera le daba de comer a la mujer.

—Tú dijiste que era un traidor…

—Al *Cranky* nosotros… Hay algo a lo que le llamamos «criterio» y a él se le dio criterio, la oportunidad de vivir, porque yo lo conocía desde pequeño. El *Cranky* se había asociado con unos MS que decían estar retirados, esos eran sus socios allá afuera.

—En la Zona Rosa… Las Palmas…

—En todo eso…

—Que era la cancha de *Chino Tres Colas*.

—Sí. Al *Cranky* yo lo conocía y por eso hablé por él, en el sentido en que se le dejara en paz. Él no andaba activo en la medida en que no andaba buscando MS a los cuales matar, pero en realidad… A él se le manda a llamar a Chalate y se le hizo ver la situación, se le hizo ver que no era que no se podía, sino que no se le quería matar, porque a veces se malinterpreta. Nosotros tenemos un dicho que dice que «si sangra, muere». No creemos que nadie sea invencible en este mundo.

—¿Pero qué hizo? ¿No quiso pagar lo que debía?

—Es que no se le prestó nada, se le regaló. Te voy a decir qué ondas. A él se le llamó a Chalate y se le dijo: hiciste esto y esto… Sobre el *Cranky* anduvieron como sesenta compañeros de nosotros en la Dina un día, en 2004, que se les iba a ir a sacar a él y a todos… con armas.

—Cuéntanos.

—Porque ellos se habían ido a refugiar a la Dina; entonces, a nivel nacional se movió todo ese vergo de gente, como a sesenta compañeros. A través de cuatro o cinco días estuvieron llegando, no salían de las casas y ya cuando se llegó, *Duke* y otros habían informado a la Policía, y ya las posiciones las había tomado la Policía. Él abusó de la amistad de nosotros. A los nueve meses él me llegó a ver a Gotera y me pidió que le diéramos la oportunidad, que le abriéramos puertas y que él iba a demostrar que… iba a enmendar su error. Claro, ya no podía revivir al muerto, pero a petición de otros compañeros que me mandaban con él unas notas, entonces lo dejamos a decisión de los *palabreros*, y ellos dijeron que estaba bueno y entonces vino y se le dio dinero para unas armas. Pasaron dos y tres meses y no se miraba nada. La onda es que se ofuscó con el dinero y cosas pasaron, y cuando los *palabreros* le pidieron cuentas, él dijo que él llevaba la cuestión y que lo iba a hacer a su manera.

—¿Por qué se le daba tanto criterio si por mucho menos a otros la pandilla los hubiera matado antes?

—No, no creás. Hubo mucho criterio mientras yo estuve al frente. Ahí era pensado todo y era discutido antes. Eso es una realidad indiscutible, ¿me entendés? Fijate que teníamos una organización… o sea en el sentido que la teníamos a la mano, para ayudarnos, que era Homies Unidos, del cual aquí (en Zacatraz) tenemos al ex director (*Eddie Boy*). Ellos vinieron a mí con una propuesta: ver si era posible ayudar a los homies que quisieran en verdad incorporarse afuera de alguna manera… ¿Sabés qué hizo *Duke*? Les fue a robar las computadoras y todo a los señores estos de Homies Unidos. Les vació su local.

—¿Homies Unidos se considera parte del Sur o de la R en la actualidad?

—Homies no era parte de la estructura de nosotros. Nosotros no influíamos en lo más mínimo. Y te digo la verdad. El día en que murió el *Cranky* estaba Eddie ahí, pero él no tuvo nada que ver. Eso no fue nada planificado. Eso no fue algo planeado.

—¿No fue planeado?

—La estructura de mando le había dado luz verde. Mira, él llegó a Chalate y se le dijo que si él la volvía… que con una más que hiciera ahí estaba ya… El *Chino* y el Heri se andaban divirtiendo en el Cesar's cuando llegaron *Duke*, el *Cranky* y otro cipote más de la IVU. Eran como siete. El *Chino* vio la situación, pero ellos no andaban buscando a nadie. Lastimosamente ellos subestimaron al *Chino*. ¡El *Chino* es un pistolero, hermano! Al parecer ellos lo querían matar porque ya traían cosas… Pero el *Cranky* era insignificante; él solo sirvió como bandera de guerra.

—Como mártir.

—Sí. A los de la R lo que menos les importaba era el *Cranky*, pero como lo había matado Chalate, digamos… ¿Me entiendes? Entonces era un motivo más para tirarle fuego a Chalate. Ellos trabajaron con la DECO para despedazar nuestra estructura.

—¿En qué momento nace el Sur dentro del Barrio 18 en El Salvador?

—Esto es un invento de quienes no tienen idea qué significa el Sur en la pandilla. Aquí tenemos cipotes huelepeguitas jugando a las grandes ligas. Hay cipotes que en realidad caminan para adelante porque Dios es grande. Cipotes de dieciséis años con palabra. ¡Jamás hubiera dado yo mi consentimiento para tener a un cipote al frente de un grupo de personas! ¿Sabés por qué están hechas mierda las casas de las pandillas? ¡Porque no tienen visión política!, porque siguen viendo las cosas como simples delincuentes comunes. ¿Creés que si nosotros estuviéramos al frente de esa cuestión estarían…? Te garantizo, y ellos lo saben… Nosotros estamos fuera porque queremos, porque nos están pidiendo para ver de qué manera salen del hoyo en que están.

—Decís que esto de los Sureños es un invento…

—La situación es esta: lo nuestro estaba limpio de soplones. En la gente de mi línea no tuvimos infiltre, ni gente trabajando para la DECO. Ahora los Sureños están infestados de informantes, y esto se empezó a poner así a partir de que salió el puño de gente trasladada luego de la masacre de Mariona, en 2004. Ahí comenzó a salir información para todos los lados.

—Alguna de esa gente que terminó en Cojutepeque nos dice que ustedes enviaron una wila intentando reconciliarse con ellos.

—Te voy a explicar algo sobre *wilas*. Yo nunca he enviado *wilas* hacia ningún lado, nunca he dado órdenes de matar a nadie por escrito ni a través de ningún teléfono. Por eso legalmente no podrían probar nada. Si alguien dice que tiene una wila mía, es mentira.

—Nadie dice que la escribiste tú.

—Nadie de la gente de Chalate quería tener algo que ver con la gente de Mariona. *Duke* y sus secuaces querían que yo quitara a los *palabreros*, y decían que, si lo hacía, ellos iban a caminar bajo mis directrices. ¡Que los quitara a todos!

—¿Nos estás diciendo que te retiraste porque la pandilla está demasiado dividida e infiltrada?

—En parte. La otra parte es que la pandilla se partió en ese momento.

—¿Hay un hecho en particular que define tu salida?

—Desde el momento en que sacaron a los quince *palabreros* de Chalate. No nos tomó una semana darnos cuenta de cómo había estado la situación. ¿Cómo puede ser que la Dirección General de Centros Penales saque cabal a los que son? Tiraron a unos para La Unión, para Gotera, para Usulután, para San Vicente y a todos aislados.

—A partir de ahí te considerás retirado.

—Nosotros nos llamamos a nosotros mismos «los puros», somos puros dieciechos.

—¿Qué implica para el Barrio 18 estar dividido? Centroamérica queda ahora en el borde de los intereses de las grandes federaciones del crimen organizado…

—Yo sé todo eso.

—Seguramente esto va a tener un impacto en las pandillas, transformándolas y muy probablemente disputando terreno. Nuestra impresión es que en El Salvador la MS-13 está caminando a pasos agigantados para adaptarse a la llegada de los cárteles, mientras que ustedes están divididos.

—Así mismo lo veo yo. La única diferencia es que aquí, de los tres grupos que hay, solo uno en realidad comprende eso. El problema es que a esta cuestión es difícil darle solución, por la cantidad de muertos que ha habido.

—¿Hablamos entonces del hundimiento del Barrio 18 en El Salvador?

—Tal y como se ha conocido hasta el momento. No tienen nada, vos. Lo han perdido todo. No tienen capacidad operativa, no tienen nada. ¿Qué podés esperar de un líder que manda a matar un vergo de niños y de ancianos en un microbús, sin pensar en las repercusiones políticas que esto va a traer? Si yo hubiera estado en ese penal de donde salió la orden, yo habría matado al tipo que ordenó eso, sin mucha paja.

—Hay quienes creen que la pandilla de Los Ángeles ha encendido la luz a la pandilla en El Salvador.

—A ciertos grupos; a ellos, a los dos.

—Quien nos lo contó se burla y dice: «Y a mí qué me importa, si yo no voy a ir allá. En todo caso serán ellos los que vendrán acá».

—La pandilla 18 tiene un poder enorme en Los Ángeles, que solo los que hemos vivido allá entendemos. ¿Qué te puede hablar un chucho de amores si nadie lo ha besado? Quien te habla así es torpe. Comprendo la ignorancia.

—¿Pero qué podría hacerse desde Los Ángeles contra estos dos grupos de la 18? ¿Enviar a *homeboys* para matar a sus líderes?

—No vale la pena en ese sentido, pero si ellos quisieran, y si en realidad existiera un canal abierto con Los Ángeles, podrían ayudarlos en muchos sentidos. Desde el sentido económico hasta… en todo sentido. La pandilla en Los Ángeles no es como esto: estamos hablando de treinta mil miembros con control de canchas en las que entran miles de dólares diariamente. No hablamos de matar a una viejita para robarle.

—Ustedes, su grupo, ¿tenían buenas relaciones con Los Ángeles?

—La mayoría de nosotros provenimos de allá. Por eso no hablamos despectivamente de ellos, porque conocemos sus reglas, sus principios y los consideramos mucho más elevados. ¿Sabés en qué etapa se han quedado estos cipotes? Se quedaron en la etapa de cuando estaban los gánster, Al Capone, Baby Face… ¿Qué pasa ahora con la Cosa Nostra allá? Son grandes corporaciones. La violencia no es una opción ya. Los tiempos están evolucionando, y nosotros tenemos que evolucionar con ellos.

—¿Cómo imaginas el futuro del Barrio 18 en El Salvador?

—Negro, por decirlo de forma resumida. Aquí hay un sinfín de cipotes que se creen locos. La DECO la cagó. ¿Sabés por qué? Porque vino a contribuir con ellos para romper una estructura que tal vez le hubiera sido menos perjudicial al gobierno. No sé si me entendés. Yo como presidente o como ministro de Justicia todo el tiempo preferiría entenderme con alguien capaz de razonar. El Gobierno llegó con el plan Mano Amiga allá, a una colonia de Apopa; llevaban dos pliegos de plywood que valen como nueve dólares lo mucho, dos cajitas de pintura y pinceles. Tenemos en esa colonia como a cincuenta miembros, con familias, hijos, esposas, etcétera… Andan tatuados, su capacidad de movimiento está limitada por la misma situación. ¿Creés que con hacer un muñequito al día y venderlo por dos dólares van a dar de comer a su familia? ¿Todavía creemos que dar solución a las rentas y la violencia es posible con base en lo que sabemos?

***

En la historia del Barrio 18 en El Salvador aparece de forma constante, unas veces con más protagonismo que otras, la ONG Homies Unidos. Aunque en su fundación, en 1996, inicialmente participaron también hombres y mujeres que eran miembros de la Mara Salvatrucha, y el proyecto también funciona en Estados Unidos bajo la dirigencia de antiguos miembros de la MS-13, en El Salvador la organización ha terminado en manos de miembros del Barrio 18 que aseguran estar retirados. Uno de ellos es *Eddie Boy*, ahora preso en Zacatecoluca por el homicidio del *Cranky*.

Algunos pandilleros de la Revolución aseguran que Heri era hombre de confianza de *Lin*, y que el acceso privilegiado que los proyectos de Homies Unidos le daban a las diferentes cárceles del país lo convirtió durante años en un elemento valioso para transmitir órdenes e información de un penal a otro. Él dice que dentro de la pandilla no era nadie y que ayudó a *Lin* como lo hubiera hecho con cualquier otro pandillero que necesitara una mano.

Lo mismo dice *Lin*. Asegura que la pandilla jamás manipuló a Homies Unidos mientras la dirigió *Eddie Boy*. Dice que él solo permitió el acercamiento de la institución para que ayudara a los pandilleros que deseaban dejar de delinquir. Sin embargo, se le oscurece la mirada cuando habla de los dirigentes actuales de la ONG: «Sí, ahora sí. La R manipula a *Panza* (*Panza Loca*, Luis Romero) y al *Gato* (Carlos Menjívar), porque el *Gato* es basura de ellos. *Panza* es fluctuante. Homies Unidos se ha parcializado, lo manipulan los de la R. *Panza* no tiene culpa, él simplemente… Es su vida la que está en juego… ¡Ja, ja, ja,! Tiene que sobrevivir y comer. No lo culpo».

Panza, Luis Romero, es uno de los fundadores de Homies Unidos y actual gerente de proyectos de la institución. Es miembro del Barrio 18 pero asegura estar retirado. Sin embargo, comprende la gravedad de las acusaciones: «Esta gente siempre está haciendo estrategias… para… para… Nosotros solo buscamos ayudar». Romero es consciente de los señalamientos que los relacionan con la Revolución, pero asegura que todo ha sido un malentendido. Dice que en el momento en que la pandilla se rompió, ellos tenían proyectos en ejecución y que casualmente esos proyectos estaban en las cárceles que quedaron bajo la influencia de la R.

Asegura también que el *Gato* es solo un colaborador de la institución y que no tiene ninguna relación con la pandilla. Mientras daba estas explicaciones por teléfono, su tono era el de alguien muy, muy molesto.

***

Un antiguo *palabrero* del Barrio 18 en Honduras recuerda los días en los que la pandilla se rompió allí. «Eso ha pasado siempre, siempre ha habido homies que matan a otros homies», dice. Siempre hay rencores, envidias, reacomodos, voces que empiezan a sonar más fuertes que otras y las acaban por opacar o callar. Normalmente, en la pandilla nadie abandona el poder; alguien lo arrebata de la mano de esa mujer de negro llamada muerte, la misma aliada a la que suele recurrir quien desea conservarlo.

En la 18 de Honduras no se recuerda una purga como la de 1997. Desde el penal de San Pedro Sula un hombre de apodo inapelable, el *Mal*, encabezaba la rueda principal, la cúpula de la pandilla. En la calle, también en San Pedro Sula, otro homie, el *Virus* —que dirigía un próspero negocio de venta de drogas y robo—, fue señalado como traidor y acusado de matar a diecicheros para crecer sobre sus tumbas. La sentencia de muerte que salió desde la cárcel no solo le alcanzó a él, sino que arrastró a otros pandilleros como la Abuela, Smiley o el Potter, cuyas clicas hacían negocios en complicidad con el *Virus*.

En total, hasta treinta *palabreros* del Barrio 18 fueron ajusticiados por sus propios líderes en Honduras. El lento proceso de siega duró cerca de un año y solo terminó cuando aquellos que habían desafiado la autoridad del Barrio 18 se sometieron a castigo o estuvieron muertos. Así como en Honduras se sabe quién y cómo se gana o pierde autoridad en El Salvador, *Lin* sabe aquello.

—En Honduras tuvieron el mismo problema y lo resolvieron por la vía de la limpieza. Murieron más de…

—Ya sé todo eso, pero ahorita hay otro problema: allí está igual que aquí. El varón que hasta hace poco llevaba la cuestión, debido a unos enfrentamientos allá, se vino para acá: el *Spider*. Y mientras estuvo aquí, le pegaron golpe de estado. Por esta cuestión ha muerto gente allá.

—¿Por qué el Barrio 18 no logró zanjar aquí el asunto como en Honduras? Allí la purga fue total.

—Aquí van como setenta muertos ya, viejo. Incluidos el *Cranky* y mi mujer. ¿Creés que se puede resolver algo así? Yo en lo personal te repito una vez más: estoy fuera: si el tipo que mató a mi mujer estuviera vivo, no estaría yo afuera, sino adentro, hasta verlo muerto. Pero como otros lo mataron…

—Dices que diste mucho criterio a tus adversarios. ¿Te arrepientes?

—No. En realidad soy una persona de buen corazón, no he hecho nada malo. Por eso desde hace tiempo ya no quería seguir al frente de nada, porque tipos como yo no sirven para eso, porque para eso tenés que tener un total desprecio por la vida humana, y yo no lo tengo.

—¿Para ser líder de una pandilla como la 18 hay que tener desprecio por la vida humana?

—Pienso yo.

—¿Creés que el Barrio 18 se rompió porque te faltó mano firme?

—¡Exactamente! Llegaste al meollo del asunto. La pandilla está partida. Y lo que decís es la opinión de la mayoría de compañeros viejos, que alguna vez estuvieron a cargo de alguna cancha.

—¿Fuiste muy blando, *Lin*?

—Fuimos. Fuimos muy blandos. Eso es todo.

Publicada el 13 de octubre de 2011

La cárcel de la vergüenza

José Luis Sanz

Al penal La Esperanza se entra por la biblioteca, un oscuro patio de columnas, encharcado y maloliente, que tiene al fondo las puertas oxidadas de dos celdas gemelas, sin estantes, libros ni bibliotecario, y que están literalmente atestadas de hombres sin camisa sentados en el suelo. Un pasillo lateral conduce al núcleo central de la cárcel, que se divide en sectores separados por muros, pasillos laberínticos y puertas enrejadas. El ligero olor a detergente no logra ocultar otro, más denso, a alcantarilla. Todo el penal huele siempre, día y noche, a tierra, basura y años de humedad. No importa las veces que se desinfecten los suelos ni cuánto los reos froten con agua enjabonada las baldosas rotas o los muros de hormigón; el aliento del penal La Esperanza apesta a abandono.

Son las ocho de la noche. A esta hora, cuando ni el sol ni el ruido confunden los sentidos, los olores de la cárcel son más agudos y perceptibles. Sobre todo en la biblioteca, la antigua biblioteca convertida en módulo de aislamiento desde 1996.

Atravieso el patio encharcado, tratando de no pisar esas bolsas de plástico que hay esparcidas por el suelo, y me acerco a una de las celdas, la de la derecha. Los presos sentados más cerca de los barrotes me devuelven el saludo con timidez o desinterés, pero al saber que soy periodista se convierten rápidamente en un coro de personas volcadas sobre una reja que denuncian lo evidente: que viven en condiciones medievales. Se quejan de la falta de agua y sol, de la humedad que lo penetra todo, de la comida insuficiente y de la lenta atención médica, de los ratones y cucarachas, de la falta de camas. Me muestran los cartones sobre los que casi todos duermen en el suelo, porque en la celda solo hay una hamaca y un camarote con dos colchones. Algunos aprovechan para revelar supuestas injusticias en su condena o para reclamar mejor atención médica. Otros me preguntan a qué equipo de fútbol apoyo. Los que ocupan el solitario camarote en la esquina derecha, callan. Son los veteranos.

Saben que, en un sistema penitenciario como el salvadoreño, con 25 mil reos en diecinueve cárceles que solo tienen camas para 8 mil, pedir a un periodista que te cambie la vida es como lanzar una moneda a una fuente.

Separado de él por la puerta enrejada, escucho la historia de Douglas, un joven nicaragüense de veinticinco años que ya ha pasado por cuatro cárceles en El Salvador y que está en aislamiento —si a estar con otras veintidós personas en una celda se le puede llamar aislamiento— porque reos del Sector 3 le robaron la ropa y los zapatos hace un mes y amenazaron con matarlo si los denunciaba. Lo hizo, y por eso las autoridades lo esconden en una celda de la biblioteca.

Luego de estar un rato agachado, tomando notas, las piernas se me duermen y me levanto para estirarlas. De inmediato se pega a mi rostro una máscara asfixiante de sudor, orina y calor. Son los olores que despiden los veintitrés cuerpos apiñados en esta caja de tres por cuatro metros. Me mareo. Apenas estoy a un metro y medio de altura, pero los gases buscan el techo y me hacen difícil respirar. Me avergüenza, pero siento náuseas.

Antes de volver a agacharme en busca de oxígeno, entre los barrotes veo a un hombre que se acerca a la pared del fondo y orina en un ancho tubo de plástico hecho con botellas vacías encajadas unas en otras. El artilugio, que da a un pequeño sumidero, permite a los presos orinar de pie y evita más suciedad. En la otra celda no hay sumidero, ni artilugio. A un metro de distancia, a mi izquierda, un preso saca un brazo por la puerta, agarra una botella de plástico del suelo, la destapa, se apoya contra los barrotes, saca el pene de su pantalón corto y, con pericia aprendida, orina en la botella. Al terminar, la tapa y la deja de nuevo en el suelo, con las otras. Veinte botellas con orines de diferentes tonos de amarillo que cercan por fuera la puerta de la celda. La misma puerta enrejada en la que tres veces al día les entregan la comida.

Por ser celdas para reos problemáticos o amenazados de muerte por otros internos, los hombres de la biblioteca solo tienen derecho a salir al patio diez minutos por la mañana y diez minutos por la tarde. Justo antes del desencierro de las seis de la mañana y poco después del encierro de las seis de la tarde, para no coincidir con los demás; veinte hombres encerrados día y noche sin urinario.

—¿Y dónde cagan? —pregunto.

—Uno trata de educar el vientre para ir al baño en los ratos que nos dejan salir —dice Douglas.

—¿Y si no?

—Si no, como en esta celda no hay letrina, cagás en una bolsa y la tirás al patio.

Ahora sé qué hay en las bolsas plásticas del patio encharcado.

Los hombres de la otra celda reclaman mi atención. Piden contar también su historia. Bromean. Unos desean que hable con el Gobierno para que los saque de aquí; otros, que les consiga una chica. Cuando al cabo de un rato me despido de todos ellos y me alejo, vuelven poco a poco al silencio y a dejar caer los minutos a la espera de una razón para dormir.

La cárcel más grande de El Salvador, La Esperanza —a la que todos llaman Mariona por el cantón San Luis Mariona, del municipio de Ayutuxtepeque, en el que está clavada, y al que sus 5 mil internos llaman a veces Miami—, en teoría, está en letargo desde hace más de dos horas.

***

El despacho del comandante Mundo es rudimentario y limpio. No tiene recuerdos ni fotos familiares. Parece el lugar de trabajo de alguien que está de paso, o que está acostumbrado a la austeridad. Tal vez sean las dos cosas. Por un lado, Mundo fue militar; por otro, el empleo de subdirector de seguridad de Mariona —un penal con largo historial de sangre— no es un trabajo para toda la vida.

Cuando, meses atrás, me presenté en este despacho con un permiso especial de la Dirección General de Centros Penales y del director de Mariona para visitar periódicamente la cárcel durante la noche, Mundo se mostró extrañado. La cárcel no suele tener más visitas que las de los familiares y abogados de los presos. Además, por las noches, supongo que pensó, aquí todo duerme y no hay mucho que ver. El fotógrafo Pau Coll y yo opinábamos lo contrario. Las doce horas que dura la noche de los presos, las doce horas que pasan cada día comprimidos en sus celdas, son las que dan verdadero significado a la palabra *hacinamiento*, que se ha convertido ya en cliché cuando se habla de las cárceles salvadoreñas.

«Hacemos esfuerzos para mitigar el hacinamiento», repiten los funcionarios, que tras esa palabra de cinco sílabas esconden posturas corporales, olores, temperaturas y roces de pieles de 5 mil hombres habitantes de una cárcel diseñada para 800. El hacinamiento genera sus propias rutinas, enfermedades y leyes. Pau y yo queríamos acercarnos a las lógicas internas de esa vida en sociedad apartada de lo que los hombres libres llamamos *sociedad*.

Hubo un tiempo en el que esta pequeña sociedad de Mariona se gobernó a machetazos. Por las puertas del penal, en los años 90, salían cadáveres y heridos todas las semanas. Las bandas peleaban entre sí para controlar el mercado interno de drogas y el favor de las autoridades corruptas. Ahora, te aseguran los internos más veteranos con el orgullo de los sobrevivientes, ya no es como antes. Está todo más tranquilo. Eso dicen.

Aun así, Mundo se acaricia la quijada, perfectamente afeitada, cuando le digo que queremos asistir al encierro de las seis de la tarde. Se reacomoda en su vieja silla de oficina y parece dudar. Con su marcado acento de San Miguel, una ciudad al oriente del país —su voz recuerda constantemente a la de los viejos discursos de Roberto d'Aubuisson—, me dice que el encierro es uno de los momentos más complicados para los custodios. Y por complicado debe entenderse peligroso, especialmente en los Sectores 2 y 3.

***

El Sector 2 de Mariona tiene una población de unos 2 mil presos y camas para menos de mil. Durante el día, si no llueve, su patio es un denso ir y venir de cantos de alabanza, partidos de fútbol, tareas de limpieza y lavandería y, sobre todo, espera. La teoría dice que el sistema penitenciario ofrece talleres, escuela primaria y bachillerato a los presos que lo desean, pero lo cierto es que no hay cupo para todos y en los talleres cada cual ha de comprar su propia materia prima, sea madera, hilo o pintura. Aquí, los talleres son cosa de solo unos pocos. Alguno que otro monta en el patio su propio negocio de reparación de calzado o de corte de pelo, pero la mayoría invierte el tiempo en la nada, en esperar los horarios de comida y el ceremonial encierro de las seis de la tarde en el que cuatro custodios asumen la responsabilidad de que 2 mil hombres se metan por grupos de treinta o cuarenta en celdas para dieciséis. Cada noche es como si, por arte de magia, la pasta dentífrica volviera a entrar en el tubo.

Es martes y rondan las cinco treinta de la tarde. Se abre un candado y accedemos al patio. Junto a la puerta, un enorme montículo de basura y restos de comida fermentados al sol nos dan la bienvenida. En teoría, los deshechos de cada sector se retiran una vez al día, pero hoy no. Decenas de reos nos miran curiosos y forman un pasillo. La ley establece que los presos que tienen condena han de estar separados de quienes esperan juicio o sentencia, y que debe haber espacios diferenciados por tipo de delito, grado de reincidencia, etcétera. En Mariona no hay sitio para esos remilgos. El Sector 1 es para la fase de adaptación de los recién llegados, y el 4 uno de muchos espacios reservados para aislar a los más violentos; pero el 2 y el 3 son dos crisoles confusos de delitos e historias. En este patio hay desde estafadores de unos cientos de dólares hasta asesinos múltiples; desde ladrones de relojes encarcelados por primera vez hasta líderes de bandas de secuestradores que ya suman tres ingresos en prisión.

Camino al edificio de dos pisos en el que están las celdas, pasamos junto a los lavaderos, que están flanqueados por dos hileras de cubículos sin puerta. Son las letrinas. No es necesario que nadie lo diga, pues el hedor las delata. Una cabeza asoma de una de ellas, para averiguar el porqué de la inusual algarabía que nos acompaña. Aunque se acerca la hora del encierro, la cena, que en teoría se sirve a las cinco, aún no ha llegado. «Tampoco hubo agua en todo el día», dice Carlos, uno de los presos que hace funciones de coordinador del sector, y que hace un minuto ha cumplido con el ritual de autorizar nuestra entrada al recinto, lo que significa, en el fondo, que La Raza, la organización de reos que manda en este sector, garantiza nuestra seguridad.

***

Es miércoles y el patio principal del Sector 3, con sus murales en las paredes, con sus porterías solitarias, tiene la calma triste de un colegio sin niños. Son casi las nueve de la noche. Hace menos de una hora que terminó el lento encierro de hoy, celda por celda, candado por candado, y uno de los custodios ha accedido a contarme un poco de lo que sabe y ha vivido aquí. Juega con las llaves en la mano. Tiene un hablar pausado y desprendido, como si todo en la vida fuera inevitable.

—Eran las nueve treinta o diez de la mañana. Nos rodearon como diez babosos, así con corvos. Pero en serio… Y otros se pusieron rodeándonos así, al otro lado, y a mi compañero dos lo agarraron de aquí, de la nuca, de las manos, y le pusieron un corvo en la espalda. Y le dijeron: «Danos el celular». Claro, nosotros lo habíamos decomisado porque es un ilícito, ¿verdad?

Ilícito es como en la cárcel llaman a todo lo que está prohibido por el reglamento interno. Se tienen ilícitos. Se cometen ilícitos. Una paliza, una violación, un asesinato. Una pistola, un cuchillo, un punzón, una porción de *crack*, una botella de vodka, una pastilla de jabón, un paquete de cigarrillos… Un teléfono. Los reos usan los teléfonos celulares para hablar con su familia, para que las bandas o pandillas repartan órdenes de un penal a otro o de un sector a otro, para denunciar con pequeños videos su situación y, a menudo, para extorsionar a transportistas o comerciantes de todo el país. Un celular, en Mariona, es una ventana ilegal a la libertad. Hace algunos meses, el custodio con el que hablo entró al Sector 3 para una gestión de rutina, descubrió por azar a un interno que hablaba por celular y lo hizo entregárselo. Cuando él y su compañero salieron al patio, los estaban esperando.

—Nos pusieron los corvos y unos punzones. Así, ¿ve? —dice, y repite el gesto como si él mismo se fuera a apuñalar en las costillas—. Y uno no se puede querer poner en su lugar, de autoridad, en un momento así, porque… porque tiene familia uno. ¿Y cómo?

91

—¿Y qué pasó con el teléfono?

—Se lo llevaron de nuevo —dice, y con la mirada me repite ese lapidario «¿Y cómo?», que se puede traducir en «Usted no ha entendido nada todavía».

—…

—Así nos bailaron los corvos, mire, contra el piso, que hasta les sacaron fuego.

—Ustedes no llevaban armas.

—No, así entramos. Sin arma, por si acaso.

Lógico, porque entrar al sector armado y en minoría numérica es regalar el arma. Y porque en un sector como el 3, de casi 3 mil reos, los custodios siempre están en minoría numérica.

—Uno, con la experiencia que ha adquirido, aprende a ubicarse. Porque nosotros no nos podemos poner en contra de ellos, ¿verdad? Yo sé que es mi trabajo, y si puedo lo hago…

—Usted cuando entra al sector, ¿no tiene la sensación de que está en manos de los internos?

—No es una sensación. Sabe uno que es una víctima. Si ellos quisieran hacer algo, lo hacen. ¿Y qué va a hacer uno? Por eso entrás tranquilo, sereno, con respeto, pidiendo las cosas por favor.

—Como si domara leones.

—Como si uno fuera superespecial para que no le pase nada, ja, ja. Es lo que hay.

Es lo que hay. Con las actuales cifras de presos, el número de custodios y de celdas necesarios para garantizar un cierto control de lo que sucede en los penales triplica la cifra real. Por no hablar de la compleja distribución física de los sectores, que los convierte en ratoneras y complica cualquier acción en caso de motín. Este custodio lo sabe, y su jefe también. La primera vez que hablé con el comandante Mundo a comienzos de año, le pregunté por el publicitado y aplaudido papel de apoyo que el ejército ha jugado los últimos años en la seguridad del penal.

—Ellos están en la seguridad perimetral, y nosotros en la seguridad intermedia —me dijo.

—¿Intermedia? ¿Y la seguridad en los sectores?

—Ah, no, esa depende de los mismos internos.

No quise preguntarle cómo garantiza entonces el Estado —custodios, Policía y ejército— la seguridad de los internos, porque es evidente que no lo hace. Tampoco le pregunté si él, como subdirector del penal, se sentía responsable o no por la rehabilitación de los presos, teórico fin último del encarcelamiento. Me arrepiento. Hubiera sido curioso conocer su respuesta.

***

Durante el encierro, en los estrechos pasillos del Sector 2, cientos de cuerpos se empujan en idas y venidas, en un frenesí como de estación de trenes en último minuto. «¡Hay galletas, galletas!», «sí hay chile y mayonesa», zigzaguean entre la multitud los que venden algo. En el patio, dos parejas de jugadores ultiman sus partidas de ajedrez. Muchos presos esperan en fila pegados a la pared, junto a la puerta de su celda, a que les llegue el turno de entrar, mientras cuatro custodios, empequeñecidos y acorralados por los cientos de hombres a los que en teoría vigilan, se abren paso de una celda a la siguiente, como viejos guardallaves a sueldo cuyo cometido fuera solo abrir y cerrar las puertas de una casa ajena.

Junto a ellos, un interno, cuaderno y lapicero en mano, cuenta cabezas. Una serpiente interminable de hombres entra por la boca de la puerta. Uno, otro… diez, once… algunos se empujan con prisa, como si en vez de a una caja de cerillas entraran a un bus que los lleva a casa. Quince, dieciséis… veintidós, veintitrés… el desfile sigue, como si la celda no tuviera fondo. Treinta, treinta y dos, treinta y cuatro… Los rostros de los últimos en entrar son inexpresivos; sus pasos, displicentes, distraídos.

Suena el candado que cierra el pestillo de la puerta de hierro viejo y los custodios y el contador se mueven a la siguiente celda. El candado se balancea pesado y oscuro, serio, como si creyera que en realidad encierra algo. La última vez que los internos decidieron salir de sus celdas, en noviembre de 2010, no intentaron abrir los cerrojos ni tumbar las puertas. Fue más fácil derrumbar los viejos muros junto a ellas, abrir huecos por los que podían pasar dos personas al mismo tiempo. Estuvieron diez días en rebeldía. Entrando y saliendo a toda hora de esos cuartos de puertas cerradas y paredes abiertas.

Dos hombres atraviesan la muchedumbre con cubos de plástico en cuyo fondo se adivinan un par de litros de un líquido oscuro. Es sopa de frijol. Otros dos los siguen con recipientes en los que hay huevos de soya y arroz. Como la cena se retrasó, a la mayoría de internos les tocará comer dentro de la celda, sentados todos codo a codo en el mismo suelo en el que duermen y con el plato en la mano; o de pie, apoyados en la pared, antes de meterse en la *cueva*, el espacio bajo las camas, donde algunos pasarán la noche.

El proceso de reparto de comida es un ejercicio de urgencia casi animalesca. Aliprac, la empresa privada que alimenta a todos los reos de El Salvador, descarga cada día en un patio trasero de Mariona enormes bandejas y ollas con la dieta para un número preciso, que suele rondar las 5 mil personas. Después, sus empleados usan jarras plásticas o cucharones para verter cantidades aproximadas a los enormes cubos plásticos con los que se presentan los encargados de cada sector. «Para treinta y cinco», dice un hombre, y un joven de camisa blanca le vuelca una jarra de sopa o de jugo; «para cuarenta y tres», dice el siguiente, y de nuevo el joven vuelca una jarra llena en el nuevo cubo plástico; «para diecinueve», y el sentido común hace que el joven le vuelque, aproximadamente, media jarra.

Hoy, las primeras celdas se han ido cerrando y el patio está mucho más descongestionado. A un lado, un hombre se baña desnudo, a guacaladas, a la vista de todos. En otra esquina del patio, frente a la celda 16-B, los frijoles, el huevo que no es huevo y el arroz pasan a manotazos de los cubos a una treintena de recipientes de plástico de diferente forma y tamaño, colocados en el suelo. Muchos son fondos de botella plástica. Las botellas vacías de gaseosa son la principal pieza de vajilla multiusos en la cárcel.

Con la mano, un hombre de unos treinta años pellizca de uno de los platos ya servidos un poco de arroz apelmazado y lo deja en otro. Después, mete los dedos en un tercer recipiente y vuelca algo de caldo de frijoles en el de al lado. Repite la operación una y otra vez, como si sus dedos grasientos fueran la cuchara de la que todos comerán, y como si tuviera en los ojos una báscula que mide los miligramos y cumpliera alguna lógica oculta de equidad o privilegio, por la que a uno de sus compañeros de celda le corresponden veinte granos de arroz más, o en aquel plato más profundo y estrecho el montículo de comida apelmazada debe ser un poco menos alto. La cantidad en los recipientes, digan lo que digan las cifras de los informes que habrá firmado algún nutricionista, es evidentemente insuficiente para la alimentación de un hombre adulto. Alrededor del árbitro de los dedos grasientos, una docena de hombres espera con la mirada cargada de atención y hambre. Nadie se queja.

Por fin, las últimas celdas se cierran y se hace algo que parece silencio. En los pasillos solo quedan los charcos. A través de los barrotes de las puertas se ven escenas repetidas. En casi todas las celdas los internos han colgado sábanas a modo de cortinas que tratan de reservar algo de intimidad a quien ocupa cada cama y que maquillan con su colorido estas mazmorras oscuras. El olor a humedad y a orines, sin embargo, no se disipa y parece emanar de los mismos muros. Ajenos, manojos de rostros se vuelcan sobre sus pequeños recipientes de comida, con una cuchara algunos, con las manos muchos más.

Por el pasillo aparece un gato negro. En una de las primeras celdas que se cerró, dos chicos de menos de treinta juegan al parchís mientras el resto se acomodan de dos en dos en los colchones. Todos pasarán las próximas doce horas pegados unos a otros en un calabozo en el que no hay espacio para caminar y apenas pueden estirarse para dormir. Muchos de los internos tienen enfermedades cutáneas por la humedad y la suciedad del suelo. *Sarna* es una palabra de uso corriente en Mariona. Se escucha a alguien lavarse. Desde el segundo piso llega un murmullo de alabanzas.

En medio del patio interior en el que estamos, decenas de sillas vacías se arremolinan mirando a un televisor apagado. «Por la noche cada uno deja aquí su asiento, porque si no al día siguiente no encuentra lugar. Y mañana, además, hay partido», me explica Carlos. Los cuatro coordinadores del sector se han quedado un rato más fuera de sus celdas para acompañarnos en lo que queda de recorrido. Insisten en mostrarnos las celdas de los ancianos y las de los enfermos. Victimarios que aquí son víctimas. En las celdas de los más viejos se amontonan hombres escuálidos mal afeitados y desdentados, de ojos desorbitados. Todos tienen más de sesenta años; algunos superan los setenta. Su fragilidad desgarra; hace recordar a las torturadas víctimas del genocidio nazi. Pregunto a uno de los hombres frágiles por qué está aquí. «Por violar a una niña», me responde uno de sus compañeros, sin darle tiempo a alegar. «¿Y usted?». «Por extorsión».

En la celda de los enfermos, la 26-A, está Jaime. Tiene treinta y ocho años y cuando entró en la cárcel hace cinco años, por intento de homicidio, tenía las dos piernas. En Mariona contrajo erisipela, una enfermedad de la piel, muy contagiosa, que le infectó el torrente sanguíneo y acabó causándole una trombosis en el pie. Una dolencia que en teoría se cura con penicilina acabó desgarrándole la carne en una herida sangrante y pudriéndole el hueso. Le amputaron la pierna izquierda a la altura del muslo. Ahora tiene la misma dolencia en la otra pierna. Comparte cama con otro amputado.

Contra toda lógica de atención sanitaria, en la celda de los enfermos el nivel de hacinamiento es mayor que en otras. Son cuarenta. Los coordinadores, con un discurso que no por ser cierto deja de sonar a aprendido, reclaman que la clínica del penal está desbordada y las visitas programadas no se cumplen. Claro, por eso han creado un gueto para los más enfermos.

—Los separamos en una sola celda porque así es más fácil sacarlos si necesitan atención por las noches —explica uno de ellos. No les creo. Si fuera así, no estarían en las últimas celdas, las más escondidas, las más alejadas de la puerta principal.

En otra de las puertas, un hombre joven me pide atención y suplica que le ayude. Dice que es inocente. En esta parte del pasillo no hay luz, pero entre las sombras veo justo detrás de él las risas de sus compañeros de celda. A medida que insiste, que cuenta que está acusado de violación, que no lo hizo, que le pregunto qué sucedió y él insiste en que lleva preso seis años sin culpa, las risas se vuelven jaleo y burlas que ya llegan desde otras celdas. «Llorá para que te crean, culero», le grita alguien. «Yo no conocía a la chica que me denunció», dice él. «¡Echale huevos!», le braman desde la celda al otro lado, entre un coro de carcajadas.

Al otro extremo del patio, tras otras rejas, una luz anaranjada rompe los grises de las paredes y la penumbra. Es un preso que calienta los frijoles en un hornillo eléctrico artesanal —una larga espiral de alambre hecha a mano y encajada en un surco en un ladrillo—, conectado a dos cables sucios que suben por la pared y terminan en la única bombilla de la celda. Las autoridades han intentado retirar los enchufes de las celdas para que los reos no carguen sus celulares; es un esfuerzo absurdo en una cárcel con muros frágiles, a no ser que decidan quitar cualquier luz eléctrica y el televisor colectivo. Los techos de Mariona están plagados de agujeros por los que asoman manojos de cables viejos y despellejados. Las lámparas de los techos son simples bombillas que se bambolean cuando hay viento, y que los mismos presos han de sustituir cuando se funden.

—Si se estropea el foco de una celda lo pagan entre los de la celda. Si es de un pasillo, entre todo el sector —me explica Carlos—. En la ferretería del penal nos venden los focos a 4 dólares cada uno. ¿Y sabe cuánto cuesta uno allá afuera…?

Sí, uno de 100 watts cuesta 45 centavos.

La Ley Penitenciaria prohíbe que los internos tengan aparatos eléctricos, así que el hornillo es un ilícito, pero el custodio que nos acompaña lo mira sin atención y no dice nada.

—¿Qué tal es la relación con los *charlis*? —pregunto a Emilio, otro de los coordinadores. *Charlis* es como llaman los internos a los custodios.

—Con ellos no hay problema. Solo con alguno que tenga un modo raro.

—¿Y con los nuevos?

—Ah, los nuevos todos vienen raros.

Los nuevos son los que durante este último año han salido de la reestructurada Escuela Penitenciaria, para sustituir a los cientos de custodios despedidos desde que Douglas Moreno asumió el cargo como director general de Centros Penales. En algunos centros, como el de máxima seguridad de Zacatecoluca, mandó a su casa a todos de una sola vez, porque concluyó que todos eran culpables —o en el mejor de los casos cómplices— de la corrupción en el penal.

Le pregunto al custodio que nos acompaña cuánto tiempo lleva en este trabajo. Seis años. Parece que es de los que no da problemas, de los que cumple las normas… de los presos. Cuando salgamos del sector, la noche del *charli* por fin podrá ser tranquila.

***

Limpiar los patios y las celdas, recibir y servir la comida, lavar los trastos usados, ayudar al encierro, vocear por los pasillos la lista de reos que tendrán audiencia judicial o cita en la clínica al día siguiente… las tareas rutinarias internas de Mariona se desarrollan con un ritmo y orden casi mágicos, con reos que trabajan para el colectivo con una aparente espontaneidad que remite de inmediato a la precisión de los ires y venires de las hormigas en el hormiguero. Y cuesta creer que sean solo el instinto y la solidaridad los que lo impulsan. En una jungla de cientos de hombres con diferentes fuerzas, motivos y límites morales, el espíritu de comuna que los coordinadores exhiben en la visita guiada resulta teatral.

Recuerdo un diálogo sostenido a inicios de año con un coordinador del Sector 3, acerca de sus funciones y del mantenimiento del orden entre los reos. Le pregunté quién elige a los coordinadores y me dijo que los propios internos, en votación. Le pregunté cómo evitan que los rencores acaben —como ocurría hace apenas una década— en continuos ajustes de cuentas y cadáveres, y me quiso convencer de que la vida, incluso en Mariona, es paz y amor.

—Los internos obedecen más a otro interno que a la seguridad del penal. Ostentar un cargo de coordinador en medio de 2 mil o 2 mil 500 personas no es fácil, pero el respeto se gana siendo transparente, siendo correcto, siendo honesto, y no inclinándote por este o aquel, aunque sea tu amigo.

—¿Y si alguien se sale de orden?

—Ehhhh… la situación aquí se da dialogando, dialogando.

—Entenderás que no te creo…

—Ja, ja, ja, ja, ja…

Lo dice el sentido común, lo dicen los funcionarios de prisiones, pero sobre todo lo dicen los reos cuando logras hablar con alguno aparte, en confianza: los coordinadores no son los que mandan. Son apenas internos con don de palabra, con buena cabeza y sentido del orden, que sirven a los verdaderos líderes del sector. Por eso los coordinadores siempre trabajan por parejas y se vigilan entre sí. Ninguno habla con custodios o periodistas, ni toma decisiones, si no está presente al menos otro coordinador. Su humildad y atenciones al visitante son ensayadas. No están guiándote por su terreno, sino por el territorio de otros; de hombres sin nombre, invisibles. En los Sectores 1, 2 y 3 de Mariona quienes mandan son los *palabreros* de La Raza.

La noche que nos acompañaron durante el encierro, a los coordinadores del Sector 2 les tocó responder a la misma pregunta que hice a los del 3. ¿Cómo se garantiza el orden?

—Entre los internos tenemos un jefe de disciplina —dijo Carlos.

—¿Y podemos hablar con él? ¿Se puede saber su nombre?

—No, no se puede.

***

Ha pasado una semana desde que estuvimos en el encierro del Sector 2 y, mientras los internos duermen, en los pasillos vacíos del Sector 3 decenas de botellas de agua, pares de zapatos y mesas de madera cuelgan de las paredes. Dentro de unas horas, cuando comience el desencierro, a medida que se abran de una en una las celdas, los dueños de esas mesas saldrán y correrán a toda velocidad para descolgarlas e instalar sus puestos de venta en lugares ya asignados. Champúes, rollos de papel higiénico, maquinillas de afeitar, algunas medicinas para dolencias comunes, dulces, bolsas de churros, flautas de pan… por la mañana estos pasillos serán un mercado. Un mercado que tributa a La Raza. Para tener un puesto de venta en el sector hay que pagar un impuesto a La Raza. Para poder hacer fila en la puerta de la tienda oficial del penal, en la que el Estado vende a los internos artículos de higiene, gaseosas y boquitas, hay que pagar un dólar a La Raza. Para que los pequeños puestos de los presos con mesas de madera te vendan lo que ofrecen tienes, antes, que pagar un dólar a La Raza. Un sistema de control del dinero y las mercancías en el que no basta con poder pagar.

En la cárcel todos los favores se venden y se compran, y si La Raza no lo autoriza un interno no podrá comprar ni vender; su dinero será papel mojado. En Mariona hay algo más importante incluso que los dólares: tener el visto bueno de La Raza, que da órdenes a los coordinadores, que dicta las normas de orden y funcionamiento de cada sector. Que las hace cumplir.

Hombres que llevan un buen número de años en el penal aseguran que la estructura de poder de la banda incluye actualmente a cerca de quinientas personas por sector y llega a mover alrededor de 12 mil dólares al mes en tributos de todos los presos; 144 mil dólares al año. Cada preso que es enviado por un juez a Mariona paga a La Raza entre 6 y 8 dólares al llegar a los Sectores 2 o 3, y todo el mundo entrega 1 dólar como cuota fija mensual a partir de ese momento, aparte de los otros impuestos.

Quienes gobiernan Mariona y administran ese dinero no tienen celdas individuales como los narcos mexicanos, ni televisores de plasma como los mafiosos de las películas. Sería demasiado evidente. En Mariona todavía se recuerdan los años en los que Bruno era el único líder de La Raza y tenía una celda solo para él, las mujeres que llegaban a visitarlo y sus dos perros. Esos tiempos, en El Salvador, ya pasaron. Pero, con lo que recaudan, los *palabreros* de La Raza costean sus gustos, mantienen satisfecha a su estructura de fieles en el penal y logran que, pese al cerco perimetral de la Fuerza Armada, siga habiendo drogas, siga habiendo alcohol embotellado

—aparte de la tradicional chicha, destilada por los mismos reos— y sigan entrando celulares.

—¿Pese a la renovación de custodios, siguen aceptando sobornos? —le pregunto a un hombre que ha cumplido más de diez años en Mariona y ha probado los placeres de ser cómplice de La Raza.

—No solo ellos —responde. Y se lleva la mano a la sien, simulando un saludo militar.

Por dejar entrar un teléfono normal, con su correspondiente cargador, se pagan entre 300 y 400 dólares a un custodio o militar dispuesto a ser tuerto. Por dar vía libre a un *Blackberry* que permita a un reo acceso a internet se pagan 600 dólares.

***

En Mariona hay días en los que no hay agua y en los retretes rebalsan las heces de cientos de hombres con la salud destrozada por el moho, el encierro y la escasa comida. Y hay noches en las que el sonido de torrentes abiertos indica que sí hay agua pero no chorros que la contengan. En el patio trasero del Sector 3, entre pequeños huertos, un enorme lavadero se rebalsa hasta formar un riachuelo que se pierde en una alcantarilla. En el hierro forjado de la tapa se lee una fecha: 1969. Estamos en un penal con más de cuarenta años de edad. Después de unos minutos de impasibilidad, un custodio arranca un pedazo de bambú de las plantas del patio y trata de tapar el chorro, que queda goteando. En el patio también hay mesas de piedra y algunos restos de hogueras que los internos usan durante el día para cocinar lo poco que logran cultivar, comprar o guardar, porque desde hace más de un año tienen prohibido recibir alimentos del exterior.

La cárcel calla. Los muros externos de las celdas dejan salir haces tenues de luz. Las débiles paredes están llenas de agujeros. Son respiraderos, abiertos a base de golpes para aliviar algo el calor de los cuartos sobresaturados. Vista desde aquí, la infraestructura de Mariona revela la ruina que en realidad es. Al piso superior se sube por escalones de hormigón sin barandilla y carcomidos en sus bordes, como si el tiempo o los mismos reos los mordisquearan sin cesar hasta dejar al descubierto las varillas de acero que los sostienen.

Los tres controles de seguridad que hay que pasar para llegar hasta aquí se vuelven de pronto ridículos. ¿Armas? Basta con trepanar la cabeza de alguien contra una de esas varas de acero, o golpearlo con uno de los cientos de adoquines sueltos que las múltiples iglesias evangélicas del sector apilan a modo de bancos para improvisar sus templos en el patio principal. Por no contar los pozos de agua sin tapadera o los larguísimos metros de cables y alambres que se reparten por el penal. Aquí, como decía el custodio, quien no mata es porque no quiere, o porque hay alguien de La Raza que da la orden de no hacerlo.

Camino a la salida, atravieso el patio principal en el que aquel día el custodio tuvo que devolver el celular decomisado. Sobre mi cabeza, decenas de largas líneas de alambre cruzan la enorme explanada. De día son tendederos que además de airear la ropa convierten parte del patio en un inmenso laberinto cuyos rincones escapan del control visual de los guardias. Un reciente motín en el penal de Quezaltepeque, que terminó con siete heridos, comenzó porque los custodios obligaron a los pandilleros allí encerrados a retirar unas sábanas colgadas que les impedían la vigilancia.

En Mariona, entre esas sábanas y en los pasillos de los sectores, reina la ley del ver, oír y callar que encubre las razones de muchos otros heridos que no son noticia, de escaramuzas cuya verdadera causa nunca se acaba de conocer fuera de estos muros. La mayoría de los reos te dicen que solo quieren pasarla sin problemas y que en Mariona se vive mal pero tranquilo. Mienten. Los que saben que pasarán aquí más tiempo se han de someter a la autoridad de la mayoría y confiar en caer bien, o ganarse el respeto con inteligencia y fuerza física. Los débiles viven una condena dentro de su condena, sometidos a robos, golpes o violaciones. Ya no se pasea el corvo colgado del hombro, como ocurría en los años 90, pero entre tablones, ladrillos y colchones la mayoría de reos esconde algún arma afilada con la que defenderse.

—Para matar, un punzón es mejor que un corvo. Es mejor puyar que dar un filazo —me explica el mismo condenado que habló de los sobornos a militares.

—¿Por qué?

—Porque la víctima se desangra por dentro y se ahoga en su sangre. Y es más difícil saber qué órganos están heridos —miro su mano y descubro un bolígrafo, con el que simula puñaladas para explicar a qué se refiere—. Yo ya no ando en eso, pero hay que estar preparado. En la cárcel siempre hay que estar alerta.

La Raza también está siempre alerta. Hace unos días hubo una pelea en el Sector 3 que causó cinco heridos. La versión oficial dice que se habían emborrachado con chicha y eso originó la pelea. En Mariona hay quien dice que varios de ellos eran pandilleros, que la MS-13, el Barrio 18, la Mao Mao, la Máquina... Todas las pandillas tienen a gente sin tatuar infiltrada en el penal, para saber lo que sucede y, algún día, si pueden, cuando sean suficientes, luchar por el control. Si efectivamente lo intentan, la seguridad perimetral e intermedia no podrán hacer nada por evitar que haya muertes. El verdadero poder que rige la vida de los presos no se elige en las urnas ni, de momento, lo designa el presidente de la República.

***

Del penal La Esperanza, en Mariona, se sale por la biblioteca. Tras dejar atrás los enormes patios de los grandes sectores, se pasa junto a dos celdas asfixiantes y sin letrinas en las que cuarenta y tres hombres condenados por la justicia del Estado y amenazados por las autoridades de La Raza están sentenciados a dormir semidesnudos en el suelo y a ver pasar a todo el que entra y sale.

Me despido. Douglas, el nicaragüense, devuelve el saludo mientras se afeita la cabeza. «Por higiene», dice.

Los controles de seguridad al salir son más permisivos que al entrar. El cacheo es menos exhaustivo. Un militar encapuchado hurga en la bolsa de un custodio vestido de civil que entra al turno de noche. Trae ropa, champú para la mañana, y una enorme caja de donas. El soldado las mira dubitativo y hace un amago de tocarlas con sus guantes de látex, pero le vence la vergüenza y decide no estropear la comida. Yo no puedo evitar enumerar mentalmente las sustancias u objetos que podrían ir ocultos en esa caja. Ni puedo dejar de pensar que los muros de Mariona no protegen nada, ni a nadie. Solo delimitan una ciudad infierno.

Publicada el 5 de diciembre de 2011

La caverna de *Choreja*

Carlos Martínez

En un lugar oscuro, muy parecido a una cueva, una mujer afligida pide auxilio, a gritos. Tiene miedo. Sabe que va a morir, que será violada, que sufrirá. Pronuncia súplicas que solo una persona escucha.

Una sombra aparece en la cueva. Es el hombre que la ha capturado y que la atormenta sin piedad. Aparece otra sombra y otra... hay varios hombres. Ella grita, y su grito enloquece a quien la oye.

Casi todos los días de su vida, *Choreja* escucha a esa mujer. Le viene por las noches el sonido de su lamento, como si la cueva fría estuviera justo al lado. El grito no se va, está siempre ahí, pero nadie hace nada por ella. Quizá están todos sordos y solo *Choreja* tiene la maldición de escuchar.

A veces hay más de una mujer, a veces hay muchas mujeres que lloran juntas pidiendo auxilio. ¡Nadie hace nada! «Yo sé que a mí me tienen preso aquí y que no puedo salir. ¡Puta! Pero entonces yo les digo que vayan, que vayan con la Policía a buscar por ahí... por ahí... por ahí... yo les digo dónde buscar a esas mujeres... ¡Puta, cómo gritan! ¡Pobrecitas!», dice *Choreja*, y señala con las manos nerviosas la ubicación de la cueva, de las cuevas.

A veces, entre tanta mujer, se escucha el llanto de un niño, de un niño pequeño. Por lo agudo del llanto, *Choreja* sabe decir el tamaño exacto del chiquillo, que está a punto de padecer un suplicio. «O que, si quieren, que solo me den al niño, vaya, me valen verga las mujeres, ¡pero que me den al niño! ¿No lo oyen cómo llora? Está chiquito, así ve... así, de este tamaño... así, ve...», y baja la mano a un palmo del suelo, y luego la baja un poquito, para no errar en el tamaño del niño.

Cuando ya no puede más, cuando los gritos le torturan la cabeza por las noches, *Choreja* salta de su cama y aúlla, atormentado, sufriente. Entonces todos piensan que está loco y lo amarran en la cama. Él no entiende nada y piensa en lo locos que están todos, en lo sordos que son.

Choreja tiene pruebas de lo que dice. En el dorso de la mano izquierda tiene tatuadas dos alitas. «Si no me creen, miren: esta alita sí es mía, a huevo, yo respondo por ella», y nos muestra la alita derecha. «¡Pero esta otra a saber de quién putas es!, no es mía. ¿No ven que está medio caída? ¡Ahí es cuando llora el niño! ¿Vieron? ¿Vieron que no les estoy dando paja? ¿Vieron?...» y se mira la alita izquierda, a la que ve triste, caída. Esa es la alita que prueba que llora un niño.

Choreja peleó en la guerra civil salvadoreña.

En 1993, *Choreja* estaba en una cantina, pasando un trago pesado por la garganta en compañía de unos amigos. Como suele pasar en estos casos, una palabra mal dicha, un gesto mal interpretado, prendió la chispa que hizo fuego con el guaro. Para colmo, uno de los compadres de *Choreja* tenía un machete… y quizá ese compadre no sabía que *Choreja* tenía una pistola. El resultado fue el compadre muerto y un machetazo en la cabeza de *Choreja* que le deformó el cráneo y le robó la mitad de la oreja izquierda y, quizá, la cordura para siempre.

Choreja acabó preso en el penal más grande del país: La Esperanza. Y al cabo de un tiempo, aparecieron las voces. Ahí fue tratado como un perro. Le robaban su ración de comida y vivía como viven los animales: robando de la basura, alimentándose de la piedad burlona de los otros. Hasta que lo trasladaron a este lugar.

Hasta aquí lo siguieron esas mujeres atormentadas. Ese niño que suplica. *Choreja* fue militar. Lo reclutaron por la fuerza, cuando aún era un niño.

***

Choreja duerme al final de una habitación alargada, sobre un catre con un colchón maloliente y manchado. A lo largo del cuarto hay un catre frente a otro y entre ellos se forma un pasillo de poco más de un metro de ancho. En el espacio entre camas se pasea *Choreja*, descalzo, musitando palabras. Va de prisa, como si fuera a un lugar importante. Al llegar al inicio del pasillo, da media vuelta y vuelve hasta su catre.

Sobre las camas suele haber bultos, tapados por completo con sábanas roñosas, y un montón de rostros perdidos que le sonríen a la nada. En el pasillo por el que camina *Choreja* siempre hay tráfico.

Un hombre avejentado y diminuto pregunta todo el día, con su boca cholca, si ya le toca regresar a la penitenciaría central. «¿Ya me van a mandar a Mariona? ¿Ya me toca irme a Mariona? ¿Le puede decir al juez que si por favor me manda ya a Mariona? Es que a mí me gusta más en Mariona». No importa qué se le responda, él lo entenderá como un sí. «Gracias, gracias. Entonces, ¿ya me toca irme a Mariona?».

Un tipo grande, probablemente muy fuerte, sonríe sin parar. Nació con una deformidad: es como si sobre su cerebro hubieran vaciado el cráneo en estado líquido, y luego este se hubiera endurecido, lleno de surcos y de bultos de los que brota el pelo. Es un tipo muy amable y le gusta dar la mano... y que se la den.

En la puerta de una habitación contigua ríe y llora una mujer. Habla como si fuera una niña y cuando se le pregunta cómo está ríe a carcajadas para demostrar que está bien. «Contenta, contenta, feliz», dice. Luego llora con auténtica amargura porque extraña a su hijo. «¡Hijo, te amo, hijo, te extraño, hijo! ». Y se va derramando lágrimas, renqueando. Hace tiempo que se fracturó el tobillo derecho y nadie se lo enderezó; así que el hueso pando se terminó pegando a otro hueso fuera de lugar y ahora camina con el pie de lado, apoyando un callo antiguo que se le formó en la parte externa del pie. Se echa sobre su catre sucio, llorando por su hijo.

En un pequeño cuarto de madera se celebra una reunión donde un hombre mayor da un discurso que se supone debe ser motivador para unos quince hombres que, para ser francos, no lo escuchan:

—Vieran qué triste se siente eso de oír voces, tener temblores permanentes, ver gente que no existe.

El tipo es todo un actor. Cuando cuenta su vida en la calle, hace gestos que respaldan la idea de que está durmiendo, o comiendo basura, o viviendo apestoso, sucio.

—Yo regalé a un niño, un hijo mío, ya habrá tenido unos sus ocho meses, porque ya se sentaba solo, no me acuerdo ni a quién se lo regalé...

El tipo es sólo un visitante, es el padrino de la Asociación de Alcohólicos Anónimos que ha formado una sede también en esta prisión. Da testimonio de su vida como borracho y, frente a él, los quince hombres que no lo escuchan miran para distintas direcciones, ríen solos o lo observan boquiabiertos sin hacer ni un gesto. Hay un solo tipo en un rincón que escucha ansioso, deseando que el padrino se calle de una buena vez. Cuando esto al fin ocurre, aquel hombre salta al atril, levantando las manos, como las personas que aparecen en los programas televisivos de concursos. Se llama Levy.

«Mi nombre es Levy, conocido a nivel nacional e internacional... », grita con una sonrisa de oreja a oreja. Asegura que hay un satélite que a él le toma fotos y que luego las publica en una revista que circula en ciento ochenta países. Cuando tiene la atención de los demás, cuando puede sentirse un poquito superior, Levy es feliz, brilla.

Así transcurren los días en este manicomio, o cárcel, según por quién se deje uno guiar: la Dirección General de Centros Penales (DGCP) asegura que estamos en el pabellón psiquiátrico de centros penales; pero según las autoridades del Hospital Psiquiátrico, estamos en el ala penitenciaria del hospital para enfermedades mentales.

Más allá de dónde ponga uno el acento, todos o casi todos los que están recluidos en este recinto han cometido delitos graves y un juez los ha declarado inhábiles para afrontar la ley, debido a sus evidentes trastornos mentales. Según el Código Penal salvadoreño, uno de los atenuantes ante la justicia es precisamente ese: estar loco de una locura demostrable, no haber sido capaz de medir las consecuencias de los actos cometidos.

Tomando en cuenta la gravedad de los delitos que cometieron y el riesgo que ellos representan para la sociedad, el juez deberá sustituir la pena por «medidas». Sin embargo, por lo general, las dos son demasiado parecidas: en lugar de condenar a una persona con esquizofrenia paranoide a treinta años de prisión, se le cambia la pena por la medida que dicta que esté recluido veintinueve años en este sitio.

Claro, para recibir semejante medida, el interno… o el paciente —siempre es complejo decidir el epíteto que debe usarse— tuvo que haber cometido un asesinato y el juez tuvo que haber advertido que las condiciones en las que vivía no garantizaban que no volvería a matar, y entonces mandó confinarlo en esta cárcel-manicomio. El problema es que al menos el 60% de las personas que están en este pabellón han asesinado a alguien. El resto han lesionado gravemente a personas, generalmente familiares, o son violadores… o enfermos mentales que según la ley no medían las consecuencias de sus actos. Depende dónde ponga uno el énfasis.

Quienes habitan este pabellón probablemente guarden más similitudes con la población penitenciaria que con pacientes de la red de hospitales públicos. Viven hacinados y sus posibilidades de rehabilitarse gracias a los procesos institucionales son muy pocas o nulas.

Para septiembre del año pasado, ochenta y ocho personas vivían en un espacio pensado para sesenta. Al finalizar el año, había más de cien. Desde luego, si se le compara con el nivel de hacinamiento del resto de recintos penitenciarios, habría que decir que viven holgadamente. Con lujos, incluso, como que cada uno tiene su propio catre, o al menos un pedazo de colchoneta que les separe las espaldas del llano suelo. O sea, un catre o un pedazo de colchoneta para cada uno. Quizá por eso algunos incluso hacen alguna que otra trampa para acabar acá.

En nuestra primera visita al pabellón encontramos que los internos amaban la cámara de fotos. Posaban, bailaban… exigían fotos y ser entrevistados cuantas veces fuera posible. Todos, excepto dos huéspedes huidizos, ariscos.

Yuri Rodolfo Jenkins, por ejemplo, una vez que nos veía entrar, corría de donde estuviera a refugiarse de pies a cabeza bajo su sábana. Resultaba impresionante el tiempo que era capaz de pasar sin asomar ni los ojos. Él era asesor del ministro de Economía y catedrático de la maestría en Finanzas de la UCA . La Policía lo capturó por el delito de acoso sexual contra dos menores de edad y él convenció al juez de que padecía ataques de pánico y una terrible depresión. Yuri consiguió pasar su proceso en el recinto psiquiátrico, hasta que fue declarado inocente.

La otra es Jessica Emilia Santos. Ella fue capturada en mayo del año pasado, justo en el momento en que pretendía vender tres fusiles M-16, que había robado de los arsenales militares. Ostentaba el grado de subteniente del Ejército y, según fuentes de la Policía, las armas irían a parar a manos del cártel de Los Zetas, en Guatemala. A cualquier pregunta, Jessica respondió siempre: «I don't speak Spanish». Solía ser agresiva con las otras internas y para diciembre le habían quintuplicado la dosis de calmantes a fin de que pudiera convivir en paz con sus compañeras. Según la ley, ella padece una notoria depresión.

***

Algunos días se les permite a los internos abandonar la galera-celda en la que transcurre su vida, para visitar un patio de cemento. No es raro que algún custodio tome un silbato y haga de profesor de deporte. A veces también hace de árbitro de fútbol.

Mientras jugaba en un patio interior, en 2010, Víctor Álvarez falló una patada al balón de fútbol y, como consecuencia, se rompió la uña del dedo gordo del pie derecho. Víctor jugaba descalzo. Hasta hace poco, la mayoría de internos andaban descalzos.

Pasaron los días y las semanas y Víctor dejó de moverse. Cuando alguien por fin miró su dedo, estaba podrido, negro, comido por la gangrena. Había que amputarlo, pero para ello se necesita la autorización de algún familiar, y nunca nadie había visitado a Víctor. El pie empezaba a ponerse negro también. Entonces, la directora, Rosmary Dinarte, tuvo que averiguar dónde fue capturado. Luego hubo que dar con la delegación de Policía de ese lugar. El tobillo comenzó a perder la vida; el tejido del pie entero estaba muerto, ya no circulaba sangre por él. Cuando algún policía de la delegación recordó esa captura, fueron hasta la casa donde solía vivir Víctor y encontraron a una hermana. Al fin había alguien que podía autorizar la cirugía. La mujer se puso al teléfono y le gritó a la directora: «¡No me importa lo que le pase a él. No vuelva a llamarme!», y colgó. Dinarte interpretó aquello como un sí y se la jugó autorizando la operación.

En 2000 Víctor apaleó a su madre hasta matarla. Ahora mira a los extraños con ojos huraños y esconde su pierna derecha bajo las sábanas. La gangrena le comió la pierna hasta la rodilla. Le avergüenza mostrar el muñón. Víctor ha aprendido a usar una prótesis de plástico que le entregaron luego de amputarlo. Padece una esquizofrenia paranoica profunda que le impide distinguir la realidad de sus propias fantasías.

Antes de que la directora Dinarte asumiera la responsabilidad de este pabellón, el recinto era dirigido por uno de los custodios. Hasta esta administración, al parecer, a ninguno de los directores generales de centros penales anteriores les había parecido que una galera llena de locos ameritara un director en forma.

No existe un programa especializado para cada interno. Hay un solo psiquiatra para todos los pacientes. Aunque el recinto está físicamente dentro de las instalaciones del Hospital Psiquiátrico, es una isla. Los internos no pueden salir del perímetro para recibir terapia ocupacional en los edificios contiguos, ni para ser tratados por especialistas en sus trastornos. Quienes son capaces de seguir instrucciones reciben clases de piñatería y de origami. Los pacientes reciben regularmente la visita de un pastor evangélico y de su equipo, que les enseñan cantos religiosos y les explican la Biblia. A veces llega un cura. Todas las semanas los visita un grupo de Alcohólicos Anónimos. Cuando les pidieron que bautizaran al grupo de Alcohólicos Anónimos, Levy insistió en que se le llamara «Grupo Mente Sana».

***

Cuando visitamos el pabellón por primera vez, en octubre del año pasado, había dos niños de aproximadamente diez años, según los cálculos del psiquiatra del lugar. Son niños encerrados en cuerpos de hombre.

Uno es Juan; juguetón, servicial. Casi nunca habla, pero ríe siempre. Corretea por el recinto y cuando consigue marcar un gol lo celebra a gritos, y la alegría le dura toda la tarde. Juan nació con retardo mental. Su cuerpo lleva creciendo veintitrés años, pero su psique quedó atorada en una eterna infancia. En el cantón donde vivía abusó de un niño y fue remitido al penal La Esperanza, hasta que alguien reparó en su evidente condición.

El otro es Silvio, que es tan serio, tan grave. Es barbado y fácil de provocar. Silvio habla siempre con diminutivos y ha inventado su propia muletilla: «ito». Cuando la usa para hablar con alguien significa que ese alguien ha sido de su agrado. Ito quiere decir «amiguito». Le gusta contar que cerca de su cantón había tres canchas de fútbol. Le gusta que lo abracen. En el cantón donde vivía, un pastor tuvo la ocurrencia de exorcizarlo para sacarle los demonios que lo perjudicaban. Silvio lo mató a machetazos.

En medio de un culto evangélico, luego de mucho cantar y aplaudir, una mujer les cuenta un cuento que, según la Biblia, ya había sido contado hace bastantes años. Se trata de la parábola del hijo pródigo.

«Había una vez un señor que tenía dos hijos…», dice la mujer, y sigue contando el relato, dando brincos, actuando, haciendo voces, según el personaje que interpreta. Juan está absorto, con la boca abierta, con los ojos brillantes, como ocurre a los niños de su edad cuando los adultos les relatan una historia. La mujer interpreta al desfachatado hijo, al que luego se le apellidará pródigo, en medio de una juerga con mujeres, licor y bailes, y Juan suelta una enorme carcajada, y en la cara se le dibuja la felicidad, el deseo de que aquello no termine nunca.

Al concluir, la mujer les descifra el cuento. Les explica que no importa el pecado que hayan cometido, que Dios los perdonará si se arrepienten verdaderamente. Silvio no puede más y se pone de pie sin pensarlo mucho para gritarle a la mujer: «La escuché, hermanita de antiojitos, y me llegó al corazoncito mío».

***

En un pequeño rancho campesino de Usulután vivía una pareja de ancianos, junto a su hijo menor, Isaías. El chico tenía un temperamento irascible y los ancianos se habían autoimpuesto una disciplina: nunca dejar nada afilado a su alcance. Así pasaron los días y los años e Isaías dejó de ser un niño y de pronto su altura y su fuerza eran las de un hombre.

Un día, el anciano llegó de trabajar y, al desmontar su caballo, olvidó que en la silla estaba atado un machete.

Ese día Isaías estaba molesto con su padre, pues lo había reñido en la mañana. Tomó el machete y se dirigió hacia él. Al ver lo obvio, la anciana intentó intervenir, creyendo que su voz suavizaría el enojo del muchacho. Él le partió el brazo izquierdo a machetazos y luego hirió a su padre hasta quitarle la vida.

La mayor parte de los internos de este recinto son homicidas, y sus víctimas por lo general fueron aquellos a los que tenían más a la mano, como el hombre que mató a su hijo a golpes, o la mujer que parió en una fosa séptica, o la madre que asfixió a sus niños… Por eso suelen ser indeseables. Por eso, en la mayoría de casos, las familias prefieren olvidarlos para siempre, sepultar su recuerdo o vivirlo con odio. Por eso, aunque las visitas están permitidas todos los días a la hora del almuerzo, casi nunca hay nadie.

A la una de la tarde, los custodios colocan unas bancas que separan a los que tienen visita de los que no; y esa barda loca, casi imaginaria, ha dado lugar a un ritual diario que distingue a los internos en dos clases. Los afortunados siempre son minoría: nunca son más de cinco y el resto mira del otro lado de la banca, envidiando la suerte de quienes fueron recordados, imaginándose a sí mismos del otro lado de la banca.

El abandono de algunos llegó a ser tan profundo que la directora Dinarte se inventó una especie de «plan padrino», que apela a la lástima ajena, a la buena conciencia de algún prójimo, no a través de dinero, ropa o juguetes, sino a través de compañía. La idea de la directora era convencer a algunos para que adoptaran a uno de los internos que nunca reciben visitas y se aparecieran por ahí de vez en cuando, para hacerlo sentir acompañado, aunque sea por un extraño. Para que pudieran pasar la banca aunque sea de vez en cuando.

La lista para el plan de la directora solo está hecha para aquellos internos con condenas largas, que nunca han recibido una sola visita. Hasta finales del año pasado aún no había ningún padrino.

Una sola persona llega todos los días al recinto a visitar a su hijo. Es una pequeña mujer, una anciana que usa siempre vestidos de manga larga, para ocultar las cicatrices que un machete le dejó en el brazo izquierdo. La madre de Isaías llega puntual todos los días a la una de la tarde, llevando un tarrito con comida, un cepillo de dientes y un calzoncillo limpio para su hijo.

La anciana pasó tres meses recuperándose de la fractura en el brazo y domando la tristeza de saberse viuda. Cuando por fin se decidió a visitar a Isaías, él le reconoció la voz y lloraron juntos por la tragedia que les había ocurrido. Eventualmente Isaías pregunta por su padre. Quiere saber cuándo irá a visitarlo. El resto del tiempo está con la mirada perdida, babeando sobre una colchoneta.

A su madre lo único que le preocupa del encierro de su hijo es que se acabe. ¿Quién cuidará de él cuando ella falte? Es solo un niño. «¡Ay, es que este bichito es bien peleonero! Viera las cosas que ha hecho… ¡imagínese que mató al papá!».

***

Levy pide que le tomen una foto solo a él, para que salga en todos los periódicos; no, mejor no, mejor que le tomen una foto a él hablándole a todos los demás, pero que los demás estén de espaldas, que solo a él se le vea la cara… y que se publique en todos los diarios, claro.

Choreja pasa por ahí, apurado, rumiando palabras, e intenta saludar, pero Levy le corta el impulso: «¡Andate a la mierda, loco cerote!», y *Choreja* baja la mirada y sigue a paso rápido musitando cosas inaudibles.

Choreja no está en la lista de personas a apadrinar, porque una vez, el año pasado, llegó una hermana a verlo. Él tiene una terrible sospecha sobre su ausencia de visitas: «¿Será que esos cerotes me los mataron a todos? Puta, esa es mi preocupación», dice, y sigue caminando solo, susurrando cosas extrañas.

Publicada el 9 de enero de 2012

La triste historia de un reclusorio para niños llamado Sendero de Libertad

Roberto Valencia

Este centro, bautizado con el ambicioso nombre de Sendero de Libertad, recibió en los primeros días de abril de 2011 a un menor de edad llamado Alexander. Condenado por tráfico de drogas, el juez ordenó su encierro después de saltarse las condiciones de su libertad condicional. Las dos primeras noches Alexander las pasó, como es el procedimiento habitual con los nuevos, en uno de los módulos tercermundistas que hay junto al portón principal.

El reclusorio lo controlan pandilleros que se autodenominan «retirados», que odian a muerte a los pandilleros activos, que a su vez odian a muerte a los retirados. Se respira demasiado odio en Sendero de Libertad. Por eso, antes de asignar sector a un recién llegado, las autoridades lo aíslan hasta que se convencen de que no es miembro activo ni de la Mara Salvatrucha (MS-13) ni del Barrio 18. Es cierto que la piel de Alexander estaba limpia de tatuajes, como la de un adolescente ejemplar de una colonia bien, pero también lo es que hace años en El Salvador eso dejó de ser garantía de nada.

Tras las dos noches de aislamiento, avalaron su traslado al Sector 1. Allí lo esperaban ciento veinte jóvenes con el verdadero examen de admisión. Un ex de la MS-13, que *en la libre* vivía en la misma colonia, lo reconoció de inmediato y lo presentó como primo de un pandillero activo. Suficiente para dar por finalizado el interrogatorio. En ese momento Alexander debió sentir como si un bus se le viniera encima. Uno, diez, treinta puños pies antebrazos cabezas codos lo golpearon una y otra y otra vez. No tardó en caer al suelo reseco. Al principio trató de cubrirse. Lo pisotearon arrastraron patearon. Al poco ya no pudo. Lo patearon en la cara brazos nalgas piernas espalda pecho boca… Lo patearon.

Del personal del centro nadie intervino.

Cuando Alexander recobró el sentido, la turba lo tenía amarrado de pies y manos, y un niño se esmeraba en tatuarle una sentencia de muerte en el pecho: una M y una S del tamaño de dos manos, y tachadas por sendas cruces. Un tatuaje así te convierte en objetivo prioritario para la MS-13 —sin importar las razones, muerte segura— y para nada te aparta del punto de mira del Barrio 18.

—¿Y qué iba a hacer? Yo me vine a despertar con el ruidito de la máquina —me dice cuando lo entrevisto, ocho meses después del ataque.

La máquina es un motorcito de un transistor ensamblado a una varilla metálica y a una aguja, un artilugio con el que los tatuadores artesanales inyectan bajo la piel —a falta de tinta— el espeso hollín que sale de los vasos plásticos blancos cuando arden. Suena horrible, pero Alexander sabe que tuvo suerte.

—Tuve suerte —dice—, gracias a Dios, porque a otros los han marcado a pura Gillette.

—¿Y los orientadores? ¿Y los custodios? ¿Nadie te ayudó?

—Y ellos qué iban a hacer…

La respuesta de Alexander tiene su lógica. Después entenderán.

Al día siguiente, desfigurado por el linchamiento y con su sentencia de muerte tatuada en el pecho, llegó al despacho del director y le contó lo ocurrido. Lo aislaron de nuevo, y aislado lleva hasta esta mañana de diciembre. El Estado salvadoreño, que lo encerró para procurar su reinserción, lo ha incluido en un programa de remoción de tatuajes que en tres o cuatro sesiones eliminará lo negro, pero que dejará siempre un delator surco de carne abultada.

Alexander y su pecho esperan volver a las calles este año.

***

Un día de estos, cuando bien entrada la tarde me retiro de Sendero de Libertad, un custodio de los de la Portería se me acerca, enigmático.

—Ya lo he visto varios días por acá. Usted es periodista, ¿no?

—Sí, estoy llegando porque quiero conocer cómo es aquí…

—Pues si quiere conocer de verdad, debería llegar en la noche. Viera qué relajo. Los del Sector 1 se salen de las casas a beber y a endrogarse. Gritan, ríen, aquí ni hay encierro ni hay nada. Todas las noches. Los vecinos de la colonia Helen, la de atrás, se lo pueden contar también. Viera qué relajo.

***

Lo que hoy se conoce como Centro de Inserción Social Sendero de Libertad se inauguró el jueves 25 de mayo de 1995, en

presencia del presidente de la República, el presidente de la Corte
Suprema de Justicia y un nutrido grupo de diputados; los tres poderes reunidos para la foto oficial de un lugar concebido como pieza
fundamental del nuevo sistema de justicia juvenil. La reinserción
social, ese concepto tan resbaladizo, ya tenía cómo y dónde .

Como si se tratara de un presagio, una mañanera tromba de
agua deslució la inauguración, aunque no pudo con el optimismo.

El presidente de la República, Armando Calderón Sol, dijo
que un Estado fuerte era indispensable para hacer frente a las maras,
un fenómeno incipiente pero en franca expansión. Elizabeth de
Calderón, su esposa y presidenta del Instituto Salvadoreño de Protección al Menor (ISPM), se comprometió a que la readaptación
fuera «un objetivo primordial» del Gobierno. María Teresa de Me-
jía, la directora del ISPM, fue más allá: «El joven que ingrese tendrá
probabilidades altas de no delinquir de nuevo». Aquella euforia desmedida cristalizó en una frase escrita por uno de los periodistas que
cubrió el evento: «El centro de menores de Ilobasco, construido en
tiempo récord, ha sido calificado por consultores internacionales
como el paradigma de Latinoamérica».

Escribió: paradigma de Latinoamérica.

El optimismo quizá estaba justificado. Apenas tres años y
medio atrás se habían firmado los Acuerdos de Paz, que pusieron
fin a una dolorosa guerra civil que se prolongó doce años. El Salvador, un minúsculo país centroamericano que la Guerra Fría colocó
en la agenda mundial, logró una solución negociada que satisfizo a
tirios y troyanos, y que Naciones Unidas aún hoy presenta como
uno de sus máximos logros.

De un día para otro el país se llenó de organismos internacionales, de agencias de cooperación y de oenegés que aterrizaron
con las maletas llenas de dólares y de planes. Tras décadas de violaciones a los derechos humanos, la creación de un sistema de justicia
juvenil apegado a directrices *made-in-United-Nations* se convirtió
en obsesión: en 1993 se aprobó la Ley del Instituto Salvadoreño de
Protección al Menor; en 1994, la que hoy se conoce como Ley Penal Juvenil, y un año después el Reglamento General de Centros de
Internamiento para Menores Infractores. Había dinero para la causa —mucho— y en ese contexto surgió Sendero de Libertad.

De alguna manera, a El Salvador le ocurrió como a John
Clayton —el mítico Tarzán— cuando regresó a Londres después de
años de vida en la selva: se pensó que un bonito traje y unas pocas
clases de etiqueta serían suficientes para calmar los instintos.

—Es un criterio muy personal, pero creo que no pensaron
muy bien el tipo de población que se iba a atender. La Ley Penal Juvenil es buena, pero se dejó de lado una sociedad que salía de una
guerra con carencias emocionales, con tanto huérfano. Nunca se hizo

trabajo psicológico en las comunidades. Por eso hoy tenemos lo que tenemos —me dijo José Paulino Flores, Paulino, que algo debería saber del tema, pues trabajaba como orientador cuando Sendero de Libertad recibió a los primeros menores; hoy es el subdirector.

Construir y equipar el centro costó una pequeña fortuna: 2.6 millones de dólares de la época. Se eligió Ilobasco, una ciudad provinciana a cincuenta y cinco kilómetros de San Salvador, y se apostó por unas instalaciones que satisficieran hasta los gustos del más exigente burócrata de Naciones Unidas: más de doce manzanas para albergar a doscientas cincuenta personas (la principal cárcel salvadoreña, Mariona, es más pequeña y adentro se hacinan más de cinco mil personas); diez casas independientes para un tratamiento especializado; casilleros y camas para cada interno; surtidísimos talleres de carpintería, sastrería, panadería, artesanías y computación; canchas de fútbol, baloncesto y voleibol; salón de usos múltiples y biblioteca y clínica médico-odontológica; ropa, calzado y útiles en abundancia... También se levantó una gigantesca torre, más alta que la de muchos aeropuertos, que serviría como reservorio de agua potable. Se tomaron tan en serio lo de que Sendero de Libertad fuera un espacio para la reinserción y no para el encierro, que apenas una malla ciclón separaba a los internos de su libertad.

La administración se dejó en manos del ISPM, institución que en 2002 fue rebautizada como Instituto Salvadoreño para el Desarrollo Integral de la Niñez y la Adolescencia: el ISNA. El nombre, Sendero de Libertad, lo eligieron los propios internos meses después de haber abierto las puertas, una decisión que no hizo gracia a sectores conservadores de la sociedad, pues decían que les recordaba a Sendero Luminoso, la organización terrorista peruana.

Lo que queda diecisiete años después de la inauguración es una caricatura del paradigma ofrecido: sin biblioteca, sin centro de computación, sin camas. Siete de las diez casas están cerradas por inhabitables, y las otras tres huelen a hacinamiento, como cualquier celda de una cárcel salvadoreña. No es solo el olor. Las incontables fugas y la violencia entre los internos —y hacia los empleados— obligaron poco a poco a sectorizar, a crear zonas de aislamiento y a levantar garitones de vigilancia y muros coronados con alambre razor. La reducción del presupuesto, a partir de 1999, y los motines en los que los jóvenes destrozaban las instalaciones contribuyeron, pero fue la expansión del fenómeno de las maras —y la inoperancia de la sociedad salvadoreña para detenerla— lo que marcó el ritmo de la degradación física y sobre todo conceptual del centro.

Quienes vivieron los primeros años los recuerdan menos complicados: distintas pandillas bajo el mismo techo, respeto de los menores hacia el personal, más recursos... Por decisión del ISPM, el reclusorio lo administraba una congregación llamada Misioneros de Cristo Crucificado. Entre 1996 y 2001 el padre Jaime González Bran vivió y trabajó en Sendero de Libertad, primero como coordinador de orientadores y luego como director. Cuando lo visité en octubre en Atescatempa, un pueblo guatemalteco fronterizo con El Salvador donde ahora es párroco, me dio su versión del fiasco.

—Nuestro sueño para Ilobasco —dijo— era crear algo para los muchachos de primer ingreso y sin problemas de pandillas, porque Sendero no tenía ni infraestructura ni personal capacitado para tratar a muchachos con diez internamientos o con perfil psiquiátrico crónico. Pero los jueces empezaron a enviarnos a jóvenes exageradamente violentos y, con esos liderazgos negativos al interior, se volvió más difícil rescatar al muchacho que fuera rescatable.

—¿Cree que hay muchachos no rescatables?

—Había muchachos con cierto perfil psiquiátrico que nunca debieron haber llegado a Sendero. Eso lo dijimos toda la vida. Ellos necesitan intervención psiquiátrica. No es que no fueran rescatables, sino que no teníamos los recursos para sacarlos a flote.

En torno al cambio de milenio, después del primer niño asesinado en una riña, se ensayaron estrategias para intentar revertir la degeneración. A finales del año 2000 el Estado creyó que separar las pandillas sería la solución, y Sendero de Libertad quedó para expandilleros y civiles. No funcionó. En abril de 2001 ingresaron los militares para imponer disciplina a través del ejercicio físico. No funcionó. A finales de 2003 se introdujo población femenina, en teoría menos conflictiva. No funcionó. Y en 2006 se creó una comunidad terapéutica para tratar drogodependencias. Tampoco funcionó.

Del paradigma de Latinoamérica solo quedó la referencia en los periódicos viejos. Tras la salida de los curas, en marzo de 2001, los directores se sucedieron uno tras otro, como si se tratara del banquillo de un equipo de fútbol mediocre. El centro empezó a generar titulares sobre muertos, fugas y motines, cada vez más escandalosos, como si desde el inicio alguien lo hubiera planeado todo para que Sendero de Libertad caminara inexorable hacia su propio 11-S, el 11 de septiembre de 2010.

***

La ley es cristalina como manantial de agua pura: aquí no debería haber internos arriba de los dieciocho años. Sin embargo, abundan.

—Ese que acaba de recibir la pelota tiene veintinueve años, pero un juez nos lo mandó para acá —me dijo Paulino, el subdirector.

Paulino es sincero, mesurado y propositivo. Todo al mismo tiempo. Tiene treinta y ocho años, esposa y dos hijas, pero su personalidad conserva chispazos juveniles, quizá porque ha estado en este centro desde los veintiuno. El sobrepeso, la cara redonda y los pequeños lentes que la miopía le obliga a cargar le dan aire de bonachón, de amigo de todos, de alguien a quien le cuesta mentir. Paulino conoce los nombres de todos sus compañeros y de la mayoría de los internos.

Presentarlo como subdirector podría generar confusión. Nominalmente lo es, sí, pero él se sigue viendo como un orientador. Entre las ochenta y cinco personas que trabajan en el reclusorio hay psicólogos, instructores, trabajadores sociales, maestros, custodios... y la columna vertebral formada por una veintena de orientadores. Con turnos de veinticuatro horas, son los que más contacto tienen con los jóvenes, los que deben monitorear y registrar sus avances y retrocesos, sus teóricos hermanos mayores.

Paulino camina por todos los sectores sin temor a ser agredido. Suena básico, pero no está al alcance de todo el personal. Escuché en más de una ocasión que algunos lo llaman *Gordo*, pero su figura es respetada y hasta generadora de empatía. Es porque nunca los ha denigrado ni los ha insultado, me dijo.

Una tarde de diciembre, cuando nos dirigíamos a la cocina, pasamos junto a un grupo de unos diez jóvenes que estaban ociosos bajo la sombra de un árbol.

—¡*Júe*! ¡*Júe*! —les gritó Paulino, como si yo no estuviera a la par.

La respuesta fue un coro desordenado pero voluntarioso *júe, júe, júe...*

—Pauli, ¿qué horas tenés? —preguntó uno.

—Las dos con treinta minutos, *m'ijo*.

Seguimos caminando.

—¿Oíste, va? —me preguntó—. Digo una palabra como *júe*, y todos se emocionan... Uno tiene que aprender cómo crear asertividad. Es la base de todo.

—¿Cómo les decís: *júe* o *húe*?

—*Júe*, de juego. Si me preguntás qué es, ni yo lo sé. Comenzó hace años como *juela*, y ahora me topo con que *júe* se escucha en todo Ilobasco.

Otro día, un jueves de agosto que estábamos paseando por el Sector 2, clausurado por inhabitable pero que hasta su cierre albergaba a los activos de la MS-13, me contó algo que a su juicio ilustra la obtusa visión del fenómeno de las pandillas que, una vez terminada la guerra, tuvo toda la sociedad salvadoreña.

—¿Ha oído —aún nos tratábamos de usted— del partido de El Salvador contra México en las eliminatorias del Mundial 94? ¡Bien me acuerdo yo! Ganamos con golón del *Papo* Castro Borja.

116

Lo vi por televisión: todo mundo feliz, y no sé por qué yo me fijé en una particularidad, quizá porque el destino va fijando las cosas, pero recuerdo que en la retransmisión dijeron: «¡Damos la bienvenida a estos compañeros de la Mara Salvatrucha, que han llegado al Cusca desde los Estados Unidos!». Y les hicieron una toma. Creo que los comentaristas eran Carlos Aranzamendi y Tony Saca. Yo desde entonces me quedé pensando: Mara Salvatrucha.

Aquel partido se jugó en abril de 1993.

Apenas cinco minutos antes de contar la anécdota, Paulino me había señalado la fachada de una de las casas del Sector 2.

—¿Ve ese manchón, *chelito*? Ahí había pintada una garra de la Mara Salvatrucha, de hueso, y usted ya sabrá que cuando es garra de hueso simboliza muertos. Es como un trofeo. La hicieron después de lo del 11 de septiembre, para que la vieran los del Sector 1.

Todos los días, en casi todas las conversaciones con personal o con internos de Sendero de Libertad, se mencionó el 11 de septiembre de 2010. Esa fecha se ha convertido en un referente, un punto de inflexión, un antes y un después.

El 11-S estalló la ira.

***

Otro día de estos, bien entrada la tarde, cuando me retiro de Sendero de Libertad, el mismo custodio de la Portería se me acerca, elocuente.

—¿Vio hoy cómo está aquí de *full*? Tenemos a diecisiete…

—¿De nuevo ingreso todos?

—No, nada que ver. A muchos no los quieren abajo o los traen porque les han hecho sexo allá. ¿Ve ese que está ahí sentado? Lo violaron. Sus padres han puesto una denuncia en el juzgado que lleva su caso, el Segundo de Santa Tecla.

***

Tercermundista es un adjetivo peyorativo, políticamente incorrecto, trasnochado incluso. Hay quien cree que debió haberse abandonado su uso cuando cayó el Muro de Berlín. Pero a pesar de las burbujas de primermundismo que hay esparcidas por todo el país —léase: torresfuturas, grandesvías, haifais, residenciales altos-del-no-sé-qué, palcos viaipí, toyotaprados, estarbucs...—, El Salvador sigue siendo tercermundista.

Los módulos de la Portería —junto al portón principal de Sendero de Libertad— son tercermundistas, siendo generosos. Miden menos de un metro de anchura y menos de dos metros de largo.

117

He conocido ascensores más espaciosos. Son de bloques de concreto, con una puerta metálica que ocupa todo lo ancho y tienen por techo una reja cuadriculada. Sin luz. Los inquilinos no se mojan solo porque están bajo la estructura que cubre todo el portón.

Los compartimentos se construyeron con el propósito de evitar que el recién llegado fuera transferido directamente a sectores donde podía ser agredido. Pero la violencia incontrolable los ha convertido en un área permanente de aislados para los proscritos del Sector 1 y de la Exbodega, también conocida como Sector 3. El día lo pasan sueltos, aunque no pueden alejarse por su propio bien. De noche los encierran. Cuando en diciembre me recibe Alexander, el menor al que tatuaron su sentencia de muerte en el pecho, lleva seis meses viviendo aquí.

—Una vez en mi celda habíamos catorce —me dice.

Catorce menores —catorce espaldas, catorce cabezas, cincuenta y seis brazos y piernas— encerrados de seis de la noche a seis de la mañana en un espacio en el que no cabe un sofá, a oscuras, con botellas llenas de orines en las esquinas.

—¿Cómo se hace para dormir catorce?

—Unos pocos colgados del techo, en hamacas, y los demás en el suelo, sentados, con las piernas bien topadas al pecho… Si alguno durmiendo se me recuesta, pues ni modo, ¿qué le voy a hacer? Tampoco lo voy a espabilar. Mejor tratar de llevar las cosas en paz.

En Sendero de Libertad impera la ley del más fuerte, y poco o nada pueden hacer las autoridades. Pero a pesar de su situación, Alexander me dice que no cambiaría su cubículo tercermundista por ningún otro lugar del reclusorio. Le aterroriza la idea de que lo muevan.

—Yo no puedo ir al Sector 1 porque está esa persona que dice que soy de la Mara. ¿Qué le dijeron al director la vez pasada? Si bajan a ese bicho, lo sacarán en bolsa negra. ¿Cómo voy a querer bajar? Y en la Exbodega me salieron con que me iban a hacer las letras en las piernas y tachármelas. ¡*N'ombre*, mejor aquí me estoy!

***

La víspera del 11-S, el 10 de septiembre de 2010, llegaron a Sendero de Libertad unos quince menores procedentes del Centro de Inserción Social de Tonacatepeque, el reclusorio que el Estado asignó hace una década a la MS-13. Todos eran ex de la Mara Salvatrucha —*pesetas* o retirados, según quién los etiquete— que llevaban semanas o meses aislados allá. Como Sendero de Libertad tenía un sector entero para expandilleros, los jueces creyeron que el traslado era lo más conveniente.

Pero esa decisión judicial resultó ser un detonador. Es cierto que había odio acumulado y que el control del reclusorio estaba desde hacía años en disputa entre *emeeses* y retirados, pero sin traslado no habría habido 11-S.

—Los jueces nos exigen el bienestar de los jóvenes, y muchas veces ellos los envían al matadero —me dijo Paulino, una de las muchas veces que hablamos sobre lo ocurrido ese día.

El traslado de los quince se realizó en la tarde. Como en los reclusorios salvadoreños parece haber más teléfonos celulares que cepillos de dientes, de Tonacatepeque salió una orden precisa: nomás aterricen, *tópenlos*. Mátenlos. Durante el ingreso hubo amenazas, insultos, pedradas y carreras, pero la presencia de custodios armados y la inminencia de la noche pospusieron lo inevitable. El grupito fue llevado a una casita a la que llamaban *La Conejera*.

En la actualidad, Sendero de Libertad tiene tres áreas para internos: el Sector 1, al fondo, con tres casas en las que malviven entre ciento diez y ciento treinta jóvenes, entre expandilleros y civiles; la Exbodega, una casita que un día fue la residencia de los orientadores y que ahora acoge a entre treinta y cincuenta expulsados del Sector 1; y los dos cubículos tercermundistas de la Portería. En 2010 había también un Sector 2 —más grande, más poblado— repleto de activos de la MS-13, y para aislados existía además *La Conejera*, que es adonde recalaron los recién trasladados. Llegar a *La Conejera* desde el Sector 2 exigía atravesar el Sector 1.

En la pandilla nadie puede negarse a la batalla. Le iría peor. Pero me sorprendió volver a comprobar la naturalidad con la que asumen que la violencia es la única salida. La única.

—¿Por qué uno cuando hay desvergue no puede quedarse en su cuarto y ya? —pregunté a uno de los catalogados como bien portados.

—No, porque… eso no se puede. No se puede. Si pasa algo… pues… todos ¿va? Cuando todos, todos, ¿va? No importa en lo que esté uno. Yo quizá quisiera estar solo viendo, pero tengo que estar ahí.

La misma sensación tuve otro día, durante uno de los paseos con Paulino. Nos detuvimos a hablar con un grupo, y la conversación fue tan lúcida o más como la que se puede tener en un aula universitaria.

—Estos serán de los tranquilos, ¿no? —le pregunté apenas nos alejamos tantito.

Paulino solo sonrió.

—Aquí todo eso es relativo, mi estimado. Ahorita puedes hablar con alguien y pensar que qué hace este chico aquí, pero ese mismo muchacho, si hay una efervescencia, tiene que acompañar y demostrar que es de los que va adelante.

La efervescencia del 11-S duró más de cuatro horas.

Inició poco antes del mediodía, cuando un *emeese* saltó el muro que separa los sectores y abrió el portón ubicado junto a la escuela. Aunque en principio no iba con ellos, el Sector 1 respondió, y arreció una lluvia de pedradas, alternada por esporádicos combates cuerpo a cuerpo. Las armas en ambos bandos eran las mismas: piedras, corvos hechizos, varillas de hierro y palos afilados, punzones y unos polines filosos de más de un metro a los que llaman matabúfalos.

En las primeras tres horas se sucedieron violentísimas y masivas arremetidas, de un lado y de otro, sin que ningún bando se impusiera, como en Verdún. Los heridos se acumulaban. El personal, más escaso que de costumbre por ser sábado, se limitó a buscar refugio. El Ejército y la Policía acordonaron el centro, pero el aval para el ingreso tardó demasiado. Casi al final, una nueva embestida de la MS-13 logró que sus rivales retrocedieran a su sector, pero un niño no alcanzó el portón antes de que lo cerraran. Los *emeeses* lo mataron con sadismo.

«La Policía encontró un interno brutalmente asesinado», consignó al día siguiente *El Diario de Hoy*, un periódico local, pero la frase se queda corta. La turba deshizo a golpes el cuerpo, la cabeza se la vaciaron, su rostro desapareció. «Era como una bolsa de carne molida» y «le sacaron toda la cara y quedó como guacalito» son descripciones de personas que vieron el cuerpo, cercenado con una saña que cuesta siquiera imaginar, pero que se ha convertido en una forma de vida para un significativo sector de la juventud salvadoreña.

El interno asesinado se llamaba Víctor, y era un civil de diecisiete años que estaba preso por robo, aún sin condena, y que desde su llegada se había mostrado como un *bróder*, que es como en el *bajomundo* se conoce a los evangélicos.

Paulino ingresó aquel día después de que lo hicieran varios pelotones de la Unidad de Mantenimiento del Orden (UMO). Aún brillaba el sol. Las instalaciones, destrozadas una vez más. Los pasillos, saturados de malheridos. El saldo del 11-S fue un fallecido y más de medio centenar de lesionados, de los cuales la mitad tuvieron que ser hospitalizados.

—Es doloroso ver que a jóvenes de dieciséis, quince o veinte años los matan como si fueran basura… —me dijo Paulino un día que hablábamos del 11-S mientras almorzábamos—. Yo tengo dos hijas, y me pregunto: ¿qué voy a dejarles? ¿Por qué crees que sigo aquí? No es por el sueldo, que es de 650 dólares antes de impuestos, poco para la responsabilidad que nos echamos. Yo lo hago por convicción, porque creo que algo se puede hacer para que esta sociedad deje de sufrir. No es por mí, que tengo casi cuarenta años y ya sufrí lo que tenía que sufrir, pero ¿qué voy a dejar a mis hijas? ¿Con quién se va a casar mi hija de nueve años? ¿O mi hija de catorce? ¿Con quiénes?

***

Sus cuarenta y cinco años lo convierten en uno de los personajes más longevos de Sendero de Libertad. Natividad Díaz, don Nati, es el enfermero que desde febrero de 2008, de lunes a viernes, de siete treinta de la mañana a tres treinta de la tarde, se preocupa por el bienestar general. Hay un doctor asignado, sí, pero llega salteado: cuatro horas lunes y miércoles, y dos más los viernes. El médico no deja de ser un visitante. Don Nati forma parte de.

Hoy es agosto y es jueves, y cuando llego a la casucha que funciona como Enfermería don Nati está solo, sentado detrás de un escritorio, encerrado por dentro porque nunca se sabe. Lleva desabotonada la bata blanca que lo singulariza, aunque su cortísima estatura basta para volverlo inconfundible.

—Don Nati, ¿hay algún secreto para trabajar aquí?

—La paciencia. A veces suceden cositas, como que los jóvenes por A o B motivo le dicen cosas a uno, pero uno se acostumbra. No necesariamente por un apodo uno se va a enojar. Uno tiene que adaptarse al tipo de lugar.

De la nada, una cabeza juvenil que se asoma por una ventana enrejada.

—Nati, regalame una pastilla pa'la cabeza, porfa.

Don Nati es un hombre curtido. Su bachillerato en Salud lo obtuvo en 1988, y comenzó como camillero de combate en el Batallón de Sanidad Militar, en plena guerra civil. Trabajó luego diez años en el Seguro Social, se fue mojado a Nueva Orleans, regresó a los dos años, y trabajó después para el Ministerio y en una clínica privada, hasta que salió la plaza en Sendero de Libertad. Aquí hace casi de todo: regala pastillas para la goma, cose carnes abiertas, drena el pus de los diviesos, inyecta, atiende traumatismos y politraumatismos, trata la picazón de la escabiosis, imparte charlas sobre higiene personal, sana los cortes que deja el razor criminal…

—Me ha tocado incluso llevar pacientes al psiquiátrico por tanta droga que consumen —dice.

También ve las infecciones por los tatuajes hechos con máquinas caseras.

De la nada, frente a la otra ventana enrejada pasa otro joven que, suponiendo a don Nati en la soledad, grita con ganas: «¿Qué ondas, pequeña xxxxx?». No alcanzo a entender la última palabra, pero resulta evidente la voluntad de la humillación. El joven se aleja riendo con risa cavernosa. Don Nati me mira con pena. Yo hago como que no he escuchado nada.

Escenas similares ocurrirán más veces con más empleados. El respeto a la autoridad, a la edad, siquiera a la persona que algún día te puede sacar de un aprieto, no está muy extendido en Sendero de Libertad.

**

La arquitectura jurídica salvadoreña en materia juvenil está llena de artículos y numerales muy rehabilitadores, muy primermundistas todos. Pero no se hacen cumplir. Es más, parece que a casi nadie le importa su incumplimiento. Digamos: el 27 de la Constitución, el literal c) del 37 de la Convención sobre los Derechos del Niño, el 119 y el 127 de la Ley Penal Juvenil, el 17 y el 18 del Reglamento General de los Centros de Internamiento para Menores Infractores, el 31 y el 33 del Reglamento de las Naciones Unidas para la Protección de los Menores Privados de Libertad, etcétera, etcétera y etcétera.

Alguien sentado frente a una computadora, en un despacho bien acondicionado de San Salvador, Beijing o Riad, escribe que en lugares como Sendero de Libertad «la escolarización, la capacitación profesional y la recreación serán obligatorias», pero es al docente, al orientador o al instructor de talleres a quien le toca explicárselo a unos niños con acceso a drogas, a alcohol y criados bajo una rígida estructura pandilleril.

«Yo no puedo obligarlos a ir a la escuela a la fuerza. Decirles: "¡Vayan!". Me los echaría de enemigos», se sincera un profesor del Centro Escolar Sendero de Libertad, ubicado dentro de las instalaciones. De los quince matriculados en los grados que él atiende, solo siete asisten con regularidad, y hay días que da la clase solamente para tres.

Los políticos, los opinadores, los periodistas nos escandalizamos —algunos; otros, ni eso— cuando una fuga masiva, cuando un motín sangriento, pero asumimos con naturalidad las limitaciones presupuestarias, la desidia, la violación de derechos. En la actualidad, incluso después de la reforma que aumentó la pena máxima a quince años de encierro, un niño que a los diecisiete cometiera mil y una barrabasadas recuperaría su libertad, lo más, con treinta y dos años. Aunque solo fuera por puro egoísmo, a la sociedad salvadoreña debería interesarle su rehabilitación.

**

Los 11 de septiembre son y serán días de onomásticas sonadas. En el de 2011 se cumplieron diez años de los ataques a las Torres Gemelas en Nueva York; en Santiago de Chile conmemoraron treinta y ocho del magnicidio de Salvador Allende, y en la India se acordaron del centésimo quinto aniversario del inicio de la resistencia no violenta de Mahatma Gandhi. Sendero de Libertad también quiso celebrar el primer aniversario de su propio 11-S, y para recordar una fecha que ni los involucrados recordaban ya, el ISNA organizó un culto de agradecimiento a Dios, bajo el argumento de que se cumplían doce meses sin muertes. Toda una novedad.

Ese domingo amaneció fresco y luminoso en Ilobasco. Temprano, un grupo de hermanos de la Iglesia de Restauración Elohim llegó para acondicionar el salón de usos múltiples y para instalar el poderoso equipo de sonido y los instrumentos. Formaron la palabra Jesús con vejigas de colores, desplegaron y alinearon medio centenar de sillas plásticas, y lograron un imposible: dar calidez a un local tan deteriorado que costaba creer que sirviera para algo más que para dar sombra. Mientras adecentaban el local, el subdirector de Inserción Social del ISNA, Israel Figueroa, y el director del centro, Hugo Castillo, visitaron la Exbodega.

—Miren, en primer lugar, quiero felicitarlos —les dijo Figueroa—. Este año he visto una gran diferencia: ahora estamos luchando por la vida, no por la muerte. ¡Eso ya se acabó! Y lo menos que podemos hacer es dar gracias a Dios. ¿Estamos de acuerdo, jóvenes?

Un año da para mucho. En un país en el que la atrocidad se ha naturalizado, la batalla del 11-S no había tenido impacto en la agenda mediática —media página en *El Diario de Hoy* y una triste columna en *La Prensa Gráfica*, sin seguimiento—, pero el ISNA removió al director y aprovechó la ola para trasladar a todos los pandilleros de la MS-13 a Tonacatepeque. Transcurrida una década desde que se planteara y quedara por escrito esa voluntad, Sendero de Libertad al fin se convirtió en un reclusorio exclusivo para expandilleros y civiles. No por ello cesó la violencia. Nada más alejado de la realidad.

La ausencia de la Mara Salvatrucha, el enemigo común, acentuó las tensiones internas. Un crisol de grupitos comenzó a disputarse el mercado de drogas, y esporádicamente siguen estallando revueltas para asumir el liderazgo. Con el Sector 2 en ruinas, los ataques entre internos obligaron a crear la Exbodega primero y a cambiar la función de la Portería después. Ante la pasividad del Estado, en Sendero de Libertad sigue habiendo extorsiones, violaciones, castigos salvajes, torturas y tatuajes-sentencia en contra de la voluntad. Unos jóvenes contra otros.

Hay además otro tipo de violencia que, visto lo visto, podría considerarse de baja intensidad, pero que ha calado en el diario vivir. Es la violencia que los *cuadrados* (así llaman a los que tienen condena firme y algún tipo de liderazgo) ejercen contra los provisionales.

Un viernes de septiembre ingresé en el Sector 1 junto a Pedro Gutiérrez, el coordinador de orientadores, justo cuando se repartía el almuerzo.

—A los nuevos les prohíben hasta hablar con nosotros si no hay un *definitivo* cerca —me dijo.

La entrega de alimentos es como en las cárceles: se dan bandejas llenas de comida —buena, muy buena comida, créanme— a un responsable por cada habitación, para que ellos la repartan. Pero a cada uno de los *provisionales*, para intentar garantizar que coman, se la ofrecen en mano, sin intermediarios, y cuando los *cuadrados* están saciados.

Cuando entré con Pedro, una hilera de niños esperaba su ración. A unos metros, dos *cuadrados* reían y tiraban puñadas del arroz que les había sobrado —casi siempre sobra— sobre los *provisionales*, que se limitaban a sacudirse resignados los granos del pelo.

—Deje de hacer eso a los cipotes ya, niño —dijo Pedro a uno de ellos.

—Cálmese, *Píter*. Estamos dando alegría a los vatos, los estamos felicitando —respondió uno de ellos sin dejar de tirar arroz, la risa acentuando cada palabra.

—No —trató de razonar Pedro—, pero eso se hace en la iglesia, cuando alguien se casa. No aquí.

—…

—Bueno —se rindió Pedro—, ustedes saben lo que hacen…

—Síííííí… El *Píter*, ¿va?

Salvo que esté apadrinado por un *cuadrado*, a un nuevo le toca, en el mejor de los casos, aguantar vejámenes con resignación, lavar la ropa y hacer la limpieza. Pero es una violencia de baja intensidad a la que le cuesta poco saltar a la categoría de torturas. Dicen que se ha calmado tantito, pero las bromas habituales en Sendero de Libertad van desde revolcadas en el fango hasta ser metido en un barril y rodado por una pendiente. Un día que entré en la Exbodega había en la puerta del baño un folio escrito a mano que en otro contexto sonaría a niñería, pero que aquí no lo es. Decía: «El que arruine la puerta le va a tokar Batukada (hasta que el cuerpo aguante)».

Otro día que pude hablar largo y calmado con uno de los *cuadrados* del Sector 1 le conté el incidente del arroz.

—Pero eso no es nada. Aquí se bromea bien pesado. Si uno

no se pone vivo, le cae una gran pedrada a uno. Yo estuve un tiempo en esas cosas, pero ya no…

—¿Y los orientadores qué hacen cuando ocurre eso?

—¿Y ellos qué van a hacer?

La violencia en el reclusorio ha devaluado tanto la figura del orientador que uno de ellos me llegó a decir que en la práctica se han convertido en los choleros de los niños. Son los que salen a comprarles las sodas de dos litros a la tienda que hay en la entrada y poco más, me dijo.

En estas condiciones, quizá sí era necesario el culto de agradecimiento a Dios por doce meses sin muertos.

Paulino se paró detrás del atril, frente a no más de treinta *bróderes*, y comenzó con la oración de bienvenida.

—Muy buenos días, hermanos, que la paz del Señor esté con ustedes. En esta mañana muy importante, muy especial y sobre todo muy confortante, necesitamos… ambientes diferentes, necesitamos personas diferentes, y los ambientes y las personas diferentes siempre son obra del Señor, porque él está ahí. Para Dios no hay nada imposible, nada…

El culto duró más de hora y media. Después, Figueroa se desplazó hasta el Sector 1, juntó a un buen número de jóvenes por unos minutos, y también los felicitó por su buen comportamiento desde el 11-S.

***

Hoy es el último martes de octubre, y esta tarde de cielos limpios es aún más calurosa dentro de la bodega enrejada de los víveres que el Estado compra para los muchachos. Sobre una larga mesa de madera en el cuarto de los refrigeradores —dos refrigeradores y dos congeladores llenos de carnes variadas, quesos, embutidos y cremas— hay un gran recipiente metálico, semiesférico y semilleno de semillas oscuras.

—Mire lo que tenemos aquí —dice Noé, la satisfacción impregnada en cada una de sus palabras—. ¿Sabe qué es? Es cacao, para hacerles chocolate. Les encanta, con leche y puro también.

La semilla de cacao sabe amarga.

Noé Alvarado tiene veinticuatro años, es técnico en Gastronomía y se encarga no solo de que el menú sea idóneo en sabores, texturas y nutrientes, sino también de todo lo administrativo-financiero en la cocina. Ecónomo, le dicen a lo que él hace. No cualquiera puede serlo. Noé se graduó en diciembre de 2009 en la escuela especializada en ingeniería ITCA-FEPADE, y antes trabajó como encargado de cocina en un concurrido restorán llamado La Bodeguita del Cerdito.

—Creo que comen mejor aquí que afuera. Dos veces al mes tengo que darles lonja, ¿y cuánto vale la libra de lonja? Ni en mi familia teníamos eso garantizado cuando yo estaba chiquito. Pero cuesta que comprendan… Quiero hacerles entender que coman vegetales, pero algunos no quieren, y más de uno hasta me ha ofendido alguna vez, aunque en general tengo buena comunicación. Son más los que lo aprecian a uno.

—Para esta noche, ¿qué están preparándoles?

—Vamos a ver…

Noé da un par de pasos y se asoma a la cocina, donde tres de sus subordinados preparan la cena. Unas hojas escritas a mano y pegadas en la pared explicitan el menú de toda la semana. Lee:

—Hoy cenarán plátano frito, casamiento, crema y pan francés. Y para desayuno les dejamos huevo duro con tomatada, frijolitos guisados, queso, dos franceses y la bebida: café con leche. Ah, y siempre se les da un pan dulce.

—¿Cuál es la comida que más les gusta?

—Para el almuerzo… carne a la plancha. Y en la cena, cuando hacemos hamburguesas, *hot-dog* o sándwich. Les encanta. —A Noé le encanta su trabajo. «Me encanta mi trabajo», dice.

Su padre no quería que estudiara cocina, lo veía poco apropiado, pero un hermano mayor lo apoyó. Noé es el séptimo de once, y el suyo fue un hogar en el que nunca sobró el dinero, pero en el que todos lograron el cartón de bachiller. La clave, dice convencido, es la familia. Si la familia funciona, la sociedad funciona.

—Casi todos los jóvenes vienen de familias desintegradas. Aquí hay de todo, pero muchos delinquen porque no tienen qué comer o para ayudar a la mamá. Por eso digo: si cometieron un error, tienen derecho a una segunda oportunidad. Si todos fuéramos juzgados por los errores que cometemos, todos estuviéramos presos.

Noé resultará el más optimista entre todas las personas con las que hable en Sendero de Libertad, quizá porque es de los que menos tiempo lleva.

***

Hugo Castillo, la persona que asumió después del 11-S, es el director más atípico que ha tenido Sendero de Libertad. En términos futbolísticos sería un canterano, alguien de las categorías inferiores que se cuela en el primer equipo. Comenzó como orientador en diciembre de 1997, a los veintitrés años, y subió todos los peldaños hasta convertirse en la máxima autoridad, un hecho sin precedentes. «Mi universidad es acá», dice el director Castillo, quien también sigue viéndose —y actuando— como un orientador. Igual que Paulino.

—Es que aquí todos deberíamos ser orientadores. Todos deberíamos orientar a los muchachos para que tuvieran una actitud positiva —dice un jueves de agosto en su modesto despacho, recalentado porque se ha ido la energía eléctrica y no funciona el ventilador—. Orientar debería ser una actitud, pero muchas veces nos vienen profesionales en equis carrera y se enfrascan en eso, en querer los casos ya, concretos. «Yo soy licenciado y traeme el caso», dicen, pero algunos ni se acercan a platicar con los muchachos.

Por su personalidad —introvertido, poco confrontativo—, pero sobre todo por su cargo, al director Castillo le toca ser optimista. Dirige un centro ruinoso, donde a veces no hay ni para comprar una pelota o un chorro, pero prefiere ver el vaso medio lleno. Habla de cambios positivos en la actual administración del ISNA. «Ahora ya nos tratan como parte de la institución», dice. Pero tres lustros viendo desde primera fila el enquistamiento no pasan en vano.

—Si un joven se deja ayudar, dos años son suficientes. El problema es que no se trata solo del joven: muchas veces la familia influye negativamente y el mismo ambiente en los centros de internamiento no es el más adecuado para tomar decisiones.

El director Castillo tiene un hijo de trece años. Le cuesta concebir que pudieran encerrárselo en un lugar como el que él dirige.

—Muchos dicen que la ley es demasiado garantista, pero cuando yo veo a mi niño… No me lo imagino en Sendero de Libertad, y todos estamos expuestos a eso. Yo eso le digo a la gente para hacer conciencia: si su hijo estuviera en un problema, ¿le gustaría que pasara detenido quince años?

***

—Yo siento que la sociedad salvadoreña no cree en la juventud —dice Colette.

En unas horas, noviembre de 2011 será pasado y en la pantalla de la computadora sonríe Colette Hellenkamp: veintiocho años, estadounidense, trabajadora social, voluntaria hace años en Cristianos por la Paz, una oenegé que durante 2006 y 2007 mantuvo un esmerado programa juvenil en Sendero de Libertad. Colette viajó docenas de veces de San Salvador a Ilobasco para trabajar con un grupito de niños infractores seleccionados por la dirección. En un plano personal, la experiencia fue muy enriquecedora, dice, pero no terminó de convencerla la dinámica interna. La desidia.

—Las personas que trabajan en lugares así, si realmente quieren ayudar, tienen que crear relaciones con los jóvenes, generar confianza. ¡Confianza! Hay que ir adonde están ellos, apoyarlos en sus problemas, ayudarlos… conocerlos bien, pues… como seres humanos que son.

Seres humanos que son, dice.

***

Hay tantos informes sobre Sendero de Libertad que con sus páginas se podría empapelar el Palacio Nacional.

A las instituciones y a las oenegés parece que les gusta evaluar diagnosticar radiografiar. Tan solo en los últimos tres años, la Procuraduría para la Defensa de los Derechos Humanos, la oenegé Fundación de Estudios para la Aplicación del Derecho (FESPAD), la Unidad de Justicia Juvenil de la Corte Suprema de Justicia y hasta la Comisión Interamericana de Derechos Humanos han evaluado el reclusorio y redactado el respectivo mamotreto. Pero todos esos estudios pecan de superficialidad: se centran en cifras y en opiniones, no en dinámicas.

Paulino redactó hace unos meses, sin que nadie se lo pidiera, un remedo de ensayo en el que recoge una idea muy extendida entre los empleados de Sendero de Libertad. Más allá de clasificaciones por edad, sexo, pandilla o condición jurídica —repiten los que más de cerca viven el problema—, los jóvenes infractores se dividen en dos grandes grupos: los que quieren reinsertarse y los que no quieren.

—El Estado debería separarlos e invertir el grueso de sus recursos en los que quieren —me dijo Paulino con paradójico entusiasmo—, con un sistema de atarraya y de pesca para halar a los que en principio no quieren y pasarlos a los centros en los que estén los que quieren.

Quizá funcionaría, quizá no. Pero me sorprendió encontrar, después de haber leído tanto informe oenegero-institucional, una propuesta concreta, novedosa, medible. Nunca es tarde para recomponer las cosas, me había dicho Paulino cuando nos conocimos. En otra ocasión, mientras veíamos sentados sobre la grama la final de un torneo interno de fútbol rápido, a Paulino se le desató la vena filosófica, como tan seguido le sucede.

—Yo esto de la violencia lo comparo con el cáncer. No sabemos a las cabales cómo ni por qué se origina, pero se tiene un tratamiento relativamente efectivo: la quimioterapia. ¿Por qué entonces en El Salvador se pierde tanto tiempo y dinero investigando de dónde viene la violencia, cómo surgió, en lugar de esforzarnos en aminorarla? Es triste… es triste ver cuántos jóvenes están muriendo por gusto.

Las palabras pesan, el eco silencioso ensordece.

***

El último día de estos, cuando bien entrada la tarde me retiro de Sendero de Libertad, el custodio de los de la Portería se me acerca, mesurado.

—Está más calmado hoy aquí. Nueve tenemos nomás. Ayer trasladaron a cinco para Tonacatepeque. Descubrieron a tiempo que eran de la Mara.

***

Jueza impone diez años de internamiento a menor.
San Salvador, 11 de noviembre 2011 (Interjust). El Juzgado 3º de Menores impuso la medida definitiva de diez años de internamiento contra un adolescente de diecisiete años, procesado por homicidio agravado en perjuicio de David González, de treinta y dos. La jueza, Yanira Herrera, luego de haber establecido la agravante de la premeditación, impuso la medida. El imputado continuará en el Centro de Internamiento «Sendero de Libertad», en Ilobasco, departamento de Cabañas. Según datos del proceso, el homicidio se registró a la 1:20 p.m. del pasado 18 de julio en la zona donde se comercializan «tortas mejicanas», en el parque «Hula-Hula» de San Salvador. La víctima ya había abordado su vehículo cuando el menor le disparó. El móvil del hecho no fue clarificado. En el hecho fueron capturados en flagrancia el acusado y un vigilante del lugar. Asimismo no se logró establecer si el menor perteneciera a pandilla alguna. El proceso pasará a la orden del Juzgado 2º de Ejecución de Medidas.

***

La Convención sobre los Derechos del Niño, en su artículo 40, obliga a los estados firmantes a dar prioridad a las «medidas alternativas a la internación». A Naciones Unidas no le excita la idea de encerrar menores, y ese criterio lo aplica parejo a sociedades tan dispares como la suiza, la china o la salvadoreña.

El Salvador ratificó la Convención en julio de 1990, y en el plano jurídico la intención de respetarla es incuestionable. En la Ley Penal Juvenil vigente, la privación de libertad se define como excepcional y se explicita que será «por el menor tiempo posible». La Política Nacional de Juventud 2011-2024, elaborada durante el Gobierno del presidente Mauricio Funes, tiene entre sus metas a corto plazo «ampliar en un 30% las medidas alternativas a la privación de libertad». En otras palabras: El Salvador se compromete a priorizar las amonestaciones orales, los servicios a la comunidad y la libertad asistida para jóvenes como los de Sendero de Libertad.

El representante de Unicef en el país es un puertorriqueño llamado Gordon Jonathan Lewis. Cuando solicité hablar con él, creí que se atrincheraría en la defensa de la Convención y de los otros cuerpos normativos apadrinados por Naciones Unidas, como las Reglas de Beijing o las Directrices de Riad. Sin embargo, el escenario que planteó fue mucho menos radical, e incluso sugirió que, siempre que se respeten los principios rectores, El Salvador debería buscar su propio modelo para abordar la violencia juvenil.

—Esto no es negro o blanco; existe la posibilidad de que un Estado tome medidas que incluso contraríen reglas y directrices, solo que ante el Comité de los Derechos del Niño hay que justificar que responden a una realidad en el terreno, después de una evaluación rigurosa y sostenida. Pero en El Salvador hay una serie de realidades a las cuales tenemos que responder.

Lewis se refería, obvio, a las maras.

—El problema en El Salvador —dijo— es que estamos buscando soluciones inmediatas a problemas estructurales. Pero, ¿cuál es el problema de fondo aquí? Que tenemos un modelo económico y productivo que fomenta la desintegración familiar y el debilitamiento de las estructuras comunitarias.

Dos décadas después de la ratificación de la Convención, El Salvador tiene una arquitectura jurídica que poco difiere de la suiza, pero hablar de cambios en el modelo económico y productivo sigue sonando a chino.

***

En Sendero de Libertad cualquier día, a cualquier hora, por cualquier motivo puede haber un linchamiento, una pelea entre bandos o un amotinamiento. O todo a la vez.

—Aquí mucho depende del estado de ánimo de los jóvenes —me dijo una vez Paulino.

En el fin de semana del 8 y 9 de octubre los jueces remitieron a cinco niños. Pasaron sus primeras noches en los módulos tercermundistas de la Portería —el procedimiento habitual con los recién llegados—, y el lunes en la tarde, después de que el psicólogo y los orientadores se convencieron de que no eran pandilleros, los llevaron al Sector 1. Allí los esperaban ciento veinte jóvenes con el verdadero examen de admisión.

Hubo suerte dispar en los interrogatorios. A uno le compraron que era *civil* y se quedó en la Casa 6, la de los *provisionales*. Otros dos salieron relativamente bien librados: nomás los zarandearon, les dieron pescozones y los expulsaron del sector el mismo lunes, por la sospecha. Los últimos dos, una pareja de primos detenidos por extorsión y venidos desde Nueva Concepción, en Chalatenango, no pasaron el examen. Pero ese día ahí quedó todo.

—A un recién llegado lo entrevistan orientadores y psicólogos. ¿Qué hacen ustedes para concluir lo contrario que ellos? —pregunté otro día a un ex de la MS del Sector 1.

—¡Es que ellos solos se *descosen*! A las personas se les conoce por el hablado, por cómo caminan, por dónde viven… Y aquí activos sí que no queremos.

—Pero vienen sin tatuajes ni marcas, ¿cómo saben si están *brincados*?

—Es que no es que sea *brincado* o no. Media vez una persona anda en esto, ya estuvo. Mire, el deschongue del año pasado fue porque de años dejaron entrar activos que decían que no, que yo tranquilo, y muchos hasta *bróderes* se hicieron para mientras, ¿y qué pasó? Hicieron su grupito, levantaron ala, y terminaron quedándose con el Sector 2. Y por eso reventó esto.

Visto así, tatuar una sentencia de muerte en forma de dos letras tachadas no deja de ser un macabro mecanismo de defensa.

Quizá eso les esperaba a los primos de Nueva Concepción. Como si lo supieran, pasaron todo el martes 11 de octubre pegados al portón de acceso al sector. Poco antes de las tres y media de la tarde, la turba se les fue encima e inició el ritual del linchamiento. Esta vez, el inconfundible sonido de unos balazos se apoderó de todo el reclusorio.

En Sendero de Libertad, la seguridad perimetral la brindan custodios de la Dirección General de Centros Penales y fuera de las instalaciones hay un mínimo contingente de militares. Cuando el linchamiento inició, fue el custodio del garitón de vigilancia el que disparó su arma al aire en repetidas ocasiones. Lejos de replegarse o tirarse cuerpo a tierra, los jóvenes la emprendieron a pedradas contra el garitón y obligaron al custodio a parapetarse. El linchamiento no se interrumpió. Un soldado de la entrada, al escuchar la bulla, también disparó su fusil de asalto.

—Si no dejan de disparar esos cerotes, vamos a *topar* el centro —gritó altanero el más influyente de los líderes del sector.

Un orientador se la jugó. Entró, cargó al menor que estaba más a mano y lo sacó. Al otro le fue peor. Inconsciente, tuvo que esperar a que Pedro y Paulino llegaran desde el edificio de la Dirección. Pedro lo cargó en brazos como pudo, y se lo llevaron de urgencia a un hospital. El bicho estaba *desconectado*, me dijo un menor. Le habían abierto la cabeza con una barra de hierro.

—Sin esos disparos, lo hubieran matado —me dijo Pedro, días después.

Al joven que amenazó con *topar* el centro lo llamaremos *El Pincha*. Es un ex de la MS con condena de siete años y al que me presentaron como alguien «de choque». Su nombre apareció en incontables conversaciones durante cuatro meses. Para bien o para mal, daba la impresión de que en Sendero de Libertad nada se movía sin que *El Pincha* diera su aval. Un día aparecía, corvo en mano, encabezando una turba; otro, pidiendo a las autoridades que le permitieran formar un equipo de fútbol. Un día estaba quebrando focos y pidiendo la cabeza del orientador que reportó ante el juez una fracción de sus desmanes; otro, en un refugio para damnificados por las lluvias, al frente de la delegación de menores infractores que donó sus ciento veinte almuerzos.

—Desde el momento que atraviesas la puerta y pones un pie aquí adentro, entras en un mundo diferente a todos. Estos jóvenes son únicos, y este lugar es maravilloso para conocer al género humano —me había advertido Paulino tiempo atrás.

Mes y medio después de los linchamientos del 11 de octubre, el problemático, ultraviolento y contradictorio *Pincha* recuperó la libertad.

—Uf, al fin se fueron los problemas del Sector 1... —me confesó uno de los orientadores.

Los problemas regresaron a las calles.

Publicada el 23 de enero de 2012

La espina del Barrio

Óscar Martínez y Juan Martínez

—No vayan a mandar ovejas a cazar al lobo, porque el lobo tiene uñas y dientes, culeros, y bien afilados, para acabar de joder —dijo el sicario a los presos que lo escuchaban del otro lado de la líneatelefónica.

Los presos intentaban hablar, pero el sicario poco se los permitió. A cada frase amenazante de ellos, él respondía determinado, de inmediato, como quien ya hace mucho esperaba esa llamada, la llamada en la que le anunciarían que otros sicarios estaban tras él.

—Ya sabemos qué pedo —amenazaron los presos—, y con olor a pino vas a salir de ahí.

—Hijos de puta, si ni hacen de pino las cajas aquí, las hacen de conacaste y de mango. Ni sabés de cuál madera las hacen y ni conocés el olor a los pinos. De aquí van a salir con olor a humo, porque aquí M-16 tengo para todos ustedes, hijos de puta —mintió el sicario sobre el fusil que no tiene.

El «aquí» al que el sicario se refería es el solar que aún habita. En el solar hay rábanos que él cultiva, hay tierra seca que las raíces de los rábanos exprimen, hay dos plantitas de marihuana también, que él espera le rindan en invierno. De cara al solar, de espaldas a la calle de adoquines que él poco visita, está la casita, por así llamarla. Un cuartito que él habita. Cuatro paredes de bloque de concreto sin pintar, unas vigas visibles y un techo de cinc ondulado. Calor. La puerta de metal y la ventanita que dan a la calle de adoquines siempre —siempre— están cerradas. Y lo más importante, adentro de la casita también viven su mujer —una muchacha silenciosa que aún no cumple los dieciocho años— y una bebé cachetona que el sicario y ella procrearon.

—Bicho culero, La Bestia… —intentaron terminar la frase los presos.

—¡La Bestia a mí no me controla, sino que yo controlo a La Bestia! —los interrumpió el sicario.

Quién sabe si el sicario cree realmente que él controla a La Bestia. A veces dice que sí, a veces que nadie la controla. Lo cierto es que La Bestia lo acecha. Al cruzar la calle de adoquines que él casi nunca patea, hay un puesto de investigadores policiales. Precario, con letrinas, con pila para lavar ropa. Calor. Sobre la mesa del investigador jefe hay un memorándum reciente y confidencial que dice que tengan precaución, pues la inteligencia policial ha detectado un plan para atacar el puesto de detectives y al sicario que ellos cuidan. Dice que el plan es atacarlo con M-16. Ametrallar el puesto y la casita.

Después de haberles dicho aquello acerca de La Bestia, el sicario recuerda que ya no le respondieron nada. Los presos se limitaron a escuchar las amenazas de quien ellos pretendían amenazar.

—Ya vieron que ya intentaron mandar a alguien a pegarme. A mí no me hacen cosquillas con eso. Les esperan treinta y cinco en cada cargador —volvió a recordarles el imaginario M-16.

Unos días antes del intercambio de amenazas, en la carretera principal que conecta el país con este pueblito llamado El Refugio, la Policía arrestó a un muchacho que llevaba ocultos en un bolsón un fusil M-16, cuatro cargadores y una pistola .9 milímetros con otros ocho cargadores. El detective jefe del puestecito vecino nos dijo que esas eran armas destinadas a matar al sicario.

El sicario no quiso terminar aquella diatriba telefónica sin antes recordar a los presos que él les había servido muy bien, que él fue buen mensajero de La Bestia, que él es quien es.

—Si el Barrio tiene espinas —les dijo—, yo soy la espina del Barrio; si el Barrio tiene veneno, yo soy el veneno del Barrio, hijos de puta; y la cizaña, aquí está también. Y si quieren, cáiganme.

La tarde en que el sicario nos contó de aquella conversación con los presos fue la tarde en que lo conocimos. Luego de conversar con el jefe del puesto policial, el inspector Gil Pineda, entramos a la casita del solar a conocer al sicario con el que conversaríamos durante seis meses. Tras más de diez años de asesinar para la Mara Salvatrucha —la que según el FBI es la pandilla más peligrosa del mundo—, el sicario ahora es un testigo protegido de la Fiscalía General de la República de El Salvador. El sicario ha entregado a todo su grupo cercano, a toda su clica, la Hollywood Locos Salvatrucha. Uno a uno, ha contado sus secretos. Cuarenta y dos pandilleros guardan prisión y son acusados de homicidio y asociación ilícita gracias a la traición de uno de sus mejores asesinos. Los presos que lo llamaron son líderes de la pandilla conocidos como *El Lunático*, *El Riper* y *El Black*, todos presos en la cárcel de Ciudad Barrios. Al muchacho que arrestaron con la pistola y el fusil en la carretera lo conocen como *El Crimen*. La taca del sicario, el apodo que se ganó a base de descuartizar, acribillar, decapitar y apuñalar, contrasta con su historial. Él, a sus veintiocho años, sigue presentándose como *El Niño* de la clica de los Hollywood.

El Niño es un producto perfecto de esta fábrica de muerte que somos como país. Su vida es una suma de circunstancias que siempre dio el mismo resultado: uno peor.

El preludio de El Niño

—Ya cuando te brincaste y mataste, entonces hiciste un pacto con el diablo, ya sos pieza del diablo, sos alma entregando alma, *men*. Y, al menor rato, entregar la de uno también, porque en la calle así es también: cuando te toca, te toca —nos dice *El Niño*, sentado al cobijo de la sombra de un muro.

Es mediodía y el calor arremete furioso contra el solar. Hay en el aire un olor dulzón a fruta caída, y la gente afuera se mueve despacio, como si caminaran en el fondo de una piscina. El policía que cuida a *El Niño*, su custodio personal, está hoy un poco más alerta y nos mira nervioso de pies a cabeza cuando entramos al solar.

El Niño, en su papel de testigo protegido, vive en una casita alquilada frente a un puesto policial en el municipio El Refugio. Intentaron llevarlo a una de las austeras casas que la Fiscalía tiene para gente como él, pero no quiso. Eso implicaba dos consecuencias. Encierro y soledad. Él no hubiera podido llevar a esa casa a su mujer, que era menor de edad cuando él traicionó a su pandilla a mediados de 2010. Aunque, pensándolo bien, también implicaba una tercera consecuencia. *El Niño* no hubiera podido sembrar ni fumar marihuana. Y a él le encanta la marihuana.

El custodio personal es el policía de turno que se aburre a la par de la puerta de madera y enrejado que da paso al solar. Hoy está nervioso porque ayer hubo un problema con uno de los vagos de la zona que llegan a fumar —sí, *El Niño* fuma en su solar— o a comprar hierba de la que cultiva —sí, *El Niño* cultiva y vende en su solar—. El problema se resolvió con un par de machetazos, ninguno letal ni muy grave. Ambos los dio *El Niño*. Nos dice que vende marihuana porque la pensión que le envía la Fiscalía es muy poca y debe sostener a su hija de meses y a su mujer. Indudablemente, dista mucho de la idea que se tiene en la cabeza de la vida de un testigo protegido. Otra ciudad, otra identidad, otras dificultades para verlo. No, nada de eso; misma ciudad, mismo muchacho, una verja de palo, un «buenas tardes» y para adentro.

El Niño se voltea de su silla y le pide a su mujer que prepare café. Lo hace en jerga pandillera, volteando las sílabas de casi todas las palabras.

—*Rramo, otro torra nepo feca rapa trosono y tocipan.*

135

Ella le entiende y aparece con tres tazas de un café ralo y un plato de pancitos dulces tostados. Unas nubes salvadoras le plantan cara al sol por un momento y el calor se vuelve soportable durante unos minutos. Hoy, que lo visitamos por segunda vez, *El Niño* recuerda su recorrido como sicario, cuando empezó a matar.

Hace más de quince años, en los albores de los noventas, en las riberas de un río ubicado en las cercanías de una ciudad llamada Atiquizaya, en el occidente de El Salvador, un grupo de niños hacían rueda y miraban absortos cómo uno de ellos le encajaba el machete en el cuello a otro. Una y otra vez. El infantil verdugo que atormentaba con su machete al otro era *El Niño*. Estaba colérico y no pararía hasta matarlo. Estaba ofendido por las repetidas bromas que el otro niño hacía sobre sus piernas. Decía que parecían de muchacha. *El Niño* estaba convencido de que matarlo era la mejor opción para terminar de una vez con la mofa. Los demás no se metieron, solo esperaron pacientes a que terminara, y para mientras cortaron unas ramas de un árbol de mulato para tapar el cadáver. Cuando el muchacho dejó por fin de respirar decidieron entre todos dejar los restos ahí, apenas ocultos por un montoncito de ramas olorosas, para que la corriente se lo llevara, y siguieron en su faena de encontrar cangrejos negros para la sopa del almuerzo. Sabían que nadie extrañaría al muerto.

Todos estos niños eran miembros de una pequeña pandilla pueblerina, una de las tantas que afloraron por esos años. Esa se llamaba Mara Gauchos Locos o MG, y por mucho que trataran de negar su origen rural, sus apodos los delataban: *El Cabra*, *El Mosco*, *El Gato*, *El Pollo*.

La guerra recién había terminado, y estas pequeñas pandillas se habían regado por todo el país. Muchas conformaban sus filas con huérfanos y con excombatientes jóvenes. Llenaban el vacío, el hueco enorme que la guerra dejó. No hablamos de cualquier conflicto. La guerra civil dejó al país hecho añicos y el tejido social irremediablemente roto. Doce años de balas y bombas y una cifra —oficial— de setenta y cinco mil muertos, sin contar los desaparecidos, los mutilados, las violadas, los trastornados y los huérfanos, fue el oscuro saldo de esa guerra.

En esa región fronteriza con Guatemala, además de la Mara Gauchos Locos, existía también la Mara Meli 33, la Mara Chancleta y la Mara Valerios. Y, por supuesto, los temidos Uvas, del barrio Chalchuapita. Ninguna era muy numerosa ni muy estructurada. Se dedicaban a pequeños asaltos y hurtos; fumaban marihuana y entablaban formidables batallas campales entre ellos. Sus arenas eran las rústicas pistas de baile que se montaban en las fiestas, con pisos de tierra, luces y música desfasada. Por esos tiempos, Atiquizaya, el municipio vecino a El Refugio, era polvo, monte y sol, mucho sol. La « ciudad» eran algunas decenas de calles, algunas aún empedradas, y un centro administrativo todavía agujereado por los tiros de la guerra.

—Hacíamos tipo ir a los bailes, tirar tu pandilla. Robar, pelear. Riñas callejeras, toda la onda. Sin mortero, solo con palos, chacos, ondillas, cualquier cosa, pedazos de bate, toda la cerotera —recuerda *El Niño*.

A estos altercados entre pandillas, el Estado le prestaba poca o nula importancia, y la sociedad en general apenas terminaba de enterrar a sus muertos de la guerra. No había tiempo para preocuparse por este desordenado ejército de harapientos que luchaba a pedradas entre sí. La vida seguía siendo relativa, y los problemas se resolvían con machete.

La travesía de *El Niño* de Hollywood comenzó en una hacienda cafetalera a la que su familia llegó a vivir como colonos. Eran pequeños mundos estas haciendas. Hacía pocos años que tenían incluso su propia moneda y el dueño era el equivalente de un gran padre. Decidía sobre la vida de los colonos como si fueran sus hijos. Para asegurar que todo marchara en orden, derramaba una porción de su poder en la figura del capataz, al cual dotaba de una pareja de guardias para poner en orden a cualquier colono rebelde.

En esa hacienda, el capataz hizo un trato con el papá de *El Niño*: los dejaba quedarse y trabajar ahí, y a cambio pedía a la hija mayor. No la quería de esposa, ya tenía una. Necesitaba una muchacha que lo complaciera después del trabajo en el monte. El hombre aceptó y durante varios meses el capataz llegaba a desfogarse con la niña menor de quince años.

El Niño iba creciendo y, junto con su hermano mayor, comenzaba a juntarse con la pandilla local llamada la Mara Gauchos Locos, que estaba bajo el mando de un joven ladronzuelo de la zona. *El Farmacia* lo llamaban, pues te podía conseguir lo que le pidieras. Al capataz le enfurecía que el muchacho se juntara con esos pandilleros, y cada vez que iba a recostarse con la hermana de *El Niño* lo obligaba a largarse de su propia casa. El capataz era el amo y señor de este pequeño mundo, y *El Niño* ya había sentido la fuerza de su castigo en más de una ocasión.

El 24 de diciembre de 1994, *El Niño* no fue a las fiestas del pueblo. Se quedó escondido en unos arbustos viendo cómo el capataz se emborrachaba con su padre. Esperó a que las botellas de aguardiente se fueran terminando. Esperó a que los dos hombres cayeran en ese sueño pesado y aguanoso que produce el guaro de caña. El primero en caer, a pesar de la orden del capataz de que no lo hiciera, fue el padre. Al quedarse sin trago y sin compañía, el capataz enfiló hacia su casa. *El Niño* lo siguió.

En una vereda cerca de la calle de asfalto que va hacia la ciudad de Ahuachapán, la cabecera del departamento del mismo nombre, un pequeño camión que viajaba en la madrugada del 25 de diciembre se encontró a un hombre inconsciente en el suelo, con la cabeza ensangrentada, pero vivo aún. Entre el monte, se colaba una pequeña sombra fugitiva. El hombre era el capataz. Lo habían golpeado con un palo que aún estaba ahí. Le habían dejado caer varias piedras en la cabeza y en la nuca, pero ninguna con fuerza suficiente para matarlo. Tenía la ropa hecha jirones. Hubo que llevarlo al hospital. Lo cargaron en una hamaca. Iba desmayado. *El Niño*, desde la maleza, observó todo.

Esa madrugada, *El Niño* no logró matar. Quizá era muy pequeño —rondaba los diez años— y las fuerzas lo traicionaron. Quizá no sabía dónde descargar la piedra, dónde asestar el palo. Lo aprendería luego. Falló en su misión, y sin embargo ganó otra cosa. Una que le cambiaría la vida para siempre. En los pantalones de aquel hombre ensangrentado y medio muerto encontró un revólver.

Después de recuperarse, el capataz buscó al personaje sin descanso. Juró que iba a matarlo si lo hallaba. Sospechaba de *El Niño*. Es en ese momento cuando *El Niño*, perseguido, con un juramento de muerte sobre sus espaldas y sin nadie a quién recurrir, decidió refugiarse de manera definitiva dentro de la Mara Gauchos Locos. Comenzó a rodar en el submundo de las pandillas salvadoreñas, que por ese entonces bullían todas en un caldo de resultados insospechados.

El Niño se la pasaba con los Gauchos Locos, robando bicicletas a los despistados y fruta en las haciendas. Robaban gallinas en las granjas para hacer sopas en las riberas de los ríos. Estos pandilleros venían siendo aquellos retazos sobrantes de una sociedad que se confeccionó a balazos. Sin embargo, y aunque no faltaban los asaltos a punta de revólver a los borrachos y tunantes, todavía no representaban un peligro real para los pobladores de aquellas tierras. La Mara Salvatrucha 13 y el Barrio 18 eran apenas un rumor entre los pandilleros de la zona, se hablaba de ellas y de su guerra sin frontera como se habla de una tormenta venidera. Sin muchas certezas. Quienes traerían consigo esa furiosa tormenta serían los salvadoreños deportados de los Estados Unidos, los mismos que se fueron cuando niños, huyendo de la guerra o de la pobreza, y que luego regresaron convertidos en pandilleros en los vuelos federales, esposados y confundidos a un país violento que ni entendían ni los entendía. Pero de ellos, en aquellos años, apenas se hablaba.

Esto no quiere decir que ya en esos años, en la cadena alimenticia de ese submundo, no hubiera depredadores más grandes. Estaban las pequeñas bandas armadas que operaban en Atiquizaya y sus alrededores, conformadas por excombatientes de los grupos disueltos, que en la confusión del proceso de paz habían robado armas. Buenas armas. Armas de guerra. Quizá a sabiendas de que serían sus herramientas de trabajo en el futuro caótico que se avecinaba. Estas bandas no tenían nombres fijos, se trataba de familias de cuatreros o asaltafurgones. Por ejemplo, eran temidos en todos los pueblos de esa región los hermanos Víctor y Pedro Maraca, Tony y Francis Tamarindo, el peligroso Henry Méndez y su inseparable Nando Vulva. Y destacaba también entre todos esos bravos un joven que había pertenecido a la Policía Nacional y que ahora se paseaba prepotente en su camioneta 4x4 en medio de los murmullos de aquella maraña de criminales y pandilleros. Lo llamaban *Chepe Furia*.

El palabrero de El Niño

—La Mara Salvatrucha ya se oía venir, ya tronaba. Se oía de dos pandillas fuertes, la MS y la 18. Se oía decir que se iban a hacer una sola, *men*. Puta, ya cuando el bato *Chepe Furia* vino, ya dijo: aquí la Mara Salvatrucha es la que va a controlar —recuerda *El Niño*, sentado en un gran tronco en medio del solar donde vive. Calor. Se ha quitado la camisa y mira de reojo a su bebé, que viaja tranquila y recién bañada en los brazos de su madre. Arma con destreza un cigarro de marihuana, lo hace bailar con sus dedos para acomodar la hierba en el papelito, le lame una esquina para pegarla y le da la primera calada. Todavía con el humo dentro, cuenta sobre los días en que llegó a estos parajes la Mara Salvatrucha 13. Y cuenta quién la trajo desde el Norte.

Ya entrada la década de los noventa, la paz parecía haber cuajado. La guerrilla se había disuelto de manera total al igual que los cuerpos de seguridad del Estado que tuvieron el papel más sanguinario en años pasados. La nueva Policía los había sustituido y llenado sus cuarteles con nuevos reclutas que al menos tenían que tener un entrenamiento en derechos humanos.

Los deportados seguían viniendo en vuelos federales repletos y las dos grandes pandillas —la MS13 y el Barrio 18— ya eran mucho más que un rumor lejano. Decenas de clicas de ambas pandillas se habían esparcido por todo El Salvador. También su odio y su guerra.

En la región de *El Niño* las cosas no fueron distintas. Las pequeñas pandillas del barrio Chalchuapita, La Periquera, La Línea, todas zonas periféricas de Atiquizaya, se habían convertido en clicas del Barrio 18. Todas estaban bajo el mando de un hombre de apellido Vindel, conocido como *Moncho Garrapata*, y su hermano menor, *César Garrapata*. Las otras micropandillas, como la Mara

Gauchos Locos, Meli 33 y Valerios, estaban rodeadas y peleaban en estado de unión eventual contra los recién llegados.

En esos días, regresó deportado aquel expolicía que se convirtió en bandido. *Chepe Furia.* Se había ido para Los Ángeles durante los ochenta, y ahí se había hecho miembro de una clica de la Mara Salvatrucha 13. Se encontró con que sus enemigos angelinos del Barrio 18 también habían sido deportados y campeaban por esa región. De inmediato reunió a sus antiguos compañeros de asalto para clonar su clica californiana en la polvorienta y calurosa ciudad de Atiquizaya. Entonces, jóvenes que jamás habían puesto pie en los Estados Unidos y que no podrían ubicar California en un mapa, se volvieron miembros orgullosos de la clica Hollywood Locos Salvatrucha. Comenzó un acelerado proceso de formación. Incorporó a los pequeños pandilleros, otrora ignorados por las bandas, que peleaban a muerte contra el Barrio 18. De esa forma, con esa mixtura de pandilleros y cuatreros, modeló su clica, un verdadero tanque de guerra, y la embarcó en esta nueva forma del odio. En ese tanque viajaba *El Niño,* quien por esos días era conocido dentro de la pandilla como *El Payaso.* Quizá por su cara socarrona, por su sonrisa amplia y sus ojos burlescos. Sus cejas finas, depiladas en V invertida.

La clica Hollywood Locos Salvatrucha, de la Mara Salvatrucha 13, está regada por todo el país. Es una especie de franquicia que abre nuevas sucursales. Sin embargo, en Atiquizaya, nació como la Hollywood Locos Salvatrucha de *Chepe Furia.* Él la fundó, era suya. Comenzó reuniendo a los jefes —o *palabreros,* como les llaman—, y les explicó pacientemente la nueva lógica que proponía. Una a una, las pandillas de Atiquizaya se fueron anexando. También los bandidos. El primer lustro de los noventas fue uno en el que toda la fauna delictiva de la zona tuvo que tomar partido por una de las dos pandillas. O estabas con la MS13 o con el Barrio 18. Operar solo en medio de esta guerra era una opción poco inteligente.

Chepe Furia los reunía a todos y discursaba sobre el poder de la Mara Salvatrucha, sobre la necesidad de limpiar el país de los del Barrio 18, de los uno caca, de las *bichonas*, de los cagados, de los chavalas. Así les enseño a llamarles. Les prohibió siquiera mencionar el nombre de estos enemigos. Les llevó armas, sencillas al principio, pero armas de fuego al fin y al cabo. Se volvieron comunes los revólveres 3.57, las .38 de seis tiros, las escopetas hechizas.

El mismo *Chepe Furia* portaba un fusil G-3, arma poderosa y pesada que antes usaban las fuerzas de seguridad del Estado. Les enseñó a olvidarse de sus antiguas pandillas y sus antiguas rivalidades para dar paso a una identidad más estructurada, con más normas y códigos más complejos. Comenzaron las prohibiciones, las reglas irrompibles, los castigos. Hubo quienes prefirieron recular, salirse de ese proceso de inducción al monstruo. Algunos ya no se sentían representados por la MS13, quizá era demasiado grande o quizá la cosa dejó de ser divertida. Entonces *Chepe Furia* decidió hacer una limpieza.

En 1995 ordenó que asesinaran a *El Pollo*, un ex Gauchos Locos que había desertado de la MS13. Lo degollaron sus antiguos camaradas. El siguiente año asesinaron a *El Cabra*, otro ex Gauchos Locos que se había negado a entrar a la MS13. Luego le llegó el turno a otro muchacho conocido como *El Torcido*. Luego fue el turno del antiguo compañero de *Chepe Furia*, apodado *Pedro Maraca*. Fue visto demasiadas veces robando en el parque central de Atiquizaya para comprar *crack*, la droga proscrita por la MS13 a sus miembros. Y siguieron más, muchos más. Así se fue limpiando la Hollywood, según *Chepe Furia*, de cobardes, de drogadictos perdidos y de miedosos. Quedaron solamente los más fuertes, los que tuvieron la astucia suficiente para torear la muerte y para ejecutarla. *El Niño* quedó.

Respeto para mí, decía. Yo soy *Chepe Furia*, decía. La Hollywood arriba, decía. Las reglas y la sabiduría del Norte, decía. He bajado a poner respeto aquí, decía. He bajado a ganar el terreno que los cagados están ganando, decía.

El Niño recuerda muy bien las reuniones de los días trece de cada mes. Las recuerda como un momento ritual de los discípulos recibiendo la iluminación de su maestro.

Sin embargo, no le bastó limpiar la clica de los que él consideraba indignos. Quería más. Les impuso una nueva regla. Todo aquel que quisiera ser parte de la pandilla debía matar. Luego de esto, el pasante se ganaba el derecho de ser vapuleado por tres pandilleros, un rito común de iniciación pandilleril. Con esto sellaban un pacto con la MS13. Para siempre.

Una vez limpia, armada y organizada la clica, les ordenó matar dieciochos. Le llamó a esto « Misión Hollywood». Consistía en limpiar el barrio Chalchuapita de enemigos. Los miembros de la clica se iban, con el viejo G-3 y otras armas, de puerta en puerta buscando a los dieciocho. Así mataron a los tres hermanos Palma, a quienes les volaron la cara con la misma escopeta en dos días distintos. Así también cayó César Garrapata. *El Niño* y otros lo rociaron con más de treinta balas afuera de su casa. Porque *El Niño* era uno de los abanderados de la misión. A Jairo Chacuate le atinaron con el G-3 en la cabeza, así como a una larga lista de enemigos anónimos a quienes *El Niño* y sus camaradas asesinaron.

Muchos de esos asesinatos derivaron en fichas policiales. Cada una con la foto del cadáver al centro de una página rodeada de óvalos con las fotos de los rostros de los asesinos. En todas, en alguna esquina, aparece un óvalo negro, sin foto, con un nombre:

«Código Liebre». Es el nombre del testigo protegido que participó en el homicidio y que ahora delata a los demás. Es *El Niño*.

El Barrio 18 no se quedaba tranquilo. Luego de cada arremetida de la MS13, respondía con fuerza. Aquello se volvió un ir y venir de balas.

El Niño se convertía en un sicario preciso. Su cuenta de asesinatos rebasó la decena, y su habilidad para matar se volvió casi un don. Era paciente cuando había que serlo, esperaba a su víctima en las veredas hasta que aparecía, pasaba horas en medio del monte frente a una casa aguardando a que el dueño saliera a orinar al patio para ultimarlo. Se volvió un verdadero temerario. Se hizo pasar por pandillero del Barrio 18 para poder matar de cerca. Fue cruel y sanguinario con sus camaradas traidores. Descuartizó, mutiló, decapitó y violó a muchas personas. Todo en nombre de la Mara Salvatrucha 13. La misma que ahora lo busca para matarlo.

En el solar, le hacemos una pregunta indiscreta. Le preguntamos a cuántos ha matado. Su respuesta es simple, sin alarde. Como si todos los hombres del mundo tuviésemos un número como respuesta a esta interrogante.

—Me he quebrado… Me he quebrado cincuenta y seis. Como seis mujeres y cincuenta hombres. Entre los hombres incluyo los culeros (gay), porque he matado dos culeros.

Lo dice y pasa a otro tema, como quien dijo «buenos días».

La guerra entre estas dos pandillas se hizo fuerte y las matanzas se multiplicaron. La clica Hollywood Locos Salvatrucha se volvió poderosa y sus miembros, expertos sicarios. Hecho el trabajo —o al menos eso creía—, *Chepe Furia* los dejó guerreando y se fue del país. Sus otras actividades delictivas, las que hacía aprovechando la terrorífica fama que había logrado creciendo a la clica, lo habían puesto en el ojo de la Policía. Depositó el poder en un ex Meli 33, conocido en la MS13 como *El Extraño*.

El Payaso *se convierte en* El Niño

—El Barrio estaba botado en este sistema —dice *El Niño*.

Estamos en la misma mesa desvencijada, con las mismas tazas plásticas llenas de un café igual de ralo que el de la vez anterior. El mismo calor. Los mismos veinte metros cuadrados de solar. *El Niño* se vuelve a emocionar a través de sus relatos. Se escapa de la monotonía de ser una fiera encerrada. Hoy quiere hablar de los tiempos en los que la clica Hollywood Locos Salvatrucha estaba botada. Pronto ocurrirá algo que siempre ocurre cuando él gesticula sus hazañas —sus delitos—: estaremos en montes oscuros que él regó con sangre, huiremos de calles pueblerinas dejando un cadáver atrás o bajaremos a un enemigo de su caballo, con un tiro certero. Cuando *El Niño* habla, va cambiando su rostro según la historia. Nos permite ver su cara de guerra, o la cara de sorpresa de sus víctimas cuando él las mataba.

Tiene eufemismos para todo. Si mató a alguien y lo lanzó a un pozo, es que «lo mandó a tomar agua»; si los enterró, vivos o muertos, en algún potrero, es que «los puso a contar estrellas»; si les disparó en una misión relámpago, es que «los hizo detonados». Lo que para nosotros es simplemente la muerte, para alguien como él tiene varias formas. Hace como los esquimales Inuit, que de ver tanta nieve han aprendido a diferenciarla, y la nombran con distingos. Además, cuando en sus historias *El Niño* dispara, hace un par de sonidos huecos y fuertes con sus labios. *Poke, poke.*

Antes de que comiencen a sonar los tiros y caer los muertos, le pedimos un segundo para hacer una llamada.

Hoy, martes 3 de abril, Israel Ticas está feliz, porque cree que conseguirá sacar varios cadáveres de un pozo. A unos cinco kilómetros de este solar hay un municipio llamado Turín. En ese municipio hay unas vías de tren en desuso, rodeadas de breña. Siguiendo las vías y la breña se llega a una callecita de tierra. Cruzando a la izquierda en esa callecita de tierra se pasa por unos maizales. Pasando los maizales se llega a una explanada de tierra. Esa explanada de tierra está coronada por un pozo seco, de cemento. El pozo seco tiene un agujero de un metro de diámetro. El agujero es la boca de una caída de 55 metros de profundidad. Por ese agujero tiraban cadáveres *El Niño*, los miembros de su clica y de al menos otras tres clicas de la MS13. Israel Ticas es el único antropólogo forense de la Fiscalía, e intenta sacar esos cadáveres para evitar que, a mediados de agosto, llegue el juicio contra los asesinos y no haya osamentas con las cuales acusar de homicidio a algunos de ellos.

Unos cinco pandilleros delatados por *El Niño* saldrán libres si el invierno y sus deslaves o el Gobierno y su incapacidad de darle máquinas a Ticas impiden que se llegue a los 55 metros bajo tierra. Ticas está contento porque esta semana, que le han prestado las retroexcavadoras y camiones de volteo, ha logrado llegar a quince metros. Este pozo-tumba es conocido como «El pozo de Turín». Hay que ponerles nombre, porque hay muchos pozos-tumba en el país.

El Niño escucha algo de la plática con Ticas, y retoma la conversación, explicándonos por qué la pila de cemento que está a unos metros de la boca del pozo es ideal para torturar traidores. Pero esos detalles se quedarán en el solar.

Los primeros años de este siglo fueron duros para la clica Hollywood. El grupo sufrió su primer operativo. La PNC realizó una serie de allanamientos —entre 2000 y 2001— dirigidos a los cabecillas salvatruchos de esa zona. *El Niño* —que entonces todavía era *El Payaso*— recuerda que tras el golpe, solo quedaron cinco miembros libres. Él entre ellos. Ninguno con armas. Y su fundador, *Chepe Furia*, huido en Estados Unidos. La clica se extinguía.

El Niño fue astuto y prefirió esconderse en las faldas de su perseguidor. Se enlistó en el Ejército. Con dieciocho años se reportó en la unidad militar de Ahuachapán, y el sicario consiguió que el Estado mismo lo entrenara como un militar del comando de transmisiones. Lo que más le sirvió no fue aprender técnicas de radiocomunicación; tampoco fue aprender estrategias de tiro, pues seguro él ya había matado más que todos los principiantes de su comando juntos. Lo que más le sirvió fue que los arsenales militares estaban poco protegidos y él, durante un año, hizo una operación hormiga de robo de municiones de M-16 que mucho después le serían útiles a su clica. En las antípodas de la rehabilitación, lo que *El Niño* obtuvo del Estado fueron municiones y entrenamiento militar.

En 2003, luego de dos años, *El Niño* se dio de baja en la unidad. Entonces fue cuando se encontró «una clica botada». Todo lo logrado con la Misión Hollywood se había ido al traste.

—Las bichas putas caminando bien al suave en el centro de Atiquizaya, en el cementerio, pintando hasta en la calle que iba hasta San Lorenzo —recuerda *El Niño* aquellos tiempos donde El Barrio 18 campeó ante la decadencia de la MS13.

En ese entonces, *El Niño* agarró —ese verbo utiliza— una casa en el cantón Terrón Blanco de Atiquizaya. Los pandilleros normalmente no alquilan o compran una vivienda, la agarran. Hay zonas donde la población ha sido ahuyentada por las estrictas reglas de extorsión y de violencia de las pandillas, y deciden irse dejando abandonadas sus casas. La que *El Niño* —que, recordemos, entonces todavía era *El Payaso*— agarró, le parecía buenísima. Estaba en un alto, así que tenía excelente vista —requisito importante para un pandillero—, tenía un palo de mangos y varios otros de frutas que rodeaban la casita de ladrillo y adobe. Además, había un pozo. Este sí, lleno de agua.

Hacía viajes hacia un cantón guatemalteco llamado Canoa, donde compraba cinco o seis libras de marihuana que dispensaba desde su casita en Terrón Blanco.

El Niño tenía una pistola .9 milímetros. La tenía desde los buenos tiempos de la clica; fue un premio con el que *Chepe Furia* incentivó su gran destreza como sicario durante la Misión Hollywood. Pero la vida en la pandilla es una vida de recelos. El buen pandillero primero averigua, sondea, evalúa, y hasta después confía. Y *El Niño* siempre fue un buen pandillero. Su arma la portaba él y no dejó que nadie lo supiera por un buen tiempo.

El Niño reunió a tres jovencitos menores de edad de la pandilla. Adolescentes que nunca vivieron los tiempos de gloria de la Hollywood, que jamás vieron cómo el Barrio 18 sufría atentado tras atentado en Chalchuapita, el corazón de sus dominios. Eran adolescentes que nunca habían matado, y para *El Niño* —y para *El Payaso* que era en aquel entonces— un pandillero que no tuviera gente en el otro potrero no era un pandillero. El sicario enseñó haciendo.

El Niño los llevó a matar a un adolescente que había entrado a robar en casa de su madre. Como le pareció un blanco fácil, no mostró su .9 milímetros, sino que armó un trabuco para esa misión. Un trabuco es un sistema de tubos y pólvora que al golpearlo con fuerza dispara un proyectil que puede ser letal. Esa vez, el trabuco se le encasquetó ante el hombre que se había tirado al suelo con el reflejo de cubrirse el rostro con las manos. *El Niño* con un arma es como un campesino con su cuma: le sacará el máximo provecho. *El Niño* se lanzó encima de la víctima y le destrozó el cráneo con los tubos del trabuco. Los adolescentes pandilleros no soportaron la barbarie y gritaron y huyeron. El maestro entendió que tenía que dar a sus alumnos un papel en la clase, y entonces planificó otro asesinato. Esta vez se trató de un hombre cercano, miembro o amigo del Barrio 18, no lo tenían claro. Su agravio: llegar en su caballo a comprar marihuana a la zona de control de la MS13. El jinete estaba acostumbrado a una MS13 de adolescentes sin armas. No sabía de *El Niño* —no sabía de *El Payaso*—.

—Ajá, bichas —saludó el jinete, con el inusual irrespeto a los adolescentes.

La respuesta: de entre ellos apareció *El Niño*, develando su .9 milímetros. *Poke, poke.* Disparos en el cuerpo. Y entonces, los alumnos. *El Niño* les había comprado un machete a cada uno. *El Niño* les había dicho: «úsenlos cuando yo baje al tipo del caballo». No hay que agregar más.

El Niño consiguió en esos años que la clica de la Hollywood recuperara respeto en la zona. Con solo su .9 milímetros echando humo, *El Niño* y sus muchachos ejecutaron de nuevo la guerra contra el Barrio 18 y cumplieron con los asesinatos que les fueron ordenados, desde la cárcel, por los líderes fundadores de su clica.

—A veces, hasta tres pegadas semanales nos echábamos —recuerda *El Niño* en su solar.

Recuperado el respeto, *El Niño* consiguió que su clica se hermanara con la de los Parvis de Turín, una clica que en ese entonces consistía en unos siete pandilleros veinteañeros, todos asesinos. Parvis es una clica de la MS13 cuyo nombre original es Park View. Esta fue de las primeras en fundarse en Los Ángeles, California, y se corresponde con una calle con el mismo nombre, la que está frente al Lincoln Park. Con el tiempo, la palabra se «salvadoreñizó», y son pocos los que la pronuncian o escriben correctamente.

La amistad entre clicas la consolidaron en 2004 con un asesinato ritual, un traidor al que caminaron hacia su muerte. Se trataba de *El Caballo*, un imprudente muchacho de la edad de *El Niño*, que había jugado con el diablo y con el diablo. En su pecho tenía tatuadas las dos letras: MS; en cada muslo, un número: 1 y 8. Desde hacía meses pretendía engañar a ambas pandillas haciéndoles pensar que se había ganado la confianza de los otros para exterminarlos desde dentro. *El Niño* en ese momento *llevaba la palabra* en su clica, y al que entonces se hacía llamar *El Payaso* nunca le gustó que alguien se creyera más listo que él.

Lo planificó todo. Caminó a *El Caballo*. Le aseguró que irían al monte a hacer una pegada de honor, a matar a dos chavalas que pasarían por una vereda, y que eso les valdría muchos puntos ante los líderes presos. Le entregó un revólver sin balas, le aseguró que otros *homeboy* que los alcanzarían en el monte las llevarían. Eran los Parvis.

—*Coc, coc, coc* —gruñó *El Niño* en el monte.

Una rueda de pandilleros cercó a *El Caballo*.

—Nos vamos a unir a la fiesta —dijeron.

El Niño se dirigió a *El Caballo*.

—Deme el *cuete*, que no tiene balas —dijo, mientras todos blandían sus machetes.

El Caballo entendió que la pegada era él. Y *El Niño* dio la luz verde para que iniciara el ritual que terminaría cambiando su seudónimo.

—Hay que arrancarle las orejas primero, para que vaya diciendo a cuántos *homeboy* más les ha pegado.

El Caballo tenía la boca tapada por siete vueltas de cinta aislante. Volteaba los ojos ante cada corte de machete. Le bajaron el pantalón, le cercenaron los números. Le subieron la camisa, le desfiguraron las letras que, según ellos, no merecía. Luego los testículos. Luego un brazo. Luego el otro. Luego una pierna. Luego la otra. A eso, los pandilleros le llaman un «corte de chaleco».

Al parecer, matar no es fácil. Los cuerpos se aferran a la vida. *El Caballo*, así como lo habían dejado, aún murmuraba, aún pensaba en su futuro. Una voz que se extinguía pidió:

—Ya, *homeboy*, deme un bombazo en la cabeza.

—¿Y a vos quién te ha dicho que nosotros somos tus *homeboy*? Te vas a morir como La Bestia manda —respondió *El Niño*.

Es increíble lo que un cuerpo puede soportar. Es increíble lo sádicos que pueden llegar a ser unos muchachos. A ese chaleco de carne viva, a *El Caballo*, que para entonces ya solo mostraba la vida en unos ronquidos, ojos fijos y abiertos, lo siguieron torturando algunos minutos con precisión de cirujanos. Le hicieron, ya sin ímpetu, con delicadeza, torturas finas que nadie quiere escuchar.

Cuando todo terminó, *El Payaso* tenía en su mano el corazón de *El Caballo*. *El Payaso*, en la cúspide de su poder pandilleril, declaró alzando un corazón ajeno:

—Así nacen y así mueren. Le he hecho una operación como las que hacen para sacar un niño. Así que de ahora en adelante ya no soy *El Payaso*, aquí nace *El Niño* de Hollywood.

La Bestia contra El Niño

—Va, la historia mía es bien paloma. Va, vos sabés que en el barrio hay reglas, y la más cabrona que tenés es que si tu *homeboy* va a perder, que pierda a la par tuya. O regresan los dos a casa, *men*, o perdés junto con él. Puta, *men*, y yo he estado en casos que… Puta, tenés que arriesgarte. Porque o es tu vida o la de tu *homeboy*, porque si te lleva caminando… ¡Tópalo! Porque, a huevo, él te va topar, y por la espalda —dice *El Niño* de Hollywood en su solar, como justificándose por haber derramado tanta sangre de *homeboy*, por haber matado a tantos camaradas de su pandilla. En definitiva, por haber hecho sangrar a La Bestia.

En la pantalla de un teléfono celular, un pandillero le enseñó una vez a *El Niño* la foto de un cadáver lleno de balazos. Tirado en una calle. A veces, *El Niño* no recuerda con exactitud si el año fue tal o cual. Esto, recuerda, pasó a mediados de la primera década de este siglo.

—Que maniaco quedó este maje. ¿Quién era? —preguntó *El Niño*, aunque ya sabía la respuesta.

—Ah, ya ves, así pegamos los Parvis. Era una bicha.

El muchacho se refería a que la víctima era o bien un enemigo o un traidor. Una escoria. Alguien que no valía nada, o que a lo sumo valía como una mujer. Una simple bicha.

Pero el muerto de la foto era en realidad el hermano de *El Niño*. *El Cheje* le decían. Así se les llama a los pájaros carpinteros por acá. *El Cheje* también era de la MS13, pero se había brincado a la clica Parvis de Ahuachapán, a unos quince kilómetros del solar donde ahora vive *El Niño*. Nunca fue de la Hollywood de Atiquizaya.

Ese día, *El Niño* no dijo nada, se guardó la información y el dolor. Este último era agudo. Aún hoy, cuando nos lo cuenta, los ojos se le ponen brillantes y se le dibuja en la cara la indignación en un gesto de labios oprimidos.

Meses atrás le dieron la noticia de que su hermano se había perdido. Suponían que los dieciochos se lo habían llevado para matarlo. *El Niño* viajaba casi a diario a las colonias de ellos, se apuntaba a todas las pegadas de su clica. Mató a varios enemigos e hirió a otros tantos con la convicción de que estaba vengando a su hermano mayor. Por eso lo que había dentro de ese teléfono le dolió tanto. Ellos lo sabían, ellos lo mataron, y aun así dejaron que él arriesgara su vida enfrentándose a enemigos feroces. Lo felicitaban, lo empujaban a ir, lo acompañaban. Les encantaba ese ímpetu asesino que la muerte de *El Cheje* le había dado. Nunca imaginó que su propia pandilla, sus propios hermanos, sus *homeboy*, La Bestia, se hubieran llevado a su hermano.

El Niño tomó una decisión. Su sangre sería vengada.

En la pandilla hay muchas maneras de morir. Se puede violar una regla. Se puede fumar algo prohibido. Se puede decir una palabra fuera de lugar. Se puede uno acostar con quien no debía o llegar tarde a algún lugar...

El Cheje hizo algo más serio. Asesinó a otro MS13 y a la madre de este. Lo hizo junto a su hermano menor, *El Niño*, aunque nadie se enterara de la participación de este último. *El Cheje* se llevó todo el rencor de La Bestia.

La pandilla es un pequeño mercadillo en donde las hazañas vuelan de boca en boca. Quien le enseñó la foto a *El Niño* no tardó en enterarse de que había cometido un error. Se había jactado con un *homeboy* mostrándole el cadáver de su hermano. Pero en la pandilla este tipo de errores tienen solución, se resuelven con la muerte. El hecho podía costarle a los Parvis una guerra con la Hollywood. Era mejor prevenir y asesinar al ofendido. Eran cuatro los matadores. *El Zarco, El Chato* y *El Coco*. Los tres de la Parvis más un cuarto, un excompañero de *El Niño* en los Gauchos Locos 13, un amigo de infancia. *El Mosco de Hollywood*.

—Hey, vamos a ir a pegarle a unas bichas. Venga, súbase a la pegada, pero deje los *cuetes* de su clica aquí. Allá le vamos a dar su *cuete* —dijo El Chato a *El Niño*.

El Niño no se negó. De hecho, mostró las pistolas de su clica y se fue desarmado. O al menos eso creía *El Chato*. En el cinto, *El Niño* llevaba su propia arma cargada y a punto. Su .9 milímetros. Comenzaron a caminar por unas calles controladas por el Barrio 18.

—Aquí perdió la bicha *Cheje*. Los que le deben a La Bestia no salen vivos de aquí —le dijo *El Chato*, quizá anunciándole la muerte, quizá confesando la muerte de *El Cheje*. Quizá *El Chato* tenía en la cabeza repetir la treta: dejar un cadáver MS en zona del Barrio 18. Caso resuelto.

El Niño le respondió con esa sabiduría pandillera tan enigmática.

—No, si los que se lleva La Bestia ella los adora, todavía los tiene en sus brazos. Y al que no, no; porque cuando le toca, aunque se esconda; y cuando no le toca, aunque se ponga.

—Órale, *homeboy* —dijo *El Chato* a modo de amén. Siguieron caminando. Luego, *El Chato* hizo una llamada.

—Hey, prepará la olla y le ponés la misma cantidad de agua, porque ya llevo un pollo caminando.

Poke, poke.

El Niño le asestó dos tiros en la cara. Uno le entró por la ceja, justo en la colita de una S gótica que *El Chato* de Parvis tenía tatuada en la cara. *Poke, poke.* Otros dos de remate y a correr.

El Niño subió a un bus.

—Vaya, no hay parada hasta que yo me baje. Y dame cinco dólares —dijo *El Niño* al conductor aún con la .9 milímetros en la mano.

En esa ocasión, *El Niño* reportó a *El Chato* como asesinado por el Barrio 18 durante una emboscada. La coartada de *El Chato* sirvió para *El Niño*. Regresó con la Hollywood y al día siguiente se apuntó para otra pegada a los dieciocho, para vengar a *El Chato*. Una coartada debe llevarse hasta las últimas consecuencias.

A los días le tocó el turno a *El Mosco*. El único miembro de la Hollywood que participó del asesinato del hermano de *El Niño*.

El Mosco intentaba alejarse de la pandilla. Se había convertido en vigilante privado, uno más de ese ejército de hombres armados con escopetas .12 que cuidan casi cada negocio de este país. Eran las cinco de la mañana, y *El Mosco* estaba abordando un bus al final de otra jornada laboral.

—Hey, *homeboy* —escuchó una voz *El Mosco*. Se volvió.

Poke, poke.

Como a *El Chato*, fueron dos en la cara. Como ellos le pegaron también a su hermano. Esta vez, *El Niño* lo hizo con una .45. Un calibre alto cuando de pistolas se trata. A quemarropa.

De los cuatro que mataron a su hermano, a *El Cheje*, solo anda vivo *El Coco*. Según *El Niño* esto no durará mucho. A pesar de estar custodiado en su solar, tiene planes para el futuro. Los demás cayeron de la misma manera, a manos de un sicario experto que sabía esperar, seguir y ejecutar.

Así empezaron los problemas de *El Niño* con la Mara Salvatrucha 13. Aunque esos homicidios los hizo en secreto, no faltó quien atara cabos, quien comenzara a murmurar. De aquí hacia adelante las cosas empezaron a cambiar. El recelo, la cizaña. La Bestia que *El Niño* cabalgó, empezó a perseguirlo.

La tercera palabra de El Niño

—De 2007 a 2008 me hago evangiloco. Me salgo en 2009 del evangelio y otra vez empiezo la reventazón —recuerda *El Niño* uno de sus demenciales ciclos de vida.

Hacerse evangélico. Dejar de matar y meterse cada noche a alguna casita de pueblo a escuchar los gritos de un pastor que interpreta la Biblia. Dejar de descuartizar y a la siguiente noche sentarse al lado de las mujeres pueblerinas que se cubren la cabeza con un velo blanco. Dejar de sacar corazones a la gente y ponerse una camisa blanca, de botones, manga larga, metérsela en el pantalón, apretarse el cinturón y sentarse a esperar el turno para gritar «aleluya». Dejar el *poke poke* e ir al culto.

Esa es una de las opciones clásicas, aunque cada vez menos aceptadas por los cabecillas, para dejar ciertas actividades de la pandilla. El pandillero que se convierte —así le dicen— puede obtener el pase para calmarse, para dejar de ir a misiones y ser una pieza durmiente. Pero esa no era la opción de *El Niño*. Él, ahí sentado frente al predicador todas las noches, a la par de las mujeres de velo que oran con los ojos cerrados, con su camisa de botones manga larga, seguía siendo un emisario de La Bestia.

Por aquellos años, la delegación policial del departamento de Ahuachapán, al que pertenece Atiquizaya, ya había puesto los ojos sobre esa clica de la MS13 que lo devoraba todo. Al Barrio 18, a los traidores y a las demás clicas vecinas de la MS13. La Hollywood Locos Salvatrucha de Atiquizaya, esa clica que la Policía creía haber desarticulado con los operativos de 2000 y 2001, vivía. Mataba.

El Niño había logrado convertir a unos muchachos temerosos en asesinos despiadados, y a la clica de los Parvis de Turín en fieles aliados. Todo con solo una .9 milímetros.

Era hora de enfriarse, de calmarse, de bajarle. *El Niño* seguía ordenando a los miembros de la clica, coordinando con los líderes del penal, solo que dejó de participar directamente en los homicidios y cantaba alabanzas luego de coordinar asesinatos telefónicamente.

Tras su período de aparente calma, en 2009, coincidieron en Atiquizaya tres pandilleros que darían otro golpe de timón a la Hollywood. *Chepe Furia*, el deportado que creó la clica, volvió de alguna parte, seguramente de Guatemala, donde por esas fechas construyó sociedad con algunas bandas de robacarros, según informes policiales y el testimonio de *El Niño*. Sus registros migratorios dan fe de que *Chepe Furia* rondaba El Salvador desde mucho antes de volver a aparecer en Atiquizaya. El 11 de septiembre de 2006 aterrizó en el país en un vuelo federal, deportado de Estados Unidos. También regresó *El Extraño*, el *palabrero* que regía la clica bajo los consejos de *Chepe Furia* antes de caer preso. Salió tras cumplir una condena de dos años por lesiones agravadas. Se trata de José Guillermo Solito Escobar, un pandillero de treinta años que entró a la MS13 en los mismos años en que entró *El Niño*. Y llegó un nuevo miembro, Jorge Alberto González Navarrete, que gracias a su veteranía tomaría la segunda palabra de la clica. Su taca es *Liro Joker*, un fornido pandillero que lleva en su cuerpo varias calaveras tatuadas. Fue deportado de Estados Unidos por el delito de lesiones graves en junio de 2009. Según su ficha de deportación, allá pertenecía a otra clica de la MS en la ciudad de Los Ángeles y era conocido como *Baby Yorker*. Sobre él, *El Niño* dice: «Un hijueputa pesado. Sicario».

El Niño se quedó con la tercera palabra, como premio por haber levantado una clica botada, abandonada.

De ahí en adelante, *Chepe Furia*, que vivía más metido en sus negocios de carros robados, se encargó de construir una clica monstruosa que terminaría con más de cincuenta miembros. Todos asesinos. *Chepe Furia* se aseguraba de eso. Nadie podía considerarse un miembro de la clica, un pandillero de la Hollywood, si no cometía antes un asesinato encargado por sus jefes. Once asesinatos fueron cometidos ese año. Al menos once que las autoridades, años después, pudieron relacionar con la clica. Las tardes de café y pan dulce en el solar de *El Niño* dicen que fueron más, muchos más. De cualquier forma, esos once cuerpos, al verlos en las fotografías de los expedientes policiales, hablan de sicarios certeros: la mayoría tiene un agujero de bala en la cabeza.

Un ejército de asesinos se tomó un municipio de El Salvador. Desde adolescentes de dieciséis años hasta pandilleros veteranos como *Chepe Furia*, que con cuarenta y cuatro años comandaba a sus sicarios, monopolizaron el crimen en la zona. *El Niño* era siempre el elegido por *Chepe Furia* para realizar las misiones más importantes, e incluso algunas que no tenían que ver con rencillas entre pandillas o traiciones de *homeboys*, sino que directamente eran asesinatos por encargo, o amedrentamiento de deudores al mejor estilo de la mafia italiana. Como aquella vez cuando *El Niño* quemó una camioneta del año de un reconocido miembro de una banda de asaltantes que no entregó a tiempo la parte que le debía a *Chepe Furia* por un jugoso atraco.

Sus tiempos de evangélico se habían terminado. *El Niño* era el jefe de sicarios, y el mejor de ellos.

Furia consiguió incluso contratos de recolección de basura con la alcaldía de Atiquizaya. La clica infiltró a uno de sus altos mandos, a su tesorero, como empleado de promoción social de la alcaldía. Fredy Salvador Crespín, un hombre delgado y blanco de treinta y ocho años, ante el que nadie se cambiaría de acera, es también *El Maniático* de la Hollywood. Según la Policía y la Fiscalía, utilizaba su cargo municipal para reclutar nuevos miembros y para dar carnés de ayudantes de la alcaldía a los pandilleros como *El Niño*, que con eso como coartada lograban salvarse de muchas detenciones.

Los tiempos de machete quedaron atrás. La clica en ese entonces tenía un fusil G-3, un M-16, una subametralladora SAF policial que había sido reportada como robada por un subinspector, y varios revólveres Magnum 3.57. La clica que *El Niño* revivió vivía su esplendor. No solo tenían infiltrada la alcaldía, sino también la Policía. A finales de este 2012, el excabo José Wilfredo Tejada Castañeda, de la delegación de Atiquizaya, y el ex jefe antidrogas de todo el departamento, Walter Misael Hernández Hernández, esperan juicio acusados de haber entregado, en noviembre de 2009, a un testigo protegido para que Ch*epe Furia*, *El Extraño* y *Liro Joker* lo asesinaran con lujo de barbarie. Los exagentes están acusados de entregar a *Rambito*, un pandillero de veintitrés años que colaboraba con la Policía. Además, la Hollywood contaba entre sus filas con un temible pandillero, el *Loco 13*, acusado de violaciones, asesinatos, resistencia al arresto y lesiones culposas. Cuando era policía en el departamento en Sonsonate era conocido como el agente Edgardo Geovanni Morán.

La delegación departamental de la Policía tomó medidas. En junio de 2010 decidieron crear una oficina de investigadores. Reunieron a un grupo reducido de policías, agentes de diferente rango con experiencia en unidades de inteligencia. Al mando de esa unidad eligieron al inspector Gil Pineda, un policía con amplia experiencia que fue parte del Centro de Inteligencia Policial y de la Inteligencia Penitenciaria. Para alejarlos de la corrupta delegación de Atiquizaya, decidieron ubicar al grupo en un pequeño municipio vecino. Entre pastizales y casas con techo de teja, los investigadores montaron su base en una casita de El Refugio. Ese mes empezó la investigación que cambiaría por completo la vida de *El Niño* de Hollywood.

La traición *de* El Niño

—Todo empezó porque viene mi clica y camina a una morrita que se llamaba Wendy —dice *El Niño* en su solar, mientras aspira aire con la boca para recuperar el humo de marihuana que ha dejado salir hace un instante—. El pedo es que la bicha se fue a dormir con una chavala… Un bichito cachorro. Y llegó a donde nosotros diciendo que mejor nos tatuáramos el pupú (18) en el pecho, que la caca podía más que la MS. Yo no hice nada, porque sabía que era bicha loca. Era la prima de mi mujer. El caso es que en esos días le habíamos dado el pase para que volviera a la pandilla a un bato que se había borrado las letras, pero tenía que matar. Y la moja (mata) el hijueputa. El caso es que a mí me cayó el clavo, porque los investigadores pensaron que fui yo.

A la par de *El Niño* está la prima de la difunta Wendy, su mujer, la muchacha silenciosa. Da pecho a su hija y ni siquiera voltea a ver cuando su compañero cuenta cómo asesinaron a su pariente. Porque ella sabe, y nosotros sabríamos luego, que su marido ayudó a asesinar a Wendy. No la degolló, pero vigiló para quien lo hizo. Así es esto, si eres la mujer de un sicario, habrá gente muerta alrededor. Gente cercana, gente lejana. La guerra de las pandillas cruza los árboles genealógicos salvadoreños. Primos, hermanos, padres e hijos de diferentes pandillas enfrentados a muerte.

Desde su instalación en El Refugio, el equipo de investigadores tenía un objetivo puntual: conseguir traidores de la Hollywood Locos Salvatrucha. La estratagema pasaba por conocer vida y obra de cada uno de los pandilleros de esa clica. Novias, familias, errores del pasado, vicios, lugares frecuentados. Y, si la estratagema fallaba, mutaba: era necesario conocerlos bien para poder meter cizaña, revolver el río. Y, en río revuelto, pescar.

—Yo puedo hacer y deshacer si nadie me conoce ni sabe dónde vivo. Hace falta control social, saber quién es quién. Crear desconfianza, porque la desconfianza causa muertes. Ellos mismos piensan: ¿será que aquel está tirando rata? Mejor matémoslo. La mayoría de homicidios vinculados a pandillas se dan entre miembros de la misma pandilla —nos explicó el inspector Pineda un día en el puesto de El Refugio. Es un hombre sacado de las entrañas de la inteligencia estatal de este país. Esa inteligencia de país tropical que permite tanto hacer una escucha telefónica para interceptar la conversación de un líder preso como sentarse por las tardes a hablar campechanamente con la madre de un miembro adolescente de la pandilla. Pero las interminables andanzas del inspector Pineda merecen una crónica aparte.

Los hombres del inspector Pineda realizaron decenas de allanamientos a las casas de los pandilleros reconocidos y de sus familias. De ahí sacaron fotografías, listas de cobros de extorsión y documentos de identidad que les permitieron ponerle rostros a la red de la Hollywood. Ya con el mapa armado, desplegaron la estrategia. Consiguieron que algunos de los más jóvenes hablaran gracias a que los amedrentaron asegurándoles que filtrarían a la pandilla la información de que ellos eran soplones. A veces, los asustaban con amenazas de que los dejarían en la zona del Barrio 18 para comprobar si realmente no eran de la MS13. Les quitaban sus teléfonos

153

móviles y marcaban a algún otro pandillero identificándose como policías. Sembraban cizaña y recogían testigos protegidos. Pero no era suficiente. La estructura de mando, la cúspide a la que pertenecía *El Niño*, seguía intacta. Las decisiones importantes las tomaban en privado. Los peces que pescaron al inicio apenas tenían información de quién había sido el pistolero en este o aquel homicidio, y podían entregar si acaso a otro adolescente sin rango como ellos. *Furia*, *El Extraño*, *El Maniático* y *Liro Joker* seguían tranquilos y se les veía pasear por el parque central de Atiquizaya. *El Niño* continuaba con su próspero negocio de venta de marihuana, e incluso había juntado a un grupito de consumidores a los que no había brincado a la pandilla. Los consideraba su escolta personal. Su conserva de sicarios en ciernes. Una previsión en caso de retiro.

No hay que olvidar —jamás en esta historia hay que olvidarlo— que *El Niño* ya no era un soldado fiel, sino más bien un asesino resentido. El hermano de un asesino asesinado. El asesino de dos asesinos de su propia clica.

Los investigadores no sabían la letanía completa, pero sí su esencia. Ellos sabían que *El Niño* era el hermano de un *homeboy* muerto a manos de otros *homeboys*. La hipótesis de que *El Niño* era el homicida de Wendy fue solo un aliciente para, por primera vez, lanzar el anzuelo a un pez gordo.

El primero de los investigadores en intentarlo fue el cabo Pozo. Dejó el pick up que utilizaba su equipo —porque a esas alturas no había pandillero que no lo conociera— y fue en su motocicleta hasta la casa donde *El Niño* despachaba marihuana.

Nunca intentó sonsacarlo con las técnicas que le aplicaban a un principiante. El cabo Pozo fue directo. Llegó a la puerta de *El Niño* y este echó mano a la 3.57 que tenía en su cintura. El cabo Pozo le dijo que se tranquilizara, que estaba desarmado y que solo quería hablar. El delito de portación ilegal de arma era demasiado risible como para llevar preso a un prominente sicario de la MS13. El cabo Pozo repitió que solo quería hablar. *El Niño* le dijo que quizá en alguna ocasión. El cabo Pozo le dijo que volvería pronto. El cabo Pozo se fue. *El Niño* abandonó la casa a la que llegó el cabo Pozo. El cabo Pozo pasó cerca de un mes sin volver a ver a *El Niño*.

Un día, se dio una escena enredada. La vida de un pandillero es enredada. Los sicarios no siempre matan. Eso sería sencillo. A veces comen, duermen, tienen novias, hermanos muertos o amenizan fiestas como payasos. Sí, como payasos. Ese día, *El Niño* iba a eso, a ganar unos dólares amenizando una fiesta. Pretendía vestirse de *La Tenchis*, un personaje famoso en El Salvador que imita a una mujer del pueblo, dicharachera, descuidada, vulgar y gorda. Más que por los miserables dólares, *El Niño* lo hacía para aparentar tener una vida de la que vivir, para hacer creer a los sabuesos del inspector Pineda que él no era quien era.

En la parada de bus lo detuvieron siete militares y dos policías. Él pensó que se trataba del acoso normal. Pero lo tuvieron detenido por veinte minutos, hasta que apareció el cabo Pozo.

—¿Venís a torcerme o no? Porque arma no cargo hoy —retó *El Niño* al cabo Pozo, que por primera vez dialogó, aunque omitió mencionar el asesinato de su hermano, por no develar todas sus cartas. Tuvieron una larga conversación sobre el homicidio de Wendy, pero *El Niño* se mantuvo firme en defender que lo único que él había hecho era ser su amigo y regalarle toques de marihuana.

La mente de los pandilleros con *clecha*, con sabiduría dada por la experiencia, es ágil. Viven en un mundo donde una palabra mal puesta, la pronunciación del número dieciocho, la enunciación en masculino del nombre de un pandillero rival —siempre deben referirse a la bicha tal o la bicha cual— puede costarles una paliza o, en caso extremo, la muerte a manos de sus *homeboys*. Como nos dijo en una ocasión un pandillero de la MS13 que huía de su pandilla a través de México: sí, se trata de una familia, pero compuesta exclusivamente por padres golpeadores.

Jugaron un ajedrez verbal, y el cabo Pozo puso en jaque a *El Niño*.

—¿Y si me contás cómo la mataste, pero clavamos a otros pandilleros conocidos que yo tengo en la mira y vos salís libre? —ofreció el cabo Pozo.

—¡Huevos! ¿Qué tal que no agarran a los otros y me cae todo el clavo a mí? —respondió *El Niño*, que ante testigos militares y policiales, de una forma sutil, acababa de confesar que tomó parte en el asesinato y que si quería, podía contarlo.

El Niño —el sicario resentido— sabía que la próxima jugada era la final. El nuevo ofrecimiento del cabo Pozo se veía venir: o ellos o vos. O ellos cargan sus homicidios y los tuyos o vos los cargarás. Le tocaba a *El Niño* mover.

—Va, pues, órale, si querés ayudarme, ayudame. Si no, ahorita me podés torcer o hacer lo que querrás… Eso si no deseás saber de los clavos de Eliú, del asesinato de la puta, del asesinato del policía en el salón, de quién se bajó a Wilman del segundo piso de la casa, de los mototaxistas que han aparecido con el repollo destapado, de la mujer de Moncho Garrapata…

El Niño destapó sus cartas. El cabo Pozo las acepto. Le pidió que fueran a hablar con el inspector Pineda. *El Niño* quiso esperar. Le dijo que luego, que primero se vieran en un lugar discreto solo ellos dos.

A la hora indicada del día indicado, junto al poste eléctrico indicado, en territorio de nadie, *El Niño* no tuvo ni cinco minutos de paciencia. El cabo Pozo se atrasó por las razones por las que se atrasa un policía en estos lares, tan alejados de aquello que se presenta en cualquier serie policiaca de televisión: la única patrulla estaba averiada. *El Niño* dejó una nota trabada en un aro metálico del poste. En ella, un número suyo que nadie en la pandilla conocía, y unas palabras: Llamame a este número si me querés hallar. Llovió al rato, a la hora quizá, y el papel fue papel mojado. Y la patrulla siguió averiada.

En la mente de *El Niño*, cizaña. Trampa. Mentira.

A la semana, *El Niño* estaba fumando su quinta piedra de *crack* de la tarde en la nueva casa que había agarrado. Atrás de él escuchó el *clac* del seguro de una pistola. Supo que era el cabo Pozo. Sin voltear, encajó cinco dedos en una pistola .40 que tenía en un muslo. Otros cinco dedos en una 3.57 que tenía en el otro muslo. *Clac, clac.*

Y conversaron: hey, calmate, ya te vi que estás armado, dijo Pozo. Y fumado, dijo *El Niño*. Solo hablar quiero. Pues bien prendido en piedra estoy. Hijueputa. Bien fumado. ¿Y creés que podemos hablar?

El Niño se volteó y avanzó hacia el pick up con un arma en cada mano. Se subió a la cama del vehículo y entonces el cabo Pozo se la jugó. Se sentó como piloto y condujo lentamente por calles poco transitadas con rumbo a El Refugio y con un sicario armado atrás.

En el solar de El Niño

Ha empezado el invierno y sobre el solar de *El Niño* ha llovido bastante. La hierba creció mucho desde la última visita, su hija también. Ha pasado de ser un bultito inseparable de su madre, casi una extensión de ella misma, a ser una criatura traviesa y curiosa que gatea por el solar y husmea debajo de los muebles. Ya dice, casi claramente, la palabra «papá». Su madre nos ha perdido un poco la vergüenza e incluso se atreve a hablar frente a nosotros. Siempre son monosílabos o risitas. De lo contrario habla con señas o en susurros con *El Niño*. Ella aún es menor de edad. No importa, la Fiscalía sabe que debe cuidar a este testigo para poder tener un caso contra toda la clica Hollywood Locos Salvatrucha. Por eso le dejan pasar tantas cosas. Por eso se hacen del ojo pacho cuando *El Niño* fuma y vende marihuana en su solar a metros de la subdelegación policial de El Refugio. Por eso hicieron que se perdiera la denuncia de agresión aquella vez que *El Niño* le enterró un machetazo a un hombre, uno que por cierto había llegado a comprar marihuana. Esa vez, de hecho, solo le recomendaron: «medí la mano, cabrón».

De vez en cuando, *El Niño* sale de su solar. Se va por los tejados y camina por las veredas en las madrugadas. Visita su antigua casa, en donde hace varios años armó aquel pequeño grupo de fumadores de hierba al que llama «mis bichos ganyeros». Es una práctica común en pandilleros con trayectoria. Se trata de fundar su propia clica. Sin embargo, *El Niño* jamás llegó a brincarlos a la pandilla, ni a hablar de ello. Quizá ya sabía que si los anexaba a la MS13 no podría recurrir a ellos en tiempos difíciles. Quizá de haberlo hecho, sus bichos ganyeros querrían asesinarlo ahora mismo. *El Niño* los llama seguido y los visita de vez en cuando. Los protege de que ningún MS13, y por supuesto ningún dieciocho, llegue a anexarlos a su pandilla. Los aconseja.

El último que lo intentó fue un MS13 que llegó cuando *El Niño* ya habitaba el solar. La misión del visitante era matar a un traidor llamado *El Niño* de Hollywood. Al no encontrarlo en su casa se quedó ahí y decidió plantarse en el lugar y anexar a estos jovencitos a la MS13. Ahora flota descompuesto en uno de tantos pozos olvidados del occidente de El Salvador. Eso es lo que cuenta *El Niño*. Flota en un pozo, eso es todo lo que dice.

A veces, a *El Niño* lo visitan personajes extraños.

Una vez nos encontramos a *El Topo* de la clica Victorias. En realidad, llevaba diez años alejado de la MS13. Admira a *El Niño* y lo visita con frecuencia, pues *El Niño* se ganó fama de místico y de «leer las candelas». En general, pasan buenos ratos fumando hierba y hablando de días pasados. Sin embargo, la pandilla se enteró de esta amistad y buscaron a *El Topo* y le exigieron que entregara al traidor, que lo sacara del solar con alguna mentira y que se los entregara para matarlo. *El Niño* descubrió el plan gracias a que lo intuía, y usó el rito de las candelas como una especie de polígrafo místico que puso nervioso a *El Topo* y terminó delatándolo todo. *El Niño* dijo a su camarada que le perdonaba la vida, pero que de ahora en adelante él sería su contraespía en los intestinos mismos de La Bestia.

Al solar también llegan de cuando en cuando rumores extraños. Por medio de un informante, *El Niño* se enteró de otro plan para matarlo. Esta vez eran los Parvis. Han convencido a una tía de *El Niño* para que lo saque de su solar. Una vez afuera sería *El Burro*, un jovencito exaprendiz de *El Niño*, quien dispararía. Ese jovencito aún no ha sido brincado a la MS13. Todavía es un «chequeo». *El Burro*, con esa pegada, se brincaría con balón de oro, como dice *El Niño* entre risas.

—Puta, una sola oveja quieren mandar a cazar al lobo —dice también. Ya no con risas.

Hace unos días, durante una de sus escapadas, en una calle muy cerca de su solar se encontró con *El Burro* y su tía. Se quedaron rígidos unos segundos. *El Niño* se acercó.

—¡Hey, bicho hijueputa, La Bestia! Mirá, andá deciles a los *homeboys* lo que tengo para ellos —les dijo, y les enseñó una granada industrial. Porque *El Niño* tiene una granada industrial. Poco a poco uno descubre que siempre ha sido como un ratón. Esconde parte de lo que consigue, y luego lo desentierra cuando lo necesita. Algunas de sus escapadas eran para recuperar armamento que había ido enterrando como verdaderos tesoros ocultos.

El Burro y la vieja se fueron agitados y no se han vuelto a acercar.

Esa fue la segunda vez que mostraba su granada. Esa misma fue la que le enseñó a un policía que lo quiso sacar de su solar, supuestamente para contratarlo como sicario y llevarlo a un monte lejano y solitario. Le dijo que una vez en el lugar le daría una pistola. Ese policía es amigo de los dos que están presos por haber entregado a *Rambito* para que *Chepe Furia*, *Liro Jocker* y *El Extraño* lo asesinaran. *El Niño* es testigo de ese caso, pues vio cómo ellos tres se fueron en un pick up con *Rambito* y con los lazos con los que luego apareció su cadáver atado.

—Vaya, está bien, solo me voy a llevar esta chimbomba, por si es mentira —respondió *El Niño*, jugando con la espoleta de la granada frente al policía que lo quiso caminar. No ha tratado nunca más de sacar a *El Niño* de su solar.

La tercera vez que saca su granada es esta tarde. La baja de una viga del cuartito donde duerme y nos la muestra envuelta en cinta aislante para evitar cualquier accidente que pueda provenir de una espoleta vieja y oxidada. *El Niño* y su familia duermen a la vera de una granada M-67.

Otro contacto le contó hace unas semanas que dentro del penal se habían organizado grandes reuniones —o *meetings*, como les llaman—. Le contaron que hay siete sicarios, de varias clicas, dispuestos a terminar con él. Es una pieza codiciada dentro de la pandilla. Si muere, más de cuarenta pandilleros, importantes algunos de ellos, saldrán libres por falta de testigo.

Hace poco lo llamó uno de los pocos Hollywood de la zona que aún quedan libres. Quién sabe a cambio de qué, o porqué extraña lealtad, le contó que unos *homeboys* están planeando asesinarlo justo el día del juicio, el 20 de agosto. Quieren matarlo cuando viaje en la patrulla policial rumbo a los juzgados.

El Niño, a pesar de andar la muerte a cuestas, luce tranquilo. Nos muestra contento el avance de sus plantas de marihuana y juega con su niña. Se ha hecho amigo del tipo que vive en la otra parte del mismo solar. *El Caballo* le dicen. Es un campesino joven e ingenuo, muy ingenuo. *El Niño* le da hierba y fuman juntos. Siempre que llegamos están haciendo alguna tontería o discutiendo sobre el origen satánico de las cabras, o sobre brujería, tema en que *El Niño* es muy versado. *El Caballo* le tiene cierta admiración, escucha embelesado sus historias, se ríe con sus bromas, casi todas a costillas suyas y, en general, le hace compañía a ese hombre tan exótico que llegó a vivir al otro lado de su solar.

A *El Niño* le alegran nuestras visitas. No solo porque tiene oportunidad de hablar con alguien nuevo, sino porque le llevamos comida, o ropa, o leche para su bebé. O quizá porque tenemos cigarrillos ilimitados que a veces con malicia apaga y guarda para después. Este testigo protegido de la Fiscalía vive en pobreza. La canasta que le manda la Unidad Técnica del Sector Justicia, para que viva él y su familia, consiste en: dos sopas en polvo, dos salsitas de tomate, una bolsa de fideos, un cepillo, una pasta de dientes, dos rollos de papel higiénico, dos refrescos, un par de libras de arroz, otro par de azúcar y sal. Con esto tienen que vivir él y su familia por un mes. Son algunos policías del puesto, los mismos investigadores que lo cooptaron y lo volvieron un soplón, los mismos con sueldos miserables y turnos de veinticuatro horas, quienes sacan de su bolsa para apuntalarle la economía al exsicario de la MS13.

Le preguntamos a *El Niño* qué piensa hacer cuando todo esto termine y deba volver a la vida —entre enormes comillas— normal. Dice que planea unirse a la banda de asaltantes a la que pertenece *El Topo*, el expandillero que no quiso entregarlo. Dice también que quisiera hacer un gran atraco, uno que le dejara mucho dinero y poder entonces montar una panadería con la niña que tiene como mujer. Dice también que no le da miedo la pandilla, que sabe cómo torearlos. Ya son muchas veces las que ha pasado por las barbas de sus *homeboys*.

En la última visita, ya con la grabadora apagada y las tazas vacías de esa infusión de café que nos da su mujer, le preguntamos si podemos tomarnos una foto con él. Accede. Posa primero con uno, luego con otro, luego con ambos. Ninguno sonríe. Él, más bien, pone cara de malo, de sicario, de pandillero. Es un tipo pequeño, de ojos achinados y cara lampiña. Tiene las manos toscas de los campesinos, aunque él nunca lo fue, y la piel del color de la tierra.

El 20 de agosto, en doce días, este hombre declarará contra cuarenta y dos pandilleros de la Mara Salvatrucha 13. La mayoría acusados de homicidio. Lo más probable es que todos pasarán el resto, o buena parte, de sus vidas en penales infrahumanos, en celdas pestilentes diseñadas para veinte hombres en donde se apiñan a veces más de sesenta. Si llega vivo al juicio, este hombre habrá acabado con la clica de los Hollywood Locos Salvatrucha de Atiquizaya, y con un buen pedazo de la clica Parvis Locos Salvatrucha de Ahuachapán. Si esto pasa, le habrá dado un duro golpe a la pandilla a la que sirvió durante toda su vida.

Nos despedimos de *El Niño* y nos vamos de su solar. Es tarde y el sol dora las hojas de los árboles. Son bonitos los ocasos de Atiquizaya, pero no por lo que hay, sino por lo que ya no hay. En este caso, ya no hay un fuerte sol. *El Niño* se queda atizando el fuego de su cocina de leña con un palo. Tranquilo, con su hija en brazos.

Tiene la convicción de haber enfurecido a La Bestia que ahora lo busca para llevárselo.

Aún así, está decidido a intentar cabalgarla de nuevo.

Inédita, escrita en agosto de 2012

Capítulo II – Guatemala

Guatemala se escribe con zeta

Óscar Martínez

La última vez que mezcló fue hace unos tres años, cuando él cumplía siete de estar preso. Un grupo de reos llegó a su celda en aquella ocasión a preguntar por el extranjero que sabía tratar químicos. Él respondió con otra pregunta: «¿para qué soy bueno?» Desembalaron en su catre un plástico que envolvía pasta base de cocaína y le preguntaron qué podía hacer y qué necesitaba para hacerlo. Él contestó que lo imprescindible era el bicarbonato. Se lo consiguieron, y al día siguiente esos hombres disfrutaron sus piedras de *crack*. Aquella fue la última vez que *El Colombiano* mezcló. Antes lo hacía todas las semanas. De eso vivía.

El calor asfixia en esta cárcel guatemalteca, pero a *El Colombiano* no parece agobiarle, quizá por la costumbre: cuando en junio de 1997 llegó al país, recaló en la ciudad de Mazatenango, la capital del departamento de Suchitepéquez. Ubicada a unos doscientos kilómetros de la frontera con El Salvador y a unos ciento cincuenta de la frontera con México, Mazatenango transpira el calor playero de una costa sin importantes puertos mercantes ni grandes complejos turísticos, y plagada de aldeas de vocación pesquera casi nunca nombradas, como El Chupadero o Bisabaj.

En la cárcel, algunos reos juegan fútbol, hablan en las esquinas, meriendan en los comedores o aguardan esposados su traslado a alguna audiencia. Aquí hay presos comunes —*paisas* les llaman— y pandilleros, casi todos de la Mara Salvatrucha y el Barrio 18. *El Colombiano* y yo nos alejamos a un solitario puestecito de chucherías, para conversar sin tener que susurrar. Es un hombre recio, de unos treinta y cinco años, que hoy está bien afeitado y calza unas Nike blancas y limpias. Me interesa hablar con él porque ha sido testigo en primera persona de cómo han evolucionado, en la última década, las relaciones entre los narcotraficantes en Guatemala. Ahora sabe que sus días pasaron, que afuera es otra la ley, y que esa ley vino con unos hombres que bajaron de México y que ahora no quieren regresarse.

Hasta que lo encerraron, *El Colombiano* era lo que en el mundo de las drogas se conoce como un «agente libre». No trabajaba en exclusiva para ningún cártel. Nunca fue químico del Cártel de Cali o del Cártel del Norte del Valle en Colombia. No llegó a Guatemala contratado por alguna de las familias chapinas que movían la droga, ni tampoco lo trasladó algún grupo mexicano para mezclar aquí, antes de que el alijo cruzara la frontera. Era un agente libre, un hombre que, como su padre y su hermano, sabe utilizar la acetona, el bicarbonato, las anfetaminas y el amoníaco.

Lo atraparon en una casa, en Mazatenango, junto a su padre y un militar guatemalteco que los apoyaba. Está convencido de que hubo chivato. El operativo llegó directo a derribar la puerta justo cuando *El Colombiano* tenía las manos enterradas en veintidós kilos de cocaína.

—Es que, vea *usté*, así era la movidita: si había *platica*, yo te componía en veinte minutos un kilo, hacía la mezcla y la dejaba lista para volverla a cocinar.

El Colombiano atendía, sobre todo, a clientes desesperados porque recibieron una mala mezcla o porque en el traslado se les humedeció un cargamento, y también a aquellos que, sencillamente, tenían pasta base y químicos, pero no la habilidad para transformarlos en polvo blanco.

Recién llegado a Guatemala, *El Colombiano* se ofreció a quien le puso *platica* enfrente. Trabajó para familias tradicionales de la droga, familias con contactos en el resto de Centroamérica y en México —como los Mendoza y los Lorenzana—. Trabajó también para grupos menos conocidos que operaban en la frontera oeste, la de los migrantes y el contrabando, donde la ruda ciudad guatemalteca de Tecún Umán se topa con el estado mexicano de Chiapas. Trabajó para quien le pagó, y esto, aunque suene extraño en el mundo del narcotráfico, nunca le generó recelos entre sus clientes.

—Es que, vea *usté*, aquí ningún cártel mandaba ni se entrometía con el otro. Aquí no te mataban por repartirte. Tú entregabas lo que componías, y ahí quedamos; *usté* lléveselo donde quiera y haga lo que quiera, que yo ya cobré y quedé tan a gusto.

Eran, dice *El Colombiano*, buenos tiempos, y Guatemala era un buen país para ser un agente libre. Diez años han pasado desde que lo atraparon y mucho ha cambiado afuera, pero no está de más probar con la pregunta.

—Y al salir, *Colombiano*, ¿vas a entrarle otra vez?

—Eso no lo creo, *parse*. Es que allá afuera ahora hay un problema, que con la llegada de Los Zetas todo cambió. Los brutos esos no entienden de pactos. Con ellos no hay negociación. Abarcan todos los delitos, y entonces aprietan poco y calientan mucho.

—Y eso, *Colombiano*, ¿cómo lo sabés?

—Ay, *parse*, mire dónde estoy. Si aquí entra de toda gente. Aquí uno se mantiene más actualizado que allá afuera.

Las primeras etapas: los cubanos y los militares

Si se asume la sonada frase de que, en tema de drogas, *México es el patio trasero de Estados Unidos*, bien se podría asumir que Centroamérica lo es de México. Un patio sucio y descuidado, conectado a México por una única puerta trasera. La frontera con Guatemala sería lo más parecido a esa puerta.

Con costa en los océanos Atlántico y Pacífico, y más de novecientos cincuenta kilómetros de línea fronteriza con México, más que una puerta, esa frontera es un portalón. Eso lo saben los narcotraficantes desde hace décadas. Al contrario de lo que ocurre en El Salvador, por ejemplo —donde esta década ha sido la del descubrimiento de narcos locales de renombre—, en Guatemala hay familias consolidadas desde la década de los 70, cuando los tambores de guerra civil sonaban por toda la región.

Para comprender qué es lo que Los Zetas han venido a trastocar hace falta remontarse a esa época, y Édgar Gutiérrez resultará un gran guía. Este economista y matemático de cincuenta años, fundó organizaciones dedicadas a atender el retorno de refugiados guatemaltecos, a luchar contra la impunidad o a recuperar la memoria histórica. Gutiérrez también ha participado del otro lado de la línea: de 2000 a 2002 fue secretario de Análisis Estratégico, o sea jefe de la inteligencia guatemalteca, y desde ese año hasta 2004 fue ministro de Relaciones Exteriores. Ahora asesora a distintas organizaciones y gobiernos de Latinoamérica y Europa, sobre todo en temas de seguridad.

Casual para charlar y ordenado al estructurar sus ideas, Gutiérrez me plantea la cronología de la evolución del narco hasta convertirse en un pilar más del juego de poderes en Guatemala. Y esa cronología, durante el reporteo, terminará validada por fuentes que van desde el mundo del crimen hasta la inteligencia militar.

—El narcotráfico no era lo que hoy día en términos de volúmenes de la cocaína que trasiega por acá y el tamaño del mercado. Hablo de los años 60 y mitad de los 70. En ese momento ocurrió una migración de cubanos a Miami y de Miami a Guatemala, que llegaron atraídos por políticas fiscales. Estos cubanos sirven de puente a los colombianos y encubren las operaciones mediante sus actividades comerciales, principalmente exportaciones de camarón. Iban a Miami y en los paquetes escondían la droga. Algo ocurre en los 70 que esta gente decide abandonar el narcotráfico y se dedica solo a sus negocios lícitos, y ahí han seguido.

Documentar este período inicial suele ser complicado. Gutiérrez se basa en testimonios de gente que estuvo vinculada y que él conoció.

La segunda etapa, en cambio, tuvo pompa internacional y filtraciones de documentos de las agencias de inteligencia de Estados Unidos.

—Se trata del esfuerzo de la administración de Ronald Reagan por derrotar a los sandinistas en Nicaragua —dice Gutiérrez—. Recordarás el escándalo Irán-Contras, que prohibió a los Estados Unidos financiar a la Contra. En ese momento, inicios de los 80, Estados Unidos realizaba los primeros esfuerzos serios por reprimir a los narcos colombianos, pero la CIA decide que la cocaína y heroína que pase por Centroamérica sea administrada por los ejércitos. Involucran al salvadoreño, guatemalteco y hondureño, para que parte de esas ganancias se destine a financiar a los Contras. Hay testimonios en el Senado y en la Cámara de Representantes de Estados Unidos donde asesores militares argentinos que formaron parte de la trama dan montos de plata: hablan de 2 millones de dólares a la semana.

Entre 1985 y 1986 se desató el *Irangate*. Todo empezó por el descubrimiento —luego aceptado por la administración Reagan— de que Estados Unidos vendió de forma ilícita más de 40 millones de dólares en armas a Irán durante la guerra que libraba contra Iraq. El intrincado asunto no terminó ahí: el presidente Reagan, en conferencia de prensa, aceptó que cerca de 12 millones de la venta de armas se destinaron a la Contra.

A raíz del escándalo, el flujo de ingresos quedó bloqueado. Entonces surgió la segunda parte de la trama, una mucho menos esclarecida a pesar del paso del tiempo. En 1996, el *San Jose Mercury News* publicó un reportaje que vinculaba a traficantes de cocaína y *crack* de finales de los 80 en Los Ángeles con el financiamiento de la Contra y el beneplácito de la CIA. El material causó tanto escándalo que incluso el Senado abrió investigaciones. Según esa información, algunos militares centroamericanos participaban en el traslado como encargados de almacenamiento y transporte de la droga por el istmo. Ese vínculo permitió que llegaran algunos capos con olfato al saber de la privilegiada puerta que abrió la omnipotente CIA.

—Esta actitud permisiva de los Estados Unidos facilita en los 90 la llegada de colombianos a Centroamérica, sobre todo a Guatemala. Los primeros padrinos aquí son colombianos que se mudan con sus equipos administrativos, sus financieros, sus contadores. Lo que hacen cuando deciden que es una plaza importante para contactarse con México es acudir a viejos agentes del Estado, del Ejército. Los que se involucran son exagentes de aduanas, excomisionados militares, exespecialistas del Ejército.

—¿Por qué ellos?

—Porque ellos están en el terreno y conocen la frontera. Están dejando su pertenencia activa en las fuerzas de seguridad del Estado, pero mantienen contactos. Usan las ganancias de la droga para comprar tierras, abrir líneas de transporte, gasolineras, negocios que sirven para blanquear pero que posteriormente se estabilizan. Ahí vienen los Mendoza, cuyo nicho es Izabal. De ahí salen también los Lorenzana, de Zacapa. Waldemar Lorenzana era un agente de aduanas y luego cuatrero. Muy exitoso en los negocios.

Esos son los tiempos que extraña *El Colombiano*, cuando había paz entre las familias del narco, cuando Guatemala se consolidaba como el discreto portalón de Centroamérica. Faltaba que entraran a escena los invitados incómodos.

Soplón de unos, halcón de otros

Este furioso y pequeño indígena quekchí me acosa con una pregunta ofensivamente retórica.

—¿Usted llevaría a sus hijos a jugar a un parque donde hay unos borrachos con unos fusiles?

Me clava la mirada porque ansía escuchar el monosílabo obligatorio.

—No —respondo.

Se queda feliz, como reivindicado, mientras menea la cabeza en círculos y repite con gesto de satisfacción:

—Esa es la diferencia, esa es la diferencia.

Este indígena es un confidente de los militares guatemaltecos. Di con él cuando un contacto de confianza me lo presentó en Cobán, la fría capital del norteño departamento de Alta Verapaz. Gracias a su testimonio, el Estado halló una casa que Los Zetas utilizaban para guardar armas. Fue una de las tantas personas que, a pesar del miedo, susurraron lo que sabían a los soldados cuando estos instalaron el estado de sitio aquí, en Cobán. Claro, la rabia no exime el miedo. Por más valiente que parece, el señor me ha citado en una esquina solitaria cerca del mercado y de la terminal de buses. La muchedumbre cobija.

Pronto lanzará otra pregunta retórica, la veo venir. Me ha explicado que a él no le enfurece tanto el tráfico de drogas, sino que quien lo hace afecte su vida. Antes, él salía con sus hijos al parque San Marcos, ubicado en uno de los accesos al centro de la ciudad, pero desde finales del año pasado hasta el día en que llegó el contingente militar, esos hombres se sentaban ahí a vigilar, con sus fusiles y tomando cervezas, gritando y molestando a las muchachas. Esos hombres eran *zetas*. Y viene la pregunta: «Usted a quién ayudaría, ¿a

unos que hagan lo suyo pero que no le molesten la vida, o a los que
sí le molestan la vida?».

Parece ser que él mismo se hizo esa pregunta en algún
momento. Antes de que Los Zetas se tomaran el parque, algunos
empleados de la familia Overdick, los narcos locales, hacían de
halcones desde ahí, atentos a los operativos. Dice que ellos sí salu-
daban con corrección, escondían, cuando mucho, alguna pistola
en el cinto, y no se dejaban ver borrachos, sino como feligreses a
punto de entrar en una iglesia. Alguna vez, dice este prieto quekchí, él mismo les alertó cuando al regresar en bus de la capital veía
algún retén militar. Para los otros, para los borrachos con fusil,
solo tiene el gesto compungido que se adueña de su rostro cuando
achina los ojos y aprieta los labios.

El 19 de diciembre de 2010 el Gobierno del presidente Álvaro Colom decretó estado de sitio en Alta Verapaz. Un estado de sitio,
como establece la ley de orden público, es el paso previo al estado de
guerra: limita la libre circulación y permite cateos sin orden judicial.
Al menos a varias de mis fuentes, entre ellas un exministro de Defensa, un exjefe de Inteligencia Militar, un coronel, un general y el excan-
ciller, les pareció que la declaratoria tenía más de publicidad que de
realidad. En Cobán, coinciden todos ellos, lo que se vivió fue un estado de prevención, el más leve en el listado que termina con la guerra
abierta, y que apenas supone más policías, más militares, más retenes,
más fiscales y, por tanto, más órdenes judiciales y más decomisos. En
Cobán, dicen categóricos, los militares nunca tuvieron el control, sino que estuvieron bajo las órdenes del Ministerio Público. Al menos
dos de ellos utilizaron la palabra *show*. Sin embargo, para evitar con-
fusiones, lo llamaremos como al presidente le dio por bautizarlo.

A finales de 2008, Los Zetas eligieron Alta Verapaz como
base de operaciones para Guatemala y, dicen algunos, para toda
Centroamérica. No hacía falta ser un genio para escoger este departamento. Alta Verapaz es el cuello de botella de Petén, un departamento que casi duplica en extensión a El Salvador, que acapara la
mayor extensión de la frontera con México, y que tradicionalmente
ha sido punto de trasiego de armas y drogas. Para llegar a Petén,
Alta Verapaz es un paso casi obligado, y ofrece la ventaja de que se
encuentra a tres horas en carro de la Ciudad de Guatemala.

El Ejército, el Ministerio Público y la Policía se desplazaron
aquí por orden presidencial cuando la situación era humillante. Las
noticias que bajaban de la neblinosa Cobán parecían llegar de algún
pueblito de narcos de la frontera entre México y Estados Unidos:
narcos violando a mujeres indígenas en aldeas otrora pacíficas, jefes
narcos poniendo perímetro alrededor de un McDonald's para co-
merse un combo, hombres borrachos en las plazas que ejercían de
halcones con sus AK-47 a la vista.

—¡No! Don Overdick no actuaba así. Yo no sé en qué andaban metidos, pero ellos son gente respetuosa que quieren a las personas de aquí y las ayudan.

Esa fue la respuesta del iracundo quekchí cuando le planteé yo mi propia pregunta retórica: ¿son iguales Los Zetas que la familia Overdick? Sin embargo, algo de culpa debe tener el que mete al zorro en el gallinero.

De empleados a amos

—No, pues claro. Seguramente se están jalando los pelos, pero ahora no les queda otra que hacerle pecho a la situación.

Tengo enfrente a un agente de inteligencia militar que estuvo en Cobán en diciembre, cuando inició el dudoso estado de sitio. La escena que me reconstruye es la de los patriarcas de las familias viendo cómo su invitado les desbarata la casa. Juan Chamalé en la frontera del contrabando y los migrantes con México; Waldemar Lorenzana en las fronteras con El Salvador y Honduras; Walter Overdick en Alta Verapaz; y los Mendoza en Petén, frontera selvática con México, y en las costas cercanas al golfo de Honduras. Todos buscados por Estados Unidos. Todos preocupados ahora al ver cómo el terrible invitado recorre la casa.

Hablamos en el restaurante del hotelito donde me hospedo en ciudad de Guatemala. La conversación con este militar dicharachero y directo tiene dos objetivos: saber si la inteligencia militar da por hecho que fue el asesinato de un narco, Juancho León, la carta de entrada de Los Zetas al país, y saber qué tanto de *show* tiene un operativo como el realizado en Alta Verapaz.

Respecto al primer punto, la conversación es corta. La respuesta es un rotundo «sí».

En marzo de 2008, tras un enfrentamiento armado de media hora entre dos grupos de al menos quince hombres, quedaron tendidos varios cadáveres en el balneario La Laguna, en el departamento de Zacapa, fronterizo con Honduras. Uno de esos cadáveres era el de Juan José «Juancho» León, un importante narcotraficante guatemalteco de cuarenta y dos años, líder de la familia León, que operaba en Izabal, el departamento encajonado entre Petén, Belice, el mar Caribe, Honduras y Zacapa. Juancho León es el hombre que probablemente será recordado como el punto de quiebre en el pacto de convivencia que tenían entre sí las familias guatemaltecas.

Édgar Gutiérrez, el exjefe de inteligencia, me había contado que Juancho León, quien durante algún tiempo fue lugarteniente y yerno del patriarca de los Lorenzana, empezó a tener demasiado poder, a expandir sus actividades y, sobre todo, a pasarse de bocón.

—Representaba una amenaza, porque fanfarroneaba —me dijo Gutiérrez en una de las primeras entrevistas—. Yo puse a tal presidente, yo puse a tal... Y los otros grupos empezaron a decir: este tiene actitud monopólica y rompe el equilibrio; está tomando contactos en sur y norte.

Cuando le explico la teoría, el agente de inteligencia militar asiente con fuerza, con los ojos cerrados, y sonríe mientras mantiene el dedo índice levantado en este agradable patio del hotelito colonial, muy bien conservado en el centro de la capital.

—Eso es cierto, pero falta un elemento en esa ecuación: Juancho fue el que puso de moda los *tumbes*. Gran parte de su poder económico vino de toda la droga que se robó.

Los famosos *tumbes*, la rapiña entre narcos, en la práctica no son más que robos de cargamentos de droga. En el fondo son una muestra de cómo el pacto entre familias había estado pegado con saliva, incluso antes de la entrada de Los Zetas.

Juancho León, como otros narcotraficantes e incluso jefes policiales, realizaba labores de inteligencia para saber dónde, cuándo y qué cantidad de droga iba a ser transportada por, digamos, la familia Lorenzana. La droga entraba por algún punto ciego de la frontera con Honduras, y los hombres de León la esperaban más adelante, cuando a través de Alta Verapaz pretendía trepar hacia México. La robaban y luego la vendían a otra familia que la introducía por otro punto de la frontera. Ingenuo sería pensar que los agraviados no se enterarían de quién robó su cargamento.

Según el militar que ahora toma café en el patio de este hotel, la gota que rebalsó el vaso fue un *tumbe* de droga que Juancho León realizó a los Lorenzana a principios de 2008, cuando transportaban un cargamento de cocaína para el Cártel de Sinaloa, el más poderoso del continente. Eso, sumado a su boconería, su preocupante expansión de territorios y su prontuario de *tumbes*, derivó en un pacto entre los Mendoza y los Lorenzana: era necesario matar a Juancho León, pero el hombre tenía un ejército a su disposición, se movía bien custodiado y, desde que en 2003 fue asesinado su hermano, Mario León, había aumentado su cautela. Era necesario recurrir a unos expertos que ya antes habían venido a Guatemala a dar protección a cargamentos especiales, a entrenar a sicarios de los Mendoza o a reclutar kaibiles; esos soldados entrenados en la selva bajo el lema de avanzar, matar y destruir. Fue justo ahí cuando las dos grandes familias abrieron las puertas de par en par al terrible invitado mexicano.

A Juancho León lo citaron en el balneario aquel día de marzo de 2008. La excusa fue negociar la entrada por su territorio de un cargamento de cocaína. Entonces, lo atacaron con fusiles AK-47 e incluso con RPG-7, un lanzacohetes antitanque de fabricación rusa.

Luego de la batalla, fueron detenidos tres mexicanos originarios del estado de Tamaulipas, en el norte mexicano, territorio desde donde Los Zetas controlan todas sus operaciones.

Las familias invitaron a Los Zetas sin tener en cuenta ningún otro factor más que su capacidad para matar. No reflexionaron en que, justo a finales de 2007, ese grupo liderado por exmilitares de élite se había escindido de su cártel padre, el del Golfo, y que estaban huérfanos y en búsqueda de nichos de control y actividades delictivas para suplir su falta de contactos en Sudamérica. Solo vieron su capacidad de matar y atemorizar, y aún la siguen viendo.

El estado de sitio en Cobán fue la primera jugada fuerte del Gobierno guatemalteco para tratar de imponer reglas al huésped incómodo. Un aviso de que esta es casa ajena, un regaño por el descaro. Y nada más. Los Zetas especularon con que el *show* del Estado terminaría pronto y decidieron no plantar cara.

Un «operativo sorpresa»

Ella bromea con que quizá su marido la engañó y no se fue a cargar furgones con droga de Los Zetas, sino a ver a otra mujer en Cobán. Estamos en El Gallito, un barrio de ciudad de Guatemala reconocido como el centro de operaciones de los narcos en la capital. La mayoría de las calles secundarias han sido bloqueadas con separadores de carretera, para obligar a las patrullas a entrar y salir por donde ellos quieren que lo hagan. La mujer vino a la casa de mi contacto y tomamos una cerveza mientras esperamos a su esposo, que hace una semana dijo que se iba a Cobán y aún no aparece. Por eso refunfuña ella.

Entrada la noche, al fin llega el hombre bajito, moreno, pelo lacio y de bigote, prototípico de este país. Es como un gran muñeco de trapo. Se le ve tan molido que hasta su mujer deja el enojo de lado y lo recibe con un reproche a terceros.

—¡Mirá cómo te han dejado esos salvajes!

Unos sorbos de cerveza después, él, poco conversador, responde parco.

—No, si mejor me vine, porque es una salvajada lo que hay que cargar. Llenamos camiones y camiones, de las seis de la mañana hasta la medianoche y nunca acabábamos. A mí páguenme, que me voy, les dije.

—¿Qué es lo que tanto cargaban? —aprovecho para preguntar.

—Cajas y sacos… con cosas.

Los dejo hablar, que entre vecinos y familia se cuentan más. Entonces, escucho detalles. Se fue hace una semana, cuando el

171

estado de sitio llevaba menos de un mes. Él y otros quince cargadores de la capital recibieron la oferta de parte de un viejo conocido del que aquí muchos saben que es *zeta*. Llegaron a llenar y vaciar camiones en municipios de los alrededores de Cobán. Vaciaban los que llegaban con mercancía y llenaban los que se iban para Izabal y las cercanías de la capital. Eran las laboriosas hormigas de Los Zetas que sacaban de la zona de riesgo la mayor parte de su mercancía. Este hombre rendido era una de ellas.

Han pasado dos días de la charla con el cargador de bultos en El Gallito, y ahora me encuentro en Cobán, en la Sexta Brigada de Infantería, que alberga a los trescientos militares enviados tras la declaratoria del estado de sitio. Me recibe el segundo al mando, el coronel Díaz Santos. Afuera, un pelotón de sus hombres sale en la primera patrulla de la tarde. Hace mes y medio que inició esta disposición, y ahora solo atrapan borrachos al volante o borrachos que se pelean en las calles y, cuando mucho, algún ladronzuelo con navaja.

—Es que desde que entramos —dice el coronel— entendieron el mensaje. (Los Zetas) se volvieron más respetuosos, y ya no andan como locos con sus fusiles por la calle.

Captaron el mensaje y decidieron no enfrentar. Mejor traer a los cargadores de bultos que sacar a los sicarios. Cosa rara: Los Zetas esta vez se frenaron con todo y su fama de iracundos, algo que ni en México suelen hacer.

Le cuento al coronel que tengo información de que Los Zetas sacaron tanta mercancía de Cobán que trabajaron jornadas de casi veinticuatro horas para intentar llevarse todo de los municipios aledaños. Espero que me contradiga, pero me complementa.

—Claro, si es que fueron alertados de los allanamientos, y les quedó gran parte de su arsenal y de sus cargas de droga. Lo que agarramos es lo que se les quedó atrás.

Cada vez toma más fuerza la versión que me dieron dos informantes que viven en Cobán: me contaron que el día anterior al estado de sitio, la tarde del sábado 18 de diciembre, hubo un partido de fútbol donde algunos *zetas* jugaron mezclados con policías, fiscales y empleados municipales de la zona y que, al terminar, mataron y asaron una res, y luego se despidieron porque los narcotraficantes tenían que ir a cargar sus bultos antes del amanecer.

Días antes, en ciudad de Guatemala, me reuní con el general Vásquez Sánchez, el superior del coronel Díaz Santos. Él me habló de los logros, y los hubo: vehículos decomisados, la mayoría pick ups de lujo y camionetas de modelos recientes; treinta y nueve fusiles de asalto, veintitrés ametralladoras MG-34 de calibre 7.62 (el mismo que utilizan nuestros soldados en la zona, agregó perspicaz el general), y treinta y cinco pistolas, incluida una FN Five-seven, rebautizada en

México como *la matapolicías,* por ser capaz de atravesar ciertos chalecos antibalas.

El general y el coronel me contaron —cada quien en su momento— que todo esto fue gracias a que la gente informaba. Los militares, lejos de hacer alarde de una inteligencia operativa que no tuvieron que ocupar, ponen el éxito relativo de la operación en el terreno del odio. El odio de la gente hacia Los Zetas. Señalaban los talleres-escondite: ahí preparan los carros para encaletar cosas. Les decían dónde estaban los ranchos: allá en el rancho que era del narcotraficante Otoniel Turcios esconden armas. Les revelaban sus dinámicas: vayan ahí nomás, a dos kilómetros del centro de Cobán, y vean la pista de avionetas. Ahí están los pilotos como taxistas piratas, sin permiso para volar y a la espera de que algún cliente les pida llevar bultos llenos de quién sabe qué, a quién sabe dónde.

Alta Verapaz estaba tan abandonado que incluso esa pista aérea, que pertenece al Estado, era utilizada con total impunidad por Los Zetas. Ningún controlador aéreo, ningún plan de vuelo entregado a nadie y ningún registro de quién pilotearía qué aparato a qué hora. A veces, incluso utilizaban esas pistas para *shows* de carros monstruos o carreras de caballos o fiestas. Total, era de ellos.

—Curioso —dijo el general—, nadie ha llegado a reclamar ninguna de las cinco avionetas que decomisamos por no tener registro. ¿Usted dejaría así nomás su avioneta tirada?

Las palabras del coronel con quien hablo en Cobán responden bien esa pregunta. Él también está convencido de que Los Zetas aprendieron la lección, captaron el regaño, y no van a pelear por lo decomisado. Habrá que ver, piensa el coronel, si el regaño les va a enseñar a comportarse.

—Como los narcos buenos, que mantienen su zona en paz y tienen pactos de caballeros con las otras familias y no andan, como estos, violando y armando tiroteos.

Pero la sutileza nunca ha sido la bandera de Los Zetas. En este caso lo que llama la atención es su decisión de no contraatacar. Por lo demás, actuaron como en México, como en su casa. Siguieron su manual.

Cada una de las preguntas que hice en su despacho, el general las respondió con un «sí» —e incluso agregó algún detalle—: ¿Tenían niños y mujeres, taxistas y comerciantes comprados para servir de halcones? Y el general respondió que sí, solo que aquí les llaman *banderas.* ¿Tenían otras actividades además del tráfico de drogas? El general asintió y enumeró los secuestros, el lavado de dinero, sembradíos de café y cardamomo, extorsiones. ¿Tenían a policías, alcaldes y fiscales de su lado? Y el general se remitió a los hechos: por falta de confianza, el Gobierno retiró a los trescientos cincuenta policías de todo el departamento, no solo de Cobán, y los reubicó.

—Toda esa estructura que me estás comentando la tenían implementada. La desconfianza de nosotros, los militares, de trabajar con la Policía Nacional Civil estaba.

Con «sí» respondió también cuando le pregunté si cooptaron a las bandas locales de asaltantes, pero en su respuesta, el general fue más allá y no se refirió solo a las banditas de ladrones que Los Zetas suelen profesionalizar.

—Los Zetas han venido a mermar la actividad de los grupos locales. Han puesto un apodo a los narcos locales: *los narquitos*. Quieren que ellos se hagan parte de este grupo y que ya no sean operarios independientes, sino parte de ellos. Tomaron el control, si no de toda Guatemala, de gran parte. Y los narcos locales tradicionales han bajado sus actividades. Están operando tras la sombra de Los Zetas, y los que no se han acoplado a ese sistema reciben amenazas de muerte.

Han seguido su manual. Se me viene a la mente la expresión del policía con el que conversé en ciudad de Guatemala, en el cuartel central, hace unos días, y me recuerda a los tantos con los que platiqué en México, cuando durante un año cubrí la actividad de Los Zetas. Aquel oficial oriundo de Cobán siguió el protocolo para hablar de estos delincuentes: me escondió en una esquina del cuartel, miró a todos lados y susurró, temiendo que lo escuchara algún colega. Me contó que en Cobán, al nomás llegar, Los Zetas te paran, te dan tu primer sueldo de 500 dólares, te dicen que ya te van a llamar cuando necesiten algo, te dan un celular y te piden que te peines bien para tomarte una foto. En su computadora, el policía me enseñó un informe interno de la Inspectoría, que, sin pruebas por falta de confianza para recabarlas, decía que las comisarías de Huehuetenango, Petén, Quiché y Alta Verapaz son «perceptibles de corrupción».

El coronel con el que converso en Cobán me detiene antes de salir de su despacho. Él sabe que todo lo que hemos conversado y lo que le mencioné de mi plática con el general lleva a pensar que, tras el *show* del estado de sitio, la sensación que queda es que los militares se irán y que Los Zetas volverán con lecciones aprendidas a terminar de sacar o someter a las familias tradicionales, los «narcos buenos».

—Sé que están esperando a que finalice para volver, eso es todo, pero nosotros llegamos para quedarnos —me dice el coronel a manera de despedida.

Me voy.

De vuelta al estado de normalidad

Es 1 de marzo y me encuentro en una cena, rodeado de jefes policiales, militares y asesores en seguridad. Hacemos pronósticos sobre lo que se viene en Guatemala, sobre cómo reaccionarán Los Zetas. Entre los asistentes distingo a uno de mis informantes de Cobán. Lo saludo y con la mano le hago un gesto para que nos alejemos del restaurante del hotel. Me dice que en un ratito, que allá en la esquina del patio. Pasa el ratito y se acerca con una pregunta por saludo.

—¿Qué? ¿Ya publicaste el artículo?

—No, aún no. Estoy por terminarlo.

—¿Ya viste que terminó el supuesto estado de sitio?

—Sí, el viernes 18 de febrero. ¿Y qué ha pasado en Alta Verapaz?

—Pues que han regresado Los Zetas, ahí andan, siempre armados en las calles, más cautelosos, pero siempre a la vista en sus grandes camionetas.

El 25 de febrero en la madrugada, siete días después de que el presidente Álvaro Colom viajara a Cobán para dar por finalizado el estado de sitio, un comando armado ingresó a un autolote, incendió tres carros y lanzó ráfagas de AK-47 contra otros tantos. Mi fuente asegura que eran Los Zetas que, poco a poco, inician sus venganzas. Esta vez fueron carros, pero mi informante augura que pronto serán personas. Ahora que terminó el estado de sitio, ahora que Cobán retorna a su normalidad, mi informante plantea su propia pregunta retórica.

—¿Y qué más iba a pasar?

Publicada el 13 de marzo de 2011

La locura de *El Malvado*

Daniel Valencia Caravantes

Cuando entramos a la pequeña jaula de concreto, el *Dos Caras* tejía una cartera de lana roja con sus dos manos, que en otros tiempos se sabían despiadadas, capaces de infligir los más terribles tormentos. Pero aquella tarde de enero eran más bien dos manos delicadas realizando ese trabajo con el que usualmente se asocia a las madres o a las abuelitas. El *Dos Caras* tejía mientras caminaba, silencioso, de un extremo a otro del cuarto. Cuando venía del fondo, con el perfil derecho a la vista, pasaba inadvertido. Pero cuando regresaba, asustaba. Su otro perfil, tatuado por completo, era escalofriante.

Al cabo de un rato, el *Dos Caras* dejó de dar vueltas y se unió a una tertulia que ocurría a mis espaldas. En esta pequeña jaula de concreto hay otros iguales a él. Son guerreros de otra época, que ahora se saben traidores. Allá afuera, por más que hayan matado mucho, son presa fácil. Yo fui a buscarlos porque son los únicos que pueden saciar la curiosidad que llevo en las entrañas. Cuando fueron soldados se comportaron como animales; cuando jóvenes, mataron a sangre fría y quiero saber cómo fueron capaces de hacerlo. ¿Qué les pasaba por la cabeza? ¿Estaban locos?

Cuando el *Dos Caras* se acercó al otro grupo, yo ya había escogido a otro que con sus manos alguna vez arrulló un machete con la devoción del mejor herrero. Este mató por primera vez cuando era demasiado niño —a mi manera de ver— y por eso lo seleccioné de entre todos los demás. Mientras le explicaba el motivo de mi visita, en el otro grupo todos reían a carcajadas. Uno de los anfitriones —negro y fornido— dramatizaba aquella vez en la que, con un cuchillo, despellejó tanto a su víctima que la mató sin querer. Pelaba los ojos y hacía como que cortaba algo con un cuchillo. Y lo hacía ver bastante cómico, a juzgar por las risas. Ya me habían dicho que esta copia casi perfecta de Mike Tyson era un caso especial, un comediante nato. Aquella tarde lo demostró, porque solo alguien con gracia puede hacer de una tortura un chiste.

Con mi interlocutor estábamos sentados cerca de la ventana hecha de rejas, a cinco metros del otro grupo. Dejó de retocar el escudo del equipo de fútbol de los Cremas de Guatemala —que había pintado sobre un pedazo de durapax o duropor— para atenderme. Mi interlocutor estaba sin camisa, exhibiendo los tatuajes en el cuello, el abdomen moreno y el flaco brazo derecho. «¿Cómo son capaces de hacer eso? No los entiendo», le dije, luego de contarle el contenido de dos fotografías.

Historia de dos fotografías

En la primera fotografía hay tres muchachos sentados sobre la cama de un pick up. Van esposados. El más joven esconde el rostro debajo de la camisa. El otro está rapado y tiene una mancha de sangre en el hombro. Y el tercero, el que más llama la atención, tiene el pantalón bañado en sangre. La mancha baja por el muslo y se extiende por toda la pierna, hasta el ruedo. La sangre en ese pantalón era de Julio, joven cortador de granos de café en Lourdes, Colón, uno de los municipios más violentos de El Salvador. La víctima era simpatizante de la Mara Salvatrucha y la mataron porque ofendió a un pandillero. A Julio, de dieciséis años, lo degollaron. Uno de sus verdugos, José, también tiene dieciséis. Lo picaron con una vara e intentaron cortarlo en trozos con un machete, pero llegó la Policía. «Capturados en flagrancia», tituló *La Prensa Gráfica* el 5 de noviembre de 2010.

En la segunda imagen, de una bolsa abandonada en el suelo, sobre la carretera, un policía saca un jeans azul, húmedo de manchas rojas. El pantalón es pequeño. Quien lo usó era delgado. En la bolsa también hay dos brazos. De la muñeca de uno cuelga una pulsera de tela. La pulsera también va húmeda. En la bolsa también hay dos piernas y un torso sin extremidades. En la bolsa también hay dos orejas y una máscara. Una máscara hecha con piel humana (que tiene huecos donde irían los ojos, cejas y pestañas). Con un corte perfecto lograron dejar intacta la nariz y los labios. Labios de adolescente. Un kilómetro más abajo de donde se tomó la foto, hay una cabeza humana, mutilada, en el fondo de un barril. La foto fue tomada por la Policía el 7 de febrero de 2010 sobre la carretera de Lourdes, Colón. Semanas después, los investigadores descubrirán que la víctima tenía trece años, y que los sospechosos verdugos no han alcanzado la mayoría de edad.

Terminé de describirle estas fotografías a mi interlocutor, en aquella jaula de concreto, y le dije que no entendía el porqué detrás de esta saña. ¡Cómo, tan jóvenes, son capaces de hacer eso!

Entonces me respondió:

—Tú no nos comprendes porque no has vivido lo que nosotros hemos vivido.

Luego me dijo que para entenderlos, para comprender sus razones, tenía que conocer sus historias.

Él accedió a contarme la suya.

El Malvado

El muchacho sintió cómo duele la ira, por primera vez, cuando tenía once años. Su tío acababa de someter a un rival, y él, que ni lo conocía, que ni sabía cuál era el problema entre los dos, acabó lo que su tío había comenzado. Para acabarlo, utilizó un adoquín.

Ahora que el muchacho es adulto, cree que la respuesta al porqué de la decisión que tomó aquella tarde comenzó en un laberinto al que entró cuando tenía seis años. A esa edad, el muchacho vivía con su madre, que se había alejado de su padre. Él recuerda que, algunas noches, hombres extraños llegaban a buscarla a su puerta y se la llevaban quién sabe adónde. Le daban cigarros, preguntaban por ella y se la llevaban. Siempre se la llevaban. Pero un día, dos años después de ir y venir pretendientes, su madre decidió que quería otra familia y que los que se irían, entonces, serían sus primeros dos hijos. El muchacho y su hermano, tres años menor, iban a vivir con su papá.

Cuando el muchacho tenía ocho años, miraba que a su padre siempre se lo llevaba la mañana. Y cuando se iba, su padre siempre se despedía mal. En el colegio sus amigos le contaban de caricias y cariños, de mimos. Pero a él y a su hermano, su padre solo les dejaba cuatro longanizas fritas sobre la cacerola y veinte quetzales para que resolvieran el almuerzo y la cena. «Ahí está para que coman», les decía antes de marcharse.

A su padre, las noches siempre lo regresaban. Pero había unas noches en que se lo quedaban, que se lo quitaban al muchacho. Esas noches, el padre se quedaba trabajando hasta la madrugada, y dejaba a sus hijos durmiendo solos. En una de esas noches, al muchacho le tocó ver cómo el viento desbarataba las láminas bajo las que dormían y cómo la lluvia les penetraba por los poros, calándoles en los huesos. Le tocó oír cómo lloraba su hermano por el frío. El aguacero mojó todo. Y las únicas dos láminas que encontró las atravesó sobre la cama, donde fue a acostar a su hermanito.

—Venite, carnal, dormite —le decía—. Aquí me voy a quedar yo.

Había otras noches, las de fin de semana, que también se robaban a su padre. Estas lo devolvían más temprano, porque ya se habían saciado con su compostura. El papá regresaba borracho, y golpeaba salvajemente el corazón de su hijo mayor. «¡Por culpa de ustedes abandoné a mi mujer!», les gritaba.

—Entonces le decía a mi carnal: «Ese *vato* va a venir a verga. ¡Volemos a la verga de aquí!». Me ponía una mi chumpa, mi gorro, ¡*fum*! Un pantalón y pants por dentro. Los tenis y dos pares de canutos. Igual le hacía a mi carnal sus chivas. Y nos íbamos a vagabundear en las noches. Lo agarraba de la mano, caminaba delante de él.

Caminaban bajo la fría noche guatemalteca. En uno de esos viajes, encontró a uno que le contó de otros que eran como una familia. Y a él esa idea le gustó. Así que cuando no cuidaba de su hermano, se iba a caminar con sus nuevos amigos. Con ellos aprendió que el respeto se consigue sobre la base de méritos, y que para conseguir méritos se tiene que hacer cosas. Durante tres años repartió droga para la pandilla y esta le devolvía dinero y respeto. Mientras su papá, cuando podía, le dejaba dos quetzales diarios para ir a la escuela, la pandilla le daba cien, ciento cincuenta. Lo vestía y calzaba. «Si vos hacés un paro, la pandilla te va a recompensar. Si vos ponés el pecho por la pandilla, la pandilla pondrá el pecho por vos», le decían.

—Yo miraba que había otros patojos que llevaban cinco *varas*, diez *varas*, dándoselas de grandes ahí, acaparados. Entonces te arriesgás dejando el paquete. Es algo que te vuelve más ambicioso.

El muchacho también descubrió que moviendo armas para la pandilla obtenía más méritos, pero luego comprendió que aquel al que le entregaba el arma ganaba más respeto que él. Muchas veces vio cómo felicitaban a uno que se acababa de bajar a un rival y él quería sentir esa emoción. Quería ser soldado.

—Los que ya tenían posibilidad de jalar el gatillo... y se drogaban... era mejor recompensa todavía.

Pero un día, su padre intentó apagar su ambición. Su madre ya lo había dejado y ahora su padre le quitaba a su nueva familia, cuando descubrió que guardaba una bolsa cargada de marihuana en el maletín. Su padre se los llevó al campo. Los dejó solos de nuevo y se regresó a la ciudad.

En ese lugar, al mayor lo veían de menos por sus pantalones holgados y sus *dombas* (zapatillas deportivas). Ahí, su abuela, cada vez que lo descubría en la vagancia, lo golpeaba con fuerza. Pero cuando más le dolía al muchacho era cuando ella lo menospreciaba por ser diferente. La abuela, queriendo sacarle lo rebelde, más se lo hundía. El niño, que estaba entrando a la adolescencia, odiaba. Con todas sus fuerzas. A todos. Solo su hermano menor se salvaba, porque su carnal era como su hijo.

Luego todo cambió de nuevo. Un día apareció su tío, un pandillero de una clica de la zona, y el muchacho encontró con quién caminar otra vez. «¿Vos qué pedos?», le dijo. Luego, otro día, cerca del barrio, los dos se toparon con un rival de su tío. Era de noche. El joven descansaba recostado en un muro, así que su tío le pegó una patada en el pecho. Sin previo aviso. La *pinta* (el otro) cayó en el desagüe, metro y medio abajo, con la mitad del cuerpo sumido en el tragante y las patas y los brazos hacia arriba.

El muchacho —que pudo decidir no actuar, ser un testigo nada más— decidió aventarse. Participar. ¿Pero por qué? Sabía que así ganaría respeto. Eso sucedía siempre que alguien se aventaba. Y en aquella ocasión quería el respeto de su tío. Así que tomó un adoquín que estaba cerca, apuntó a la cabeza del enemigo y lo dejó caer. Fuerte y sin remordimientos. Sin pensarlo mucho.

—En donde marco que el *vato* cae hasta abajo, lo primero que hago es ir a traer un pedazo de adoquín, porque estaban reparando toda la calle. Se lo dejo caer al *vato* en todo el coco, ¿me entendés? Le desparramé el cerebro. Eran como las seis de la tarde.

Más tarde, aquella noche, llegó a su casa, se enjuagó las manos y cenó junto a su abuela, su hermano y su cómplice.

—¿No tuviste miedo? —le preguntó su tío antes de dormir.

—¡*Nombre*! —contestó el muchacho.

—¡Qué pisado!

Entonces el muchacho durmió alegre y profundo hasta el día siguiente, hasta que se levantó temprano, se bañó, se cambió y salió rumbo a la escuela, para recibir sus clases diarias de segundo ciclo. En el trayecto encontró una escena policial: forenses levantaban un cuerpo sin vida de un tragante ubicado en una comunidad de pobres. El muchacho, sin perturbarse, continuó su recorrido.

Por la noche, su tío le informaría aquello que ya sabía.

—Vos, ¿viste que esa *pinta* se peló? —le dijo.

—¡Ala! ¡Te pela la verga! De todas maneras...

Le pregunto a mi interlocutor por qué escogió matar, y me responde que porque sentía cómo el rencor de su tío corría también por sus venas.

—¿Qué sentiste cuando le aventaste el adoquín?

—Odio, carnal. Odio. Solo sentía odio. Lo que quería era verlo sufrir. Más que todo, lo que quería era verlo sufrir. Y decía, en mi mente: «¡Con esto lo voy a hacer verga!». Y mi intención, desde que agarré el adoquín, era matarlo.

—Pero ¿por qué?

—Porque no me iba a quedar con las manos vacías. Si me quedaba tranquilo, mi tío hubiera dicho que yo no andaba en nada. Si aquel le pegó un punzón, vos le tenés que pegar el otro para que se muera de una vez. Esa es la misión.

180

—¿Qué sentiste cuando todo había pasado?

—No sé, como un desahogo. Como un desahogo del odio que llevaba cargando, no contra mí, sino contra todo lo que había visto y vivido hasta ese momento.

Pequeña historia de un descubrimiento

En 1991, intentando comprender a niños inquietos, el doctor estadounidense Jay N. Giedd hizo un hallazgo que posiblemente explique a los asesinos despiadados. Durante muchos años, el doctor metió la cabeza de niños y adolescentes en el túnel de una máquina que disparaba lucecitas blancas. Viendo por aquí, hurgando por allá, seis horas para el almuerzo, el postre, el café y la siesta —por aquellos años ese tiempo tardaba el revelado de las resonancias magnéticas—, de la máquina salían un montón de perlas preciosas, imágenes superpuestas, una sobre la otra, de un cerebro con químicos y neuronas en crecimiento.

Giedd les contó de su juego a otros científicos como él, y estos también quedaron embobados con aquellos tesoros encontrados por su colega. Y entonces, estos también metieron a más niños de cabeza en túneles que tiran lucecitas, para intentar encontrar su propia perla mágica.

Diecinueve años después, en 2010, la fiebre desatada por los juegos de Giedd llevaron a concluir —a más de quinientos autores de ochenta diferentes instituciones en Estados Unidos— que los niños y jóvenes no tienen desarrollados los lóbulos frontales en el cerebro. Estos lóbulos, dijeron, son los encargados de controlar el comportamiento del ser humano bajo una regla clara: el raciocinio, o la capacidad de discernir las consecuencias de los actos. Por eso los adultos piensan más las cosas, dijeron. Los niños y jóvenes, en cambio, con lóbulos en crecimiento, para sobrevivir en el mundo, para entenderlo, son influenciados por la amígdala, que procesa las reacciones emocionales en el cerebro. La excitación, la rebeldía, la necesidad de enfrentar riesgos sin medir las consecuencias fueron características descubiertas en los jóvenes luego de tanto meter, de cabeza, a más de dos mil muchachos adentro de un túnel de resonancia magnética durante diecinueve años.

Desde 1991, Giedd y otro centenar de científicos codiciosos siguieron buscando más tesoros, y terminaron diciendo que la influencia de la amígala puede disminuir en niños y jóvenes si el entorno (familia, escuela, sociedad, medios de comunicación...) ayudan a un normal desarrollo del cerebro racional. Pero si el entorno maltrata al cerebro en desarrollo, puede que los lóbulos frontales resulten dañados para siempre. Para siempre. Gatillos volátiles que se activan en entornos de riesgo. Un joven expuesto a la violencia, puede gustar de la violencia si no recibe un tratamiento riguroso para dominar sus traumas, traumas que pueden llevarlo a reaccionar, de nuevo, en casos extremos, como una persona violenta. Despiadada.

El Malvado *encuentra un machete*

Dos semanas después de que el muchacho se convirtiera en homicida su padre regresó al campo donde lo había dejado, en un último intento desesperado por acercársele como nunca lo había hecho. Pero el padre que creyó hacer bien dejándolos solos por las noches cuando tomaba, y en el día, cuando trabajaba, supo que todo estaba perdido cuando su hijo lo desafió por primera vez. Dos semanas después de regresar, el papá encontró a su hermano pintándole algo en el brazo al hijo mayor. Y su hijo, emocionado, lo retó con la mirada.

Días después de su primera mancha en el cuerpo (sus iniciales), el muchacho y su tío comenzaron a frecuentarse menos. El muchacho interpretó que su padre había alejado a su tío, así que decidió desquitarse. Su padre, que había dejado la ciudad para venir a trabajar al campo, siempre cargaba dos machetes. Uno se lo llevaba y el otro lo dejaba en la casa. Un día, el muchacho encontró el machete. Lo agarró, lo examinó y probó a escondérselo adentro del pantalón. Luego, decidió robárselo a su papá. El muchacho, todavía de once años, era muy pequeño. El machete se le notaba a leguas colgándole debajo del pantalón. Como no quería que lo descubrieran, fue a buscar a su tío para pedirle consejo. Entonces entendió que su tío se había alejado de él por otras razones. De veintidós años, estaba agotado, quería otra vida. El muchacho se sintió abandonado. Y por más que su tío le dijo que no siguiera sus pasos, que no persiguiera a la pandilla, él le insistía en que se dejara de mierdas, que le enseñara a esconderse el machete. El tío accedió.

—La *jura* siempre te va a marcar a la hora de caminar. No te lo pongás ahí. Conseguí una cinta de zapato, le amarrás la cacha y te lo ponés cruzado en la espalda.

—¡Simón! —respondió el muchacho.

—Al que te haga mates, ¡pegale!

—¡Simón!

Un día, el padre encontró a su hijo sacándole filo al machete. Ya sabía que ese machete tenía un nuevo dueño que no lo usaría en el campo. Entonces resolvió decirle aquello que el muchacho todavía no había conceptualizado:

—¡Vos sos malo! —le dijo—. ¿Pero quién te enseñó a ser así? Yo nunca te enseñé a que fueras así.

El muchacho no le respondió. Se detuvo un momento, alzó la vista, unos segundos, congeló a su padre con la mirada, encogió los hombros y regresó a su faena.

Pasó el tiempo y, con él, las tardes, y en las tardes al muchacho le gustaba regresar a casa para juntarse con su machete. Y lo acariciaba. Una y otra vez.

—Lo pasaba limando, al regresar de estudiar. Y al palmarlo: ¡*tuanis*!

El machete estaba afilado. Para cuando el muchacho cumplió los doce, su tío ya se había marchado. Pero él encontró a otros a quienes seguir. Detectó una clica, se presentó y les contó sus méritos en la ciudad. Les dijo que hizo paros, movió drogas y armas. Luego les contó la colaboración que prestó en el asesinato de la *pinta* aquella.

—¿Jalás el gatillo? —le preguntaron.

—Yo la *neta* que con esto pego —les dijo, y desenvainó su espada cual He-Man. Todos rieron, al verlo tan pequeño, tan moreno y tan osado.

—¿Estás dispuesto a poner el pecho por alguien? —siguieron.

—¡Simón!

—Ya vamos a ver si es cierto —le dijeron.

Luego lo llevaron a tirar con una .38 y con una .22. El muchacho aprendió, entonces, que matar puede llegar a ser una costumbre. A los doce años ya se había convertido en un homicida múltiple, que disparaba balas y pegaba con machete. En una de esas misiones un pandillero se fijó en su conducta y decidió darle una taca. Lo llamó *El Malvado*.

The Little Blue story

Es el 20 de octubre de 2006. Stafford, Virginia, Estados Unidos. Un pandillero de la Mara Salvatrucha está a un paso de caminar por el pasillo de la muerte. Está acusado de asesinar, junto a un joven de diecisiete, a Shannah Marie Ángeles, de veintiuno. En Virginia, el secuestro y asesinato merecen la pena capital. Los acusadores quieren pedir esa condena al jurado, pero la defensa quiere salvarle la vida a *Little Blue*, entonces de treinta y un años.

La defensa le pide ayuda a un especialista en hechos atenuantes llamado Richard McGough. A McGough con frecuencia terminan creyéndole en Estados Unidos a la hora de que los fiscales evalúan pedir pena capital o no para un delincuente. Antropólogo de la Universidad de Carolina del Norte, él es invocado por la defensa cuando, en los casos, hay que bucear profundo en territorios inexplorados. Como lo hiciera el mejor buzo, McGough se sumerge en las historias, descubriendo recuerdos hundidos de los acusados. En los últimos veintitrés años ha colaborado en más de setenta casos de pena capital, y siempre intenta —me dice— convencer a los fiscales de que ocurrió algo en la vida de los acusados que de no haber pasado, a lo mejor —un *quizá* razonable— estos no hubieran hecho lo que hicieron. Para lograr todo esto, McGough cita a expertos, conjuga investigaciones científicas y habla de unos lóbulos frontales que en la adolescencia todavía no se han desarrollado, un descubrimiento que ocurrió muchos años atrás, cuando un científico de nombre Jay N. Giedd metía niños en un túnel para que el túnel develara los secretos que hay en sus cerebros. Luego invoca a más especialistas para explicar que si algo traumático ocurrió en la adolescencia de sus clientes, es probable que esos lóbulos hayan quedado averiados para siempre. Para siempre. Pero como dijimos, para que McGough logre atar los cabos, debe bucear profundo en las historias de vida de sus clientes. Historias como la de *Little Blue.*

Aquella vez, McGough armó maletas, tomó un avión y salió desde Virginia, Estados Unidos, hasta San Miguel, El Salvador. Viajó para encontrar una pista que salvara la vida de *Little Blue.* Y solo podría lograrlo si era capaz de entender plenamente la vida de José Santos Portillo, salvadoreño nacido en 1975 en San Luis de la Reina, en el norte de San Miguel.

Cuando Portillo era niño, las metralletas que rugían cerca del pueblo lo asustaban. Otras veces, muchas veces, la guerra le rozaba los talones cuando huía, junto con su familia, de los enfrentamientos entre el Ejército y la guerrilla. Portillo, un niño inocente que nada le debía a los dos bandos en conflicto, que nada tenía que ver con ellos, creció con miedo.

Un día, después de tanto huirle a la guerra, Portillo terminó viviendo en el pueblo de Chapeltique, al sur de su poblado natal. Después de muchos días, el adolescente fue *brincado* por *vatos* de la Mara Salvatrucha que habían llegado deportados. Y ellos le hicieron ver cosas y le pidieron que hiciera cosas.

Entonces, después de tantos días, Portillo decidió marcharse. Y recorrió un largo camino hacia el norte, hacia el lugar del que habían venido aquellos que lo brincaron. Y todo lo que había sufrido en la guerra, el impacto de las huidas, el miedo pisándole los talones, se fueron también con él. La pandilla lo ubicó rápidamente. En Virginia, Portillo trabajaba en una pizzería, mandaba remesas a su abuela y vivía una vida «normal». Pero el 22 de julio de 2006, la pandilla le pidió que hiciera algo. Y él ya no podía negarse.

Richard McGough recogió esta información y regresó a Estados Unidos. Ese era su atenuante. La defensa convenció a los acusadores —antes de ir a juicio— de que si Portillo no hubiera sufrido los traumas que sufrió, hubiese existido una posibilidad de que no actuara como actuó. Para explicar esto apeló a la ciencia, y a lo que la ciencia habla sobre los lóbulos frontales mal desarrollados en el cerebro. De cómo esto afecta a niños y adolescentes. De cómo la exposición a —y actuación en— un ambiente violento condiciona —para mal— a un ser humano. Portillo salvó su vida, y ahora cumple cadena perpetua en la prisión.

Hace dos fines de semana, le conté al especialista el caso detrás de la fotografía en donde tres jóvenes están esposados sobre la cama de un pick up, y uno de ellos lleva el pantalón bañado en sangre. Le pedí que me explicara, desde su experiencia, si estas nuevas teorías científicas pueden ayudarme a encontrar una respuesta a mis preguntas.

—En parte —me responde—. Sería incorrecto plantear que un joven de dieciséis años decidió por sí mismo, solo, matar de esa manera. Quizá un joven de dieciséis años hizo algo tan horrible porque quizá había otra persona mayor que se lo demandó. Siempre es importante tratar de entender las circunstancias.

—¿Por qué un joven pandillero puede matar a sangre fría?

—Creo que todo converge en la unión de razones sociales con razones químicas, físicas y orgánicas. Primero, uno tiene que considerar las condiciones sociales. ¿Quiénes son los más afectados por la violencia? Los jóvenes que son víctimas de las pandillas. ¿Qué son los pandilleros? No vienen de las familias ricas, de las familias que tienen recursos, entrenamiento moral, posibilidades. Siempre son los jóvenes pobres los afectados. Los reclutan las pandillas porque son débiles, no tienen apoyo social, familia, recursos, nada.

—¿El problema no está en su cabeza?

—Sí, también. Hay razones químicas y físicas que pueden explicar —quizá— que el crecimiento anormal del cerebro de estos jóvenes posibilite que puedan cometer algo así. Porque no tienen la capacidad de considerar las consecuencias. Pero bueno, tampoco hay entrenamiento moral que combata esto. Las fuentes morales son la escuela, las iglesias... tú conoces mejor cómo está eso en tu país.

—Portillo participó de un asesinato siendo adulto. ¿Alguien que estuvo expuesto a la violencia, que la ejerció joven, no tiene retorno?

—Hay ejemplos de jóvenes que han salido de esa vida. En África hay muchos *boy soldiers* que han salido de eso y son normales, entre comillas. Han llegado al punto de ser seres humanos, moralmente. Es que se entra en terreno desconocido cuando uno habla de un ser humano normal...

Boy soldiers

Uvira y Fizi son dos regiones de la República Democrática del Congo. Ahí los niños están armados. Son *boy soldiers*. Cuando los reclutan los obligan a pasar un rito de iniciación: violar y matar en sus aldeas. La mayoría son obligados, pero hay muchos que se enlistan en esa guerra tribal para no aguantar hambre. Ya adentro, los hacen beber aguardiente y fumar marihuana. Ya adentro les dan fusiles Kaláshnikov. Los llaman *kadogos*.

En 2006, la Unicef denunció que el número de niños y niñas que formaban parte de las milicias o fuerzas armadas como combatientes, esclavos sexuales o sirvientes llegaba a unos treinta mil.

El Servicio Jesuita a Refugiados (SJR) monta un proyecto de desmovilización, reinserción y reintegración de *kadogos*. María de Felipe Calderón, una psicóloga española, decidió apostarle a ese proyecto y lo dirigió durante dos años. El proyecto de María y de SJR desmovilizó y reinsertó a unos quinientos niños y niñas.

Hace tres semanas le escribí a María contándole sobre las fotografías del joven con el pantalón bañado en sangre y la de la cabeza sin rostro. Le pedí, además, que me explicara qué queda de un joven expuesto a una violencia extrema. «¿Pueden rehabilitarse?». María me respondió la carta hace algunos días:

—Me hablas de rehabilitar y preguntas si estos jóvenes, inmersos en un círculo de violencia, pueden rehabilitarse. Rehabilitar, según el diccionario de la Real Academia significa: «Habilitar de nuevo o restituir a alguien o algo a su antiguo estado». Si tenemos en cuenta esta definición no creo que puedan, no se les puede devolver a su antiguo estado. No son los mismos que eran. Han cambiado y mucho. Han sido testigos, víctimas y verdugos de historias, como las que tú cuentas, imposibles de olvidar y que formarán parte del pasado de cada chico y que los acompañarán siempre. Están marcados con heridas que, aunque se cierren, las cicatrices permanecerán siempre marcadas en su piel (psicológica y físicamente: los mareros con tatuajes). Además, en esta definición se habla de que una persona habilita o restituye a alguien y creo que es esa misma persona la protagonista activa; tú no los habilitas sino que ellos, con el apoyo de la sociedad, se habilitan de nuevo. Sin embargo, si salen, como tú dices, de este círculo de violencia, sí creo que estos chicos pueden vivir una vida «normal» (¿Qué es normal? Es tan relativo...).

La guerra de El Malvado

Tenía dieciséis años y quería ser un guerrero despiadado. Disparaba Uzis y revólveres .40. Imitaba a aquellos con los que caminaba y, sobre todo, quería ser igual que *Chupil*, un pandillero con una taca en honor al gusano con el mismo nombre: «Que si te pega una punzada, te hace lata».

Chupil alguna vez intentó convertirse en guerrero kaibil, esa suerte de soldado superviviente de élite que entrena el Ejército de Guatemala en la selva del Petén desde 1974. Los kaibiles son famosos por su destreza y por sobrevivir a condiciones extremas: ocho semanas de selva, treinta y ocho grados celsius, comiendo lo que sea. Máquinas para matar. Pero a *Chupil* lo echaron por mala conducta y terminó matando en otra guerra, en donde también tuvo soldados que lo respetaron.

El Malvado quería ser igual que *Chupil*, y se preguntaba: «¿Hasta dónde puedo llegar a ser malo?». Él le enseñó que la guerra de las pandillas es como cualquier otra guerra. Les dijo a todos que no se piensa, se actúa y punto. «¡Simón!», se le cuadraban.

Por eso, cuando salían a disparar a algún punto, los momentos de ira no tenían explicación.

—Son momentos, ¿me entendés? No importa si ellos están rodeados por su familia. Tu objetivo ahí está y tu misión es ir a botarlos.

—¿Son momentos?

—Son momentos, ¿me entendés? Por el rencor y el odio que cargás, a veces no basta con solo matarlos. Yo no te voy a decir que hayamos decapitado, pero tuvimos a una bicha de esas dos letras. La tuvimos en las manos...

Un día, había corrido la noticia de que cerca del barrio unas *pintas* (otros muchachos) de la MS estaban manchando las paredes. Así que *El Malvado* y sus compañeros vigilaron la zona. Y en un callejón, la patoja fumaba un puro de marihuana. Ella se creía escondida, alejada del peligro. Pero se percató, tarde, de aquel que se le paró enfrente, blandiendo un machete.

—¡No me vayás a hacer nada, por favor! —le suplicó, pero *El Malvado* se puso a reír. Luego llamó a sus compañeros.

—¿Por qué no la dejaste ir? —le pregunto.

—Cuando uno anda con la *malía* adentro, uno lo que quiere es demostrar que no tiene piedad para nada.

—¿Qué le hicieron?

Decidieron que no la matarían en el callejón, y alguien recomendó llevarla a un cementerio de la zona. De noche. Para que nadie viera nada ni escuchara nada. Al llegar, la crucificaron, amarrándola a la cruz frente a un mausoleo.

—¡Esta maje tiene que sentir lo que es parir! —dijo uno de los locos.

Luego le amarraron también el cuello contra la cruz. Le quitaron el pantalón. Después el sostén. «La dejamos casi desnuda». Entonces se acercó uno que comenzó a quitarle poco a poco un pecho con una navaja. Y la *jaina*, del dolor, miraba hacia arriba, y abría la boca lo más que podía, intentando gritar por última vez. Pero no podía, porque tenía un canuto de tela que se lo impedía.

El Malvado me cuenta esto y se retuerce en su silla. Aprieta las manos. Golpea sus piernas. No lo disfruta. Sus ojos poco a poco dejan la furia con la que iniciaron el relato y luego como que se apagan. Pierden el brillo. *El Malvado* se transforma en su víctima, y emite un rugido con la garganta, y mira hacia arriba, igual que lo hiciera ella diez años atrás, cuando intentó gritar. Y el sonido es horrible, y *El Malvado* lo sabe —y yo lo sé— y entonces le cuesta impedir que los ojos se le quiebren. Los aprieta. No llora porque se resiste. Y sigue retorciéndose mientras ruge. Luego acaba el relato y agacha la cara. Se la sostiene con ambas manos.

—Ese patín no me llega porque me hace recordar todo lo que he hecho. ¡Que Dios me perdone, carnal! ¡Que Dios me perdone!

—¿Te jode recordar?

—Mucho.

—Disculpame que siga, pero, ¿por qué tenían que mutilarla?

—¡Ay, carnal! ¿Qué no se podría hacer en un momento de odio, cuando el rencor está adentro tuyo? Hacés cosas inesperadas, carnal.

El Malvado se recompone mientras me explica. Me dice que cada quien tenía que demostrar lo cruel que era. Que es malo demostrar que todavía se tiene corazón. Quita méritos, te hace un blanco de sospechas. Me dice que ver salir la sangre de la *jaina* de dos letras, después de que le rebanaran los pechos mientras estaba viva, después de romperle la tráquea con un machete, y después de dispararle veinte veces, era como si cada quien se saciara con ella. Como que cada quien desahogara contra ella todo lo que ha vivido.

Última entrevista con el siquiatra forense

Néstor Recinos es como un buzo que intenta sumergirse en las profundidades de sus pacientes con una escafandra, cuando en otras parte del mundo, otros como él, utilizan trajes de neopreno y tanques de oxígeno. Por ejemplo, su despacho es tan pequeño que solo puede tener dos invitados sentados en sillas, y uno de ellos tiene que sentarse de lado, para poder liberar las piernas. Su oficina es como un cuarto de juguete. Él es uno de catorce psiquiatras forenses para un país que factura más de cuatro mil homicidios al año, además de cientos de violaciones sexuales. Pero como él mismo dice: a quién le importa entender cómo nos afecta la exposición a tanta violencia. Igual, él intenta bucear, con el poco oxígeno que tiene, en la vida de asesinos bien asesinos, de violadores en serie, de pandilleros. Recinos es el símil de Richard McGough, pero en versión salvadoreña. Para él y sus compañeros es tanta la demanda de trabajo —desde hace diecisiete años— que intentan hacer en una hora lo que otros logran conseguir durante semanas, meses. Recinos es el coordinador del departamento de Psiquiatría Forense de Medicina Legal de El Salvador.

Recinos es un tipo que no se casa con teorías. Aunque a veces se aventura a plantear algunas hipótesis. Por ejemplo, él cree que el país, por lo que ha visto y escuchado, todavía no ha visto a un psicópata nato. Aunque sí hay —pero de nuevo, a quién le importa— asesinos en serie. «Es que no importa si no hay móviles oscuros detrás de las muertes. Un pandillero que ha matado dos o más veces ya es un asesino en serie. De dos para arriba», me dice. Recinos también cree en la multiplicidad de factores para explicar por qué jóvenes, como el que en la foto lleva el pantalón bañado en sangre, son capaces de hacer eso y más, como mutilar un cuerpo y descarnar una cabeza. Y luego, de nuevo, después de repreguntarle sobre conductas desviadas, sobre casos horribles, sobre la diferencia que hay entre un joven que ha decapitado o mutilado y un psicópata nato, de esos que vemos en las películas, se avienta al agua con una hipótesis bajo el brazo.

—Puede ser que haya una persona psicópata, y que el otro haya tenido una psicopatización de su personalidad. Que es diferente. El segundo nació normal, pero en el camino tuvo el trastorno antisocial de conducta, después el trastorno de la personalidad antisocial, y después hizo una psicopatización de la personalidad. Se hizo psicópata. En cambio la otra teoría dice que el psicópata ya viene, que tiene problemas en el hemisferio craneal, en donde sus zonas del afecto están anuladas o están muy estrechas. Entonces puede matar con saña, premeditar y toda la cosa...

En El Salvador no hay un túnel que se trague a los adolescentes y escupa los secretos de sus cerebros. No hay ni estadísticas confiables sobre la participación de menores de edad en hechos violentos. Sí hay, en cambio, hechos muy puntuales, que están fuertemente relacionados con la guerra de pandillas. Dos de ellos son las fotos en donde un joven tiene el pantalón bañado en sangre y una cabeza decapitada está sin rostro, abandonada en la carretera.

Otros tres casos similares ocurrieron en esa misma zona, en Lourdes, Colón, el año pasado. Y un cuarto caso fue registrado en Soyapango, cuando pandilleros del Barrio 18 decapitaron a un joven cadete que quería ser policía. En todos, los verdugos comprobados —y los sospechosos de cometer los asesinatos— son jóvenes. En El Salvador, aunque las autoridades aceptan desconocer qué hay en la cabeza de los jóvenes a quienes persiguen con tanto ahínco, al menos la ubicación geográfica en donde ocurren estos crímenes es en sí una revelación que vale la pena aclarar. Las investigaciones revelan que casos de desmembramientos y mutilaciones solo han sido detectados en la zona norte de la capital y en el departamento de La Libertad (el de Soyapango ha sido una excepción). «No todas las clicas de ambas pandillas hacen eso (decapitar, mutilar, descuartizar)», me dijo Marco Tulio Lima, jefe de la División Antihomicidios de la Policía Nacional Civil.

Despedida de un reo en Guatemala

Desde hace un mes tengo en el celular dos fotos que me han robado el sueño. Me hubiera gustado mostrárselas a mi interlocutor para que comprendiera, con las imágenes, de qué va la cosa, pero como a los centros penales está prohibido entrar con celular, me tocó describírselas, contarle de qué va esto.

Llegué hasta él, hasta aquella jaula de concreto, porque necesitaba entender las razones de un soldado de esta guerra. De un soldado que haya asesinado siendo joven. Intenté buscar un perfil como el suyo en El Salvador, pero todos los contactos me dijeron que sería imposible, porque la cosa en las calles estaba demasiado caliente. En las cárceles, después de tres solicitudes denegadas por Centros Penales, ya ni intenté. Me dijeron que era por razones de seguridad. Por suerte, un contacto me llevó hasta allá, hasta Escuintla, Guatemala, a un sector de una cárcel en donde tienen aislados a pandilleros retirados.

—No entiendo esta violencia —le dije a mi interlocutor, cuando empezamos a conversar. Y entonces él respondió que no entiendo porque no he vivido lo que él y otros más han vivido. Luego me contó su historia, y me confesó que carga una gran culpa, un gran dolor que lo hace arrepentirse de todo. Me dijo que su hermano, su carnal, aquel niño que vagó con él, con frío, por las calles de Guatemala, imitó sus pasos. Me dijo que al verse reflejado en ese espejo intentó salirse y llevárselo con él. Pero su hermano ya estaba «viviendo esos momentos», como alguna vez lo hizo él, y rechazó sus consejos, como alguna vez hizo él con el consejo de alguien más.

—¡Mirá, carnal! ¡*Virguita*! —le dijo una vez su hermano menor, refiriéndose a una pistola que portaba cuando tenía catorce años—. Y la traigo llena. Ahorita me voy a ir a libar y solito me voy a sentar a un par de hijos de la gran puta. ¡Si querés, me seguís, si no, a la verga!

Mi interlocutor tiene veintiséis años. Hace dos años, el 24 de diciembre de 2008, habló por teléfono con su hermano. Hace dos años su hermano tenía veintiuno. Mi interlocutor estaba preso y su hermano en la calle. Los dos ya eran padres de familia. Cuatro primos en total. Los dos ya estaban afuera de la pandilla, aunque uno seguía delinquiendo. Aquella navidad, en el auricular, el hermano menor sonó borracho. Estaba alegre.

—¡Vos, carnal! Acabo de hacer una cacha. ¡Quince mil *varas* tengo! Ando libando y acabo de comprarme un mi mortero. Me pela la verga si me tiran —le dijo.

Mi interlocutor le respondió diciéndole que no fuera bobo, que se fuera con su familia, que dejara de robar, que invirtiera ese dinero en algo propio. Que pensara en el futuro.

—¡Pela la verga! Sin huecadas de nada, yo te extraño un vergo. Lo que voy a hacer es que te voy a ir a ver un día...

Ese día nunca llegó. Aquella fue la última vez que los dos hermanos se hablaron. El 26 diciembre el hermano de *El Malvado* apareció muerto en Cobán, de dos balazos.

Han pasado dos horas desde cuando entramos a esta jaula de concreto y el grupo que reía, a mis espaldas —cuando el Tyson hacía chiste de una tortura— se ha puesto impaciente. Es hora de que cumplamos con nuestra parte del trato, y eso significa sacar la pelota, avisar al guardia y salir a jugar un futbolito de seis contra seis. *Tyson, Dos Caras* y su gente versus El Malvado, mis contactos, y yo.

Antes de terminar, *El Malvado* me confiesa que tiene miedo de que regrese El Malvado. El director de la cárcel quiere enviar a estos retirados a los talleres artesanales a un sector en donde su vida corre peligro. En donde matar es una costumbre. En donde defender la vida, seguro, se logrará aplicando la muerte. Yo, que me he quedado con una inquietud, aprovecho para preguntarle qué fue de los que mataron a su hermano. *El Malvado* me responde que no lo sabe.

—¿Qué hubieras hecho hace dos años, si hubieras tenido a su asesino en tus manos?

—¿Con el odio que andaba en ese rato? ¡Ay, carnal! ¿¡Qué no hubiera deshecho!? Me lo hubiera llevado a un lugar desolado, donde nadie pudiera oír nada y...

Publicada el 13 de febrero de 2011

La comunidad que lincha

Daniel Valencia Caravantes

Tetsuo Yamahiro no pudo dar razones. El hombre pedía clemencia en japonés, y sus agresores lo acusaban y lo insultaban en mam, la lengua de Todos Santos Cuchumatán, Huehuetenango, un pintoresco pueblo ubicado en las montañas del noroccidente de Guatemala, cerca de la frontera con México. Era sábado, 29 de abril de 2000, y Tetsuo estaba acorralado.

Las circunstancias que lo llevaron a estar rodeado por una turba furiosa habían comenzado la semana previa a la visita del grupo de veintitrés turistas japoneses del que Tetsuo formaba parte. Una noticia difundida en la radio tenía en vilo a todo el departamento. Decía que una secta satánica merodeaba la región para secuestrar niños y consumar pactos con el diablo. La advertencia llegó a Todos Santos y el sábado, día de mercado, el tema era la comidilla del pueblo.

Los japoneses, ajenos al clima de alarma, subieron la cordillera de los Cuchumatanes temprano en la mañana, ataviados con gorros oscuros y sombreros para protegerse del frío. Eran gente extraña en medio de un pueblo nervioso. Hacía solo una hora que estaban en el lugar cuando Catarina Pablo creyó que un hombre de la secta satánica jaloneaba al bebé que llevaba amarrado al huipil, en su espalda. «¡Auxilio, quieren secuestrar a mi hijo!», gritó.

El secuestrador imaginario era un turista que acariciaba la cabeza de Desiderio, el hijo de Catarina, y la muchedumbre de inmediato acorraló a los japoneses. «No entendemos qué pasa», le dijo Midori Kaneko a Tetsuo, antes de huir junto a Esashika Takashi y los policías que los liberaron del cerco. Tetsuo, curioso, se quedó atrás y comenzó a fotografiar a los hombres y mujeres que, entre gritos, lo rodeaban poco a poco.

Unos quinientos pobladores participaron en el linchamiento. Los que lograron acercarse al turista saciaron su furia con palos, puños, puntapiés y machetes. Edgar Castellanos, uno de los choferes de la excursión, intentó pedir en español clemencia para Tetsuo, pero Edgar terminó siendo quemado vivo. Los veintidós turistas sobrevivientes pensaron que en las montañas de Guatemala vive una tribu de salvajes.

Al calor de la sangre, el mundo entero pensó lo mismo: en Guatemala hay comunidades indígenas que enloquecen y se toman la justicia por su mano. De inmediato, agencias de prensa como Reuters retomaron y difundieron las conclusiones de la Minugua, la Misión Internacional de Observadores de las Naciones Unidas en Guatemala, que había tratado de explicar anteriores linchamientos: las comunidades indígenas, marcadas aún por la herida del genocidio de los años 80, heredaron la cultura de la violencia de la guerra para purgar a sus peores elementos. Hasta la fecha, esa hipótesis ha reinado en la mayoría de debates sobre el tema.

Tras el linchamiento de Tetsuo, Todos Santos, como muchos otros pueblos, quedó marcado para siempre. La suerte del japonés se convirtió en leyenda y guías de turismo mundial como Lonely Planet advierten aún hoy sobre el manejo de cámaras fotográficas cuando se visita poblaciones indígenas.

Once años después, Guatemala sigue linchando y mi viaje en busca de una explicación inicia en la montaña en la que murió Tetsuo, a siete horas de la capital. Porque Todos Santos colocó el tema en el escaparate internacional y también porque Todos Santos intentó linchar de nuevo.

**

El 16 de enero de 2011, hombres furiosos, armados con palos y machetes bloquearon el acceso al pueblo. La impotencia de la Policía Nacional Civil (PNC) y de la Comisión Presidencial de Derechos Humanos fue descrita con pequeñas notas escritas desde Huehuetenango. Los pobladores secuestraron a unos estafadores y para liberarlos les exigieron los 450 mil quetzales que habían robado. «Si no pagan, los linchamos», advirtieron. Ni los antimotines se arriesgaron a actuar, aun cuando sabían que entre los rehenes había tres niños.

A las once de la mañana supo del caso el delegado presidencial para los Derechos Humanos en la región, Byron Herrera. Se lo contó por celular el alcalde Modesto Pablo: «Tres policías expulsados y nueve rehenes, incluidos tres menores de edad». Los rehenes eran custodiados en las bartolinas de la junta local de seguridad, ubicadas frente a la alcaldía. Fuera, en la plaza, medio millar de personas exigían algo que se pareciera a la justicia. En esa llamada, el alcalde se reservó lo ocurrido el día anterior.

El sábado 15 por la tarde, en su oficina ubicada en el edificio de la alcaldía, Modesto Pablo dirigió el interrogatorio a una estafadora.

A la mujer la había denunciado un grupo de maestros estafados al mediodía; y a las pocas horas la había capturado la junta local de seguridad, en su casa. Estas juntas son organismos de participación ciudadana aprobados a finales de los 90 por el Congreso de Guatemala, y que en parte del país han desplazado a la Policía. Hay municipios en los que restringen el libre tránsito a los desconocidos, según denunció Derechos Humanos en 2009 y 2010. Hay otros en los que incluso se han transformado en bandas de sicarios o de extorsionistas, según denunció el ministro de Gobernación, Carlos Menocal, en febrero de 2011. La de Todos Santos, según Modesto Pablo, no es ni lo uno ni lo otro. Simplemente goza de respeto entre la población y a ella —y a él como alcalde— acuden los vecinos cuando quieren solucionar un conflicto.

Durante el interrogatorio, la estafadora confesó el crimen y delató a sus cómplices. Accedió incluso a convocar a uno de ellos para el día siguiente. Así la Policía podría capturarlo. Pactaron reunirse a las siete de la mañana frente a la iglesia.

El problema, según el alcalde, fue que de alguna manera la noticia se propagó entre la gente del pueblo. Y cuando hay una injusticia, en Todos Santos ya nadie espera que sean las autoridades las que le den solución.

***

Todos Santos es un pueblo aguerrido. Sus habitantes, como la mayoría en esa región, son descendientes de los mames que alguna vez reinaron en Zaculeu, cerca de la frontera con México. Hay historiadores que sostienen que en 1525, de la cordillera de los Cuchumatanes bajaron combatientes mames para apoyar al líder guerrero Kaibil Balam en su batalla contra los españoles que querían conquistar la región. Cinco siglos después, los mames siguen convocándose para defender lo suyo y a los suyos.

Pero los habitantes de Todos Santos han mezclado sus costumbres con las modernas prácticas de una sociedad del siglo XXI: ven televisión por cable, aprenden inglés, migran hacia Estados Unidos, votan en las elecciones, acuden al juzgado y discuten sobre política. En esta época, en los pasillos de la alcaldía, es común ver a grupos de hombres y mujeres discutir acaloradamente sobre el devenir político del país hoy que se acerca la elección presidencial. Los hombres van vestidos con sombreros de paja y camisas adornadas por un grueso cuello azul o morado hecho de lana. También visten un pantalón rojo adornado con rayas blancas. Las mujeres lucen un tocado de hilos de color, un huipil con bordados representativos y una falda o corte azul con líneas amarillas, que se extiende hasta los tobillos.

Si no fuera porque en alguna parte de sus diálogos se escuchan palabras en castellano como «Colom», el apellido del presidente de Guatemala, o siglas que hacen referencia a uno de los partidos en contienda, el «PP» o Partido Patriota, un forastero no entendería de qué discuten en la alcaldía. El mam, dicen los expertos, es una de las lenguas más difíciles de aprender del mundo.

Y a las siete de la mañana del domingo 16 de enero, la turba gritaba, en mam, cuando el segundo estafador apareció junto a su familia en un pick up. Y en circunstancias como esas, el primer desafío para las autoridades es la comunicación. En un país con un 48% de población indígena —según cifras oficiales, pero 60%, según algunas organizaciones locales— y con veintidós idiomas de origen maya, ¿quién enseña a los policías y a los jueces los dialectos de cada región? Nadie. Por eso la Policía carece de autoridad frente a una masa enardecida de hombres y mujeres que pronuncian palabras ininteligibles para un extraño. Un extraño era aquella mañana el agente Elías, uno de los seis policías que prestaban seguridad a esta comunidad de treinta y cuatro mil habitantes. Elías —originario de San Marcos, departamento vecino de Huehuetenango—, a sus veintitrés años solo habla castellano. Aunque San Marcos también está influenciado por el legado de los mames, él se crió en una comunidad sin costumbres indígenas. Hace un año que está en Todos Santos y este fue su primer linchamiento. Dice que ya le habían advertido sus compañeros: aquí la gente, cuando está furiosa, solo entiende razones en mam.

A Elías y su gente el alcalde les había encomendado apresar a los estafadores cuando estos cruzaran las primeras palabras. El problema fue que cuando el pick up apareció, también aparecieron por los callejones hombres que, entre gritos, se abalanzaron sobre el vehículo antes que los policías, rompieron los cristales y sacaron a los tripulantes a la fuerza. También pincharon las llantas. Uno de los hijos del estafador sufrió cortaduras leves en la cara y los brazos cuando lo sacaron a través de una ventana rota. Fue el primero en sangrar. Cuando Elías y sus compañeros intentaron detener a la muchedumbre, que ya azotaba a los estafadores, entendieron que correrían la misma suerte que ellos si no huían. Presas del miedo, no dispararon al aire por temor a que les arrebataran las pistolas. A un agente intentaron despojarlo de su arma y a otro comenzaron a darle de palos mientras intentaba rescatar a uno de los rehenes. Elías vio llegar a más hombres con más palos y gritó: «¡Corran!». Tuvieron que correr por tres cerros para escapar del grupo que los perseguía. Mientras corrían, un cántico proveniente de la plaza se escuchaba a lo lejos. En mam, algunos hombres gritaban: «¡Tenemos palos, tenemos gasolina, los vamos a quemar!».

Primero les amarraron las manos. Luego los arrastraron hacia la plaza y ahí los azotaron con riendas de montura. Después los metieron en la fuente de la plaza y los tuvieron ahí, mojándose, por varios minutos. En la cordillera, que en algunos puntos supera los 3 mil 700 metros sobre el nivel del mar, el frío de la mañana quema la piel y solo se calma cuando, a las once, el sol calienta el ambiente. Luego, la turba justiciera encerró a los dos estafadores confesos en las bartolinas.

A la esposa del estafador, a sus dos hijos y a su sobrino menor de edad los encerraron en uno de los salones de la municipalidad. A ellos no les hicieron nada, pero a los estafadores los atormentaron durante tres días. A los dos días de haber sido expulsados, el martes 18, la turba permitió que Elías y sus compañeros bajaran del cerro en el que se habían escondido.

Cuando bajaron descubrieron que el alcalde, el delegado de derechos humanos Byron Herrera y los maestros estafados habían llegado a un acuerdo: como el dinero adeudado no aparecía y con los estafadores muertos sería imposible recuperarlo, lo mejor sería perdonarles la vida. Pero para ello debían burlar a la muchedumbre, que seguía pidiendo justicia. Así que todos los involucrados en el rescate de los rehenes, incluidos los miembros de la junta de seguridad local, que manejaban las rejas de la prisión, fingieron seguir en las negociaciones mientras en la madrugada del miércoles 19, Elías y sus compañeros huían junto a los rehenes hacia Huehuetenango.

Le pregunto al alcalde Pablo por qué los maestros afectados no buscaron la ayuda de la Policía y del juzgado de paz.

—Porque nadie cree en las autoridades de justicia —responde.

—¿Usted está de acuerdo con los linchamientos?

—¡Por supuesto que no! Qué más quisiéramos que lo que le sucedió al turista japonés no hubiera ocurrido nunca. Sobre todo porque fue una confusión, un malentendido.

—¿Por qué no pudieron detener a la turba que casi lincha a los estafadores?

—Lo intentamos, pero el juez no quiso tomar parte en el asunto. ¿Qué hizo el juez? Armó sus maletas y dijo que no podía conocer el caso. La gente ve esas cosas y entonces actúa. Ya después es difícil controlarla.

***

Entre Todos Santos y la parada de autobuses de Chupol, Chichicastenango, departamento de Quiché, hay una distancia que se recorre en cinco horas. La parada de Chupol es un punto alto sobre la carretera Panamericana. Por la mañana, la neblina se mete por los poros y congela los huesos. En un cafetín a la orilla de la calle, una mujer con huipil prepara café de olla.

Pasados unos minutos, por la puerta del cafetín entra un hombre pequeño, con pelo largo y sombrero. Lleva morral y saluda a la mujer del huipil en quiché. También pide café, aunque él no parece tener frío. Va sin suéter y sin bufanda.

—¿Tú eres el periodista? —pregunta en castellano.

—Sí.

—Nïm Sanik Aq'ab'al —se presenta este líder maya de treinta y seis años. Su nombre se podría traducir como «Gran hormiga del amanecer».

Es líder del Consejo de Comunidades Mayas (Cocom) en el municipio de Chichicastenango. Mientras esperamos a su gente, Nïm Sanik hace un resumen de la aldea que visitaremos: disputas por el control de la comunidad, el respeto a sus normas y el acceso al agua terminaron en un debate nacional en el que, según dice con evidente resentimiento, gente de la ciudad de Guatemala tomó partido. En septiembre de 2010, los líderes de la aldea fueron denunciados por coartar la libertad de sus pobladores, por sancionar con castigos físicos y por amenazar con linchamientos a los vecinos que no acataban la norma comunitaria. A las mujeres embarazadas, decía la normativa, les impedían la atención de las comadronas si no cumplían con sus obligaciones. Chunimá tiene una forma peculiar de autocontrolarse.

El periódico *Siglo.21* fue el que con más intensidad hizo eco de las denuncias. Nïm Sanik dice que todas esas publicaciones fueron escritas para restar valor al peso histórico que hay detrás de la norma del pueblo. Según Nïm Sanik, los jueces dijeron que la norma sí existía y era válida, pues la comunidad hizo algo que ninguna otra ha hecho: escribir sus reglas. Al frente del grupo de demandantes estaba un exalcalde comunitario a quien le cortaron el acceso al agua por no cumplir con sus pagos y porque, decían, robó dinero de la población. Pero la justicia ordinaria, aunque reconoció como documento la norma comunitaria, absolvió a los líderes porque los acusadores ya no comparecieron en el proceso.

A Chunimá se llega luego de bordear un camino de piedra y tierra que sube y baja cerros, y se introduce cada vez más a la espesura de una región montañosa que por ratos es salpicada con casas de techo de lámina y paredes de adobe. Una región campesina y pobre.

Al llegar, la gente aguarda en el patio de la casa comunal. En uno de los pasillos, un anciano toca la marimba. Otro enciende un cohete que vuela al cielo pero estalla a medio camino. Tras la explosión, los hombres entran al salón y se sientan al frente de la tarima.

Las mujeres, vestidas con sus huipiles multicolores, se sientan a su lado o atrás. Ellas cargan a los hijos pequeños en sus regazos.

Me siento junto a Teresa Ajkejay B'atz —una de las colaboradoras del Cocom— para que me traduzca lo que hablan desde la tarima. El alcalde comunitario, Manuel Suy, Nïm Sanik y un abogado que habla en quiché rememoran el caso de la comunidad y piden estar alertas para proteger la norma y las costumbres del pueblo.

Dos horas después revientan otro cohete y nos reúnen en un salón de la escuela comunal. El anciano sigue tocando la marimba. De los que estaban en la mesa de las autoridades, solo Manuel Suy, el alcalde, no se une a nosotros. Suy tiene dientes de oro y sombrero en la cabeza. Viste camisa con botones y se deshace en atenciones para los invitados. Entra y sale del salón cargando cestos con tamales simples (que hacen las veces de pan) y platos de caldo de res. Visto así, este anciano humilde y amable no se parece en nada a la descripción que de los líderes comunitarios hicieron los denunciantes de los abusos en las publicaciones realizadas por *Siglo.21*: dijeron que ordenaban dar azotes y amenazar con linchamientos a aquellos que no pagaban su cuota de agua o que no asistían a las asambleas.

A Suy le cuesta entender mis preguntas y Teresa Ajkejay sale en mi auxilio. ¿Cómo se protegen de la violencia y la delincuencia? Suy habla como si silbara y me explica que la comunidad se cuida a sí misma, que la comunidad son todos y que él no puede ordenar nada. «La comunidad ordena y no al revés». Luego confirmó que hacía unos meses un grupo de jóvenes habían sido castigados por llegar de madrugada en motos, interrumpiendo el sueño de la comunidad. Los citaron en una asamblea, se les hizo ver su falta y luego el consejo de ancianos recomendó un castigo, que fue aprobado por toda la comunidad. Les dieron unos *pixab'* (consejos), los muchachos meditaron su error y luego pidieron disculpas públicas. También dejaron de vagar por las noches. A otro hombre que macheteó a un vecino le aplicaron unos *xicay* (castigos físicos) públicos: azotes.

Le pregunto a Suy qué pasa si alguien roba y me explica que el procedimiento es el mismo. Al ladrón se le pide un cambio de conducta y que repare el daño (*pixab*). Si recae, el consejo de ancianos puede recomendar que el ladrón cargue un distintivo bochornoso o darle un par de azotes, en público, para que expíe sus culpas (*xicay*). Pero eso, asegura Suy, ocurre muy poco porque los miembros de la comunidad trabajan por la comunidad y no en contra de ella. «La comunidad somos todos y ninguno quiere hacerle daño a la comunidad», dice.

***

La ciudad de Guatemala es fresca, enorme, bulliciosa. La otrora sede de la Capitanía General que dominaba la región centroamericana tras la conquista y durante la colonia está ubicada sobre un valle alejado siete horas de Todos Santos y dos, aproximadamente, de Chunimá. Vista desde los cerros que la rodean, la ciudad es una mancha inmensa de concreto, con vastas zonas residenciales y orgullosos edificios que apuntan hacia el cielo.

La ruta de los linchamientos me trae hasta aquí, porque en los últimos años hay casos registrados y ejecutados por capitalinos sin arraigo cultural indígena.

Entre enero y mayo de 2011, en el municipio de Guatemala hubo cuatro. Casi uno por mes. Una cifra insignificante si se toma en cuenta que en los últimos tres años, en todo el país, ha habido al menos trescientos sesenta, es decir diez por mes, según la Procuraduría de Derechos Humanos. Vistos con simpleza, los linchamientos son nada en comparación con la violencia total de Guatemala. De los 2,470 homicidios reportados entre enero y mayo de 2011, solo veinticinco fueron muertes por linchamiento. Uno de cada cien, homicidios. Pero vistos en detalle, los linchamientos afligen porque ocurren con demasiada frecuencia y porque los capitalinos están dispuestos a ejecutarlos.

Uno de los casos más recientes también recorrió el mundo, como ocurrió con el asesinato del japonés Tetsuo, gracias a las fotografías tomadas por Rodrigo Arias, de la agencia Reuters. Ocurrió en diciembre de 2009: Alejandra María Torres y dos cómplices intentaron asaltar con pistola un autobús en el centro de la ciudad. La mujer casi murió quemada viva cuando los pasajeros los desarmaron a todos y la capturaron a ella. En las fotos de Arias, Alejandra, de piel clara y pelo teñido, llora y se tapa el pecho. Humillada, aunque ya segura, sigue semidesnuda mientras los policías le toman los datos en plena vía pública.

En Guatemala hay quienes se preguntan por qué ahora también los capitalinos linchan. Carlos Mendoza es uno de ellos. Mendoza es un economista, politólogo e investigador social que se ha vuelto un experto en el tema a fuerza de curiosidad. Con frecuencia es citado por periódicos del país para hablar del tema. Guatemalteco, graduado de la universidad de Stanford, Mendoza es socio fundador de la Central American Business Intelligence (CABI), una consultora sobre temas políticos, económicos y de seguridad. Carlos analiza, sobre todo, la violencia centroamericana. Conoce casi todos los estudios que hablan del problema, cita nombres de autores con facilidad y sabe reconocer quién tiene el dato que le interesa en cada país de la región. Está obsesionado con el tema. Mantiene un blog donde publica, en versión digital, los libros y ensayos que ha escrito —algunos para revistas mexicanas y universidades como Harvard—, y recoge todo aquello relacionado con los linchamientos.

El fenómeno lo atrapó en 1999, cuando tenía veintiocho años. Un antropólogo, en una conferencia realizada en Guatemala, le preguntó si en la reducción de homicidios violentos en las comunidades indígenas mediaba el linchamiento como elemento disuasivo de «la violencia homicida común», dice. Mendoza no supo qué responder. Doce años después todavía no tiene una respuesta concluyente pero cree ir por buen camino.

Estoy con Mendoza en la cafetería de la Universidad Rafael Landívar, un centro jesuita de estudios para los jóvenes de clase media de Guatemala. Compramos un café en una tienda, Carlos abre su *laptop* y menciona cifras, datos y pasajes históricos para soltar una primera tesis: cuando el Estado falla, la comunidad organizada aprende a defenderse.

Descarta muchas variables que han soltado por años otros investigadores porque está convencido de que, al hacer un análisis comparado con el resto de países de la región, resulta que todos padecen —o han padecido— los mismos problemas (pobreza, guerra en tres de cinco) pero solo en Guatemala se genera el fenómeno del linchamiento. Que eso suceda en comunidades con fuerte variable étnica tiene que ver en tanto que estas mismas comunidades son las que por años han sufrido ausencia del Estado y siempre han resuelto sus problemas con su propia organización. «Sin duda, la variable étnica influye pero no es solo esa la respuesta», afirma.

Carlos Mendoza bebe café y luego levanta la voz para criticar las investigaciones y conclusiones que planteó Minugua hace ocho años. Según Mendoza, Naciones Unidas actuó de manera «políticamente correcta» y no quiso señalar que el componente cultural de las comunidades puede ser parte de la respuesta. Para él, que la guerra haya infligido horrores en las poblaciones solo incrementó el repertorio violento de la práctica, pero no es la razón detrás del fenómeno.

Con datos proporcionados por Minugua y por organismos oficiales de su país, Mendoza ha elaborado mapas de Guatemala en los que los colores más intensos indican los municipios con altas cifras de linchamientos. Cuando estos se comparan con los mapas que reflejan los municipios con fuerte presencia de comunidades indígenas, casi casan a la perfección. Y cuando en esos municipios la presencia de autoridades de justicia y de juzgados de paz es frecuente, la intensidad de los linchamientos disminuye.

De esos mapas extrae el estudioso sus dos principales conclusiones: las comunidades indígenas buscan autodefenderse

201

porque siempre lo han hecho, por conciencia de comunidad. Y porque el Estado, ausente, no satisface sus necesidades en esos territorios. «Los linchamientos son el resultado de la incapacidad del Estado para impartir justicia. Y no es que no pueda impartirla, es que simplemente no llega hasta esos lugares con eficiencia y eficacia», dice. Pero Mendoza insiste, con pasión, en que quien lincha es una comunidad que se ve a sí misma como un todo, como un todo que se tiene que proteger a sí mismo. Y eso sirve tanto para una comunidad indígena como para una comunidad de estudiantes de clase media alta.

La plática está terminando cuando Carlos pega un grito y se jala los pelos al recordar una noticia: «¡Aquí lincharon! ¡Aquí mismo, en la Landívar!». Unos jóvenes, extrañados, nos vuelven a ver y luego regresan la vista a sus *laptops*. En la Rafael Landívar, una universidad con nombre de poeta, uno de los centros de estudio más prestigiosos de un país en el que muy pocos acceden a educación superior, hubo un linchamiento.

Durante 2009 los estudiantes se habían quejado de los constantes robos y asaltos en el parqueo de la universidad, pero nadie resolvía el problema. Computadoras portátiles, estéreos de los automóviles, desaparecían sin que hubiera culpables. Según Mendoza, hay puntos de quiebre en los cuales una comunidad se cansa de la impotencia y estalla ante la vulneración de sus derechos, y eso pasó en enero de 2010 cuando tres hombres acompañados de un niño de once años asaltaron a un estudiante en el campus en un intento de robarle. Otros estudiantes vieron el ataque y actuaron. A golpes. Uno de los ladrones logró huir, pero los otros tres, incluido el menor, recibieron lesiones considerables, según reportaron organismos de socorro que los atendieron tras el incidente. Después de aquello, presumiendo que los ladrones ingresaban en un taxi y salían de la misma forma, la universidad prohibió el acceso de taxistas al campus. No hubo expediente para los estudiantes implicados en el suceso.

Le traslado a Mendoza mis sospechas: tal vez los capitalinos imitan el fenómeno porque perciben que es más eficaz que la respuesta de la autoridades. No lo pensó mucho antes de responder:

—Esa valoración es demasiado simplista. Concéntrate en el sentido de comunidad.

Días después de nuestro encuentro, Mendoza me envió un correo electrónico con la publicación en su blog de un caso similar ocurrido en 2009 en la estatal Universidad de San Carlos, la mayor de Guatemala. Un hombre acostumbraba a robar a los pasajeros que se bajaban en una de las paradas de bus en el perímetro de la universidad, hasta que un grupo de estudiantes se cansó. El hombre fue encontrado desnudo y vapuleado. «De nuevo, fuertes identidades que facilitan superar problemas con una acción colectiva, más la ausencia del Estado, son ingredientes explosivos ante casos de delincuencia que atentan contra la vida y la propiedad de los miembros de una comunidad (en este caso, la universitaria)», escribió Mendoza en el blog.

***

El mercado La Terminal, en la zona 4 de Guatemala, está a treinta minutos en carro de la Landívar y a diez minutos del Centro Histórico de la ciudad. El mercado formal es un edificio de dos plantas que abarca un par de manzanas. El informal se extiende por varias manzanas más, entre callejones repletos de vendedores y almacenes para mayoristas. Frutas, verduras y embutidos adentro y afuera del edificio. Hombres que jalan sus productos, vendedoras con delantal o con huipil. Aquí, a las mujeres que llevan vestimenta indígena las llaman «*mariítas*». Aquí son una minoría, y muchas trabajan como empleadas de los comedores, que todos los días ofrecen caldo de res. El mercado tiene ese nombre porque está contiguo a la terminal de los autobuses que viajan al oriente del país. Aquí hay una comunidad de veinte mil vendedores organizados.

Entre 1996 —año de la firma de los acuerdos de paz tras treinta y seis años de lenta guerra civil— y 1999, a este mercado llegaban bandas de asaltantes que desnudaban a las *mariítas* en los pasillos para encontrar el dinero que solían esconder entre los dobleces del huipil. En las entradas al edificio principal asaltaban tanto a los comerciantes como a los clientes. Las bandas extorsionaban y mataban. Los vendedores se consumían en la impotencia. Entre los vendedores hay quienes creen que la guerra y su ejército intimidaban a los delincuentes, y se quejan de que cuando los militares regresaron a los cuarteles la Policía no se asomó por este mercado, ni por ningún otro, sino hasta ocho años después. Para lograrlo, los vendedores organizaron marchas y protestas que paralizaron a la ciudad.

Con los de La Terminal al frente, vendedores de toda la ciudad salieron a protestar por primera vez en 1999. Pero a la par de este movimiento hay quienes dicen que nació otro, clandestino, armado, formado y contratado por los mismos vendedores, al que llamaron «ángeles justicieros». En sus primeros años de funcionamiento, los ángeles fueron implacables: los vendedores, envalentonados porque ahora tenían su servicio privado de seguridad, detenían a todo supuesto ladrón, lo golpeaban y lo amarraban. Entonces llegaba un ángel justiciero y le pegaba un tiro. A veces no era necesaria esa bala. Lo mataban a golpes.

Pasarían muchos años —ocho para ser exactos— antes de que las autoridades sospecharan o quisieran sospechar que los incidentes iban más allá de la violencia común. «Un hombre fue muerto en el parqueo de La Terminal, zona 4. Vendedores dijeron que dos jóvenes lo persiguieron y le dispararon», publicó *Prensa Libre* en abril de 2006. «En el mercado La Terminal, zona 4, un supuesto delincuente fue abatido, a las diez horas, informaron los Bomberos Municipales», publicó el mismo diario el mes siguiente.

Por la vía formal, los vendedores siguieron protestando y en 2007 el Ministerio de Gobernación creó la Polimerc (Policía de Mercados). Esta unidad —que nació con cuatrocientos agentes— atiende a un millón de usuarios en los cincuenta y nueve mercados de la capital. Pero, a cuatro años de su nacimiento, los mismos policías afirman que si en La Terminal ya no hay asaltos, es más gracias a los ángeles justicieros que a la Polimerc. «La verdad es que aquí ellos mandan. Aquí se cansaron de la inseguridad y crearon un dicho: muerto el perro desaparece la rabia», dice un oficial en la caseta policial de La Terminal, que se rehúsa a dar su nombre, porque dice que los policías tienen prohibido dar declaraciones.

—¿Cómo operan los ángeles justicieros? —pregunto.

—Los vendedores ven a alguien sospechoso y llaman por celular a los muchachos. Usted nunca sabrá quiénes son. Andan por ahí, en parejas o en cuartetos. Cuidan cien metros cuadrados. Ubican al supuesto ladrón, no preguntan nada y disparan. Luego se escabullen y nadie vio nada. Nadie dice nada.

—¿Los vendedores no les denuncian nada a ustedes?

—Nos vienen con cositas sencillas: pleitos, amenazas, borrachos... La seguridad la ven ellos.

—¿Pueden capturarlos, por asesinato?

—Es difícil. Solo que haya un investigación. Hace diez días capturamos a uno por orden del Ministerio Público. A los quince minutos ya teníamos enfrente de la delegación como a treinta hombres fuertemente armados, exigiendo la liberación de su compañero. Por suerte, previniendo una situación incómoda, despachamos al capturado a la delegación central diez minutos antes de que aparecieran. Se puso feo esa vez.

—¿Tienen un líder?

—No le conviene que le dé el nombre ni andar preguntando por ella. Esa señora es una mujer de cuidado.

***

Esa señora se llama Olga. El oficial de Policía se rindió y lo deslizó con un susurro luego de cerciorarse, por encima de mi hombro, de que nadie más que yo sabría que él me dio ese nombre: «Olga». Al salir de la Polimerc pregunté por ella a una docena de vendedores. Nadie dijo nada. Algunos me pidieron que comprara naranjas o que me largara del mercado. «No sabemos quién es usted. No sabemos nada de lo que pregunta». En la administración del mercado, la formal, la que tiene en la pared un escudo de la alcaldía de Guatemala, tampoco se atrevieron a hablar ni de ella ni de los ángeles justicieros. Cuando parecía que todo quedaría en la anécdota de un policía y las estadísticas de la delegación —dieciocho asesinatos entre enero y mayo de 2011— un contacto me presentó a una vendedora de la 18 calle, en la zona 1. Esa vendedora es la que me ha traído hasta Olga.

Hace unos minutos, al entrar al mercado, una vendedora de pulseras, amiga de mi guía, ya me ha adelantado cómo funcionan las cosas: «Aquí ladrón que entra, ladrón que sale. Bien muerto». Otra vendedora, en broma, le ha recordado a mi guía que tiene que votar por el Partido Patriota, el que dirige el general retirado Otto Pérez Molina, el candidato que promete mano dura contra la delincuencia.

Dentro de su oficina —un cuarto que también es bodega—, ubicada cerca de los embutidos y de los canastos de camarones salados, Olga toma Gatorade y termina una galleta Picnic. En la pared hay fotos de las representantes del comité del mercado. La mayoría son mujeres. En una de las fotos aparece Olga ocho meses más joven. Parece que ha adelgazado en este tiempo. Olga Alicia Argueta es pequeña, tiene cintura de avispa y unos pechos que parecen querer saltar de la blusa. A sus sesenta y tantos años viste juvenil, con una licra color negro, botas y una camisa escotada que deja ver los tirantes de su sostén. La camisa tiene estampada la imagen de la cantante Avril Lavigne. Sobre la frente le cae un esculpido flequillo y lleva los labios pintados de rojo. En el cuello tiene una cadena gruesa y dorada. En los dedos, anillos del mismo color. En la cintura, orgulloso, un delantal rojo con cuadros rosados. Desde su última separación, Olga nada tres veces por semana en un hotel de la capital. Dice que así es más feliz. Cuando tiene ganas de comer fuera, se va con sus hijas a cenar. Cuando quiere ir al gimnasio, se va al gimnasio. «Uno tiene que darse sus gustitos», dice. Hace un mes la operaron de una hernia. La gente bromea con ella y le dice que se fue a hacer la liposucción. «¡Puede creer!», me dice, risueña, y se acaricia la cintura. La mujer más poderosa de La Terminal coquetea.

Olga vende carne desde hace cuarenta y dos años en el edificio principal del mercado. El negocio lo aprendió de su primer marido. «Era un cabrón», dice. Ahora son sus hijas las que hacen filetes y, a unos metros de donde hablamos, cortan las orejas y los cachetes a una cabeza de res. Olga se metió al comité en el año 2000, harta de tanto asalto. Empezó como secretaria pero fue escalando hasta presidirlo. En esas lleva cuatro años. La clave, dice, es solucionar los problemas a todos por igual, sin favoritos. A su oficina llegan vendedores tanto a pedirle ayuda para medir bien la distancia entre puestos como a denunciar extorsiones de pandilleros del Barrio 18. «Los mareros, si entran, salen muertos», dice. Antes de entrar a la oficina, un sujeto joven, fornido y armado se ha despedido de Olga y se ha perdido en los pasillos del mercado.

En 2008 la Policía y los fiscales allanaron la venta de carne de Olga y su casa. Le decomisaron dos celulares y nunca le dijeron qué buscaban. Tampoco la capturaron. «Yo les reclamé por qué en lugar de andar cazando delincuentes persiguen a gente trabajadora», Olga dice esto último de pie. Le gusta dramatizar aquellos pasajes de su vida de los que cree que ha salido airosa. Un año después de aquello fue llamada a juicio porque un ángel justiciero la acusaba de ser la jefa de la banda. «La jefa, ¡imagínese!», dice, risueña.

Antes de ir al juicio, Olga se inyectó una neurobión. Estaba molesta y estresada. Quería calmarse. Cuando le preguntaron si conocía al imputado, contestó: «Podría ser que lo conozca de vista, pero tratarlo jamás. ¿Cómo voy a tratar veinte mil vendedores?». Relata el interrogatorio de pie. Cuando hace las veces del fiscal se para a la izquierda. Cuando hace de Olga, la acusada, se para a la derecha.

—¡Aquí dice que usted es la jefa de los ángeles justicieros!, dijo el fiscal.

—¡Por favor!, respondí. Yo solo dirijo a los de seguridad del parqueo y a la policía municipal. Soy la presidenta del comité, es cierto, pero estoy para orden y limpieza, y no para estar viendo dónde hay angelitos.

—¿Cree que hay ángeles justicieros?, me preguntó el fiscal.

—Justicieros no sé, pero ángeles de la guarda sí, porque son los que me cuidan a mí, contesté. Si yo fuera la jefa de los ángeles justicieros el primero que hubiera muerto hubiera sido mi marido, por haberme pasado a tantas mujeres. Pero vayan a verlo, ahí está vivito y coleando. También las mujeres que andan con él. No soy asesina ni jefe de nada ni de nadie.

—¿Por qué los periódicos hablan de que hay ángeles justicieros?

—¡Por favor! Todos conocemos cómo trabajan los periódicos. Solo quieren vender noticias. Y gracias a esa noticia La Terminal ha agarrado fama y ya no entran criminales. Entonces, gracias a los periódicos por esa fama.

Olga se sienta en la silla plástica. La escena ha terminado. Está risueña. Dice que los fiscales quedaron rojos de la cólera. Le comento lo que me han dicho en la Policía: que los dieciocho asesinatos registrados en lo que va de año en esta zona tienen relación con los ángeles justicieros.

—¿Pero dónde están? No hay nada. Es que mire, aquí la misma gente actúa. Los mismos vendedores toman la iniciativa. La vez pasada entraron unos ladrones a la tomatera y los dejaron colgados, ahorcados en un camión.

—¿Por qué la gente hace justicia con sus propias manos?

—Porque el Gobierno no puede dar seguridad aunque quiera. No puede. Así de sencillo. Entonces, hasta en la Biblia dice: si en un canasto de manzanas hay una podrida hay que tirarla porque arruinará las demás. Si dejamos que estén, van a seguir molestando. Se les dan oportunidades pero si no las quieren, pues no las quieren. Y aquí saben que si alguien entra a robar sí sale, pero sale para la morgue.

En el juicio, Olga fue declarada inocente. Desde diciembre de 2008 han capturado a más ángeles justicieros, pero el nombre de Olga ya no ha salido a relucir.

—¿No existen los ángeles justicieros? —pregunto a Olga.

—Aquí la única angelita soy yo —responde, y con una mirada pícara se lleva las manos a la cintura.

***

La distancia entre el corazón de Ciudad de Guatemala y el cuartel general de la Policía se camina en cinco minutos. El castillo policial está ubicado cerca del Congreso, del Ministerio de Economía y del de Gobernación. Por la zona se pasean burócratas con saco y corbata que almuerzan una torta callejera de longaniza tostada a las brasas y abarrotan, por las tardes, las tres cafeterías estilo *gourmet* que hay antes de subir a la Sexta Avenida, el corredor comercial y turístico más concurrido de la ciudad. Desde aquí se controlan las acciones policiales de todo el país.

En el primer piso del castillo tiene su oficina Donald González, un periodista que ha trabajado en varios medios de Guatemala y que ahora habla en nombre de la Policía. Toda la información oficial de la PNC sale de la boca del vocero González, un cuarentón pulcro, locuaz, que se confiesa de derecha. Lo dice y me enseña, como prueba, un llavero con la cruz y las siglas del partido Arena, de El Salvador, que gobernó el vecino país los últimos veinte años.

González fue el primero en advertirme sobre los peligros de La Terminal, pese a no tener detalles sobre lo que yo quería saber acerca de los linchamientos.

—¿Querés ir solo? Estás loco —me dijo cuando le conté mis intenciones.

En cuanto a los linchamientos, la respuesta del vocero policial es sencilla: la gente se cansa y se toma la justicia en las manos. Y luego añade, concluyente:

—Es que las comunidades indígenas son violentas. Pero eso no vayás a decir que yo lo dije.

A la oficina de González entran y salen periodistas sin anuncio. «Mirá vos, el colega quiere saber de los linchamientos. ¿En cuántos has estado vos?», pregunta a un reportero de *Nuestro Diario*, que recién ingresó al cuarto. «Son jodidos vos, cubrir eso es jodido», responde el otro, y comparte una anécdota. Al cabo de un rato, González llama a un agente del cuerpo antimotines que cruza por el pasillo: «Mirá vos, contale cómo es cuando se agarran con las comunidades. Contale cómo es de fiera esa gente». El agente también tiene un rosario de historias de batallas plagadas de turbas, ladronzuelos, sangre y armas. Las comparte con una mezcla de desgano y orgullo, como un viejo militar que desvela la verdad detrás de cada una de sus medallas. Y se va.

Cuando ya hemos entablado confianza, González parece listo para mostrar su propia medalla y me muestra «una foto histórica», según dice. La abrió en el escritorio de su computadora. Es la foto de un linchamiento.

El 28 de abril de 2000 —un día antes de que Tetsuo Yamahiro fuera asesinado por los vecinos de Todos Santos— en la capital del país, el fotoperiodista Roberto Martínez fue abatido por un vigilante privado en un suceso todavía confuso. Ese día, manifestantes protestaban por el alza en el precio del transporte público, muy cerca del Ministerio de Gobernación, a unas cuadras de donde estamos ahora. El fotoperiodista, del diario *Prensa Libre*, retrataba a los manifestantes que huían de los gases lacrimógenos.

Mientras caminaba, escuchó varios disparos provenientes de uno de los edificios de la zona. Martínez intentó cubrirse pero cayó abatido con perdigones de escopeta. También fueron abatidos otros dos camarógrafos: uno del telenoticiero Notisiete y otro del periódico *Siglo.21*. Algunos vigilantes habían confundido a los periodistas con manifestantes y habían abierto fuego. Cuando la Policía capturó a los autores de los disparos, un grupo de hombres furiosos salió al encuentro de uno de los homicidas, comenzó a golpearlo y casi se lo arrebató a los agentes que lo custodiaban. Entre el grupo principal había también una mujer. Estaban fuera de sí. Todos iban vestidos con ropa informal y algunos cargaban grabadoras y micrófonos en sus manos. Eran periodistas, amigos y colegas de Martínez.

La foto que Donald González me presenta como histórica captura el momento en que se abalanzan sobre el vigilante, entre los intentos de los policías por contenerlos. Uno de los periodistas levanta un radiocomunicador con la intención de estrellarlo en la espalda del capturado. Atrás, otro grita furioso y trata de llegar hasta el vigilante, sometido y agazapado, casi en el suelo. Delante de todos ellos, otro reportero se abalanza literalmente sobre el detenido. Lleva barba y parece que grita mientras su mano derecha intenta sujetar al vigilante que mató a su colega.

En un extremo de la foto, con rostro sorprendido pero siendo parte de la turba, aparece González, el dueño de este despacho, el vocero de la Policía de Guatemala. El que lanza el radiocomunicador sobre el vigilante es Luis Echeverría, hoy fotógrafo de la Presidencia de la República. El que grita desde atrás, al lado de una reportera, es Ronaldo Robles, hoy secretario de Comunicaciones de la Presidencia. «Casi lo linchamos», dice González, y sonríe. Antes de que guarde de nuevo la foto le echo un último vistazo: el periodista de barba, el que está más cerca del vigilante, el que parece que grita e intenta sujetar al hombre agazapado es Carlos Menocal, hoy ministro de Gobernación, el hombre que desde hace más de un año es el encargado de la seguridad pública en toda Guatemala.

Publicada el 17 de julio de 2011

Ser nadie en tierra de narcos

Óscar Martínez

—Entonces, ¿aquí es donde viven ustedes, los narcotraficantes?

—Aquí mismo, mire *usté*. Venga, le voy a presentar a toda la gente —me dice Venustiano.

Retira el alambre del palo y deja caer la portezuela. Asoman un viejito minúsculo y arrugado y un hombre recio que termina de bañarse a guacaladas en medio del patio. Morenos, tostados. El viejito dice algo en lengua quekchí, y de las champas comienzan a salir mujeres, muchas mujeres ancianas, y niños, unos veinte.

Esto es el departamento de Petén, al norte de Guatemala, los arrabales de un municipio llamado La Libertad. Para llegar hasta aquí hemos dejado atrás el bullicio del mercado, nos hemos alejado de donde transitan los tuc-tuc —esas motocicletas con carcasa que hacen de taxis—, y nos hemos internado por una vereda polvorosa y reseca. El predio es del tamaño de media cancha de fútbol, y acoge siete champas desperdigadas, todas de plástico, cartón y palos. En medio del predio hay un charco grisáceo y espeso, con restos de comida. Huele a animal muerto. En una de las champas se cocina el almuerzo sobre un enorme comal. Tortillas y más tortillas.

Todos se reúnen alrededor de Venustiano. Todos están sucios. Los niños, raquíticos y panzones. No dicen nada porque muy pocos pueden hablar castellano. Me ven y esperan.

—¿Ustedes son los narcotraficantes de Centro Uno?

—Nosotros somos —me contesta Venustiano, el líder de los moribundos—, ¿qué le parece?

—No sé qué decirle, Venustiano.

La puerta de oro

Las autoridades de México llaman la puerta de oro hacia Estados Unidos al estado norteño de Sonora. Allí están las rutas antiguas del contrabando, y allí viven y prosperan sin esconderse quienes manejan esos negocios. Bajo esa misma lógica, Petén podría bautizarse como la puerta de oro centroamericana hacia México.

El Informe lo deja bien claro; ya verán.

El departamento más vasto de Guatemala, con más de 35 mil kilómetros cuadrados, extensión que casi duplica la de El Salvador, es Petén; comparte 600 kilómetros de frontera con México y es un territorio en el que abundan los ríos y las selvas. Las autoridades militares guatemaltecas tienen claro que este es el tramo de frontera más problemático del país. La fórmula que aplican es que mientras más cerca está la frontera al océano Pacífico, más se puede hablar de migrantes, de contrabando de mercaderías, de grupos criminales locales, de prostíbulos, de la trata, de machetes y de pistolas; en cambio, mientras más cerca de Petén está, más se habla de grupos transnacionales, armas de asalto y vínculos políticos.

Las similitudes entre Petén y Sonora no se limitan a ser sedes principales de las grandes ligas del crimen organizado de los respectivos países; también se parecen por sus características demográficas: terrenos con zonas solo accesibles por aire o en poderosos vehículos y, por tanto, despobladas. Mientras que la ciudad de Guatemala tiene en promedio 1,380 habitantes por kilómetro cuadrado, esa cifra en Petén apenas es de 17[*]. La región sur de Petén es zona de, cada vez más, amplias extensiones privadas elegidas por empresas transnacionales para sembrar caballerías y caballerías —medida de superficie que equivale a 64 manzanas o a 45 hectáreas— de palma africana. Esta es una especie de palmera chica de la que se obtiene el aceite vegetal que, si bien apenas se consume en Centroamérica, es con el que más se cocina en el resto del mundo.

Justo en la franja central del departamento, delgada en proporción con el resto, se extiende de sur a norte una tira urbana, despoblada en sus extremos laterales, que deja paso a lo verde e indómito y a las caballerías de familias acusadas de estar vinculadas con el crimen organizado; acusadas hasta por el propio presidente de la República, Álvaro Colom. Y en la parte alta, una franja —menos gruesa que la de palma africana, pero más que la urbana— que está repleta de reservas forestales protegidas donde no se puede deforestar sin permisos especiales. Al menos eso es lo que dice la ley. Petén está despoblado porque en su mayoría es privado o está restringido pa-

---

[*] Con base en el Informe de Desarrollo Humano (PNUD) de 2011.

ra el cultivo y la construcción.

Ese cariz privado y latifundista de las tierras peteneras responde no solo a las reservas protegidas, sino también a la acumulación de caballerías por parte de las grandes empresas de palma africana y de los grupos criminales. Así se dice en el Informe.

Todo este entramado complejo es el que ha llevado a Venustiano y su gente a vivir en champas que circundan un charco que huele a animal muerto y aún así ser etiquetados como narcotraficantes.

Vos o tu viuda

Los que saben cómo funciona este lugar parecen estar convencidos de que hay ojos y orejas por todas partes. Antes de subir a Petén, pasé una semana para contactar fuentes confiables que me recibieran. Desde ciudad de Guatemala conversé con cinco personas que viven o vivieron aquí. Conseguí un contacto a través de unos religiosos que me pidieron que bajo ninguna condición se me ocurriera visitarlos en Petén. Pero ese contacto aceptó hablar con la premisa de detalles a cambio de anonimato.

La cita es hoy. Nos reunimos en Santa Elena, la comunidad más poblada de la franja urbana, en una oficina donde un potente ventilador nos salva del pesado calor y de los mosquitos. Él es un respetado activista que trabaja en coordinación con decenas de organizaciones de la sociedad civil.

Por estos días, los medios de alcance nacional hablan de Petén en sus portadas por una única razón. Allá en el Parque Nacional Sierra del Lacandón, en la frontera con México, acaba de ser desalojada una comunidad de campesinos que usurpaba esos terrenos supuestamente prohibidos para los humanos. En las notas, el ministro de Gobernación, Carlos Menocal, relaciona el desalojo con el narco, y los medios televisivos celebran el duro golpe al narcotráfico de la zona que se ha dado al retirar a esas trescientas familias que trabajaban para los apellidos renombrados por estos lares.

—Otra vez desalojaron a los narcos —dice el hombre con el que hablo, y se echa a reír.

Le pregunto el porqué de la risa

—Con lo que se teje por acá, tener el descaro de decir que ellos son… en fin. De aquí todos los periodistas se van creyendo que contaron algo sobre el narco, y apenas han hablado de un grupo de campesinos pobres. Gente que ha perdido sus tierras, muchos a los que se las han arrebatado y que se van buscando dónde diablos cosechar su maíz, su frijol, sus pepitas. Y cuando encuentran un lugar allá perdido, los acusan de narcos, los desalojan y los dejan tirados en cualquier parte, mendigando.

—Pero ellos invaden tierras prohibidas —hago de abogado del diablo.

—Y usted y yo lo haríamos. ¿No le digo que no tienen dónde cultivar, pues? ¿Y si solo eso saben hacer? Claro, si usted no tiene nada, si sabe que pronto le quitarán su siembra y su tierra, y un señor le dice que por 1 mil 500 quetzales (unos 190 dólares) descargue o cargue una avioneta, ¿qué haría?

Sobra la respuesta.

—No son poquitos los hijos que tiene un campesino —dice el activista y ríe de nuevo.

Le digo que quiero hablar con ellos, con los campesinos, los supuestos narcotraficantes. Vuelve a reír. Lo hace como con hartazgo, como quejándose de mi ingenuidad. Dice que para ir a hablar con los que ocupan tierras hay que meterse en terrenos demasiado vigilados por el crimen organizado. Además, dice, no sé si le hablarán; están hartos de que los periodistas los busquen con la misma pregunta: «¿ustedes trabajan para el narco?». Dice que lo mejor es hablar con comunidades ya desalojadas.

En 1959 se inició un plan para poblar Petén, para integrarlo en el país y para explotar su potencial agrícola. Se entregaron tierras a grandes empresarios, pero también a pequeños campesinos que podían cultivar.

—Sí —dice el activista—, y durante un tiempo los campesinos cultivaron sus cosechas y se las comieron y vivieron de eso. Vinieron de todas partes del país, pero hablamos de mediados del siglo pasado. No había carreteras buenas y no interesaba tanto acumular tierra. Muchos empresarios tenían grandes propiedades, pero no las ocupaban.

—¿Y qué cambió?

—Que hoy dos carreteras comunican Petén con el país, y que desde el año 2000 tomó fuerza la palma africana, y los árboles maderables, teca y melina, y entonces la parcelita del campesino se volvió interesante para muchos. Ah, claro, y el acceso fácil por tierra a Petén hizo que narcotraficantes y contrabandistas y otros señores se interesaran más por acumular tierras fronterizas con México.

—En todo caso, lo que me dice es que los campesinos vendieron sus tierras.

—Hay formas y formas de vender. Le explico: si un abogado de una empresa lo visita una y otra vez hablándole de sumas de cinco números, y usted es un campesino quekchí, le brillan los ojos y vende sin saber nada. Si usted es un campesino, indígena o no, y los narcos quieren su tierra, entonces está más jodido, porque solo le avisarán que usted va a vender por cierta cantidad, y punto.

213

—¿Y si uno se niega?

—Hubo una frase famosa aquí a principios de la década: si vos no querés vender, tu viuda va a vender barato.

Este activista sabe de lo que habla. Recibe cada mes a decenas de campesinos que han sido presionados para vender, y asesora a los que no recibieron lo acordado o simplemente no entienden lo que dice su contrato de venta, porque no leyeron la letra chica o porque no saben leer.

El meollo del discurso de este activista se puede resumir en un Estado que tiene dos varas para castigar: es implacable con los débiles, aparenta con ellos que es un Estado fuerte, y deja en paz a los verdaderos rivales de peso.

—Guatemala recibe fondos privados y de organismos internacionales para la protección de reservas y zonas arqueológicas. ¿Dónde muestra fuerza el Estado para aparentar ante esos donantes? Con los más débiles, a los que además acusa de narcotraficantes, lo que lo hace quedar mejor aún. —El activista vuelve a reír fuerte y con sarcasmo—. Mire, nosotros nos metemos en esa zona, hablamos con esos campesinos y sabemos perfectamente que familias renombradas de narcotraficantes como los Mendoza, los León y los Lorenzana tienen grandes propiedades en reservas protegidas como los Parques Nacionales Sierra del Lacandón y Laguna del Tigre.

Y eso no solo él lo sabe. Incluso informes gubernamentales confirman que, parafraseando lo que en su día dijo monseñor Óscar Arnulfo Romero, las leyes en Petén son como las serpientes, que solo muerden a los que caminan descalzos.

El Informe también lo explicita.

Los militares y el Informe

El viento sopla con fuerza en este café de la zona 18 de la ciudad de Guatemala. Alrededor revolotean las servilletas que el chiflón arrebata de las mesas vacías. Desde esta terraza se ven los tejados de las casas de varias colonias de clase media-baja. A pesar del frío, decidimos sentarnos aquí para privilegiar el aislamiento.

El coronel Díaz Santos pide un té negro. A él lo conocí a principios de año, cuando era el segundo al mando de los militares que participaron en el estado de sitio con que el Presidente guatemalteco intentó frenar la entrada de Los Zetas a Alta Verapaz, departamento ubicado al sur de Petén.

El coronel es ahora el encargado de la Fuerza de Tarea Norte de Petén, que cubre Sayaxché, municipio reconocido por la palma africana y el trasiego de droga por el río La Pasión, rodeado de caballerías que pertenecen a las renombradas familias chapinas del narco. También se encarga del suroeste petenero, que cubre parte de La Libertad, donde la franja urbana se diluye mientras más se acerca a México, y deja paso a las reservas. Allí se encuentra El Naranjo, un pueblo fronterizo al que, echando mano de un desfasado estereotipo, los mismos militares llaman «la Tijuana guatemalteca»: sitio de trasiego de drogas y otras mercancías, trata, migración indocumentada.

Cuando conversamos la primera vez, lo hicimos en el cuartel general de Cobán, la cabecera departamental de Alta Verapaz. Él vestía uniforme y hablaba con desenvolvimiento de Los Zetas y de las familias locales vinculadas al narcotráfico. Ahora, de civil y en su día libre, es más mesurado para referirse a Petén. Hay que arrancarle los dobles sentidos a algunas de sus respuestas. El coronel conoce bien la zona donde ocurrió el último desalojo de trescientos campesinos. De hecho, estuvo en el operativo. Recalca una y otra vez que cumplían órdenes del Ministerio Público, que fueron a sacar a gente asentada en zona prohibida, que encontraron gente humilde: mujeres, muchas mujeres ancianas, y niños. Dice que a él nunca le dijeron nada acerca de narcotraficantes.

Le hago ver que tanto el ministro de Gobernación como el mismo comunicado oficial del Gobierno dijeron que se trataba de personas vinculadas al narco. Sin matices. Como «áreas en poder del narcotráfico», calificaron ese asentamiento campesino. El coronel se reserva su opinión. De cualquier modo, es un despropósito seguir preguntando por el tema. Es absurdo; el Gobierno mismo se contradice. Desalojar a unos narcotraficantes por usurpar un área natural protegida sería como arrestar a un asesino por robar el teléfono a quien acaba de matar.

El coronel medita un instante, sorbe té, aclara que no va a opinar sobre la postura de Menocal, que él puede dar su opinión… Lo interrumpo y le pregunto si cuando acompañó el desalojo en La Libertad creyó que estaba sacando narcotraficantes.

—No. Pienso que no se puede descartar que más de algún campesino esté involucrado, pero no se puede generalizar. Muchos se ven forzados a estar en las áreas protegidas. Venden sus terrenos para que sean tomados por la gente que cultiva palma africana. ¿Y para dónde agarran? La única zona que queda para cultivar es el área protegida.

—Usted conoce la zona, coronel. Se dice que hay extensiones enormes de tierra que pertenecen de facto a los Mendoza, a los Lorenzana; a veces, a través de testaferros.

—La gente señala unas extensiones de terreno como de una familia o de otra familia, pero no se puede saber a ciencia cierta porque no hay nadie que alegue el registro.

—¿Usted cree que hay gente realmente poderosa que tiene tierras en áreas protegidas?

—Pienso que sí.

—¿Grupos que las ocupan para trasiego de drogas, maderas y contrabando…?

—Pienso que sí.

Existe un informe con datos gubernamentales que dice que algunos de estos terrenos están registrados legalmente. Incluso, algunos altos mandos militares —como el general Eduardo Morales, que este año coordinó la instalación del estado de sitio en Petén— consideran que la zona norte del departamento, repleta de áreas protegidas como Laguna del Tigre, está atestada de grandes extensiones de los capos que coordinan aterrizajes constantes de avionetas, y luego las queman para no dejar pistas. Morales, incluso, me habló hace unos días de depredación descarada de la naturaleza para construir pistas y cementerios de avionetas. Me habló de un hotel con capacidad para cien personas en Sierra del Lacandón, y de un aterrizaje reciente en Laguna del Tigre, en el que un oficial y dos soldados se enfrentaron a unos cuarenta hombres armados que los obligaron a huir. «Es triste reconocerlo —dijo—, pero es así».

Le digo al coronel Díaz Santos que me parece muy raro que el Consejo Nacional de Áreas Protegidas (Conap) no se entere de esto, pero sí de los asentamientos campesinos; que la Policía, que apoya al Conap con la vigilancia, tampoco se entere. Le pregunto si él confía en esas autoridades.

—¡Uf! Me reservo la respuesta.

—Coronel, y ya que hablamos del Informe que ha estado dando vueltas en todo Petén, ¿usted le da credibilidad?

—Le voy a contestar con el comentario que me hizo un amigo. Para lo que sirve el Informe es para ser cauto con lo que uno tiene que hablar y con quién tiene que hablar.

El Informe se titula «Grupos de poder en Petén: territorio, política y negocios». Salió a luz pública en julio de este año y fue financiado por el organismo internacional Soros Foundation. Un resumen fue publicado por el portal Insight Crime, consultado por la cúpula política de Washington. A escala nacional, fue retomado por medios guatemaltecos como *elPeriódico* y *Plaza Pública*. En Petén ningún medio local hizo eco, pero no hubo una persona, fuera activista, funcionario o militar, con la que yo haya conversado durante mi viaje, que no lo hubiera leído. Ha circulado de mano en mano, de boca en boca, de correo electrónico en correo electrónico.

Los autores, investigadores de diferentes países y distintas especialidades, no firmaron el Informe. Es anónimo. Ellos no han dado declaraciones en ningún medio. Temen por sus vidas y no quieren que nadie sepa ni siquiera de qué nacionalidad son o en qué país viven. Luego de tratar con varios intermediarios, conseguí que dos de los autores accedieran a conversar conmigo vía Skype. El

Informe es muy explícito, rico en fuentes oficiales. Toda su información sobre propiedades está sustentada con datos del catastro; el resto, con datos oficiales, informes internacionales, declaraciones de funcionarios publicadas en medios de comunicación y entrevistas con informantes clave en Petén. En las conversaciones vía skype me dijeron que no publicaron sus nombres porque los poderosos de los que hablan tienen influencias incluso a nivel internacional. Me aseguraron que fueron recatados. «Publicamos solo lo que pudimos comprobar, aunque en áreas protegidas hay muchas propiedades no registradas que de facto pertenecen a grupos del crimen organizado», explicó uno.

El Informe no deja títere con cabeza. Petén aparece dibujado como tierra fértil para la corrupción política, el trasiego de drogas y la concentración de tierras y poder en muy pocas manos. Petén no es tierra para gente humilde. En la evaluación que se hace de los partidos políticos, las conclusiones son escandalosas: a las candidaturas ganadoras para alcaldías o diputaciones distritales solo se llega si se tienen nexos políticos con el crimen organizado o si directamente se forma parte de alguna estructura criminal. El Informe señala con nombres y apellidos a personas de todos los partidos, sin excepción, que serían las encargadas de realizar esas alianzas.

Las acusaciones llegan hasta el más alto nivel. Sobre el candidato presidencial del partido Líder, Manuel Baldizón, quien es originario de Petén, dice que su familia consiguió poder económico, en gran parte, gracias al contrabando de piezas arqueológicas**. El documento remite a testimonios anónimos de las personas que participaron en grupos de saqueo de ruinas mayas: extraían piezas para luego venderlas a coleccionistas extranjeros. El Informe también explica cómo familias que desde hace décadas se dedican al crimen organizado —como los Mendoza, originarios del estratégico departamento de Izabal, fronterizo con Honduras y Belice— se han apropiado de enormes fincas en Petén desde hace mucho tiempo. Los Mendoza poseen veintitrés fincas dispersas en cuatro municipios peteneros. La extensión de esas fincas suma 660 caballerías. Muchas de las propiedades están en las riberas del río La Pasión, y al menos una de ellas tiene una mansión con piscina y pista de aterrizaje.

Ninguna autoridad desaloja o señala en voz alta a estos terratenientes. El Informe explica que la mayor extensión de tierras —doscientas cincuenta caballerías que los Mendoza poseen a su nombre y a nombre de testaferros—, se encuentra en gran parte dentro de la reserva Sierra del Lacandón, el Parque Nacional del que fueron corridos los trescientos campesinos durante el último

** Página 29 del Informe.

desalojo, muchos de los cuales, sin otro lugar adónde ir, se retiraron a la selva del lado mexicano. Tanto el coronel como el general apuntan a que no se trata solo de que en esas zonas las familias del crimen organizado invaden terrenos que no les pertenecen, sino que en sus rutinas mafiosas se apropian de tierras para establecer cinturones de tenencia que les permitan hacer sus trasiegos. Incluso, el general Morales asegura que Los Zetas tienen bases de entrenamiento y descanso en Laguna del Tigre. No se trata de actividades discretas. El general Morales recuerda cómo hace unos tres años encontraron en la ribera del río San Pedro, entre Laguna del Tigre y Sierra del Lacandón, bodegas enormes de almacenaje e incluso un barco en construcción. «Un barco grande, como para llevar carros. Uno de los fiscales dijo que parecía el Arca de Noé», recuerda el general.

Esas fincas tienen conexión entre sí hasta llegar a la frontera natural con México, el río Usumacinta. «En cada una de las fincas —dice una de las personas entrevistadas para el Informe— tienen grupos armados».

Petén se ha convertido en una especie de condominio de las grandes familias del crimen organizado de Guatemala. Entre los apellidos que el propio presidente Colom ha relacionado con el narcotráfico, Mendoza no es el único con fuerte presencia en este departamento. Los León, originarios de Zacapa, también frontera con Honduras, tienen trescientas dieciséis caballerías en Petén «en puntos estratégicos de las rutas de la droga», explicita el Informe. Los Lorenzana, también de Zacapa, tenían incluso cuatro fincas en el área protegida de Laguna del Tigre. Una de las fincas, en un sinsentido del sistema, estaba inscrita en el Registro de Propiedad a nombre del patriarca Waldemar Lorenzana, extraditado este año a Estados Unidos bajo cargos de narcotráfico.

El Informe concluye que las propiedades relacionadas con los grupos criminales alcanzan una cifra de cuatro dígitos: 1 mil 179 caballerías. O sea, siete veces la superficie de la ciudad de San Salvador. Las empresas de palma africana tienen en registro oficial 1 mil 27 caballerías. Eso significa que al menos 10.5% de la tierra que el Estado cataloga como cultivable en Petén está fuera del alcance de un campesino común, así tuviera el dinero para comprar.

A cambio de eso, y según el Conap, para el año 2007, solo en el municipio de Sayaxché, casi 8 mil personas habían sido desplazadas de novecientas dos caballerías. Eran veintisiete comunidades campesinas que dieron paso a las empresas de palma africana o a otros compradores. Lo que nadie dice es que los campesinos también deben bregar con la insistencia de compra de las empresas transnacionales, que en ocasiones presionan para conseguir lo que quieren: más tierra.

Susurros en quekchí

Son las seis de la mañana y los rayos del sol son débiles, reconfortantes. Voy en un autobús que de El Subín, cerca de Sayaxché, trepa hacia el norte petenero, hacia Santa Elena. El vehículo no va lleno, y en la parte de atrás solo viajan dos personas más. Según entiendo, uno es campesino, y hace preguntas al otro, que es obrero de la construcción. Van delante de mí y resulta obvio que no les importa ser escuchados.

El campesino pregunta al obrero si hay trabajo en su rama. El obrero le dice que sí, que en la zona de Santa Elena se están levantando buenas construcciones. El campesino le contesta que tiene suerte, que no son tiempos de trabajar la tierra, que «si vos tenés una buena tierra, te la quitan… que ya solo van quedando tierras secas, muertas». Le dice también que allá abajo, por Sayaxché, solo queda trabajar para las empresas de palma africana, porque «los señores que tienen tierras buenas no quieren trabajadores para trabajar la tierra».

Ya en Santa Elena me recibe Alfredo Che, un campesino recio, compacto, con ese castellano cortado y lento de los quekchíes. Él es de la directiva de la Asociación de Comunidades Campesinas Indígenas para el Desarrollo Integral de Petén, que a su vez forma parte de la Coordinadora Nacional de Organizaciones Campesinas. Su red de contactos es enorme, y una de sus principales reivindicaciones es que se negocie con las comunidades que han sido desalojadas de reservas naturales. Piden que, a falta de opción para conseguir otras zonas para cultivar, se les permita regresar condicionados a no expandirse y a cultivar bajo normas que respeten el ecosistema. Che habla con rabia, se le nota en el gesto, pero la voz nunca deja de ser un susurro. Se queja de que en Petén hasta el asesinato de un campesino es argumento contra los campesinos.

En mayo de 2011, en una finca llamada Los Cocos, en la zona despoblada de La Libertad, hubo una sonora masacre de veintisiete personas. Según las autoridades, fue perpetrada por Los Zetas. También dijeron que el ataque iba dirigido contra el dueño de la finca pero que, como no lo encontraron, se desquitaron con los campesinos. A algunos los decapitaron con motosierras. En unas fotografías que me mostró un investigador que estuvo en la escena aparecen cadáveres con las botas de trabajo puestas. Incluso, el Ministerio de Gobernación aseguró que los cadáveres eran de campesinos que realizaban labores agrícolas en la finca, pero Che dice que, en las negociaciones con su organización, las autoridades peteneras usan casos como este para argumentar que los campesinos colaboran con las «narcofincas» y que por eso los matan. Para Che, aun si eso fuera cierto, los desalojos siguen aplicándose siempre a los mismos, a los que se parecen a Venustiano.

—Es que no desalojan a los finqueros, sino a los campesinos que están fuera de las fincas, a las comunidades que cultivan lo que se comen. Le dirán que es verde por ahí, pero lo real es que al caminar el Parque Sierra del Lacandón, la Biosfera Maya, ya no se ven montañas vírgenes. La Conap tiene guardias, pero no pueden hacer nada; andan una pistolita .38, y la Unidad de Protección de la Naturaleza... dos policías más tres guardas no pueden enfrentarse a un grupo dotado de armas de asalto. A lo mejor los miran y les dicen adiós. Están atacando a las comunidades indefensas, pero a los finqueros no les hacen nada.

No son solo voces de la sociedad civil las que denuncian estas contradicciones entre poderosos y humildes. Francisco Dall'Anese —fiscal al mando de la Comisión Internacional Contra la Impunidad en Guatemala (Cicig) instalada por Naciones Unidas en 2006— dedicó unas palabras a este desbalance durante un discurso que pronunció el 4 de septiembre en un encuentro de periodistas en Argentina. Dijo que en Petén «hay grupos de indígenas tirados de sus terrenos a la calle», mientras que contra los verdaderos narcos nadie hace nada, y contó la anécdota de cómo cuando un alto comisionado de Naciones Unidas iba hacia el rancho Los Cocos a presenciar la escena del descuartizamiento de los veintisiete campesinos, lo pararon narcos armados hasta los dientes para preguntarle hacia dónde iba, y lo obligaron a identificarse para dejarlo en paz.

Che asegura que, ya sea bajo amenaza de los narcos o por presiones de las empresas de palma africana, por una caballería que puede valer 200 mil quetzales (25 mil 500 dólares) se reciben, con suerte, 50 mil. Le pregunto por qué no denuncian. Contesta que ya lo han hecho muchas veces, pero el resultado es un trámite burocrático que termina engavetado en alguna delegación del Ministerio Público, en el mejor de los casos. Le pregunto por esa otra modalidad de sacar a los campesinos de su tierra, la que ocupan las empresas, y me dice que hay coyotes, que es como llaman por estos lados a los negociadores contratados por las empresas, gente de las mismas comunidades muchas veces. Los envían para insistir a los campesinos, una y otra vez, hasta que ceden y firman contratos que no comprenden. Me dice que para entender eso debo hablar con otro miembro de su asociación, con Domingo Choc, quien se encarga del municipio más codiciado por las transnacionales de palma africana, Sayaxché.

Por la tarde aparece Choc. «Las empresas son inteligentes —dice—, saben meter miedo en las comunidades». La amenaza consiste en presionar y dividir. «Si un coyote no lo logra, enviarán a otro más pilas, hasta que lo consiga». Explica que insisten una y otra vez hasta que dividen a la comunidad y se quedan los últimos, a los que amenazan con dejarlos encerrados dentro de la parcela de palma africana. Y una vez ocurre eso, los guardias privados no permiten que esos campesinos que se quedan encerrados pasen por las tierras de la empresa, no dejan que metan vehículos para sacar sus sacos de maíz o de frijol para venderlos en la calle. Los condenan a cosechar para comer y nada más. Así van logrando que esos mismos renuentes vendan y se conviertan en trabajadores de la finca; suelen mantenerlos sin contrato, por jornal, o sea, les pagan menos de los 63.70 quetzales diarios (8 dólares) por día de trabajo, que es lo que la ley estipula como salario mínimo. Y así, hasta que los campesinos se hartan de sudar por una miseria la tierra que antes era de ellos, y se largan como Venustiano a una zona protegida, esperando no ser desalojados y exponiéndose a ser acusados de narcotraficantes.

A José Cacxoj, un campesino de Sayaxché que conocí en este viaje, le ocurrió eso. A sus 63 años se hartó de recibir cada día la visita de un tal ingeniero Gustavo que lo invitaba a vender su parcela en la aldea Las Camelias antes de quedarse encerrado entre palma africana. Vendió por 100 mil quetzales su parcela que no llegaba ni a la mitad de una caballería. Hace dos años que busca una parcela en otras tierras del departamento que no le interesen a los narcos ni a las empresas de palma, pero no la encuentra, porque la manzana cuesta el doble de lo que a él le pagaron. Así que Cacxoj está dilapidando su dinero alquilando parcelas, bajo el trato de que tiene que dar la mitad de lo que cultive al propietario. Si una de las dos cosechas anuales se cae, como le sucedió el año pasado que llovió poco, Cacxoj se arruina. Ahora anda pensando en ocupar lo poco que le queda para largarse a invadir tierras protegidas, para convertirse en un invasor —como llaman el Estado y los grupos de poder a esos campesinos—, para convertirse en narcotraficante, como llaman a Venustiano y a su comunidad.

Pregunto a Choc qué tan extensa es la lista de comunidades desalojadas. Me contesta que no sabe decirme en número de personas, sino en comunidades con nombres y familias.

—Está la comunidad El Progreso, en Sayaxché, veintitrés familias; se terminó. La comunidad El Cubil, treinta y dos familias, terminada; ya no existe. El Canaleño, cuarenta y seis familias. La Torre, mi comunidad, setenta y seis familias. Santa Rosa, ochenta y seis familias. Arroyo Santa María, cuarenta y tres familias…Y la que todos recuerdan como la primera comunidad, Centro Uno, ciento sesenta y cuatro familias, terminada; ya no existe.

Venustiano y Centro Uno

Ha pasado un día desde que me junté con Che y Choc. Ellos fueron quienes me ayudaron a contactar a campesinos de Centro Uno. Es un mediodía ardiente y húmedo. El autobús que va hacia La Libertad, donde nos encontraremos, lleva las ventanas abiertas y cruza por varios tramos estropeados de la carretera, donde el polvo se instala en la piel sudada y parece atraer nubes de minúsculos mosquitos que revolotean en la cara.

El centro del municipio es un mercado callejero. Los tuc-tuc se mueven con rapidez entre la gente y, sorprendentemente, no atropellan a ningún peatón. Cada negocio tiene un altavoz con música norteña o un megáfono desde el que un dependiente grita las promociones. Entro en una pollería; desde el traspatio donde lavan los trastos en una pila llamo por teléfono a Venustiano, que me dice que ubica el lugar, que espere ahí mismo, que llegará con Santos, otro ex habitante de Centro Uno.

Venustiano, a sus cincuenta y seis años, es un campesino prototipo. Fibroso, de bigote, con una raída camiseta blanca, un jeans y botas negras de trabajo. Con esa piel en el rostro que, en miniatura, tiene grietas como las de la tierra del campo que se seca después de la lluvia. Lo acompaña Santos, un recio y lampiño indígena quekchí. Ambos hablan con un tono a medio camino entre la pena y el agradecimiento. Parece que no están acostumbrados a contar su historia. Cuando ocurrió el desalojo de Centro Uno en 2009, los medios solo recogieron la versión oficial. Dice Venustiano que a él nunca nadie le preguntó nada. Habla sobre un lugar infértil, de plásticos, maderos y champas, de la economía de la miseria, de días en que trabaja ocho horas en parcelas ajenas, lejos de su improvisada casa; de ganar 30 quetzales por jornada, de que «al sembrar en lo ajeno ni la semilla pepena». Lo interrumpo para pedirle que empiece por el principio, que me cuente cómo era Centro Uno allá en Sierra del Lacandón. «¿Cómo era?», pregunta. Deja el pollo asado que comemos sobre el plato; se limpia la grasa del bigote y espanta el nubarrón de mosquitos de su cara con un manotazo lento. Hace una pausa y pone los ojos del que recuerda, tornados hacia la nada.

—Donde vivíamos teníamos agua, un arroyo, tierra. El arroyo era limpio, se miraban bien los pies. Había una vaquería donde uno se enlodaba para entrar, pero al pasarla, aquello era lindo; había maíz, frijol y éramos felices. Había palos de coco, de aguacate, palos cargadores todos, naranjas, limón, mango cargador, así, ve —estira la mano semiabierta hacia arriba—. Uno conoce sus tierras… caña también, yuca, y guineo… macal, o malanga que le llaman. Uno se sentía feliz de la vida.

A las diez de la mañana del 16 de junio de 2009, un contingente de unos 600 militares, policías, guardias forestales, autoridades del Ministerio Público y funcionarios de la Procuraduría de los Derechos Humanos (PDH) inauguraron con la comunidad Centro Uno una modalidad de desalojos masivos de campesinos en Petén. Entonces, ciento sesenta y cuatro familias fueron removidas de la comunidad que, por unos pocos y sin permiso, había sido creada antes de que se firmara la paz en 1996; algunos llegaron antes, allá por 1992. El grueso, familiares de los pioneros, llegó en los siguientes cinco años, casi todos campesinos de Ixcán, Izabal, Quiché y Cobán que habían deambulado buscando dónde instalarse para cultivar la tierra lejos de la guerra.

Centro Uno nunca fue un secreto. Había dos escuelas construidas por los propios campesinos, donde ciento ochenta niños recibían clases de cinco maestros de la comunidad que habían sido capacitados por el Gobierno. Tienen cartas, algunas de la década de 1990, donde solicitan audiencia a las autoridades nacionales y estatales para discutir la legalización de Centro Uno, como lo lograron unas pocas comunidades que se instalaron en el Parque antes de que fuera declarado área protegida, en 1990. Los de Centro Uno reunieron cartas oficiales de cinco alcaldes auxiliares de caseríos aledaños, que dan fe de que los fundadores de Centro Uno, aun antes de nombrar la comunidad, vivían ahí mismo desde 1988.

—En fin —continúa Venustiano—, aquel día de 2009 nos dieron media hora para desalojar. Yo logré agarrar a mis cuatro niños. Dejé una prensa de maíz del ancho de dos metros cuadrados. Ya lo tenía en mi casa, y también diez manzanas de pepitoria listas para cosechar. Todo el mundo perdió todo.

Estuardo Puga, el auxiliar de la PDH a cargo de Petén que estuvo ahí, me confirmó que ese fue el tiempo que les dieron para desalojar, y que en camiones sacaron a las familias y las dejaron en Retalteco, un caserío a las afueras de La Libertad. Dijo que ellos se fueron a la una treinta de la tarde, cuando terminó la diligencia, pero que se quedaron los militares y funcionarios del Conap. Dijo, también, que luego hubo denuncias de saqueo. Venustiano dice que se lo llevaron todo en unos camiones; que pasaron frente a ellos en Retalteco con sus novillos, sus sacos de cultivo, sus plantas eléctricas.

—Nos sacaron con el decir que nosotros somos narcotraficantes. Yo lo que veo es que es una excusa para las autoridades actuales, como para taparle el ojo al macho —dice Venustiano.

Le pregunto si alguien en la comunidad participaba en alguna actividad del narcotráfico.

—El narcotraficante vive en mansiones, no tiene necesidad de vivir en casitas de palma como vivíamos allá, y mucho menos en champas de nylon como vivimos ahora… ¿Quiere ver dónde vivimos los narcotraficantes de Centro Uno?

Tomamos un tuc-tuc que nos saca del bullicio del mercado. Nos deja en una vereda de tierra por la que caminamos durante unos quince minutos hasta llegar a una parcela.

—Entonces, ¿aquí es donde viven ustedes, los narcotraficantes?

—Aquí mismo, mire *usté*. Venga, le voy a presentar a toda la gente—, me dice Venustiano.

Retira el alambre del palo y deja caer la portezuela.

Publicada el 3 de noviembre de 2011

Capítulo III – Nicaragua

Barrio Jorge Dimitrov

Roberto Valencia

Sobre la Pista de La Resistencia, uno de los ejes viales más transitados de la capital nicaragüense, se alza imponente una estatua de seis metros de altura que se trae un aire al Cristo de Corcovado, de Río de Janeiro. Ubicada en medio de una gran rotonda, levanta sus brazos como si se dispusiera a abrazar a alguien, pero un chascarrillo regado por Managua dice que no, que los tiene levantados porque lo están atracando. Ni Cristo se libra de los asaltos en las inmediaciones de esa rotonda, la de Santo Domingo, donde empieza y termina el barrio Jorge Dimitrov.

Cuando a un nicaragüense se le pregunta por las colonias más conflictivas de su capital, por esas que nunca visitaría de buena gana, se suceden nombres como Villa Reconciliación, el Georgino Andrade, Las Torres o el reparto Schick, pero es el barrio con nombre de vodka barato, el Dimitrov, el que siempre aparece en todas las respuestas. ¿Un estigma generalizado entre quienes nunca han puesto un pie aquí? Seguramente también haya algo de eso, pero los mismos vecinos se saben residentes de un lugar especial, pecaminoso, casi maldito… el barrio nicaragüense violento por antonomasia.

Quizás en verdad lo sea.

***

Las instrucciones que José Daniel Hernández me dio ayer por teléfono sonaron tan sencillas como un mensaje cuneiforme sumerio: «De la rotonda Santo Domingo, una cuadra al lago; de ahí, otras dos cuadras abajo y setenta y cinco varas al lago, y pregunte por la casa comunal. Vaya en un taxi de su confianza», apostilló. Pero los taxistas rehúyen el Dimitrov. Dicen que mucho asaltan, que no merece la pena arriesgarse por los treinta o cuarenta pesos (menos de dos dólares) de una carrera… Muchos prefieren perder al cliente. Tres he parado esta mañana antes de que uno aceptara, a regañadientes, llevarme, y la plática durante el trayecto ha sido sobre la leyenda negra que el barrio aún tiene entre el gremio. Algo parecido sucederá el resto de días.

Es julio y es martes; son más de las dos de la tarde. Nubes grises cubren Managua pero esperarán a que anochezca.

José Daniel tiene cincuenta y siete años, seis hijos y la piel tostada como un hombre de campo, aunque vive en el Dimitrov desde que se fundó. Combatió por la Revolución —estuvo en el Frente Sur a las órdenes de Edén Pastora, el Comandante Cero en la toma del Palacio Nacional—, pero ni la militancia guerrillera ni su lealtad al Frente Sandinista y a Daniel Ortega le han permitido prosperar lo suficiente como para irse del barrio. Yo aquí soy el responsable de infraestructura de la comunidad, me dice al nomás conocernos. Tener un rol en la comunidad, por pequeño que sea, parece ser motivo de orgullo en Nicaragua.

—Tengo que visitar a una señora a la que un árbol le cayó en la casa —me dice—, ¿me acompaña?

El Dimitrov es un barrio ofensivamente pobre, de esos en los que hay familias que ni pueden pagar la caja cuando alguien fallece. En casos así, la comunidad provee. Dice José Daniel que con los años se ha perdido mucha de la genuina solidaridad entre vecinos, pero algo queda y, sin pretenderlo, ahora se dispone a interpretarlo.

—¿Ve? —dice José Daniel al llegar a la casa de Angélica, donde viven ella, su esposo y sus tres hijos pequeños—. El *ventarral* de ayer botó el palo de mamón sobre la casita y la desbarató —y, en efecto, una casucha desbaratada—. Es una familia humilde, pero ya hemos pedido el material para hacer la casa a la señora.

—¿Y quién da esa ayuda?

—La alcaldía ha regalado las láminas. Llamamos al distrito, vinieron ayer mismo y nos dijeron: mañana traemos el material. Y *¡bang!*, aquí está. Y ahora le ayudaremos a colocarlas. A mí me toca andar en estas vainas.

El improvisado paseo prosigue.

El Dimitrov es descomunal: 21 mil almas, según el letrero municipal ubicado en una de las entradas. Bajo una maraña de cables se amontonan las casas, una tras otra, sin que haya dos iguales. Las hay de dos plantas, bien repelladas, algunas hasta con su pedacito de acera. Las hay también que son un montón de láminas ensambladas de mala manera, o hechas con desechos. Pero todas —todas: las bonitas, las dignas, las míseras, las infrahumanas— tienen en común que cuentan con algún mecanismo de defensa: vidrios rotos que coronan muros, rejas con soldaduras toscas en puertas y ventanas, el recurrente alambre de púas retorcido y oxidado... Las calles anchas son las únicas que conocen el pavimento, pero apenas pasan carros y se echa en falta lo demás: buses, paradas, semáforos, bancas, aceras... Las calles más estrechas de este laberinto, la mayoría, son de tierra, lo que intensifica la sensación de abandono.

—De tres meses para acá está más calmado; casi ni se escuchan balazos. Siempre hay muchachos que siguen robando porque es el billete más fácil... Si viene usted solo por aquí, lo agarran, le ponen la pistola y le quitan las cosas. Pero hace un año era peor, ahora se ha calmado...

—¿Y a qué lo atribuye usted? —pregunto.

—Pues a que los pandilleros más dañinos están presos, se les han decomisado todas las armas, y bueno, porque la comunidad ya no aguantaba y comenzó a *bombiar*. Así se le dice aquí a señalar: fulano en tal parte esconde tal cosa, fulano en tal parte esto otro, fulano esto, fulano lo otro...

La comunidad ya no aguantaba, dice. La comunidad.

***

Hay quien no concibe un relato periodístico sin un buen vómito de números.

El resumen numérico del Dimitrov diría algo así: 54% evangélicos, 39% católicos. Diría también que en el 61% de las casas conviven seis o más personas; que en el 70% de los hogares los ingresos mensuales son inferiores a 316 dólares, y que en el 19% no alcanzan siquiera los 106 dólares. Diría que el 99% de las casas tienen techo de zinc, con paredes de concreto (67%) o de madera (14%); diría que el 84% posee las escrituras, que el 24% cocina con leña, que apenas el 18% tiene chorro de agua dentro de la casa; que el 98% de las casas están conectadas a la red eléctrica, sí, pero el 20% son conexiones fraudulentas. Diría también que el 60% de los residentes no ha cumplido los treinta años, y que el 36% —uno de cada tres— son menores de edad. Sobre la violencia, el resumen diría que el 92% de los vecinos cree que el Dimitrov es violento o muy violento, y que cuando se les piden ejemplos de violencia, citan los asaltos, luego las peleas entre pandillas, luego las balaceras; diría también que el 24% opina que la violencia más común es la intrafamiliar, que el 64% pide más y mejor presencia de la Policía Nacional, y que el 52% cree que hay un problema real de venta de drogas, marihuana y *crack* sobre todo. Que tan solo el 0.9% de las casas tienen acceso a internet. Y todas estas cifras son solamente una fracción de las incluidas en el «Diagnóstico socioeconómico en el barrio Jorge Dimitrov», realizado por una ONG llamada Cantera, tras visitar y hacer encuestas en doscientas catorce viviendas entre el 9 y el 14 de febrero de 2011.

Pero el Dimitrov es mucho más que un buen vómito de números, coraza que demasiadas veces impide escuchar los latidos de un lugar.

El escritor Sergio Ramírez, uno de los referentes de la literatura nicaragüense, hace una descripción periódica de Managua, escrita sobre un mismo texto base redactado hace una década —titulado «Managua, Nicaragua, is a beautiful town»—, al que le suma o le resta metáforas y datos. Lo que no ha cambiado es el tono de desdicha que da a la ciudad; tampoco el referente que usa para ilustrar las barriadas pobres y peligrosas. «Managua es —dice Ramírez en la versión de junio de 2010—, un campamento de un millón y medio de habitantes, un cuarto de la población total del país. Las casas, construidas en serie, como cajas de cerillos, cerradas con barrotes, como cárceles o como jaulas, porque los que tienen poco, en la colonia Independencia o en la colonia Centroamérica, se defienden de los más pobres, que viven en barrios como el Jorge Dimitrov, bautizado así en tiempos de la Revolución».

De los que viven en lugares como el Dimitrov —dice—, hay que defenderse.

***

Roger Espinales es uno de los agentes de la Policía Nacional destacados en el Dimitrov. Es psicólogo. Entre sus funciones está reunirse a diario con los principales actores de la comunidad; también, con pandilleros y sus familias. El barrio tiene fuerte presencia de pandillas, aunque esta palabra en Nicaragua tiene muy poco que ver con el fenómeno de las maras. Muy poco.

En esta parte de Centroamérica la Mara Salvatrucha y el Barrio 18 suenan tan exóticos como la Camorra napolitana o la Mafia rusa. Los nombres de las pandillas presentes en el barrio parecen la lista de equipos de una liga amateur de fútbol: Los galanes, Los Parqueños, Los Pegajosos, Los Gárgolas, Los Puenteros, Los del Andén 14, Los Diablitos… El agente Espinales también cree que el Dimitrov es un lugar complicado, pero se siente optimista por lo que encontró a su llegada. La comunidad, dice, aún se ve relativamente bien organizada y las pandillas tienen muy poco que ver con los monstruos que operan en los países ubicados al norte de la frontera.

—Lo que me sorprende de El Salvador o de Honduras —se sincerará el agente Espinales al final de una de las pláticas— es que una comunidad entera se deje dominar por treinta o cuarenta *pendejitos* de una pandilla; se llame como se llame. Es algo insólito.

En su boca, la palabra *comunidad* suena distinto. Suena a comunicación, a comunión, a comuna… Suena a comunidad.

***

Aletta fue el nombre con el que, en 1982, se bautizó a la primera tormenta tropical en el océano Pacífico. Entre el 22 y el 24 de mayo descargó un mar sobre Nicaragua: los muertos se contaron por docenas, los evacuados por miles, y las pérdidas por millones, en un país que apenas comenzaba a empaparse de su nuevo rol en el tablero político internacional. En Managua, los asentamientos de la orilla del lago Xolotlán fueron de las zonas más afectadas. El agua se tomó barrios como La Tejera, Las Torres o La Quintanilla y, tras la orden gubernamental de evacuación, cientos de familias salieron en camiones de la Fuerza Armada rumbo a un predio vasto e inhóspito, pero bien ubicado, no muy lejos de la Universidad Centroamericana (UCA).

—Aquí donde estamos ahora —dice José Daniel, el líder comunal— era una arboleda grande. Había vacas, como que antes era hacienda o algo así… dicen que propiedad de la familia Somoza. Nosotros vinimos y comenzamos a destroncar, cada uno su parte pues, ¿me entiende?

Se repartieron terrenos de 10 por 20 metros, alineados todos, y cada quien levantó lo que pudo con lo que tenía a mano. Como comunidad en ciernes, las prioridades fueron el agua y la luz. Para el agua, entre todos adquirieron materiales, cavaron zanjas y pronto abrieron chorros colectivos. Para la energía, la embajada de la República Popular de Bulgaria, país con el que se habían abierto relaciones diplomáticas tras el triunfo de la Revolución, donó la electrificación.

Sin Aletta y sin revolución no existiría el Dimitrov, al menos no con ese nombre.

—Todavía no nos llamábamos de ninguna manera, y nosotros, agradecidos con el embajador, le dijimos que eligiera el nombre de algún líder de Bulgaria. «Jorge Dimitrov» dijo, y Jorge Dimitrov le pusimos, sin saber ni quién era. Ya luego nos trajeron libros y comenzamos a ver la historia de él…

Georgi Dimitrov Mijáilov (1882-1949) destacó desde joven como dirigente sindical y, tras una vida sazonada con juicios, conspiraciones, clandestinidades y exilios, el máximo líder de la URSS, Iósif Stalin, lo recompensó con el cargo de secretario general de la Internacional Comunista. Tras la II Guerra Mundial, Bulgaria quedó al otro lado del telón de acero, abandonó la monarquía y, en 1946, Dimitrov se convirtió en su primer Primer Ministro. Falleció tres años después, por lo que hubo tiempo para la exaltación de su figura al más puro estilo soviético. No obstante, en 1990 el socialismo colapsó en Bulgaria; el héroe pasó a ser un proscrito, su cuerpo —embalsamado por cuatro décadas en una urna de cristal— terminó en el cementerio general, y el regio mausoleo que lo albergaba fue demolido.

En la actualidad, fuera de Europa sobrevive una avenida Dimitrov en la capital de Camboya, otra en la ciudad cubana de Holguín, una modesta plaza en México DF, una estatua en una ciudad africana llamada Cotonou, y poco más; el barrio de Managua, claro. Por esos pliegues irónicos que a veces depara la historia, Dimitrov, el apellido del otrora influyente líder comunista, amigo y estrecho colaborador del genocida Stalin, en Nicaragua es hoy sinónimo de violencia e inseguridad.

—¿La gente sabe quién fue Dimitrov? —pregunto a José Daniel.

—No, poca gente lo sabe. De los jóvenes, nadie o casi nadie; pero creo que la mayoría de los que nos vinimos adultos se acuerda.

«Mi profesor de sexto grado nos enseñó que era un guerrillero ruso que estuvo apoyando al Frente Sandinista», me respondió un joven universitario del barrio, uno de los pocos que se atrevió a contestar.

El pasar de los años hizo más que diluir el porqué del nombre. También trajo mejoras —centros educativos, clínica, alumbrado, una rudimentaria cancha de béisbol—, aunque a un ritmo insuficiente comparado con el auge urbanístico en los alrededores. Cuando uno mira hoy un plano de Managua, el Dimitrov está casi en el medio, un área muy codiciada. Ni siquiera este bolsón de pobreza evitó que en pocas cuadras a la redonda se construyera el centro comercial Metrocentro, la nueva catedral, el Consejo Supremo Electoral, el hotel Real Intercontinental y hasta las oficinas centrales de la Policía Nacional. Aminta Granera, la primer comisionada, la mujer paradigma del buen hacer en materia de seguridad, tiene su despacho a unos pasos del barrio bravo de la ciudad.

***

Lo dice Naciones Unidas: Centroamérica es la región más violenta del mundo. Con esta tarjeta de presentación, cualquier iniciativa tendente a rebajar esos indicadores se antoja como un buen anzuelo para pescar en el río revuelto de la cooperación internacional. Donde hay violencia no tardan en aparecer programas que se ofrecen como preventivos —algunos incluso lo son—, para aflojar las chequeras de los financiadores europeos y norteamericanos. En este sentido, en el Dimitrov no faltan las ONG, y seguirán llegando.

El Centro de Comunicación y Educación Popular Cantera es una ONG nicaragüense que trabaja en el barrio desde hace nueve años. En un ambiente *oenegero* centroamericano en el que en materia preventiva prima lo efectista, de dudosa eficacia y de corta duración —semanas, meses lo más—, el solo hecho de haber permanecido casi una década en un mismo lugar pone a Cantera en un plano diferente. Su base es una especie de centro comunal llamado Olla de la Soya, ubicado en el mismísimo corazón del barrio. La coordinadora del Programa de Juventud de Cantera es una socióloga llamada Linda Núñez. Se ve más joven, pero tiene cuarenta años, y con el Dimitrov mantiene un vínculo emotivo desde sus años como estudiante de la UCA, cuando participó en campañas de alfabetización en el barrio.

—¿Sientes el barrio ahora más sano? —pregunto.

—Si lo comparo con hace quince años, yo sí tengo un mal sabor con este barrio… Cuando llegaba como voluntaria, salíamos caminando a las ocho de la noche y nunca pasaba nada; ahorita no me atrevería. Sí, lo encuentro más violento.

El grueso de los voluntarios y del personal de Cantera es del barrio. La política de puertas abiertas en la Olla de la Soya redunda en un constante ir y venir de niños y jóvenes, avivado por el amplio abanico de opciones que se ofrece: danza, clases de inglés, fútbol, béisbol, teatro, taekwondo, fotografía… Todo gratis. El buque insignia es un programa que permite a una treintena de jóvenes aprender un oficio —gratis también—, formación que se complementa con una capacitación en valores, bautizada con el sugerente nombre de «Habilidades para la vida».

Pero Linda, francamente, admite que incluso en Nicaragua —que se va a los penales con Costa Rica por el título de país centroamericano más civilizado— el problema de violencia sobrepasa los intentos por contrarrestarla. Confiesa además una preocupante falta de coordinación entre las distintas oenegés e instituciones que compiten por los euros. Y por muy efectivo que sea un esfuerzo en concreto, la matemática es como un guacal de agua helada: a los programas de Cantera asisten unos noventa jóvenes, aun cuando se estima que en el Dimitrov hay 4 mil personas entre los quince y los veinticinco años de edad.

—Linda, ¿se puede ser optimista con estos números?

—La realidad invita a las dos cosas: a la depresión y al optimismo. Es cierto que a veces sentís que no estás cambiando nada, porque atendés a diez entre mil, y te preguntás: ¿hasta dónde? Pero luego comenzás a ver la multiplicación de estos jóvenes y te decís: sí, algo se puede hacer. Nunca vas a llegar a los mil, pero atender a veinte o treinta ya es algo. El problema es cuántos años llevamos de deterioro y cuánto estamos invirtiendo en programas de prevención.

«Para que se den cuenta, el Dimitrov está apestado de drogadictos, delincuentes de todo calibre que viven ahí, pero que operan alrededor del sector, en lugares específicos como las paradas de buses de la rotonda de Santo Domingo, detrás de la catedral de Managua y en el lugar conocido como el puente de Lata, situado unas cincuenta varas arriba de la entrada principal de Plaza del Sol».

(Extracto del reportaje «Ruta de escape y refugio de la delincuencia», publicado en *El Nuevo Diario* el 16 de mayo de 2002)

***

—…Mirá, tocá aquí, la bala no salió —me dice el joven.

Cerca de la rodilla, cubierta por una cicatriz poco estridente, tiene una protuberancia: una bala calibre .22 que le acertaron el año pasado, y que lo mantuvo dos semanas en el Hospital Lenin Fonseca, pero que los médicos decidieron no extraerle. El joven se llama Miguel Ángel Orozco Padilla, nació en el Dimitrov, vive con su madre, su hermana y su sobrino en una modesta casa del Andén 14, y cumple diecisiete años en marzo de 2012. Delgado, con mirada viva, nariz ancha, rostro maltratado por el acné… es un adolescente y se expresa como tal, pero para la Policía Nacional es un «joven en alto riesgo social».

Cuando mañana comente su caso con el agente Espinales, me convencerá de que conoce a detalle su historia y lo ubicará en la órbita de Los Galanes. El joven Orozco Padilla niega ser pandillero; dice que el balazo fue un error, que no iba para él, que hasta disculpas le pidieron los que dispararon, pero aun así ya está quemado, dice, y no puede acercarse al sector de Los Gárgolas.

—Fue por un primo mío… Vos sabés… Él sí es pandillero, y de espaldas somos igualitos... Por eso me pegaron el *cuetazo*… Yo venía de espaldas y escuché «allá va *Chus*, allá va *Chus*…» *Chus* es mi primo el pandillero, y me gritaron: «Padilla, detenete», porque así lo llaman a él, y yo me vuelvo y disparan. Y oigo: «pero si no es *Chus*…» Pero ya habían disparado.

—¿Y conocés a los que dispararon?

—Sí. Uno ya murió. El *Yogi*. Lo apuñalaron este año.

Hay disputas, disparos, machetazos, fallecidos incluso, pero afortunadamente en Nicaragua las pandillas tienen muy poco que ver con las maras. La Policía Nacional las tiene bien cuadriculadas: son muy locales y es raro que superen el centenar de miembros; no hay violentos rituales de iniciación, casi todos viven con sus familias, los grafitos y tatuajes de pertenencia son limitados, la actividad criminal es reducida, el uso de armas de fuego es eventual; los encarcelados no tiran línea a los que están en la libre, y —quizá la diferencia más importante— la pandilla se puede dejar cuando se quiere, sin represalias.

Seleccionado por la comunidad y becado por una oenegé, el joven Orozco Padilla estudia enderezado y pintura en el Instituto Nacional Tecnológico. Quizás algún día le arregle su auto.

***

Miércoles, faltan diez para las tres de la tarde.

El taller «Habilidades para la vida» se realiza a diario en el aula más nueva de la Olla de la Soya. Es un lugar espacioso en el que se agradecen los ventiladores taladrados al techo, y hay muchísimas fotos motivadoras. Asisten unos treinta jóvenes, y hoy lo conducen Sean y Megan, dos cooperantes estadounidenses. La reunión se interrumpe cuando en la puerta asoman unos turistas gringos, acompañados de su traductor y de Martha Núñez, la coordinadora de Cantera en la Olla de la Soya. Llegaron hace unos minutos en microbús; son una veintena, y dicen ser estudiantes de medicina y de liderazgo en el Augsburg College de Mineápolis. Llevan turisteando desde el domingo por Managua, en una modalidad que bien podría etiquetarse como *Conoce-el-infierno-para-luego-no-quejarte-tanto*. Han visitado el centro histórico, el mercado Huembes, un hospital público, una oenegé feminista... y ahora están, cámara en mano, en el mismísimo corazón del Dimitrov.

Tras unas palabras explicativas de Sean en inglés, se abre un turno de preguntas, pero los gringos no se animan. Tic-tac... segundos... tic-tac... incómodos... tic-tac... hasta que una pregunta rompe el silencio.

—¿Qué están aprendiendo hoy? —presta su voz el traductor a una de las turistas.

—Sobre la autoestima —responde un joven.

El traductor traduce. Murmullos...

—Más o menos, ¿qué edades tienen en el grupo?

—De quince a veintinueve... —consensuan los jóvenes.

Más murmullos en ambos mundos...

—Any more questions? —se dirige el traductor a los suyos.

—...

—Are you good dancers? —eleva la voz una gringa, pura sonrisa.

—Ahhhh, ella quiere saber si hay buenos bailarines en esta sala...

Murmullos y risas. Luego, la despedida. Los turistas suben al microbús y abandonan, seguramente para siempre, el barrio bravo de Managua.

***

Este autobús de la 102, una ruta que bordea buena parte del Dimitrov, es un destartalado Blue Bird bautizado con nombre de mujer, un clon del que podría verse en cualquier capital centroamericana. Sábado, mediodía, y la unidad es un horno insuficiente —una docena vamos parados—, pero nadie se atreve a pedir a la señora que quite la gran bolsa que ocupa un asiento, mucho menos que se calle.

—¡A su madre, a su propia madre! —grita ella, desdentada y en pie, el pelo alborotado y canoso, gruesa como tambo de gas.

Habla de una noticia que días atrás ocupó algunos segundos en los noticiarios: un hombre de treinta y un años detenido por secuestrar y violar en repetidas ocasiones a su madre. Pero antes, la señora ha voceado un sinfín de formas de incesto presentes en la sociedad nicaragüense: padres con hijas, tíos con sobrinas, abuelos con nietas...

El viaje se hará más pesado, más crudo, como el retrato que ella hace de Nicaragua.

—...ahora cualquiera te engaña. Si vas al mercado y compras veinticinco libras de fruta, el del puesto por lo menos te robará dos o tres. ¿Y los abogados? Si vas donde el abogado *pa'que* te saque un reo, te saca hasta lo que no tenés de dinero, vendés tu casa y todo, pero el reo no te lo sacó... —grita la señora... grita, pero no pide ni pedirá monedas—. Y así sucesivamente, queridos hermanos. Yo les sigo sacando pañales al sol... ¿Adónde queda ya que no se encuentre un ladrón? La gente dice: esos ministros son ladrones, esos gobernantes... ¡Pero ladrones somos todos, hermanos! ¡Lance la piedra el que se sienta libre de culpa! Lo dijo Cristo, no yo. Miren lo varones, los papás. Reciben un sueldo, y cuando lo reciben se van adonde las mujeres...

La voz de la conciencia en Nicaragua viaja en los autobuses públicos.

***

Al fondo de la Olla de la Soya hay unos rudimentarios servicios sanitarios. Sobre la pared externa, como si fueran las tablas de Moisés, están pintados blanco sobre azul los nombres del primer grupo de veinticuatro jóvenes graduados en el proyecto «Jóvenes constructores». Casi al final de la primera columna, entre Marianela y Meylin, se lee Nilson Dávila L.

Es miércoles, cuatro de la tarde. Nilson no esconde su satisfacción por ver su nombre escrito. Es el menor de nueve hermanos y tiene 22 años vividos todos y cada uno en el Dimitrov. Habita en el sector de Los Gárgolas, pero ha sabido mantenerse al margen. Nada de *bróderes* pero tampoco discriminación, dice. Nilson aún duerme en la casa en la que se crió —de la escuela Primero de Junio, tres cuadras al lago—; la comparte con su mamá y dos hermanos, incluida Kenia Dávila L., otros de los nombres sobre la pared.

Además del aprendizaje de un oficio y de la capacitación en valores, «Jóvenes constructores» incluía un componente adicional de entrega de un capital semilla para poner en marcha una microempresa.

—Nuestra idea pionera era una tortillería exprés —dice Nilson—, pero se fue modificando. El maíz subió de precio, y a mi hermana se le ocurrió lo de la pulpería. No se pudo la tortillería por los altos costos de producción, y ahora nos quedamos trabajando con frijoles y leña… Vendemos frijoles cocidos en diferentes porciones.

—Los venden preparados…

—Sí, pero sin nada del otro mundo: solo sal y ajo.

Nilson se presenta como un microempresario. Pero la venta de frijoles y leña apenas está arrancando, y para poder cubrir los gastos familiares vende enciclopedias Océano en Granada, adonde viaja un par de veces por semana. También estudia en el turno nocturno el primer año de ingeniería electrónica en la Universidad de Nicaragua. Y también es voluntario de Cantera, porque quiere que los niños crezcan con un mayor apego por el ambiente. «Me gusta contribuir», dice.

Las historias que permiten reconciliarse siquiera momentáneamente con el género humano germinan en lugares como el Dimitrov.

—Nilson, si pudieras, ¿te irías del barrio?

—Sí, yo creo que sí me iría… Cada uno de nosotros busca mejorar en la vida, y salir es una mejoría. El ser humano es producto de su entorno. Está, además, el estigma que supone vivir aquí. Mis amigos de la universidad no se atreven a venir.

Casi todos responden lo mismo. Escapar algún día es algo interiorizado incluso entre los más comprometidos de la comunidad.

***

Reunida el 21 de agosto de 2003 en la isla de Roatán, Honduras, la Comisión de Jefes y Jefas de Policía de Centroamérica y el Caribe acordó que era urgente un plan regional contra la violencia juvenil en general, y las maras en particular. Hubo unanimidad a la hora de identificar la enfermedad, pero no el remedio. Unas semanas después de aquella cita, el Gobierno de El Salvador presentó su Plan Mano Dura; Nicaragua optó por crear, dentro de la Policía Nacional, una Dirección de Asuntos Juveniles (Dajuv) con un enfoque eminentemente preventivo.

El agente Espinales cumplía una década de uniformado cuando, en 2005, se integró a la Dajuv. Desde entonces ha sido asignado a distintos barrios de Managua, siempre entre pandillas y pandilleros. Al Dimitrov llegó hace tres meses, pero verlo cruzar el barrio de acá para allá sobre su ruidosa motocicleta es ya estampa habitual.

—Como ya te dije, soy psicólogo. A los jóvenes de pandillas toca darles terapias, individuales y grupales, y también nos acercamos a las familias; conversamos, entramos en los hogares para ganarnos la confianza…

Incluidos los viáticos, el agente Espinales gana 7 mil córdobas al mes, unos 315 dólares. «Yo lo miro bien», dice.

Este jueves lo he citado para hablar con más tranquilidad sobre las pandillas del Dimitrov…

—Acá —dice—, lo que nos preocupa es el semillero, ¿ya? Si en la familia hay un patrón de violencia, los niños lo heredan… Ahí tenemos que estar trabajando siempre.

La plática saltará pronto, por interés del agente Espinales, al terreno de las maras. Él ha asistido a encuentros regionales entre policías de Honduras, Guatemala y El Salvador, pero el fenómeno le interesa sobremanera, quizá porque le suena tan pero tan lejano…

—Y aquí, en el Dimitrov, ¿los pandilleros no cobran renta a los negocios o a los taxistas? —pregunto.

El agente Espinales sonríe de tal manera que me hace sentir como si hubiera preguntado una estupidez.

—No, acá no tenemos de eso. No se dejaría la comunidad. También porque nosotros inyectamos en nuestra juventud que esa cultura no es la nuestra, que es algo extranjero.

En El Salvador, el país que le apostó a la Mano Dura, los homicidios por cada 100 mil habitantes subieron de 36 a 70 entre los años 2003 y 2010. En Nicaragua, con la mitad de policías y con una inversión pública en seguridad cuatro veces inferior, la tasa en el mismo período apenas pasó de 11 a 12.

***

Viernes, pasan treinta de las nueve, en una mañana gris tropical.

Alrededor de una botella de vidrio de Coca-Cola —destapada, vacía— hay catorce personas en pie, un círculo deforme. Todos tienen las manos en la espalda. Una persona está uniformada y armada: el subinspector Pedro Díaz, la máxima autoridad policial en el Dimitrov. El resto son un joven ex pandillero llamado Fidencio, representantes de oenegés como el Ceprev, la Fundecom y la propia Cantera; están también José Daniel, una guapa vocal de las Juventudes Sandinistas, alguna psicóloga, dos que tres vecinos y vecinas, un periodista metido… hasta catorce.

Todos tienen una pita de lana amarrada a la cintura, y los otros catorce extremos convergen en un lapicero Bic suspendido en el aire sobre la botella, pura tembladera. Desde lo alto se ve como un gigantesco e irregular asterisco. El reto es meter el Bic dentro de la botella sin usar las manos siquiera para halar las pitas.

«Pegate un poquito... Halala, halala... Acercate vos... Ganas de meterlo con la mano dan... Acercate... Ahora vos, ahora vos...» El lapicero entra al fin, y se generaliza la satisfacción. La facilitadora pide luego evaluar la experiencia. «La importancia de trabajar en equipo», dice una. «Es bueno que haya un líder pero siempre necesitará apoyo», dice otro. «Unidos podemos salir adelante», abona alguien.

—Si no trabajamos en equipo, no lograremos nada —concluye el subinspector Díaz, uno de los más entusiastas para mover el lapicero a golpe de cintura.

Han sido varios los encuentros de este tipo y alguno falta todavía. El de hoy terminará en comilona de *vaho*, un plato típico de Nicaragua. La idea es crear una comisión intersectorial —intersectorial— de desarrollo y progreso del barrio Jorge Dimitrov. Así la bautizarían, pero se quiere que arranque con bases sólidas, que el grupo inicial —jóvenes, Policía, oenegés, vecinos— se conozca y se respete. A largo plazo, la idea es bastante más compleja que introducir un Bic en una botella vacía entre catorce. Se busca que esto sea el germen para reducir la violencia en el Dimitrov, una idea que suena demasiado ambiciosa, ingenua, utópica.

Quizás en verdad lo sea.

Publicada el 10 de octubre de 2011

Langostas, pangas y cocaína

Óscar Martínez

—¡Ay, Dios mío, ahora sí se complicó esto! —lamenta el capitán de fragata, Wilfredo Castañeda—. ¡Ay, Dios mío, ahora sí va a estar difícil esto!

A punto estaba el capitán de iniciar su explicación sobre la carta náutica que tiene pegada en la pared de su oficina, en el muelle de Puerto Cabezas —o Bilwi, como los indígenas nicaragüenses que habitan este olvidado Caribe llaman a su capital—. Se fue la luz. Un apagón, de lo más común en la zona. A veces duran hasta un día entero.

Por supuesto, la Capitanía de Puerto, encargada de vigilar estos 500 kilómetros de costa enclavados en la principal ruta marítima utilizada por las más de 500 toneladas anuales de cocaína que transitan Centroamérica hacia el norte, no tiene un generador eléctrico. Hoy, por cierto, ni siquiera pilas para la lámpara de mano.

—Bueno, si usted quiere, podemos seguir hablando en lo oscuro —me ofrece el capitán, un hombre alto y ancho.

Hablar en la precariedad de lo oscuro es el ambiente más acorde para esta charla. El capitán ya que no puede mostrar nada en la carta náutica, enumera lo que no tiene, lo que le falta: personal, repuestos de alta rotación, combustible, lubricante, motores fuera de borda de 200 caballos de fuerza, lanchas —o pangas, como llaman aquí a esas palanganas de entre 10 y 15 metros de eslora—. Todo eso le falta, dice, para poder atrapar a los rápidos colombianos que se deslizan todas las semanas en sus potentes pangas con cuatro motores fuera de borda de 200 caballos cada uno, con más de 500 kilogramos de cocaína invariablemente. Eso y también aseguramiento técnico de especialistas. Suena muy técnico, pero no lo es, nada es muy técnico aquí en Bilwi.

—¿Qué es eso del aseguramiento, capitán? —pregunto.

—Ajá, es que como nosotros mandamos lanchas de intercepción, la permanencia en el mar se hace de tres a seis días de forma continua. ¡Parecemos náufragos! Por el día, la inclemencia del sol; y luego, el sereno de la madrugada. Estamos a la intemperie.

—Sigo sin entender qué es eso del aseguramiento, capitán.

—Ahí te va. Raciones frías. En una lancha rápida no vas a estar cocinando, requerís de latas. Un plato de comida lo podés valorar en unos 40 córdobas (poco menos de dos dólares), término medio de una comidita casera. Mientras que una sola sardina, una sola lata de choricitos o atún, te vale 25 córdobas, y un jugo te vale 15, y aunque sea unas galletitas saladas. Total que de 40 te pasa a 60, 70 córdobas, depende de qué le estés dando al hombre. Por eso te digo, que el aseguramiento técnico para el hombre es complicado.

Aquí, el mar lo da todo. Esta es gente de mar. Escurren agua salada buena parte del día. Del mar salen las langostas que durante ocho meses pescan, cuando no hay veda. Por el mar se transportan, porque los pueblitos y aldeas costeras que rodean a Bilwi y componen la Región Autónoma del Atlántico Norte de Nicaragua (RAAN) no tienen acceso por tierra. Puro mar, pura panga. Por el mar se mueven los barcos caracoleros que llevan a los indígenas varias semanas a los cayos a traer aquellos enormes caracoles. Por el mar patrulla la gente del capitán. Por mar entran los colombianos con su cocaína y sus fajos de dinero.

—Actualmente, la gente más bien ve como una bendición que una lancha de narcos llegue y desembarque o quede varada frente a la comunidad. Es un gran beneficio para ellos. Nuestras comunidades se han convertido en base social del narco —dice el capitán, en lo oscuro.

Afuera, el sol se va y alrededor del sucio muelle todavía hay alboroto. Si alguien tiene en mente una estampa hermosa de un Caribe blanco y pulcro, puede deshacerse de ella aquí mismo. Las últimas pangas que llegaron de los pueblitos, de Walpasiksa, de Sandy Bay, de Haulover, de Wawa, son descargadas por algunos mendigos de Bilwi. Al pie de la Capitanía de Puerto, encalladas en la arena, tres pangas de quince metros de eslora son devoradas lentamente por el salitre. Se las decomisaron a unos colombianos y hondureños que lograron descargar la cocaína en uno de esos pueblitos antes de abandonar sus naves. Los militares no las usan porque no tienen suficientes motores como para impulsarlas, ni la gasolina necesaria tampoco, ni suficientes latas de atún ni galletas.

Las lecciones de Walpasiksa

Aquí no hay guerra, ni lucha frontal, ni batalla, ni ninguna de esas otras palabras que algunos gobiernos, como el de México, ocupan para describir lo que hacen respecto a los traficantes de drogas. Aquí no hay suficientes pangas, ni motores, ni balas para hacer nada de eso; más bien, lo que hay es un intento modesto de contener un flujo salvaje. Más bien, lo que hay es un pacto tácito: pasa sin molestar, navega con discreción. Sin embargo, eso no quiere decir que no ha habido balas y muertos. En estas rutas siempre los hay. Eso no quiere decir que este Caribe no haya perdido su inocencia.

Si hay un parteaguas en este litoral, tiene nombre. Lo dice el capitán y lo repiten todas las fuentes con las que he hablado, desde investigadores académicos hasta detectives policiacos. El parteaguas se llama Walpasiksa.

La brisa marina es agradable en este restaurante de mariscos y cerveza bien fría; espanta, por rachas, el calor resplandeciente del verano de la RAAN. Abajo, arena color café con leche y un mar inmenso, azul intenso, rayado solo por las pangas que van y vienen del muelle.

Enfrente tengo a Matías, un agente de inteligencia policial de la lucha contra el tráfico de drogas en toda la RAAN. Lo conoceremos así, por su seudónimo. Moreno, pequeño, risueño, dicharachero. Entre los policías de la zona se dice que si se sale con Matías a alguna misión lo más probable es que haya jaleo.

Matías lleva en la piel los recuerdos de aquel día en Walpasiksa.

—Por aquí —se señala el muslo derecho Matías—, por aquí la tengo.

Se refiere a la herida causada por la bala que le entró y salió de la pierna durante aquella lluvia de disparos que les arreció cuando ni siquiera se habían bajado de las pangas en la playa de Walpasiksa.

El 7 de diciembre de 2009, una avioneta cargada con al menos 3 mil kilogramos —3 toneladas— de cocaína se estrelló mientras intentaba hacer un aterrizaje de emergencia en esa comunidad al sur de Bilwi, casi frontera con la Región Autónoma del Atlántico Sur (RAAS), que termina en el límite con Costa Rica.

No es un secreto que toda la región está atestada de pistas clandestinas de aterrizaje. Esta es la zona más pobre de Nicaragua. El departamento de la RAAN que menos pobreza extrema tiene es Bilwi, donde casi el 64% de los habitantes están bajo esa línea, según información del Instituto de Estudios Estratégicos y Políticas Públicas (IEEPP). Hacia el mar hay relativa vigilancia del Estado; hacia el interior, por tierra, hay una franja de selva salpicada por asentamientos a los que se accede por tortuosos caminitos de tierra o remontando ríos en panga. Territorio perfecto para construir pistas de aterrizaje. De hecho, en una ocasión, hace poco más de dos años, un helicóptero repleto de cocaína se estrelló casi en la frontera con Honduras. Cuando los militares llegaron encontraron no solo el vehículo, sino también tractores y camiones de volteo que construían un complejo de pistas de aterrizaje. ¿Cómo llegaron los camiones hasta ahí? «Solo por aire los pudieron haber trasladado», me dijo el capitán Castañeda. Los vecinos de aquella zona no quisieron devolver ni los camiones, ni los tractores, ni mucho menos la cocaína. Así es esto, aquí se negocia con los indígenas misquitos, mayagnas, ramas o garífunas que habitan la RAAN. Si estos dicen que no, pues no.

En fin, de vuelta en Walpasiksa, aquel 7 de diciembre los pobladores de esa comunidad precaria —que no supera las cien chozas— lograron rescatar a los pilotos colombianos y salvar el cargamento de droga. Al día siguiente, se apostaron en la playa porque sabían que dos pangas con ocho policías y doce militares llegarían por la tarde. Los espías del muelle de Bilwi les informaron desde la mañana que habría movimiento. Porque, como dijo el capitán Castañeda, mire no más dónde está ubicada la Capitanía de Puerto, justo frente al muelle, donde pescadores, comerciantes, mendigos y pangueros se mueven a diario. De ahí salen las pangas militares a operativos y a patrullar. Desde ahí observan los espías, atentos a cualquier movimiento para llamar a los teléfonos satelitales que, gracias al patrocinio de los colombianos, tienen las comunidades estratégicas para el tránsito de la cocaína. Comunidades como Walpasiksa.

Cuando a las tres y media de la tarde las dos pangas policiales se acercaron a la playa de Walpasiksa, unos cuarenta hombres de la comunidad hacían señales.

—¡Váyanse, váyanse, aquí no hay nada que ver! Eso nos gritaban —explica Matías, y echa un enorme sorbo a la fría Toña antes de azotarla contra la mesa, pedir otra y seguir con el relato.

Un minuto duró el diálogo. Los policías negociaban que los dejaran entrar aunque fuera a reconocer la escena. De repente, una bala cayó cerca de una de las pangas. Hubo silencio, como cuando las primeras gotas de lluvia crujen en la tierra y todos callan para saber si anunciar: llueve. Llovió. El silencio terminó cuando todas las armas de los guardianes de Walpasiksa empezaron a tronar. AK-47, escopetas .22 y fusiles FAL escupieron balas sin cesar mientras los policías y militares, ante la insólita reacción, se refugiaban en sus propias barcas durante los treinta minutos en los que Matías apenas logró asomar el cañón de su Taurus para responder con algún plomo.

Cuando las dos pangas intentaron huir, ya llevaban un muerto, el teniente de corbeta Joel Eliécer Baltodano, y un herido agonizando que moriría horas más tarde, el sargento tercero Roberto Somarriba.

No satisfechos con repelerlos, los pobladores de Walpasiksa subieron a cuatro pangas y persiguieron a los atemorizados policías y militares.

—Creyeron que nos iríamos costeados —explica Matías—, pero nos tiramos para aguas profundas para entrar en el radar de los gringos, porque con los motores que tienen, si tratábamos de huir por la costa nos terminaban ahí no más.

Los policías y militares se fueron mar adentro y lograron asustar a los pobladores enfurecidos con su estrategia que consistía en acercarse a aguas internacionales, como dando el mensaje de que los estadounidenses vendrían del navío Dauntless, que por acuerdo internacional tienen en esa zona, a proteger a los agentes. La estrategia funcionó y, con sus motores de 175 caballos, solo fueron perseguidos durante unos segundos por los 800 caballos de las pangas que los colombianos dejaron a los nicaragüenses de Walpasiksa. «Por un pelo», como dice Matías.

En Managua hablé con el investigador Roberto Orozco, del IEEPP, coautor del estudio «Una aproximación a la problemática de la criminalidad organizada en las comunidades del Caribe y de fronteras». Le pregunté de dónde salieron las armas con las que mataron a los dos militares, y Orozco me respondió que no salieron de ningún lado, que ya estaban ahí.

El Caribe nica, pobre, extenso y poco accesible, ofrece una característica más que hace que sea suculento para los narcotraficantes: está armado. Si bien en el Pacífico y el centro del país hubo procesos de desarme, en toda la Región Autónoma del Caribe, sur y norte, no hubo nada de eso. Durante la guerra civil nicaragüense y aún años después, desde aquí operaron dos grandes grupos de la Contra que se oponían a la revolución, unificados en el Frente Indígena. Los FAL y AK-47, armas que escupieron la muerte en las guerras centroamericanas, con las que dispararon los habitantes de Walpasiksa, no vinieron en lancha desde Colombia. Estaban aquí desde la década de los ochenta.

Durante al menos dos años antes de la balacera, Walpasiksa fue territorio de colombianos vinculados al Cártel de Cali. Según la Fiscalía nicaragüense, los indígenas actuaban bajo las órdenes de Amauri Paudd, un colombiano de cuarenta y cinco años radicado como empresario en Managua, conocido como AC, y buscado por la Interpol por no presentarse al juicio al igual que otros dieciocho misquitos acusados por la balacera de Walpasiksa. Se le acusa también de ser uno de los principales responsables de haber organizado a las comunidades del Caribe nica como base de apoyo para el traslado de la cocaína.

—No fue tan así —discrepa Matías, para quien Paudd es un viejo conocido—. El caso es que a AC lo querían mucho. Dicen que cada vez que llegaba repartía 2 mil dólares a cada casa; fue quien puso energía eléctrica con generadores en esa zona. Por eso nos vieron como los que llegábamos a quitarles el pan de cada día. Pero no fue *AC* quien dijo que dispararan. Él dijo que no dispararan, que cuidaran bien el cargamento, porque también había como un millón de dólares en el helicóptero, pero quienes decidieron disparar fueron algunos pobladores. ¡Porque andaban bolos! No le hicieron caso. A él no le interesaba enfrentarse, así son las reglas aquí. Fueron unos bolos los que jodieron todo ahí.

Tiene lógica. Matías, sus jefes, el investigador del IEEEP y el capitán Castañeda confirman que aquí el que dispara pierde. Los policías no llegan a requisar: negocian, piden permiso, insisten en que les entreguen algo cuando saben de un alijo de cocaína. Los narcotraficantes no abren fuego contra los militares y policías; esa es la regla de este Caribe del tráfico normalizado. Prefieren dejar caer la mercancía al mar y avisar a los pobladores del lugar más cercano que vayan a traer las pacas de coca, que ellos luego la pasarán a buscar y pagarán buen dinero al acopiador que la haya reunido. Nada de *vendettas* como las que Los Zetas desataron en Guatemala, por ejemplo.

Aquí en los alrededores de Bilwi ni siquiera los narcos sueltan bala cuando se supone que deben hacerlo. Sin embargo, en diferentes escalas, el narcotráfico genera violencia y corrupción, ese eslogan ya está asumido.

—Y viveza —agrega Matías, para entrar en materia y explicar otro fenómeno de este Caribe y su cocaína.

Resulta que, a veces, algunos indígenas, generalmente aquellos que en algún momento pertenecieron a las redes de los colombianos, se suben en sus lanchas, encienden sus cuatro motores de 200 caballos y salen a toda marcha, pero no cargados de cocaína, sino detrás de ella.

Los tumbadores y la violencia que prospera

Son los celebérrimos —al menos en la jerga de esta RAAN, en la que muy pocos se interesan— *tumbadores* del mar. «Los *tumbadores*, narcos que asaltan narcos», define Matías.

Desde inicios de este siglo hay registro de redes sociales de las comunidades de la RAAN, como Walpasiksa, que han servido de apoyo logístico a los colombianos que utilizan este Caribe —a diferencia de los mexicanos que se deslizan por el Pacífico—.

Según el investigador Orozco, esto se debe a características físicas y culturales.

—Un colombiano de la isla de San Andrés, moreno, es más fácil que pase inadvertido en Bluefields y Puerto Cabezas; el

245

mexicano se detecta inmediatamente. El colombiano hasta habla igual —me explicó en Managua.

Orozco dice que uno de los problemas que propició el surgimiento de los grupos indígenas que apoyan el traslado de la cocaína, fue el manejo que la Policía dio a sus denuncias.

—Al inicio, cuando había operativos en aguas internacionales y las corrientes traían la droga a la playa, el misquito no sabía qué era eso. Solo sabía que era malo, solo iba y se lo entregaba a la Policía. Pero, como a veces era capturada la persona, comenzaron a ocultar la droga. Pasaba después el colombiano acopiando, se dieron cuenta de que había un negocio, no la consumían, la volvían a meter al circuito. Surgieron personas que comenzaron a acopiar la droga que los narcotraficantes perseguidos tiraban en aguas internacionales. Comenzaron también a vender localmente y a traficar hacia Managua. Así nacen entonces el tráfico interno de cocaína y las redes de acopiadores.

Y una cosa lleva a la otra. En una red, sobre todo en este tipo de redes, hay conflictos. Unos se pelean con otros. Unos pecan de ambiciosos y otros responden con envidia y venganza. Con una gran parte de las comunidades que cuentan con miembros armados y que han sido servidores de los colombianos, los resentidos encontraron cómo encauzar su enojo. De ahí los *tumbadores*. Son nicaragüenses misquitos que saben infiltrarse en las redes de apoyo de los narcos, enterarse de cuándo viene una panga cargada de cocaína y salir en sus pangas a interceptarla.

Normalmente, una panga que viene de Colombia trae cuatro tripulantes. Un capitán, que es el jefe a bordo; un panguero, que es un experto conductor de estas aguas y sabe cómo sortear el oleaje sin volcar; y dos tripulantes, encargados de rellenar el tanque de gasolina y de disparar si hay que disparar. Los *tumbadores*, al no llevar ni cocaína ni barriles con gasolina, pueden ser igual de rápidos que los traficantes aunque lleven más tripulación. Seis y hasta ocho hombres armados se van al encuentro de las pangas colombianas. Narcos que asaltan narcos.

—Eso ha de traer consecuencias brutales. Supongo que luego los narcos colombianos regresarán a cobrar con sangre lo que les quitaron —le digo a Matías, aplicando a este Caribe sin turistas la lógica que asumo luego de investigar durante años la forma de operar de los mexicanos en México.

—Ja, ja, ja. No, hombre, no son pendejos. Prefieren tener tranquila a la comunidad. Ellos llegan a la comunidad en cuestión de horas, a veces los mismos que fueron asaltados. Los *tumbadores* en un ratito llegan a la comunidad y venden a uno de los acopiadores, que es conocido de todos, y luego los colombianos llegan donde él: «Hey, mirá, nos robaron tantos kilos, y como es nuestra, te vamos a dar solo tantos miles de dólares por ella». Llegan a un acuerdo. No pasa ni un día desde que los *tumbadores* roban hasta que los colombianos la llegan a comprar.

El comisionado policial Benjamín Lewis, misquito y jefe de Matías, me explicó hace dos días —en una entrevista larga, realizada al amparo de una destartalada máquina de aire acondicionado— que incluso los cárteles colombianos se comunican entre ellos cuando hay un *tumbe*. «Esos paquetes de droga marcados de tal manera y robados cerca de tal aldea son nuestros». Los demás cárteles, víctimas también de los *tumbadores*, cumplen el pacto y no aceptan comprar, sino que la dejan para que su dueño original llegue a negociar el precio de lo que le robaron.

Según el capitán de fragata Castañeda, en cambio, no todo es negociación. Durante nuestra charla allá en su oficina del muelle, dijo que los *tumbadores* ya habían cambiado el signo pacífico de este litoral. Sus palabras fueron de una resignación extraña en un militar.

—Hace unos seis años, cuando nos identificaban, tiraban las armas y la captura se hacía pasiva, menos cuando era de noche y no había visibilidad, pero al grito de «¡Fuerza Naval de Nicaragua!» todo cambiaba. Ahora, todo es distinto en un 100%. Es un combate. El año pasado, en septiembre, un sargento perdió la pierna producto de un intercambio de disparos con narcos. El narco ya no nos respeta como autoridad. Cuando se ven perseguidos, se van orillando a la costa y, al verse cercanos a una comunidad, varan la lancha y te siguen tirando bala en lo que descargan y se esconden. Las comunidades ya saben qué hacer.

Es quizá porque los militares no terminan de adaptarse a las reglas de este Caribe. Los policías sí tienen bien asumidas las reglas del juego. Lewis utilizó un ejemplo genérico para explicarlo.

—Cuando llegamos nos abocamos al síndico, a los pastores de la iglesia Morava o al consejo de ancianos: «Miren, venimos a ver este cargamento que sabemos que está aquí». Y de ellos depende. No lo esconden: «Sí, vinieron, le dieron a fulano y mengano, se fueron y ya lo vendimos». Hay muy buena comunicación, pero como le digo, puede más el dinero.

Todo se trata de dinero, de necesidades. Ser pobre en un barranco, a la par de otro pobre, es asumible. Terrible, pero asumible. Ser pobre a la par de otro pobre que dejó de serlo y ahora vive en una enorme casa a la par de tu casucha debe de ser más complicado, sobre todo si uno mismo puede, de la noche a la mañana, entrar en el negocio que hizo prosperar a tu vecino.

Eso sí, a más red, a más gente metida en esto, a más dinero, más violencia. No necesariamente como la mexicana, guatemalteca u hondureña, donde los cárteles hacen *performance* de la muerte desmembrando gente, masacrando enormes grupos y dejándolos ahí, a la vista, y hasta con mensajes escritos. Pero sí más violencia, alguna que otra balacera y delitos de bagatela, de esos que hacen la vida más incómoda.

La tarde se nos va del todo, y desde el balcón del restaurante ya no se ve el Caribe, pero se escucha suave, meneándose y reventando en la orilla en discretas olas. Luego de haber escuchado a Matías —el agente de inteligencia policial—, de saber que su mayor éxito, según él, es cuando decomisó dos pangas con barriles de gasolina, pero ya sin la droga ni los traficantes, le pregunto por qué demonios le interesa seguir en esta lucha, y contra qué exactamente lucha. ¿Contra unas pangas abandonadas? ¿Contra unas siluetas que disparan desde la playa de Walpasiksa? ¿Contra unos pastores, unos ancianos, unos misquitos que salieron de la miseria gracias a unos colombianos?

—Te diré por qué —me responde serio—. Si antes te emborrachabas aquí en Bilwi y te quedabas dormido en el parque central, amanecías con zapatos. Hoy no, amanecés sin zapatos y sin pantalón, porque los muchachos que fuman el *crack* hacen lo que sea para tener dinero y comprar. Esta gente es pacífica. Abandonados como están, siempre han sabido vivir comiendo de lo que cultivan y curándose con sus raíces. El paso de la droga crea necesidades. Le enseña al que no tiene nada pero es feliz, que otro tiene algo mejor, que eso otro es felicidad, y eso jode, jode a un pueblo. Contra eso lucho.

El dilema de Sadú

Hoy nos hemos dado cita con Matías en el mismo restaurante con mirador. Ayer le comenté que necesitaba encontrar fuentes directas, algún *ha-sido-de-todo,* como le dicen por aquí a los multiuso. Matías prometió presentarme a un panguero que conoce muy bien las ofertas de los narcos y que una vez —solo una vez, dijo— les llevó una panga.

Puntuales, se bajan de un carro tan destartalado que a nadie le extrañaría verlo en una chatarrería debajo de otro carro. Sadú es un hombre negro y alto de cuarenta y cinco años, con los antebrazos fibrosos y marcados, como todos los hombres que trabajan las pangas y se la pasan jalando cuerdas, apretando tuercas y manipulando motores. Se sienta con la humildad de un campesino. Callado, sin mirar nunca durante mucho tiempo a mis ojos y agarrando sus manos entre sus piernas, encorvado hacia adelante.

—¿Y qué cuenta, Sadú? —pregunto, invitando a sonreír.

—Ayer, frente a laguna de Bismuna hubo persecución, pero no lograron, porque el narco llevaba 800 caballos —reza el misquito con su imperfecto español, asumiendo que quiero que me cuente persecuciones, fechas, nombres, lugares. Pero no es para eso que quiero escucharlo.

Ha sido imposible sacar a Sadú de esa lógica. Ha hablado, ha contado la lógica de las pangas: no siempre menos peso es más rapidez porque, sin el peso suficiente y a mucha velocidad, vuelca la panga en una persecución. Ha explicado cómo en Sandy Bay —tras lo de Walpasiksa, sitio estratégico para los colombianos— una panga se interna por la laguna, se esconde entre matorrales y por caminitos de tierra es descargada en menos de una hora por los locales. Ahora sé que esto es de ida y vuelta, que los pangueros suben la cocaína a Honduras y al bajar pasan por Jamaica para recoger marihuana y llevarla a Costa Rica. Sé que los estadounidenses están en el meridiano 82 y que las pangas se deslizan entre dos y siete millas mar adentro, que las persecuciones no son como las de los carros, a unos centímetros uno del otro, sino que es algo de millas, que a veces ni ves la lancha que seguís, pero que sabés que ahí va, porque alguien —regularmente, los estadounidenses— te van dando las coordenadas. Sé que los narcos llevan GPS, mapas y brújula y que, bien cargados, alcanzan las 50 millas por hora. Todo eso sé, pero aún no sé nada de Sadú.

Al final de la tarde, le pido que nos lleve en su decadente carro. Él, de momento, vive de esa chatarra, es su taxi. En Bilwi, casi todos se mueven en taxi, pero una corrida normal se paga a 75 centavos de dólar. Aquí, en tierra, todo se paga mal.

En el camino logro arrancarle un pedacito de él. Dice que era pescador de langostas, que había logrado comprar un tanque de aire y una cámara fría para guardar la langosta. Dice que ahora mismo le va mal, que el huracán Félix —ese que se ensañó contra estos indígenas en septiembre de 2007— lo dejó cinco días de náufrago en alta mar, agarrado a unos bidones de gasolina, viendo morir a sus dos compañeros de pesca. Cuenta que ahí perdió el motor y que la panga apareció tiempo después en una playa. Dice que desde entonces no levanta cabeza.

Amanece. Ayer, luego de que nos dejara, acordé con Sadú que hoy nos volveríamos a ver. Le pedí que esta vez me enseñara su panga y el sitio donde vive. Su casa, como la de la mayoría de pescadores, está en el barrio El Muelle; su casa es la de un pobre, de tablones viejos de madera, con apenas muebles, y los que hay muy viejos. En la sala, hace de asiento la palangana para las langostas que lleva cinco años en desuso.

—Esta es mi casa —dice Sadú, ceremonioso como es, estirando su brazo con lentitud, como lo haría una modelo de televisión para lucir el carro que rifan en su programa. Adentro, gris, poco—. Vamos a ver lo demás que tengo —me invita Sadú, y con eso se refiere a que vayamos a ver la otra pertenencia que tiene en su vida, una panga inútil.

Caminamos entre casuchas de madera de las que sale un olor a pescado. La gente saluda a Sadú, pero yo no entiendo ni pizca de misquito. Sadú saluda con su largo brazo.

—Ahí está —dice, cuando salimos a una pequeña playita atrás del barrio.

¿Y bien? Sí, ahí está, efectivamente. Es un momento de expectativa derrumbada. Una panga sin motor, tirada en la playa, es eso y nada más, una panga sin motor tirada en la playa.

—¿Y cuándo comprarás motor, Sadú?

—No puedo. Motor de 60 caballos vale 5 mil dólares. Aquí todo más caro, porque todos venden a precio de gente que puede pagar, y alguna gente puede pagar mucho.

—¿Y cómo es que antes lograste comprar tu motor?

Sadú me mira y sonríe apenado. Baja el rostro. Se me vienen a la mente las palabras con las que Matías me presentó a Sadú: solo una vez les llevó una panga. Cambio mi pregunta.

—¿Cuánto le pagan los colombianos a un panguero por llevar una panga de la frontera con Costa Rica a la frontera con Honduras, Sadú?

—Si va de marino simple, 35 mil dólares; si *usté* es capitán, hasta 80 mil.

¡Eso pagan los narcos por un recorrido que dura un día y una noche! Pagan en efectivo, sin trámites ni esperas. Es normal, un cargamento de una tonelada es vendido en destino final, en Estados Unidos, por alrededor de 60 millones.

Los estudiosos, los analistas, los políticos utilizan como ejemplo casos de otros políticos que fueron comprados por el narco por exorbitantes sumas, por millones de dólares. Políticos con buenos sueldos y excelentes carros que querían más y más y más, pero no porque no tuvieran. Pero —pienso yo aquí al pie de una panga inútil— que quizás es el dilema de Sadú el que explica mejor lo complicado —imposible— que es cortar este flujo que no solo tiene que ver con drogadictos y traficantes, sino también con gente pobre que necesitaba un motor, gente indígena que lo consiguió aceptando la única oferta que tenía a la mano, gente que perdió un motor, gente que de nuevo necesita un motor. Gente que de nuevo tiene solo una oferta.

La reverenda Cora Antonio coincide conmigo, pero encuentra que hay otros factores que han convertido a este Caribe en uno donde solo hay tres opciones: cocaína, pangas o langostas.

Los tres temores de la reverenda

Cora me recuerda al personaje de un cuento de Truman Capote, Mr. Jones, un señor misterioso que recibía en su casa a cuanto visitante llegaba. Y llegaban muchos a contarle cosas, a preguntarle cosas, a contarle infidencias. El cuartito de Brooklyn donde Mr. Jones recibía a sus invitados cambia, en el caso de Cora, por el porche de una modesta casa de cemento, con una segunda planta en construcción, en pleno barrio moravo de Bilwi, un sitio apacible. Cora pasa las tardes sentada en su mecedora, atendiendo a personas que parecen escucharla como lo haría un hombre juzgado cuando su abogado le cuenta las opciones que le quedan.

Es de las mujeres más respetadas de todo el Atlántico nicaragüense, y una de las personas que mejor lo conoce. La reverenda fue la primera mujer en formar parte del Sínodo de los moravos, su organismo de dirección y, hasta mediados del año pasado cuando dejó el cargo, la primera mujer en ocupar el cargo superior, superintendente. La protestante iglesia Morava es la que tiene mayor presencia en este Caribe, y lleva una ventaja abismal sobre las demás. La explicación se mide en años. Fue en 1849 cuando los primeros misioneros, traídos por los ingleses, llegaron a estas costas a evangelizar a los indígenas. Casi cada comunidad tiene un pastor moravo que, si bien ya no tiene el poder absoluto que tenía hasta la década de los ochenta, sigue siendo uno de los que lleva la voz cantante en las comunidades de este litoral.

Acudí a Cora para que me ilustrara sobre hacia dónde ir y me presentara a algún pastor con quien conseguir entrada en una comunidad, ya fuera Sandy Bay o Walpasiksa. Pensé, por alguna extraña razón, que un pastor moravo estaría lejos del dilema de Sadú, y me podría hablar de lo que pasa en su comunidad, mientras me llevaba en una panga hacia ella. Cora me ayudó a aterrizar.

—¿Para qué te voy a mentir? Sí hay muchos pastores involucrados —dice Cora, y cuenta una anécdota de cuando un taxista le reclamó que por qué denunciaba la droga si la droga les daba de comer, si la droga ponía las ofrendas que llenaban su charola los domingos, si la droga le construía sus templos en las comunidades. Y Cora le respondió que eso era diferente a aceptar dinero de un narco, y luego me dice que ella misma retiró a un pastor cuando supo que aceptó 5 mil córdobas.

—¿Cómo vas a predicar cuando los narcos entran y violan a las muchachas y pagan a las muchachitas de trece, catorce años, 20 dólares para dormir con ellas? Ellos entran, tienen el dinero y van... Incluso, si se enamoran de la esposa de una persona van a acostarse con la esposa del señor, y las muchachitas ahí andan, porque quieren dinero —recuerda Cora que reprendió a su pastor.

Convencido de que el ingreso a una comunidad no será a través de ningún pastor, elijo cerrar la conversación preguntando a Cora por el futuro, por sus miedos de lo que se viene. Los tiene muy claros, en la punta de la lengua. Tres cosas, dice, levantando tres dedos.

—La primera —dice— es la tenencia de tierra, porque mucha gente del Pacífico —así nos llaman a los que no somos de aquí— está viniendo a comprar tierra al ver que hay cómo hacer negocio, y los afectados van a ser los indígenas desplazados. La segunda —sigue—, aquí hay armas, y las personas que se meten en este trabajo ven la ambición, el dinero, no ven que tarde o temprano entre ellos se van a matar, o que otros narcos los van a venir a matar. Y la tercera —termina—, que el paso de la droga esconde otros problemas de comunidades que siguen siendo pobres, con muy poca educación, con casi ningún puesto de asistencia médica en lugares a los que solo por mar se llega.

Así cierra su enumeración de temores. Pero tiene algo más que decir.

—Los gobiernos se despreocuparon de esta costa Atlántica, y otros se hicieron cargo, eso es lo que pasó —lamenta, y luego me lanza una recomendación—. No vaya solo a Sandy Bay, que alguien de aquí lo acompañe. No gusta mucho la gente del Pacífico que llega sola allá.

Mansiones entre cocoteros

Llegar a Sandy Bay ha sido una peripecia. Es domingo, y hoy no suelen salir pangas de pasajeros, por lo que la única que llegó, la del lanchero con el que ayer apalabramos la salida, fue la nuestra, a la que más gente se subió aprovechando la inusual ocasión. Pero claro, como no declararon salida, el Ejército nos interceptó con otra panga apenas unos trescientos metros pasado el muelle en dirección a Honduras. Nos devolvieron, nos revisaron, solo cuando el capitán de corbeta Castañeda me vio a bordo suavizó la medida y no retuvo la panga.

—Es que ando revisando si no llevan licor, porque ese es el trato, allá no se permite tomar —dijo, para mi total admiración el capitán de corbeta.

La incomodidad de dos horas bajo el inclemente sol y el dolor en las nalgas, causado por el golpeteo de la lancha con el oleaje, empiezan a valer la pena cuando nos desviamos por la laguna rodeada de manglar que da entrada a Sandy Bay. Esta es la capital de la droga en la RAAN, según los militares y los policías. A simple vista, un lugar hermoso. Compuesto por once barrios, Sandy Bay se muestra primero a través de uno de ellos, Lidaukra. Guardando las distancias, esto recuerda a la isla de los famosos de Miami: casas de dos plantas con fachada a la laguna, amplios ventanales y jardines bien recortados.

Bajamos en Nina Yari, hasta cuyo muelle se llega adentrándose en los caminitos que dejan los manglares, una especie de callejuela de agua que abre camino a otros callejones que la maleza esconde; un verdadero laberinto salado. Unos hombres descansan frente al desembarcadero. Caminamos ante sus miradas fijas. «¿Hacia dónde van?», se escucha que pregunta uno. Y el fotógrafo Edu Ponces esquiva con su respuesta. «¿Para dónde caminan?», insiste, y Ponces señala a Ruth Jackson, la periodista misquita que nos acompaña, a lo que le dijimos es un viaje para conocer su comunidad, nada más. El hombre nos deja en paz. Es un hecho. Entrar a Sandy Bay sin ser detectado es una fantasía, hay ojos por todas partes y los motores fuera de borda se escuchan desde lejos cuando navegan por los callejones del manglar.

El wihta Seledón López nos espera en su casa de cemento de dos plantas. Él es el jefe máximo de la comunidad. Asesorado por el consejo de ancianos, es quien solventa cualquier problema y ordena prisión a quien sea. Lo interrumpimos, ya que veía un partido de fútbol en su enorme televisión de plasma. Como muchas de las casas de Sandy Bay, esta también tiene antena propia, que le da comunicación y televisión por cable. Al poco tiempo, se escucha el rugido de varias motos. Afuera de la casa del wihta —que nos pidió esperar un momento antes de hablar— estacionan sus Yamaha nuevas siete hombres recios. Se trata de la comisión de seguridad de Sandy Bay. Desde que los misquitos echaron a la Policía y los militares de aquí, en 2009, mantienen su propio grupo encargado del orden, esos hombres que patrullan en sus motos.

El comisionado policial Lewis me dijo que entre los veintitrés miembros de esa comisión hay algunos reconocidos maleantes que trabajan con los colombianos. La Policía incluso envió una carta de protesta al gobierno regional, el CRAAN, pidiendo que sacaran a algunas personas de la comisión, porque ellos los tenían fichados como operadores de los narcos.

De Sandy Bay, tanto Lewis como Matías, el capitán de corbeta, y el investigador Orozco coinciden en lo mismo, que se puede resumir en una sentencia de Lewis.

—Ahí mandan ellos, los vinculados a los narcos. Tienen el poder económico y armado. Ahí operan colombianos, jamaiquinos, ticos, hondureños. Llegan, se están cuatro, ocho días, hacen sus contactos, salen; se habla de dos, tres pistas clandestinas en lugares bien difíciles de acceder; difíciles para nosotros. Hay personas que nos han querido llevar a fotografiar, pero no hemos hallado por dónde entrar, no hay modo sin que nos miren.

Todos coinciden también en que los narcos buscan primero al pastor o al wihta o al consejo de ancianos para crear base social; todos coinciden en que sin ellos no hay negocio. Sin embargo, Seledón, diminuto, con lentes, moreno, como cualquier campesino centroamericano, con su graciosa forma de hablar español y sus cincuenta años, parece tan inofensivo...

Con toda la amabilidad del mundo escucha nuestra petición: recorrer todas las comunidades desde ahora mismo hasta que anochezca. Acepta y nos dice que para eso ha llegado la comisión, que ellos nos llevarán en sus motos si queremos hacer el recorrido.

Es descarado cómo estos hombres pretenden llevarnos solo a conocer el Sandy Bay más precario. Decimos que queremos ver el muelle, para acercarnos a las casas tipo Miami de Lidaukra, y nos llevan al margen casi inaccesible de una pequeña laguna. Decimos que queremos conocer el centro del pueblo, y nos llevan a la casa de una anciana que no habla español y que ayer perdió su choza de palma de coco y madera por un incendio accidental, y se ha quedado sin nada, nada de nada. Pedimos ir hacia el centro una vez más, y nos llevan a enseñar su cárcel, una mazmorra asfixiante donde encierran a los borrachos y problemáticos.

Sin embargo, nada les da resultado. Sandy Bay es alucinante y para verlo no hay que detenerse a mirar, basta con pasar zumbado en una motocicleta. Para llegar a la laguna, para ir hasta la casa de la viejita, se atraviesa el centro de Sandy Bay por la callejuelita de cemento que hace de único camino vehicular en este extraño sitio. Es un paseo de lujo. Casas, mansiones que no tienen nada que envidiar a las de veraneo que los millonarios centroamericanos tienen en la playa. No una, decenas de casas de tres plantas con piscina, revestidas de azulejo. Recuerdo lo que dijo Matías: cemento en esas comunidades es igual a narco. Es carísimo, mucho más que en Managua, hacer una construcción de cemento aquí, porque tienes que transportar los sacos en pangas, y eso no está al alcance económico de un pescador.

Volvemos de noche y Seledón, amable, nos invita a salir de su casa de dos plantas, cruzar la pequeña callejuela y pasar a la cocina, que los misquitos suelen tener separada de su lugar de habitación. Nos sentamos a comer mientras Seledón habla de la paz que ha traído la comisión de seguridad, de lo tranquilos que están los 16 mil habitantes de Sandy Bay, de la falta de medicinas y atención médica, de cómo solo una enfermera los atiende. Lo interrumpo a cada frase e intento meter, solapada, la pregunta. Al final, lo logro.

—¿Y por qué tienen tan mala fama los de aquí?

—¡Claro, todos saben de qué habla ahora! ¡Traficantes! Dejamos pasar, no encarar nosotros a ellos porque andan arma, dejamos pasar.

Eso fue todo sobre el tema.

Temprano, agradecemos a Seledón la comida y el techo para pasar la noche y nos vamos. Regresamos sin novedades. A medio camino, el panguero se ilusiona al ver un barril azul asomando en una playa desierta. Da un giro vertiginoso a la panga y dice algo en misquito a su ayudante, que se abalanza al agua hasta llegar al barril. Vacío. El panguero le dice algo en misquito al muchacho. Solo entiendo la palabra *droga*. El muchacho da vuelta al barril, que solo deja caer unas gotas de agua, y se encoge de hombros. Seguimos hacia Bilwi.

Un buen día

Mañana nos iremos de la RAAN. Al mediodía sale nuestra avioneta hacia Managua. Es la única forma de llegar hasta aquí en un tiempo razonable. Por tierra, el recorrido puede ser de entre dieciséis y veintiocho horas, dependiendo del estado de la precaria calle de terracería.

Me llama Matías.

—¿Viste algo raro por allá? —pregunta.

—No, nada.

—Es que estamos persiguiendo un cargamento que llegó. Iremos a ver hoy, mañana te cuento.

Amanece.

—Matías, ¿fueron?

—Sí.

—Ajá, ¿y qué?

—Nada, nos dijeron que ya la habían vendido. La encontraron los pescadores de un barco caracolero que andaba allá por los cayos y la vendieron en Sandy Bay al acopiador. Eran 200 kilos que los narcos tiraron en una persecución. A cada marino le pagaron 5 mil dólares.

—¿Y cuántos marinos eran?

—Ochenta.

—¡Qué! ¿Será eso posible?

—Ay, hermano, salí y mirá las calles.

El sol resplandece con fuerza y Bilwi está alegre, los negocios están repletos de gente y el muelle bulle con pangas que salen y entran con más gente que viene a hacer compras.

Publicada el 12 de junio de 2011

La muerte de *Pen-Pen*

Roberto Valencia

El cuerpo de *Pen-Pen* está todavía manejable; respiraba hace apenas seis horas. Lo tienen sobre una camilla metálica, envuelto con una sábana blanca, manchada por la sangre que sale de los orificios. Miriam, la madre, está sentada cerca. Los grandes rulos en su cabello cano dejan entrever lo inesperada que le ha resultado esta muerte. La casa es de madera, como se estila en el Caribe, y sin ostentación alguna. Además de Miriam, en la habitación están familiares, amigos y curiosos. Todos son negros. Casi todos son jóvenes. El silencio se torna más agudo cuando, en la puerta, aparece uniformado el comisionado mayor Manuel Zambrana Bermúdez, máxima autoridad de la Policía Nacional nicaragüense en cien kilómetros a la redonda. Antes de entrar le ha tocado escuchar de todo. También para él esta ha sido una noche larga.

—Dos o tres *chavalos* gritaban molestos en la calle cuando llegamos —me dirá el comisionado Zambrana en su despacho, dos días más tarde—, pero si usted indaga quiénes son, verá que son delincuentes con un rosario de antecedentes, con el mismo perfil de *Pen-Pen*.

El comisionado Zambrana viene del hospital, de unas horas aún más tensas, pero quiere presentar sus condolencias. «Sentimos mucho lo que pasó —le dice a la madre—, y aquí estamos para ayudar en lo que podamos». Después, le cuenta la versión oficial: al verse emboscado, *Pen-Pen* disparó y un policía respondió al fuego con los cinco o seis balazos que lo acabaron. Miriam le responde que está convencida de que su hijo presentía su muerte. La conversación es corta. Apenas termina, el comisionado Zambrana se despide con un abrazo tímido y se retira.

En los días siguientes, la muerte de *Pen-Pen* estará en boca de todos en Bluefields.

***

Los 45 mil habitantes de su casco urbano son la mayor concentración humana en los 541 kilómetros de costa caribeña nicaragüense. Bluefields tiene título de ciudad desde 1903, pero basta desembarcar en el muelle municipal para comprobar que sigue siendo un pueblón, sin edificios ostentosos ni grandes avenidas, y con la cordialidad propia de los lugares donde todos se conocen. En Bluefields el camión de la basura es un tractor, y en los próximos días será instalado el primer semáforo.

La calle que corre paralela a la bahía se convierte, entrada la mañana, en una prolongación del mercado. Las aceras se llenan de puestos que venden peces del tamaño de un brazo, radios, quesos de todas las texturas, accesorios para celulares y una generosa variedad de frutas y verduras exhibidas en grandes canastos de mimbre. No hay carretera asfaltada alguna que comunique con Managua, pero un ferry sube y baja varias veces por semana el caudaloso río Escondido, desde el municipio de El Rama. La ciudad está bien surtida y, paradójicamente, atestada de pequeños taxis que se mueven como hormigas alborotadas. Pero lo más característico de Bluefields es que se trata de una población indiscutiblemente multiétnica, donde conviven en aparente armonía —aparente— todas las tonalidades de piel imaginables entre el blanco nórdico y el negro subsahariano. Mestizos y creoles (negros) son los más numerosos, pero hay también indígenas misquitos y ramas, y negros garífunas. El idioma inglés se escucha casi tanto como el español.

La historia explica mucho de esta heterogeneidad. El mismísimo Cristóbal Colón navegó frente a la bahía de Bluefields en septiembre de 1502, pero pasó de largo, un anticipo de la desidia que los españoles mostrarían durante los tres siglos siguientes hacia toda esta zona. Ese vacío de autoridad fue aprovechado por los piratas primero —el nombre de la ciudad se relaciona con un corsario holandés de apellido Blauvelt—, y por los británicos después, quienes comenzaron a posesionarse a mediados del siglo XVIII. Con ellos llegaron los esclavos.

La Independencia de Nicaragua poco o nada afectó al hecho de que Bluefields siguiera viviendo de espaldas al resto del país. De hecho, durante buena parte del siglo XIX pasó a ser la capital de un estado prácticamente independiente, la Mosquitia, bajo tutela de británicos y estadounidenses. Fue hasta 1894, siete décadas después, cuando Managua consiguió, por la vía militar, imponer la bandera nicaragüense. Pasaron los duros años del somocismo y la esperanza de la Revolución pero, aún hoy, el Caribe sigue siendo una zona mal comunicada, distante del Pacífico en todos los sentidos, con mutuos recelos y resentimientos, intensificados quizá por la agresiva migración promovida por el Gobierno en la segunda mitad del siglo XX, que convirtió a los mestizos en la comunidad étnica más numerosa en Bluefields.

Para referirse a los mestizos de forma despectiva, en especial a los venidos desde la costa pacífica, los negros usan la palabra *pañas*, en referencia a España, para remarcar los distintos pasados de unos y otros. Para referirse a los negros de forma despectiva, los mestizos los llaman simplemente *negros*.

***

Philmore Nash Price —alias *Pen-Pen*—, hijo de Miriam Price y de Cayaton Nash, nació en Bluefields el 17 de septiembre de 1975, en un barrio de negros llamado Puntafría. Nació pobre y pobre era cuando murió a los treinta y cinco años de edad.

«Son gente muy pobre. Dicen que la Policía les dijo que los iba a ayudar, pero parece que nada, porque hoy vino una prima a decirme que no tenían ni para la caja», me dijo Selma Clarck, de setenta y cinco años y una de las líderes del barrio, mientras hablábamos en el porche de su casita. La prima le pidió otro favor en esa visita: que fuera a la Policía Nacional a pedir la fotografía de archivo de *Pen-Pen*, porque en casa no tenían ni una imagen suya.

Pen-Pen era un delincuente consuetudinario. Su vida fue un constante entrar y salir de las celdas de la Policía Nacional o de la pequeña cárcel que el Sistema Penitenciario Nacional tiene en Bluefields. El largo expediente de antecedentes policiales tiene como punto de partida el 23 de julio de 1991: «Detenido por presunto autor de lesiones graves». Tenía quince años. De ahí en adelante, el rosario al que se refiere el comisionado Zambrana. Los delitos que se repiten con más frecuencia son robo con violencia y robo con intimidación, si bien la lista incluye amotinamiento, amenazas, lesiones, extorsión, daños a la propiedad, fuga, atentado contra la autoridad y sus agentes… Si hubiera que buscar en Nicaragua un ejemplo de rotundo fracaso en el objetivo constitucional de reeducar a los privados de libertad para reintegrarlos en la sociedad, ese sería *Pen-Pen*. La Policía, pues, lo tenía en la mira, y también buena parte de los *blufileños*, en un pueblón donde todos se conocen.

La primera vez que lo oí mencionar fue en boca de la mesera del primer comedor en el que me senté apenas llegué a la ciudad. «Esta madrugada —me dijo— mataron a un hombre en Puntafría, por la cancha; era un ladrón, un asesino, un violador… lo tenía todo, pues... completo».

En febrero de este año había sido juzgado en ausencia. Él se sabía un objetivo de la Policía y ya no vivía en Puntafría. Unos dicen que tenía una casita en Willing Cay, un cayo ubicado unos 50 kilómetros al sur. Otros dicen que se había instalado más al sur, en San Juan del Norte. Hay más unanimidad en afirmar que, meses atrás, había encontrado en el mar un fardo con cocaína, algo relativamente habitual en el Caribe nicaragüense, y se había comprado una panga con motor con la que, muy de vez en cuando, regresaba a Bluefields para visitar a su madre, a su esposa y a sus hijos.

La noche de su muerte estaba con unos amigos, muy cerca de la casa de su madre, dicen que jugando cartas. Tenía una pistola. El comisionado Zambrana aseguró que el forense confirmó que estaba drogado, que en su short le hallaron una pipa para fumar *crack*. «Él andaba loco», me dijo.

Locura o no, *Pen-Pen* le había dicho a más de una persona que estaba harto de huir como un fugitivo y que estaba dispuesto a morir, pero que no se iría solo.

***

En abril de 2011 el Banco Mundial presentó el informe «Crimen y violencia en Centroamérica», uno de esos gruesos documentos fruto de costosos estudios, que se lanzan con bombo y platillo y que, a pesar de que se usan para poco más que llenar un par de páginas de los periódicos al día siguiente, contienen datos interesantes. El informe incluye un mapa de Centroamérica coloreado en función de la tasa de homicidios por cada 100 mil habitantes. Los departamentos menos violentos aparecen en amarillo; se pasa al verde cuando la tasa comienza a elevarse; el verde se oscurece hasta convertirse en azul; y el azul es a su vez más oscuro en los lugares donde más sangre se derrama. La oscuridad azulada —una tasa arriba de 50— predomina en Honduras, en El Salvador y, en menor medida, en Guatemala. En Costa Rica, Panamá y Nicaragua todo es verde y amarillo.

Sin embargo, dentro de esa relativa tranquilidad que se vive en Nicaragua, hay matices. La Región Autónoma del Atlántico Sur (RAAS), cuya capital es Bluefields, está coloreada con un verde muy oscuro. En 2009 la RAAS cerró con una tasa de 30 homicidios por cada 100 mil habitantes, cifra escandalosamente alta si se tiene en cuenta que el promedio nacional fue de 13. Teorías hay muchas: la falta de oportunidades, el racismo mismo, el hecho de que es un enclave estratégico en la ruta caribeña de la cocaína... pero ninguna es concluyente. Bluefields es un lugar inexplicablemente violento dentro de un país inexplicablemente tranquilo que está dentro de Centroamérica, la región que, también inexplicablemente, es la más violenta del mundo. Y aun así, ese nivel de violencia en Bluefields, con su población de 45 mil residentes, supone el asesinato de unas catorce personas al año, más de un homicidio al mes.

Con todo, la de Bluefields sigue siendo una sociedad en la que la máxima autoridad de la Policía Nacional llega a dar el pésame a la casa de la madre de un delincuente cuando un agente lo ha abatido.

***

Me lo contó alguien que en 2006 coincidió con *Pen-Pen* en las celdas de la Policía Nacional. «En el patio de la Preventiva hay un tubo de hierro de dos pulgadas. Es el tubo del martirio. Ahí esposaban a *Pen-Pen*, las manos y también un pie. Lo tenían amarrado día y noche. Le tiraban la comida como a un cerdo. No podía movilizarse. En la noche le quitaban el grillete del pie, para que pudiera medio acostarse. Nueve meses estuvo así. Él pasó amarrado todo el tiempo que yo estuve adentro. Soy testigo del maltrato que se hacía contra los negros; ofensivo, con ánimo de desaparecer a las personas. El hacinamiento era total. ¿El trato que dieron a *Pen-Pen*? Totalmente discriminatorio. Él los puteaba. Los vulgareaba. Les decía «perros asesinos». Les decía de todo, pero era lo justo. Solo al final se flexibilizó un poco. El día siempre lo pasaba amarrado al tubo. En la noche lo tiraban a dormir en una sala de detención. El tubo todavía está ahí, todavía lo usan como tortura. El resentimiento de *Pen-Pen* hacia los policías era normal. Yo también lo tendría. Para mí, la Policía lo asesinó».

***

La capacidad es para sesenta, me dijo ayer el comisionado Zambrana, ochenta máximo, pero en las celdas de la Policía Nacional en Bluefields se amontonan esta semana más de ciento treinta seres humanos. La matemática suena asfixiante y urgente, pero el hacinamiento es un problema menor en la lista interminable de violaciones a los derechos de los privados de libertad.

—¿Cuál es el motivo de la visita, por favor? —se alza una voz áspera, sobre el murmullo.

La Preventiva es el nombre con que se conoce al sector donde encierran a los más conflictivos. Decir que aquí hace calor es decir poco, y está tan oscuro que a las once de la mañana están encendidas las bombillas. Hoy hay unos setenta internos repartidos en seis celdas, me dice Wismar Lewis, el risueño agente que me acompaña. Los otros sesenta están en el Bodegón, el otro sector al que iré después.

—Quiero escribir sobre las condiciones en las que están —respondo.

260

—Está bien, *man*, dale… Hay muchas cosas que nos gustaría que se supieran afuera.

La celda #3, la primera a mano derecha cuando se entra por el pasillo, es amplia, alta y caliente como sauna; encierra a diez jóvenes, un televisor, un calendario, ropa, un montón de recipientes plásticos, dos literas de madera y hamacas, varias hamacas suspendidas de la reja que tienen por techo, bajo unas láminas que la lluvia sabe burlar —y en Bluefields llueve con ganas—; todos, casi todos, se amontonan en los barrotes de la entrada por la insólita visita, y hablan atropelladamente: dicen que se mojan cuando llueve, que antes les daban jabón y papel higiénico; dicen que su comida está de tirarla y pegarla en la pared, que en lugares así debería de haber psicólogos y gente comprensiva, y el calor ahoga, y las secuelas del *burumbumbún*… y uno llamado Carlos Coronado me dice que le gustaría que los jueces de vigilancia vigilaran; otro grita desde su hamaca suspendida que necesitan una fumigación, por las chinches y los zancudos, y otros dicen que aquí hay reos con condena firme que deberían estar en una cárcel del Sistema Penitenciario Nacional y no en celdas de la Policía, y eso es lo mismo que me dijo el comisionado Zambrana.

—Oye, un favor: ¿tenés dos pesos para comprar hielo?

Hace calor y está oscuro… ¿Cuántos aquí? Se acercan a los barrotes, descamisados como si fuera sauna, y sí, casi todos son jóvenes, casi todos quieren contar su caso, como si nadie nunca les hubiera preguntado, y acá casi todos están por error, dicen, y luego piden que tome una foto a la comida que les dan, la *chupeta* que llaman, una combinación de mucho arroz y poco frijol que en verdad está de tirarla y pegarla en la pared, hervida no más, sin sal, sin ajo, porque la Policía no tiene presupuesto para exquisiteces; todos los días de la semana lo mismo, y luego me piden otra foto, y se animan, y posan como si fueran equipo de fútbol, *rifando barrio*, y se ponen unos a otros las manos cachudas en la cabeza, como niños traviesos.

—Por lo menos están sonriendo, ¿no? —me dice el risueño agente Lewis.

—¡¡¡Periodista!!! —grita alguien—. Pero esto debería de contarlo en Managua, para que vean cómo la pasamos aquí.

El que peor está es el del patio de la entrada, metido, bajo el sol caribeño, dentro de una caja metálica granate que usan como celda de castigo, parecida a un ascensor, pero larga y estrecha, muy estrecha, y de la que ahora apenas salen los dedos de dos manos y una mirada de rencor, pero hasta él podría estar peor, porque enfrente de la caja metálica hay un tubo de hierro de dos pulgadas al que los privados llaman «el poste» y que aún se usa para amarrar —las manos esposadas en la espalda, el tubo en medio— a los peor portados. Aquí es, pienso, donde *Pen-Pen* pasó amarrado como un perro, torturado.

—Mirá, español —dice la voz que hay dentro de la caja metálica, quién sabe si bromeando—, ahorita no te vamos a hacer nada, pero algún día…

—Yo te voy a robar —interrumpe otro.

—No, yo no —retoma la palabra—; yo no soy ladrón. Yo lo único que soy… yo soy asesino ya.

Las celdas más pequeñas son la #6-01, la #6-02 y la #6-03, porque las tres eran una sola, solo que la pedacearon para acoger por separado a mujeres y a menores de edad, y pienso en lo irónico que resulta que, entre tanta vulneración de derechos, se haya invertido en este logro mínimo. Hay otro al que llaman *Perro* y me pide un euro, que me lo va a guardar, dice, y otro despotrica contra la Policía, que son más ladrones que ellos. Que algunos son calmados, como el risueño agente Lewis, pero otros los golpean, los maltratan. Y eso lo oigo también en este otro sector, en el Bodegón, donde están los más disciplinados en otras tres celdas amplias y un poco menos oscuras y menos calientes con veintitrés, veintiuna y quince personas hoy, entre las que hay un viejito de ochenta y un años llamado Juan Cruz Pérez, que también quiere contar lo suyo.

Pero ahora con quien me interesa hablar es con el hermano de *Pen-Pen*, negro también, creole, como casi todos los de estas celdas, que lleva encerrado aquí tres meses y medio, y quien, según el comisionado Zambrana, tiene el mismo historial que su hermano.

—Mataron a *Pen-Pen*, y ni la jueza ni la Policía dieron permiso para llevarme al velorio o al funeral —se queja.

—¿Y aquí qué se maneja que pasó?

—Nadie me ha venido a contar nada, pero lo que yo oí por la radio fue que la Policía lo remató en el suelo.

—Un crimen, eso es un crimen —dice otra voz, colérica.

—¿Tú veías seguido a tu hermano?

—No, él vivía en Willing Cay. Vino hace poco. Pero la Policía no debía matarlo como animal, porque él no mató a nadie.

Todavía no, quizá, pero *Pen-Pen* sí matará.

***

En Bluefields hay una oenegé llamada Creole Communal Government, que podría traducirse como el Gobierno Comunitario de los Negros. Tienen una modesta oficina en el barrio Fátima, en el segundo piso de un edificio situado cerca de la Lotería Nacional.

Dolene Miller y Nora Newball, sus dirigentes más destacadas, me reciben una calurosa mañana para hablar sobre *Pen-Pen*. La conversación arranca con una interpretación de la historia en la que la incorporación definitiva de la Mosquitia a Nicaragua es vista como una anexión; el aprendizaje del español, como una imposición, y la migración masiva desde el Pacífico, como la madre de todos los problemas. Están convencidas de que la sociedad nicaragüense es racista y, no importa de qué hablemos, en su discurso es evidente la diferencia entre el «nosotros» y el «ellos»: nosotros, los negros; y ellos, los mestizos, los *pañas*.

—Nosotros tenemos un resentimiento histórico con el Pacífico —admite Dolene, una sonriente psicóloga, la que más habla—, pero ellos lo agravan más con el maltrato. Y lo digo con conocimiento de causa.

—Por ejemplo —dice Nora, una elegante y enjoyada señora, diputada suplente en el Parlamento Centroamericano—, en nuestros barrios negros no hay pulperías; en los barrios mestizos, sí. Eso es por los programas del Gobierno, porque a ellos les dan ayuda, créditos, cada vez les financian más y más, pero solo a ellos, a los mestizos; para nosotros, los negros, los trámites son más engorrosos. Y ojo, que nosotros no estamos justificando ningún asesinato ni ningún robo, pero hay que ser realistas.

A *Pen-Pen* lo conocen de oídas, por la fama que le precedía, pero sobre todo por lo que sobre él se ha dicho y escrito desde su muerte. Cuando lo defino como un delincuente, me corrigen de inmediato: era una persona con un problema en la sociedad.

—Para nosotros —dice Dolene—, la Policía lo quería muerto. ¿Por qué? Eso no lo sabemos. Pero parece como si la Policía estuviera haciendo una limpieza social camuflada.

—En dos años —interrumpe Nora, airada— han matado como a cuatro muchachos que para ellos eran como un estorbo en la sociedad, ¿me entendés? Mirá, la Policía va a terminar matando a todos nuestros jóvenes...

Casi al final, me admitirán que ni se acercaron a la casa de *Pen-Pen* para preguntar qué es lo que realmente ocurrió.

***

Burumbumbún en la Preventiva. Es mediodía del martes y, después de más de veinticuatro estériles horas en huelga de hambre, los privados de libertad deciden subir el tono de su protesta. Lo primero siempre es romper los candados. Cualquier objeto contundente sirve; de preferencia, la madera recia de las pocas camas que quedan en las celdas.

—¿Y qué hacen los policías? —preguntaré a Chandy mañana.

—La Policía solo queda ahí, viendo a uno… ¿qué van a hacer? Na'. Subir pa'rriba a decir al jefe —me responderá en su limitado castellano.

Chandy Vargas —joven, tatuado, musculoso, negro— estará en libertad mañana, después de tres meses y diecisiete días en la Preventiva. Pero eso será mañana; ahora es uno a los que más parece entusiasmar este motín originado por la retardación de justicia. No tardan en destrozar los candados para salir todos al patio donde está el poste; ahí gritan, chillan, golpean las paredes con objetos contundentes, queman lo que encuentran... Es lo que Chandy llama *el burumbumbún*.

La idea es llamar la atención, conscientes de que la delegación policial está a apenas dos cuadras del mercado municipal. Los policías están tan acostumbrados que poco se alteran ya. Se repliegan y los dejan hacer, siempre y cuando no intenten pasar del patio. Hay un pacto tácito de no agresión. Después llegará alguna autoridad policial o algún defensor de derechos humanos o periodistas o Miss Popo o, si la cosa se pone realmente fea, alguien en nombre del Poder Judicial.

—Casi siempre protestan por lo mismo: la retardación de justicia —me dirá el comisionado Zambrana.

—¿Casi siempre? ¿Cada cuánto se amotinan?

—Es una constante. En cuatro meses hemos tenido cuatro de relevancia, pero conatos hay a cada momento. Aquí, en Bluefields, las celdas preventivas de la Policía se han convertido en un sistema penitenciario. El centro penal tiene a noventa presos, y nosotros, a ciento treinta, de los que casi la mitad tienen condena firme. Aquí solo deberíamos tener a diez o doce.

Las leyes nicaragüenses son explícitas. Cuando la Policía detiene a alguien, debe pasar ante un juez de audiencia en menos de cuarenta y ocho horas; si el juez decide prisión preventiva, el encierro se hará en un centro penal del Sistema Penitenciario Nacional. En Bluefields hay una pequeña cárcel que está a la par de las celdas policiales, pero el Sistema ignora desde hace años las leyes y recibe internos a cuentagotas bajo el argumento de que la cárcel está llena. La consecuencia es que, en una de las ciudades más violentas de Nicaragua, decenas de personas cumplen su condena o su prisión preventiva hacinadas en las celdas policiales, sin beneficios carcelarios ni controles ni talleres ni personal calificado; fuera, en definitiva, del enfoque de la institución que tiene como objetivo «la reeducación del interno para su reintegración a la sociedad». Y todos esos privados de libertad dejan de serlo algún día.

Consciente de que el problema lo generan otras instituciones, al comisionado Zambrana le toca lidiar con los *burumbumbunes*, y lo hace lo mejor que se lo permiten. La máxima autoridad de la Policía Nacional en cien kilómetros a la redonda es una persona accesible y franca, que gusta de mirar a los ojos de su interlocutor. Sin su uniforme, parecería más un profesor de secundaria que un comisionado mayor. En menos de un mes, y sin haber pasado siquiera un año en Bluefields, lo regresarán a Managua, dicen que por atreverse a encerrar a Frank Zeledón, uno de los mestizos intocables de la ciudad. Al conocerse la noticia, miles de blufileños se tomarán las calles para protestar por el traslado.

***

Se llama Dalila Marquínez, aunque todos en la ciudad la conocen como Miss Popo o la Popo. El sobrepeso la hace ver mayor, pero tiene cuarenta y seis años, y es una de las líderes más respetadas de la comunidad negra de Bluefields. Su mañanero programa en *Radio Rhythm*, una emisora local, es un referente indiscutible. Las autoridades, incluida la Policía Nacional, la consideran una mediadora capaz de aplacar conflictos sociales; los reos también piden su presencia cada vez que en las celdas hay un motín.

Miss Popo vive en un barrio de negros llamado Beholden, uno de los más problemáticos y míseros, sin aceras, lleno de láminas oxidadas y con regueros de aguas blanquecinas y fétidas que recorren los pasajes libremente. La casa de Miss Popo, sin embargo, es de reciente construcción, grande, y tiene un espacioso porche caribeño. Ahí nos sentamos para hablar sobre *Pen-Pen*. Ella acompañaba al comisionado Zambrana la mañana en la que llegó a dar el pésame a Miriam, la madre. Todos eran negros. Casi todos eran jóvenes. A Miss Popo le tocó mediar para calmar los ánimos. «Esta no es ni la hora ni el momento para actuar así —les dijo—, el hombre quiere entrar para hablar con la mamá.»

—En la Policía —me dice ahora Miss Popo, con su particular voz, tan poderosa que parece un regaño— hay un expediente de todo lo que hizo y lo que no hizo *Pen-Pen*. Pero yo te voy a decir algo: ahora todo el mundo va a echarle flores porque lo mató la Policía, pero yo estoy segura de que casi toda la gente de Puntafría está en paz porque han matado a *Pen-Pen*. No lo van a decir así, porque son unos pares de hipócritas, pero segurito de que están feliz por lo que ha pasado.

***

Al filo de las dos de la madrugada del martes 10 de mayo de 2011, un agente de la Policía Nacional nicaragüense acribilló a *Pen-Pen*. El cuerpo quedó no muy lejos de la casa de madera donde se crió, cerca de una hilera de láminas oxidadas, sobre una angosta acera en la calle del 4 Brothers, el bar que da nombre a todo ese sector del barrio Puntafría.

Su muerte es verdad inamovible. Pero cómo se llegó a esa situación depende de los prejuicios y de los intereses de quien cuente lo que pasó. Hay unanimidad en que una llamada telefónica de alguien de Puntafría alertó a la Policía Nacional de que *Pen-Pen* estaba en el barrio. Un pick up con cuatro agentes del turno nocturno se desplazó a la zona, formaron dos parejas, y acordaron una maniobra envolvente para evitar la huida. Parece que *Pen-Pen* jugaba naipes con un primo y otros conocidos. Al ver a dos policías en un extremo de la calle, se paró y huyó en dirección contraria, rumbo al pasaje más cercano. Al embocar, se topó de bruces con la otra pareja de agentes.

La versión policial asegura que *Pen-Pen* huía pistola en mano, y disparó a un agente en la cabeza a muy corta distancia; la instintiva respuesta del compañero fue vaciarle el cargador. La versión de familiares, amigos y del Creole Communal Government asevera que *Pen-Pen*, en efecto, disparó primero, pero que un agente respondió con un certero balazo en la pierna de *Pen-Pen*, lo que provocó que cayera al suelo y perdiera su pistola; al comprobar que su compañero uniformado estaba malherido, el agente se acercó y remató al negro desarmado que se retorcía de dolor.

Sea como fuere, *Pen-Pen* murió de inmediato; entró directo a la morgue cuando lo llevaron al hospital de Bluefields. El suboficial de la Policía Nacional, Evert Fernández, ingresó en Emergencias con un balazo en la frente, sin orificio de salida. Lograron estabilizarlo y se gestionó de urgencia una avioneta para, al amanecer, trasladarlo al Hospital Lenin Fonseca, en Managua.

En los días siguientes la muerte de *Pen-Pen* estuvo en boca de todos en Bluefields. Es lo que sucede en sociedades en las que un homicidio aún es un elemento disonante.

Diez días después, el suboficial Fernández murió, en Managua.

Publicada el 19 de junio de 2011

Narco hecho en Centroamérica

Óscar Martínez

Hoy no habrá cita con el narco. El trato era este: si hoy antes de las cinco de la tarde yo me presentaba en San Jorge —departamento de Rivas, Nicaragua, muy cerca de la frontera con Costa Rica—, habría cita con el narco. Pero llegó el día y la hora indicada y no habrá cita con el narco. La razón que media no es una trama de fechas falsas, horas equívocas y conversaciones encriptadas para despistar. Tampoco se trata de que este narco haya recibido, como suele ocurrir, información fresca sobre el paso de un cargamento de cocaína y se vea tentado a robarlo. No, la razón es más mundana: el narco se tomó una botella de whisky y no está en condiciones de decir ni media palabra.

A la hora y el día pactados lo único que obtengo es un balbuceo incomprensible por el auricular del teléfono. Pasan diez minutos y cae la llamada de la mujer del narco de Rivas. Dice que disculpe, pero que el señor no podrá hoy; que cuando pueda, más tarde, llamará para la cita.

Estos tratos siempre penden de un hilo. ¿Por qué un narco querría hablar con un periodista? La respuesta es la de siempre: por interés. Algo les interesa denunciar. Sí, los delincuentes tienen mucho que denunciar. Siempre les interesa acusar a alguien.

Son las once de la noche cuando el narco de Rivas llama a mi celular. Atiendo desde un restaurante con muelle, en San Jorge, a orillas del lago. Él se disculpa; dice que así son las cosas, que el calor de la costa pacífica de Nicaragua llama al trago. Dice que ya se levantó recuperado, pero que unos buenos amigos han llegado a verlo y han llevado otras botellas de whisky. Que hoy será imposible, pero que mañana lo llame a las siete de la mañana en punto, para que desayunemos a las siete y media.

Decido que lo intentaré a las nueve de la mañana.

***

San Jorge es un municipio del departamento de Rivas, un pueblo de unos 8 mil habitantes, partido por una sola calle que termina en el embarcadero de las lanchas que van hacia la isla de Ometepe, destino turístico en medio del Gran Lago de Nicaragua. El inmenso lago no es mar, pero casi, y San Jorge se contagia del espíritu marino de todo el departamento: hay un restaurante, El Navegante, un hospedaje, El Pelícano, un hotel, Las Hamacas, otro restaurante, El Timón... el pueblo resulta pausado, caluroso, de tierra y madera, de chancletas y pantalones cortos.

Como departamento, Rivas es el único de Nicaragua que tiene paso fronterizo formal con Costa Rica: la frontera de Peñas Blancas. Eso y más de ochenta puntos ciegos. Rivas es la entrada de la droga colombiana a Nicaragua por este lado del mapa. También es, según la Policía Nacional, la ruta de los mexicanos, por donde los cárteles de Sinaloa, del Golfo, Juárez o la Familia Michoacana trasiegan su cocaína, a diferencia de la costa Caribe, donde los colombianos siguen dominando el tráfico para, más al norte —en Honduras o Guatemala—, entregarla a los mexicanos y quedarse con una mejor tajada por sus servicios de transporte.

La diferencia entre el Pacífico y la costa Caribe es que esta última ruta es una autopista marina, donde las lanchas con motores de 800 caballos de fuerza pasan zumbando y, cuando mucho, se detienen para recargar combustible. En cambio, por el lado de Rivas, un buen porcentaje de la droga pasa por tierra, para aprovechar el movimiento que caracteriza al Gran Lago, y así llegar con facilidad hasta Granada o a Managua, la capital.

***

Son las nueve de la mañana y, según me dice su mujer, el narco de Rivas se ha encerrado en su habitación con llave para dormir su resaca en paz. Pero asegura que lo levantará a como dé lugar.

A las diez, me llama el narco de Rivas.

—Venite pues, echémonos un cafecito, que esto está duro. ¿Dónde estás? Voy a mandar a que te recojan.

Parece hecho con el mismo molde que varios de los narcos con los que he conversado. Regordete, moreno, con enormes manos, amable al primer trato, jovial, dicharachero, de hablar campechano, sudoroso y con alguna muletilla confianzuda: hermanito, mi amigo, maestro, viejo, viejito.

En Rivas hay al menos cuatro capos. Él es uno de ellos. Los capos centroamericanos, menos secretos que los mexicanos, menos ostentosos, menos ricos, más ubicables, regularmente pueden haber empezado de una de estas dos formas: usando la red de contactos que construyeron por alguna razón —porque eran cambistas de moneda en alguna frontera, porque pertenecieron a una banda de delincuentes menores que traficaba queso o robaba furgones, porque tuvieron un cargo público municipal— para servir de base social a un capo internacional que quería pasar su droga hacia el norte, o bien usando esa misma red de contactos para tumbar droga en su región. El narco de Rivas empezó como tumbador, como traficante que roba a otros traficantes

Cuando por fin nos saludamos, el narco de Rivas se ve bien. Ni ojos rojos ni gestos lentos ni mal humor. Sudoroso, eso sí, pero alegre y gritón. Me recibe en una salita pequeña en su casa. Afuera de la sala, dos jóvenes hacen guardia. Así, alegre y a gritos, me pide que le entregue una identificación.

Los narcos centroamericanos, salvo excepciones como algunos exdiputados o los famosos y ancestrales patriarcas guatemaltecos y hondureños, son agentes libres. No son del mexicano cártel de Sinaloa ni tampoco tienen contrato de exclusividad con el colombiano cártel del Norte del Valle; trabajan con quien pague, con quien llame. El narco de Rivas es agente libre. Y cuando hablamos de narco no nos referimos a un vendedor de esquina, sino a alguien que trasiega cientos de kilogramos.

El narco de Rivas empieza a hablar de lo mismo que los otros tres narcos centroamericanos a los que he entrevistado. Que dejaron el negocio. Esa afirmación suele ser como las boletas de raspe y gane. Con tantito que se le pase la uña, aparece la verdad. Y la verdad suele ser que siguen siendo lo que al principio dicen ya no ser. El narco de Rivas dice que ya dejó de tumbar.

—Supuestamente yo soy tumbador. Viene un cargamento y se le hace su operación. Si uno anduvo en la guerra… sabe —se presenta al poco el verdadero narco de Rivas.

Nicaragua es el país de tumbes por excelencia en Centroamérica. En la costa Caribe, las lanchas rápidas de los locales salen desde comunidades perdidas, cerca de la frontera con Honduras, a interceptar cargamentos completos para luego revenderlos. En el Pacífico, bandas armadas interceptan furgones o incluso algunos policías se encargan de pellizcar los cargamentos incautados. No es un secreto para los investigadores sociales.

Roberto Orozco, del Instituto de Estudios Estratégicos y Políticas Públicas (IEEPP) —respetado centro de estudios nicaragüense cuyos investigadores se desplazan a los sitios para sus indagaciones—, asegura que Rivas es uno de los cuatro departamentos donde los niveles de corrupción policial levantan alerta. Eso, además de que, según este investigador, en Rivas los grupos ya son «cárteles embrionarios» con mucha mayor capacidad de corrupción que la de un delincuente solitario.

Esto no es secreto tampoco para la Policía. Quien ocupa el cargo de primera comisionada, Aminta Granera, acepta que Rivas es un reto para la institución: «Se necesita más la cooperación de la base logística nacional en Rivas que en la costa atlántica, porque allá no atraviesan por tierra. Estamos encima. Acabamos de pasar a cinco policías al sistema judicial. Tenemos un trabajo intenso de asuntos internos en todo el Pacífico porque está más vulnerable a la corrupción del crimen organizado».

Quizá sea cierto que el whisky no deja resaca, porque la conversación continúa sin haber visto un vaso de agua. Pregunto al narco de Rivas qué red tiene que tener un tumbador.

—Como uno es viejísimo de haber andado en eso, pues a uno lo conoce gente. Hasta trabajadores de cárteles. Viví en México cinco años. ¡Te llaman! Porque el colombiano es el más miserable para pagar, por eso te ponen al colombiano, te llaman, o los mismos contactos locales a los que no les pagaron su trabajo anterior. ¡Es por resentimiento! Son miserables esos jodidos, por eso caminan perdiendo en todos los países. Y también que siempre funciona con el hilo nacional. Ellos — los policías— hacen sus zanganadas. El colombiano no te va a mandar 472 kilogramos. Te va a mandar 500, números cerrados; uno lo sabe. Aquí los policías te reportan decomisos de 87, 83, 940.

El tumbador es un cosechador de la traición en un gremio de traidores.

Cuando en abril de 2011 estuve en Bilwi —capital de la Región Autónoma del Atlántico Norte—, pregunté a diferentes fuentes, desde policías hasta miembros de las redes de traslado de cocaína, por qué los tumbadores seguían vivos cuando lo más normal es que el afectado termine por enterarse de quién le robó. Al fin de cuentas, pocos tienen la magia para esconder, en el mismo mercado, una lancha o un furgón cargado con cocaína. En el Caribe me contestaron que era porque no había bases extranjeras instaladas, sino locales, con los que era mejor no entrar en conflicto para evitarse problemas. La mejor solución era comprar la droga a los tumbadores. Aunque cuando el tránsito se realiza por tierra, como sucede en Rivas, parece que la cautela debe ser mayor.

—Es raro, fijate. Aquí ya han aparecido muertos por haberse robado 20, 10 kilos. Es pueblo chico, todos nos conocemos. Si vos mirás a un maje raro… el local sabe bien que lo pueden joder, entonces también te llama: «mirá, loco, aquí andan unos majes así y asá buscando a tal».

Incluso aquí, en tierra firme, se sigue intentando despistar.

—Cuando tumbás, mandás a llamar a gente de Guatemala, de Honduras. Incluso decís: «fijate que se robaron tanto de tanta marca... ¡Reempacalos!» El mundo es para los audaces. Aquí el tumbador sabe bien que le andás tocando los huevos al toro. Aquí tumbás 500 kilos. El dueño de eso tiene competencia. La competencia compra eso que se robaron y la va a vender por arriba. Sabés que un día te toca perder.

En Centroamérica —a diferencia de México, donde un narco debe demostrar que tiene más balas que el otro—, todavía la regla de la discreción tiene su peso, como en el México de los ochenta y de los noventa. Es preferible negociar que llamar la atención, a menos que la situación sea demasiado descarada. Como dice el narco de Rivas, «aquí el que hace locuras o va a la cárcel o termina jodido». Pero, sin duda, la regla de protección número uno para un agente local es esa segunda palabra: local.

—Para matar a un rivense, se necesita a otro rivense.

El capo de Rivas se echa a reír, orgulloso. Se siente cómodo en su reducto, donde sabe interpretar todos los símbolos. Si una camioneta está en la esquina de su casa más de una hora, es la Policía. Si ciertos carros particulares lo siguen, es la Policía. Si ciertos hombres se sientan cerca de él en los restaurantes, sabe que son policías, les conoce el nombre, las andanzas y el apodo, como conoce también los del taxista, el peluquero, el alcalde y el lanchero. Así son los narcos que abundan en Centroamérica, que tienen una parcela de control en la que conocen cada brote y sonido. Una parcela, un cerro, una playa, un municipio, una carretera, un cantón, una aldea. Y desde esa cómoda posición ayudan a quien se deja ayudar.

***

Desde su despacho en uno de los pisos superiores del cuartel central de la Policía, Aminta Granera asegura que los cárteles mexicanos no tienen presencia fija en Nicaragua. Que lo que urge enfrentar son las «estructuras de cooperación nacional» de esos grandes cárteles mexicanos. De hecho, desde hace al menos cuatro años, la estrategia policial ha cambiado. Según el comisionado Juan Ramón Gradiz, brazo derecho de Granera, esto se debe a que antes se estaba «embodegando, capturando al que iba transportando la droga, pero la red quedaba ahí». Desde entonces, una serie de operaciones han pretendido una de dos: o arrestar in fraganti a los miembros de las redes logísticas del traslado de droga, o quitarles todo lo que puedan: casas, negocios, armas, vehículos. «Dejarlos destapaditos», dice Gradiz.

Uno de esos operativos se llamó Dominó I. Se realizó aquí, en Rivas, la noche del 4 de diciembre de 2011; y ahora veinte pescadores, transportistas, gente en apariencia común, enfrentan juicio por tráfico de drogas; y otros diecinueve, por lavado de dinero.

La Policía justifica el éxito de su nueva estrategia con una gráfica titulada «Cocaína incautada vs células neutralizadas 2000-2011». Abajo, dos líneas, una azul y otra roja, se entrelazan, se separan y se vuelven a entrelazar. La azul representa los decomisos de cocaína, que suben en toneladas hasta llegar a 15.1 en 2008, y empiezan a bajar hasta llegar a 4.05 en 2011. La roja, en cambio, representa las «células neutralizadas», que se mantiene en cero hasta despegar en 2005 y subir hasta 16 en 2010, justo cuando la línea azul vive su caída más radical. Para la Policía, la lectura es obvia: se decomisa menos droga porque, como se desmantelan más estructuras, está pasando menos droga.

Al investigador Orozco esta visión le resulta una lectura demasiado básica y equivocada. En primer lugar, porque esta frontera sigue siendo un «zaguán abierto», con ochenta y dos puntos ciegos que él mismo ha identificado en sus recorridos. En segundo lugar, porque los organismos internacionales siguen hablando de una producción de cocaína de 850 toneladas anuales en los países andinos desde, al menos, 2009. De esas, el 90% pasa por Centroamérica en su carrera hacia el norte. Orozco suma elementos y concluye que si los índices de consumo en Estados Unidos se mantienen estables desde hace años, los índices de producción andina se mantienen estables desde hace años, y los índices de consumo centroamericanos y mexicanos aumentan cada año, entonces la Policía debe estar equivocada cuando dice que está pasando menos droga por su país.

En la casa del narco de Rivas, él intenta enumerar a todos los que son agentes libres en la zona. Ha nombrado a unas quince personas e incluso ha llamado a un amigo que cumple condena en alguna prisión nicaragüense para acordarse de un nombre que se le escapó. Al narco de Rivas, la lógica policial no le cuadra, aunque acepta que Dominó I se llevó a varios narcos de verdad.

Mientras charlamos, los argumentos se van desgajando.

—Es que aquí pasa de todos, de la Familia Michoacana, de Sinaloa, del cártel de Zacapa, Guatemala... Aquí vienen paisanos tuyos, y los ticos. No solo son los locales. Eso sí, al local siempre lo contacta un extranjero.

Parece que hay clientes de sobra, y siempre necesitarán de un local. Entonces, siempre habrá locales. Y el narco de Rivas cree que siempre los habrá porque la oferta es más seductora que otras.

—Se ha agarrado como una manera de sobrevivencia. Si aquí solo hay esa zona franca y el mar y los pescados —dice, y abre los brazos con las palmas hacia arriba, como quien ha mencionado un argumento muy obvio.

Esta bien podría ser otra regla del narco centroamericano por excelencia. El narco de este nivel, el agente libre que ahora mueve grandes cantidades para el mejor postor, tuvo una vida en la que era pan comido hacer una mejor oferta, mostrar una mejor baraja.

Los dos narcos salvadoreños con los que hablé, por ejemplo, coincidían en que ambos trabajaron desde pequeños en mercados, cargando bultos, arreglando montones de verduras, descargando camiones. José Adán Salazar, mejor conocido como Chepe Diablo, señalado por las autoridades policiales salvadoreñas como uno de los líderes del cártel de Texis, pasó años asoleándose en la frontera entre El Salvador y Guatemala en su intento por cambiar quetzales por colones —cuando El Salvador aún tenía moneda propia— y ganarle unos centavos a cada billete cambiado.

En el Caribe nicaragüense, para no irnos tan lejos, muchos jefes de células de apoyo a los colombianos y muchos jefes de grupos de tumbadores marinos, fueron pescadores de langosta en los cayos misquitos. Se sumergían a pulmón durante más de tres minutos para sacar el animal por el que les pagarían no más de tres dólares, y que luego sería vendido en algún restaurante a más de diez. Muchos de esos pescadores sufrieron atrofias cerebrales por la falta de oxígeno y quedaron postrados en sus casuchas sin poder mover piernas ni brazos.

Luego de mencionar que los clientes que necesitan de los agentes libres rivenses abundan hoy por hoy, el narco de Rivas se ha enzarzado en un pensamiento en voz alta sobre quiénes vienen y cómo son. Para él, los guatemaltecos y hondureños bajan mucho por estos lados, gente pesada, pero sin duda cree que los más aventados son los salvadoreños, y que muchas veces suelen ser pandilleros de la Mara Salvatrucha (MS-13) los que se encargan de contratar los servicios de algún local para mover vehículos llenos de cocaína. Rivas, podría decirse, tiene dos tipos de visitantes: los mochileros que buscan las playas de San Juan del Sur y los narcos que vienen a abastecerse. La Policía ya ha arrestado a hondureños y mexicanos con cargamentos de drogas y armas. Tres de los mexicanos detenidos en 2007, por ejemplo, son del celebérrimo estado de Sinaloa, en el norte mexicano, cuna de los capos más conocidos en aquel país.

En fin, que al narco de Rivas no le cuadra ni de cerca la lectura que la Policía hace del baile de la línea roja con la azul en aquel cuadro de incautaciones y células delictivas. Para demostrar que no le cuadra, se ha quedado pensando un rato, buscando con qué comparar esta frontera.

—Creo que ahorita aquí hay más droga que en Pereira, Colombia.

—Mirá, ¿cómo se llamaba el comisionado aquel con el que caminaba tu amigo Marcial? —pregunta el narco de Rivas por teléfono a algún colega narco. Ha decidido responder a mi pregunta haciendo esta llamada.

—…

—¿Y está activo todavía?

—…

—Mirá, estoy aquí con un amigo que me pregunta si algún día hemos pagado a la Policía nosotros.

El narco de Rivas activa el altavoz para que yo pueda escuchar la respuesta de su amigo, que parece encontrarse en medio de una fiesta.

—Sí, claro. ¿Quiere que le contactemos alguno?

—¿Vos le has pagado a alguno?

—¡Ja, ja, ja, ja! Aquí podrán venir sinaloenses, pandilleros o centroamericanos que conozcan como la palma de su mano este departamento, pero la importancia de ser de aquí seguirá pesando. No solamente conocer aquí, sino ser de aquí es el valor en el mercado de un agente libre. Aquí es un pueblo. El interior de los países centroamericanos es un pueblo. Los países centroamericanos son una capital rodeada por varios pueblos con título de ciudad. Y en los pueblos todos se conocen. Por ejemplo, si yo quiero que un taxista venga a recogerme, basta que le diga el nombre del narco de Rivas, y él sabe dónde está la casa.

El narco de Rivas ha vuelto a poner en firme un punto que ha recalcado varias veces. Si como agente libre no tenés infiltrada la Policía, no estás en nada. Es curioso, pero hay un punto en el que la primera comisionada de la Policía, el investigador del IEEP y el narco de Rivas coinciden. Este último lo resume.

—No te hablo de la primera comisionada, no te hablo de los directores; te hablo de los jefes, de los segundos jefes, de los jefes de auxilio judicial de los departamentos.

Orozco sigue creyendo que la Policía de su país es de las mejores de la región; sigue creyendo que dista mucho de la policía hondureña, que «tiene departamentos donde todos colaboran con el crimen organizado». Cree que el problema nica de corrupción policial es «allá abajo», en los departamentos, pero cree también que o se corta o crecerá.

La información es poder. Eso queda tan claro en un lugar como Rivas. Hay familias, como los Ponce —dice el narco de Rivas—, que de ser pescadores pasaron a ser grandes narcos por una sola razón: se enteraron de cosas y conocieron a gente. Empezaron a trabajar en las quintas de descanso de la clase pudiente y oyeron, preguntaron y terminaron como lugartenientes fijos del cártel de Cali.

Pero para estar informado hay que tener muchos ojos y oídos. Le pregunto al narco de Rivas la receta para poder operar bien, y comienza a enumerar los ingredientes.

—La Policía te puede mover a un oficial de tránsito en la carretera y mandarte a su perro fiel. La otra opción es que te bandereen para salir del departamento. Uno tiene muchachos que le trabajan, que conocen esta frontera como la palma de su mano; van adelante en un vehículo o una moto. Tenés gente con celulares en La Coyota, en La Virgen o en la entrada de Cárdenas. Los taxistas, los de la gasolinera, que ven pasar. Cuando la Policía va a operativos antes van a fulear a la gasolinera.

Pero claro… ver mucho, saber mucho, tiene su precio.

—Es una red horrible. Ahí en la frontera, por 10 mil dólares pasa un tráiler lleno. Es la Policía la que hace la revisión. La frontera la usan los más grandes. Si vas a pasar tres tráileres, son 30 mil dólares. No la puede pasar un local que vende bolsitas y mandó a traer su kilito a Costa Rica, que está más barato.

Para los menos grandes, los 82 puntos ciegos que Orozco contó son la opción; pero igual, de esa manera hay que pagarle al bandera que irá a la vanguardia.

—Si es bastante lo que se lleva, unos 200 o 300 kilos, pues son unos 5 mil dólares para el bandera. ¡Qué bebida de guaro se da!

Todo bajo la lógica de avanzar, de entender que el negocio de un narco centroamericano es subir la droga lo más posible, porque los kilómetros son dólares. El mismo narco de Rivas sabe que un kilogramo de cocaína que en su departamento vale 6 mil dólares, se paga a unos 11 mil en El Salvador; en Guate, a unos 12 mil; y en México, depende: si es en Chiapas, 15 mil, y si es en Matamoros, unos 20 mil.

***

El narco de Rivas me dice que el tiempo se le agotó, que debe ir a Managua a resolver un asunto, y que me pasará dejando en la gasolinera de la carretera. Mientras avanzamos, señala un motel, una tienda de variedades, un restaurante. Señala los sitios y menciona un nombre, el del narco que según él tiene dinero invertido en cada negocio. Interrumpe, porque recibe una llamada.

—Ajá, decime…. Sí… Entonces, ¿el sábado? ¿Cuatro? Pero decime si es seguro, porque yo pensaba salir del país.

Termina la llamada. Sonríe con orgullo, como quien ha querido demostrar algo que, a la luz de un hecho concreto, ha quedado demostrado.

—Viene droga el sábado. ¿Que se acabó la droga? ¿Que si se va a acabar? ¡Ja!

Publicada el 27 de febrero de 2012

Capítulo IV – Honduras

Así es la Policía del país más violento del mundo

Daniel Valencia Caravantes

«Ayer las víctimas fueron los enemigos políticos o ideológicos.
Si no corregimos esto a tiempo, hoy los motivos podrían ser
distintos y los dramáticos resultados serían los mismos».
Leo Valladares Lanza, comisionado nacional de
Protección de los Derechos Humanos.
Informe preliminar sobre los desaparecidos en Honduras.
Diciembre de 1993.

El asesinato de Alejandro y Carlos David

Probablemente acordaron que lo mejor era acelerar. O tal vez solo Alejandro percibió el peligro y por eso pisó el acelerador. Quién sabe. Lo cierto es que el carro en el que iban los universitarios pasó a toda prisa frente a la cámara de seguridad. Dos segundos después, la cámara grabó al pick up en el que iban sus cuatro asesinos.

Alejandro Vargas y Carlos David Pineda murieron ejecutados en las afueras de la ciudad de Tegucigalpa, la madrugada del 22 de octubre de 2011. Julieta Castellanos, madre de Alejandro, no supo nada de lo ocurrido hasta bien entrada la mañana. Por eso esta historia empieza con otra madre, la del muchacho asesinado junto al hijo de la rectora.

Faltaban quince minutos para las dos de la mañana cuando Aurora Rodríguez escuchó unos disparos, como de metralletas, cerca de su casa. La inercia le abrió los párpados, la arrancó de la cama y la arrastró al pie de la ventana. Sin quererlo, imaginó a una silueta sin rostro disparando a otra silueta sin rostro sobre la calle principal de la colonia, de clase media alta, ubicada en las afueras de la ciudad. Escrutó el vecindario desde detrás de las persianas, pero afuera no había nadie y eran pocas las luces encendidas. En la lejanía, escuchó ladrar a unos perros.

Nunca —ella lo repite: ¡Nunca!— imaginó Aurora Rodríguez que el gatillo lo había apretado un agente de la Policía Nacional de Honduras ni que una de las víctimas era su hijo de veintitrés años. Hasta ese momento creía, por más rumores e historias de terror que hubiera escuchado, que los policías no hacían eso.

—¡Los policías no hacían eso! Es que, se escuchaba pero nunca se comprobaba nada... nunca fue cierto —dice Aurora Rodríguez.

Ni siquiera cuando le dejó la última de las doce llamadas perdidas a su hijo imaginó que unos policías lo habían retenido contra su voluntad para después asesinarlo. Su corazón, sin embargo, presintió algo malo y por eso, esa noche, ya no pudo dormir.

***

La posta policial de La Granja es un edificio viejo, con pilares azules en la fachada y paredes de un verde aceitoso en su interior. Es la tarde del viernes 13 de enero; entra un grupo de jóvenes policías. Llevan uniforme nuevo y casi se podría jurar que es la primera vez que lo usan.

Tres meses antes, el grupo de fiscales que llegó a La Granja para recabar pruebas en contra de los policías involucrados en el asesinato de Alejandro y Carlos David fue recibido por cien agentes encapuchados. Los fiscales pasaron en medio de aquella muralla de miradas desafiantes con más pena que gloria. Aquel fue un recibimiento hostil.

Ahora ya no hay nadie encapuchado y se ve que hay muchos policías jóvenes. Incluso más jóvenes que los que asesinaron a los estudiantes, aunque el mayor no pasaba de los veinticinco años. Son nuevos agentes, que relevaron a muchos de aquellos de mirada desafiante que fueron depurados por sospechas de corrupción en el último medio año. A estos nuevos agentes les llaman «los rapiditos», porque se graduaron en cuestión de tres meses. La depuración policial ha permitido el nacimiento de policías prematuros.

Las denuncias hoy, 13 de enero —según un agente *rapidito* que habla desde el anonimato—, han estado movidas. «Llevamos cinco, por robo todas. Hay días en que no viene nadie», dice. Que haya pocas denuncias tal vez tenga que ver con el hecho de que hasta hace unas semanas desde esta posta policial operó una banda criminal dedicada al secuestro, la extorsión y el sicariato. Quizá por eso, La Granja y sus policías lo último que inspiran es confianza. Esta delegación es el símbolo de la corrupción policial en Honduras. Días después del asesinato de los estudiantes, con la velocidad de un rayo, salieron a luz viejos informes de inteligencia policial que destapaban esa estructura. «Cártel de La Granja» la llamaron los principales periódicos hondureños. Los policías robaban vehículos y los vendían hasta por 50 mil lempiras (alrededor de 2 mil 600 dólares) a hueseras de la zona, que los desarmaban y luego ofrecían por piezas. También secuestraban o asesinaban a sueldo en sus días libres. Durante sus operaciones, sintonizaban la frecuencia policial para moverse fuera del radio de patrullaje de sus compañeros. Pero esos informes gubernamentales nunca revelaron el nombre de los cabecillas de la banda ni fueron usados para desarticular esa estructura ni enjuiciar a nadie.

***

La Dirección Nacional de Investigación Criminal de Honduras (DNIC) es la unidad que se encarga de investigar todo o casi todo lo que acontece en el mundo criminal hondureño; desde homicidios hasta robos de motocicletas. Como en todas las instituciones policiales, aquí hay división de tránsito, preventiva, de fronteras, y en Honduras hay incluso una Policía penitenciaria que dirige y controla los penales. Pero el peso de las investigaciones recae sobre los hombres y mujeres de la DNIC. Son los que manejan la mejor información.

El 26 de julio de 2011, el director de la DNIC, general Marco Tulio Palma Rivera, tuvo que improvisar una conferencia porque su oficina rebalsaba de periodistas. Ese mediodía, dos policías de La Granja fueron detenidos por el secuestro de un profesor universitario, y para las dos de la tarde la prensa hondureña quería una reacción. Palma es un militar que se quitó el uniforme verde olivo del Ejército para vestir el azul policial a comienzos de los años noventa, cuando las dos instituciones se separaron. La doctrina militar le inculcó a Palma el hábito de pedir disculpas cuando se irrespetan los horarios. «Disculpe —me dijo Palma Rivera, cuando el último de los reporteros hondureños abandonó su oficina treinta minutos después de la hora que habíamos programado para la entrevista—. Yo, cuando digo a una hora, siempre cumplo. Así me lo enseñaron. Pero pasó esto y había que atender a la prensa nacional».

En aquella cita, Palma Rivera dijo que lo de esos policías era un caso aislado, parte de un problema que se da en cualquier cuerpo, donde no siempre todas las partes caminan en la misma dirección. «En toda institución hay malos elementos, pero en la Policía Nacional de Honduras son los menos. Eso es un caso aislado. La gran mayoría de los policías de Honduras actuamos a favor de la población, no en contra», dijo. Se supone que Palma era la persona indicada para saber eso. En ese momento, él era quien manejaba la principal oficina de investigación criminal de la Policía.

Tres meses después, cuando un grupo de policías asesinó a Alejandro Vargas y Carlos David Pineda, Palma Rivera no solo era el director de investigaciones sino también el subdirector de la Policía. La suerte judicial de los ocho agentes que participaron en el crimen estuvo en sus manos; en las del director, José Luis Muñoz Licona; y en las del jefe de la región metropolitana, José Balarraga. Sin embargo, ninguno ordenó el arresto de los agentes cuando se confirmó que habían ejecutado a los universitarios. Por el contrario, aun conociendo el nombre de los asesinos, una semana después del crimen dejaron que se fueran de fin de semana libre. Cuatro de ellos usaron ese permiso para fugarse.

Cuando, a los pocos días, en los medios de comunicación se desató el escándalo, Palma, Muñoz Licona y Balarraga fueron los primeros en ser suspendidos, junto a todos los policías encapuchados de la delegación de La Granja.

***

Alejandro Vargas y Carlos David Pineda departieron toda la noche en la casa de una amiga. Veinte minutos después de la una de la mañana se fueron a la casa de los Pineda, ubicada en las afueras de la ciudad. Iban a desvelarse en un pequeño estudio invadido por un sofá cama, una batería y un armario abarrotado de libros, retocando la historia de Frank Mason, un héroe que acaba con los malos mientras persigue los superpoderes que, por alguna razón, la vida le negó. El drama de Frank Mason es que es un héroe sin los poderes que tenían su padre y su abuelo.

Alejandro, estudiante de psicología en la universidad que dirige su madre, la Universidad Autónoma de Honduras (UNAH), era el guionista. El editor era Carlos David, un futuro abogado, baterista de Orión —una banda del *underground* roquero de Tegucigalpa— y líder juvenil en una iglesia. Los dibujos los hacía un tercer colaborador. Se suponía que esa madrugada retocarían las últimas páginas de un cómic en el que los buenos siempre ganan a los malos, aun sin superpoderes.

Cuando los policías los interceptaron, estaban a una cuadra de la casa de Carlos David y, si no hubiera sido porque uno de los agentes sacó medio cuerpo por una de las ventanas laterales del pick up, y disparó una ráfaga de ametralladora, probablemente los muchachos se hubieran librado. Una de las balas atravesó la espalda de Alejandro y lo obligó a detener el vehículo cerca de una iglesia.

Entre el «¡bájense, hijos de puta!», que gritó uno de los policías, y los lamentos de Alejandro, Carlos David clamó, alterado:

—¡Mi amigo está herido, llévenlo al hospital! ¡Es el hijo de la rectora!

En ese momento, los policías supieron que se les había complicado todo.

***

En Honduras, dos jóvenes asesinados más hubieran significado poca cosa. Este país tiene bellas islas, una pujante selección de fútbol que clasificó para el Mundial de Sudáfrica, y una fuerte tradición garífuna, pero también destaca por su propensión a los golpes de Estado y sus altos niveles de violencia, corrupción y narcotráfico. Honduras tiene la tasa de homicidios más alta del mundo (82 por cada 100 mil habitantes), una Policía dramáticamente corrupta y es un puente histórico para los narcos. En el último año incluso ha conseguido que su capital comercial, San Pedro Sula, desplace a Ciudad Juárez como la metrópoli más violenta del mundo, según la investigación de una oenegé mexicana. Las autoridades se resisten a dar las cifras oficiales de homicidios de 2011 «para no entrar en polémicas con ese dato», según el ministro de Seguridad, Pompeyo Bonilla.

Esa es la Honduras en la que Alejandro y Carlos David fueron asesinados. Si hubieran sido otros estudiantes, la historia quizá sería distinta. Quizá otras víctimas hubieran ganado segundos en los telediarios y alguna página en los periódicos. Quizá la Fiscalía hubiera gastado papel en un expediente que no se resolvería, y posiblemente alguna organización de derechos humanos hubiera reseñado el caso en sus informes anuales. Como en la gran mayoría de casos, lo más seguro es que el asesinato de dos estudiantes universitarios hubiera sido otro crimen impune. Sin embargo, uno de los fallecidos no era una víctima cualquiera. Era el hijo de la rectora de la UNAH, Julieta Castellanos.

—¡¿Cuál rectora, hijos de puta?! —dijo uno de los policías, cuando escuchó a Carlos David intentando hacer que la casta de su amigo consiguiera la misericordia de sus captores.

No tardaría mucho la banda en reflexionarlo. No es lo mismo herir a *Juan Pueblo* que herir al hijo de una mujer con contactos políticos y presencia mediática, una intelectual que trabajó para las Naciones Unidas, una de las caras más activas en la Comisión de la Verdad que denunció los atropellos cometidos en Honduras después del golpe de Estado de 2009.

No está claro exactamente qué sucedió esa noche, pero lo cierto es que Alejandro Vargas no murió donde lo balearon ni tampoco terminó en un hospital. Entre los balazos que detuvieron a los estudiantes y los balazos que los mataron se interpusieron minutos en los que, se sospecha, los agentes pidieron consejo a alguien. A quién, solo ellos saben, pero las cosas que ocurrirían en los días siguientes llevaron a que toda la cúpula policial, recién nombrada apenas mes y medio antes, fuera removida de sus cargos, y a que saliera a la luz el informe sobre el cártel de La Granja. Ese informe que no menciona cabecillas.

Hoy sí, la sangre del hijo de una figura pública hizo despertar a un país en el que siempre hubo quienes advirtieran sobre el cáncer que devoraba a la Policía. El Departamento de Estado de los Estados Unidos, en sus informes de derechos humanos de hace una década, ya advertía sobre el incremento de la corrupción policial, sobre los nexos de la autoridad con el crimen organizado y el narcotráfico.

**

Otra patrulla llegó a la primera escena del crimen, donde Alejandro se desangraba. Los policías ya habían tomado una decisión sobre los jóvenes: ninguno quedaría con vida.

El cuerpo de Alejandro viajó en la cama de uno de los dos pick ups; a Carlos David se lo llevaron en el vehículo que conducía Alejandro. La comitiva se alejó un par de kilómetros, se apartó de la carretera y se introdujo en una hondonada.

Luego, dos de los ejecutores retaron a uno de sus compañeros para ver si tenía el valor de matar a sangre fría. Lo sabe Aurora Rodríguez.

—«¡Vaya, estrenate, pues!», le dijeron a uno de los policías que se entregó semanas después —cuenta.

Con Alejandro Vargas ya muerto con un tiro en la cabeza, tres en el pecho y uno en la espalda, Carlos David Pineda decidió que era preferible vivir algún tiempo en la cárcel que morir en medio de una hondonada. Carlos David ofreció a sus captores el silencio eterno a cambio de unas rejas, porque ellos tenían el poder para inculparlo de cualquier delito, para lavarse en él y justificar las balas de esa noche. Cualquier cosa era preferible que morir asesinado así, de esa manera tan impune, por unos policías. Pero ellos no aceptaron su oferta.

**

El hombre no tardó mucho en examinar la foto de Carlos David colocada sobre el féretro. A los muchachos los asesinaron con balas capaces de perforar chalecos antibalas, y la familia del chico decidió no dejar que los asistentes al funeral vieran su cuerpo, porque sus asesinos le habían desfigurado el rostro.

Cuando aquel hombre sintió que todos lo observaban a él —un extraño en medio del duelo, un extraño que llevaba recogido en la frente un gorro pasamontañas—, se dio la vuelta y desanduvo su camino a toda prisa. Se subió a un carro viejo y sin matrícula, y partió con rumbo desconocido.

Aurora Rodríguez todavía se sobresalta cuando recuerda esa escena ocurrida el domingo 22 de octubre, en el velorio de su hijo. No recuerda bien su rostro, pero sospecha que era uno de los asesinos que llegó para cerciorarse de que el muerto era el mismo chico al que él había asesinado.

—O para intimidar. ¿Qué más iba a hacer ahí un extraño? Eso solo habla de lo poderosos que se sienten, —dijo.

Aquella no fue la única vez en que la piel entera se le erizó a Aurora Rodríguez frente a un desconocido, al punto de provocarle vómitos.

***

La oficina de la DNIC está en un edificio contiguo al Estado Mayor del Ejército, en un barrio maltrecho de Comayagüela, la llamada ciudad gemela de Tegucigalpa. Su ubicación geográfica responde a su historia. La DNIC, antes División Nacional de Investigación, era uno de los brazos de inteligencia contrainsurgente que utilizó el ejército hondureño para aplacar disidentes en la década de los ochenta, cuando la seguridad pública en Honduras era regida por militares.

Hubo una vez en Honduras un grupo de hombres que intentó separar a la Policía del Ejército, y lo consiguió. De ese grupo uno ya falleció, otro sigue dando misas e incluso, en 2005, estuvo a punto de convertirse en Papa (es el cardenal Andrés Rodríguez Maradiaga); uno más fue asesinado por unos sicarios en diciembre de 2011, dos meses después del crimen de los estudiantes, y el cuarto es un anciano con manos adornadas por gruesas venas. Este último, a los sesenta y seis años, vive su primera diputación en el Congreso hondureño. Su nombre es German Leitzelar.

Hace veintisiete años, el abogado Leitzelar arriesgó su vida al defender derechos humanos y terminó, a principios de 1990, en una comisión de modernización que administró la transición de la policía militar a una policía fuera de la milicia. Leitzelar estuvo en el génesis de lo que hoy es la Policía hondureña. «No pudimos llamarla Policía civil como en El Salvador o Guatemala, porque aquí esa conversión no llegó a tanto», se lamenta. En los ochenta, como muchos otros, fue perseguido e intimidado por el brazo más radical del Ejército hondureño y, como pocos, tuvo la suerte de sobrevivir para contarlo.

Una noche de un día y de un mes que ya no recuerda, al arrancar su vehículo, Leitzelar escuchó tras el asiento del copiloto el chinchín de unas esposas y el chasquido que escupe una pistola cuando es cargada. Miró por el retrovisor y se encontró con una sombra que hablaba con voz ronca. Su secuestrador no se identificó, pero sí le presentó la boquilla de una .9 milímetros y se la puso en la nuca. «Conducí», le dijo. Leitzelar recorrió toda Tegucigalpa durante tres horas. Sintió que iba a morir. De hecho, recuerda haber resucitado hasta que su captor se bajó del vehículo. «¿Sabés que por lo que andás haciendo podés perder la vida, verdad?», le preguntó aquel hombre, antes de despedirse.

La lucha de Leitzelar y de muchos otros tuvo frutos, y en 1990 se rompió oficialmente el cordón umbilical entre el Ejército y la Policía. En el origen de la policía hondureña, los agentes nacidos bajo la autoridad militar saltaron a la nueva institución y se llevaron consigo todo lo aprendido, incluido lo mal hecho.

No hubo mutación sino camuflaje. El narcotráfico, el crimen organizado y el tráfico de armas prosperaron en Honduras gracias a que los militares que custodiaban al país permitieron todo en la década de los ochenta (presencia militar de Estados Unidos, campamentos para la contra de Nicaragua, y hasta la incursión en territorio hondureño de los ejércitos regulares de El Salvador y Guatemala para reprimir a sus guerrillas en los puntos fronterizos). Cuando la Policía se separó del Ejército, a inicios de los noventa, la cosa no varió mucho. Los militares que se cambiaron el uniforme y se reinventaron como policías se quedaron con las llaves para abrir y cerrar las puertas del país.

La Policía hondureña de hoy es lo que es porque nunca se depuró. Lo dice Leitzelar, que creyó, como sus compañeros intelectuales en la comisión, que iban a lograr separar y depurar. Lo primero lo hicieron con éxito; pero lo segundo, cuando empezaron a gestionarlo…

—La clase política disolvió la comisión. Es un error histórico que ahora estamos pagando con creces —se lamenta.

Hoy el diputado se ha metido en una nueva aventura, inspirado por Julieta Castellanos, madre de Alejandro Vargas, para intentar, de nuevo, aquello que no logró hace más de veinte años.

***

—Imagínese que usted es un atleta que siempre quiso competir en una carrera de relevos, y puso todo su empeño para ganarse un puesto en alguno de los tramos de la carrera porque sabe que eso le dará no solo prestigio sino que también riqueza. Pues eso pasó aquí. Todos en esta Policía quisieron estar en algún punto de esa carrera, para recibir la estafeta.

Estamos en la terraza de una casa encumbrada de Tegucigalpa. Allá abajo, en la ciudad, pareciera que no pasa nada. Que no pasó nada en los años del génesis de la Policía. Pero este exfiscal asegura que pasó mucho, y lo dibuja con esa carrera de relevos. Él, que intentó sin éxito depurar a los malos elementos, llevarlos a juicio, conseguir condenas, ahora habla desde el anonimato. La experiencia lo dejó con miedo a sus adversarios.

«Cultura de la corrupción» llama este exfiscal a lo que germina dentro de la Policía. Muchos agentes aprendieron a aliarse con el enemigo; otros, a recibir sobornos; otros, a aliarse con el enemigo del enemigo para luego repartirse el botín de la droga...

Esto último es lo que ocurre en el departamento de la Atlántida, el cordón umbilical entre las inhóspitas zonas al oriente de Honduras, donde se descarga la cocaína que luego alguien llevará hasta las fronteras con Guatemala. En Atlántida hay policías preventivos y de tránsito que se alían con bandas criminales locales para hacer «pongas» —tumbes— de la carga o de los pagos en efectivo de los narcotraficantes.

—Con el tiempo, las postas policiales se convirtieron en feudos donde se aprendió a negociar con los ladrones, los narcomenudistas, los pandilleros...

—¿Cómo interpreta el caso de La Granja, que se destapó tras el crimen de los estudiantes?

—El caso del hijo de la rectora ha sacado a la luz pública que en ciertos negocios los policías decidieron meterse de lleno, convirtiéndose ellos mismos en los autores materiales del secuestro, el asesinato o el robo de vehículos.

El Ministerio Público hizo —ha hecho— muy poco para frenar a la Policía. No fue creado sino hasta finales de los años noventa, tiene bajo presupuesto y depende de las investigaciones policiales debido a su escaso recurso humano. Hay casos en los que sus trabajadores incluso son intimidados, cuando el muro que intentan escalar cobra vida y se siente amenazado. Como le ocurrió a una de las fiscales que participó en la recolección de pruebas en el lugar en donde fueron interceptados los estudiantes. «¡¿Y cómo tienen valor de andar investigando esto?! Pero ni nosotros, que somos hombres, nos metemos, porque es demasiado peligroso», le dijo un policía de La Granja que *patrullaba* en ese sector. Para la fiscal, que en una visita a la posta de La Granja sintió la presión que ejercen cien pares de miradas desafiantes, escondidas detrás de unos pasamontañas, el comentario fue otra amenaza velada.

Han pasado muchos años desde que el exfiscal con el que ahora hablo intentó encausar a altos mandos policiales. Él comprobó que era imposible escalar el muro. Dice que había un punto en el que todo se estancaba, en que ya nadie quería investigar, en el que sus colegas se corrompían o sucumbían ante las amenazas. Y si se lograba presentar un caso sólido, los jueces se encargaban de derribarlo todo.

287

El exfiscal no da razones para ningún optimismo.

***

Aurora Rodríguez sintió que iba a desmayarse cuando el martes 24 de octubre de 2011, en la oficina del jefe de investigadores de la DNIC, le confirmaron que a su hijo y al amigo de su hijo los habían matado unos policías preventivos. Pidió disculpas, le dijo a su marido que no soportaba estar ahí y salió espantada del lugar. Quería gritar, quería vomitar, quería golpear a cada uno de los oficiales que se le cruzaban por los pasillos, en el parqueo, en la salida de la delegación. Le temblaban las piernas. Sintió miedo.

Cuando el taxi se puso en marcha, Aurora intentó armar de nuevo sus ideas. Fue entonces cuando entendió que el enemigo no era el delincuente común de la calle, sino otro más grande, uno que usa armas reglamentarias y carga un chaleco antibalas. Entendió lo que entendió su hijo antes de morir: los policías son capaces de hacer cualquier cosa. Ese día decidió que nunca más recibiría a los investigadores del caso. Camino a casa, lloró porque estaba furiosa. Hoy lo recuerda y en su rostro aflora una mueca. Mueve la cabeza de un lado al otro. El gesto es un «ironías de la vida, ¿puede creerlo?» que no acaba de salir de su boca.

Hace más de tres décadas ella estuvo a punto de convertirse en policía.

La comisionada Borjas y los fusiles AK-47

María Luisa Borjas supo que algo andaba mal cuando, a esa hora de la noche, descubrió encendidas las luces de la bodega de armamento. Esa bodega —lo sabía muy bien, porque trabajó mucho tiempo en el cuartel general de Casamata, ubicado en una curva empinada del centro de Tegucigalpa— cerraba a las cinco de la tarde. Sin embargo, las luces estaban encendidas a las ocho de la noche. Su instinto le dijo que algo raro pasaba.

En ese momento, ella era la jefa de Asuntos Internos de la Policía Nacional de Honduras, y en esa bodega estaban guardadas las evidencias de su caso más importante. Eran seis fusiles AK-47 que en teoría involucraban a un grupo de oficiales con una red de sicariato y de exterminio de pandilleros en San Pedro Sula. Y esa noche alguien estaba ahí, en el cuarto donde estaban los fusiles, con las luces encendidas y las puertas cerradas. Borjas rápido armó conjeturas.

Ese mismo día, 20 de agosto de 2002, el entonces fiscal especial contra el crimen organizado, Mario Enrique Chinchilla, envió una nota al ministro de Seguridad Óscar Álvarez. Le avisó que al día siguiente llegaría a requisar seis fusiles AK-47 como parte de una investigación sobre violaciones de derechos humanos iniciada en San Pedro Sula. María Luisa Borjas recibió una copia de esa carta.

El caso, de no haber sido por una fuga de información, se hubiera amarrado un mes antes. El 31 de julio, la Fiscalía allanó una casa de seguridad de la Policía en San Pedro Sula en la que se encontraron pruebas relacionadas con más de cincuenta asesinatos. Seis de las víctimas estaban involucradas en bandas de robacarros, y en la casa había varios de los vehículos, sin matrículas, que ciertos testigos relacionaban con los policías. Pero Borjas esperaba encontrar una evidencia más que incriminara a los oficiales que operaban desde ese lugar: investigadores de San Pedro Sula le habían informado que los oficiales de la Unidad Antisecuestro escondían armas antirreglamentarias en esa casa. Unos AK-47. La casa, los carros, los policías, las balas de AK-47 en las escenas de los crímenes… Todo cuadraba con las denuncias de los testigos. Solo faltaban los fusiles.

Cuando los investigadores allanaron la casa, encontraron municiones para AK-47, pero no las armas.

En realidad, mientras los policías bajo el mando de Borjas abrían cajones vacíos, revisaban en el techo y debajo de las camas, las armas ya estaban bajo custodia policial e iban rumbo a Tegucigalpa. El subcomisionado Salomón de Jesús Escoto Salinas, entonces subdirector de Información y Análisis de la Policía en San Pedro Sula, las había enviado a la supervisora general de la Policía Preventiva, inspectora Mirna Suazo. Las armas fueron ingresadas al inventario y permanecieron ocultas en una bodega en Casamata durante veinte días. Cuando Borjas se enteró del paradero de las armas, porque consiguió el acta de remisión firmada por Escoto Salinas, informó al fiscal contra el Crimen Organizado y este le respondió con la copia de la carta dirigida al ministro Óscar Álvarez.

María Luisa Borjas interpretó esa carta al ministro como una voz de alerta dirigida a los sospechosos. Les estaba dando tiempo para destruir las pruebas.

Consciente de lo que estaba ocurriendo, Borjas se acercó al portón de la bodega, clavó la oreja y escuchó ruidos y murmullos. Tocó una vez y nadie contestó. Asomó de nuevo la oreja y los murmullos habían cesado. Luego tocó una vez más. Abrieron. Entró.

En la bodega estaban la inspectora Mirna Suazo, el jefe de almacén de armas Pedro Alemán, un armero del Ejército y un cuarto hombre: Juan Manuel Aguilar Godoy, jefe de manejo de crisis del Ministerio de Seguridad, uno de los más cercanos asesores del ministro Óscar Álvarez.

Borjas ató todos los cabos y sintió que una cosquilla incómoda le subía por la espalda. Dos más dos da el mismo resultado siempre y por eso, diez años después de aquel episodio, sigue sosteniendo que en Honduras, entre 2002 y 2004, se ejecutó una política de limpieza social, ordenada desde la Presidencia de la República que entonces ocupaba Ricardo Maduro, supervisada por el Ministerio de Seguridad y la dirección de la Policía, y ejecutada por agentes de esa misma Policía. Las pruebas para enjuiciar a algunos de los involucrados eran, según Borjas, esos seis fusiles AK-47.

Aquella noche, adentro de la bodega, mientras el asesor del ministro y el jefe de la bodega se deshacían en excusas para justificar su presencia allí, la comisionada Borjas entendió que había llegado tarde. Miró al armero, que se escondía detrás de una estantería, y supo que había sido llevado allí para manipular las armas, desarmarlas y lijarlas a fin de que las pruebas de balística no las vincularan con aquel medio centenar de asesinatos en San Pedro Sula.

La comisionada Borjas supo entonces que el caso que tenía entre manos, su caso estrella, era un caso perdido.

***

En la mesa hay galletas de chocolate en una bandeja y refresco de limón en dos vasos de vidrio. Es la primera vez que María Luisa Borjas habla conmigo desenfadada, en voz alta, sin mirar a cada instante a través del rabillo del ojo. Nos hemos reunido varias veces y esta es la primera que se siente cómoda. Al final de cuentas está en su casa, resguardada por cámaras de vigilancia que, dice, están escondidas en algún punto de la cuadra.

La primera vez que nos vimos fue en una oenegé de su confianza en la que no trabaja, pero en cuya sede recibe a los invitados desconocidos. «Es que ella no trabaja aquí, pero si aquí lo citó espérela, no hay problema»", dijo aquella vez la recepcionista de la oenegé. Faltaban dos meses para que Alejandro Vargas y Carlos David Pineda fueran asesinados.

Apareció cuarenta minutos después de lo previsto, vestida de civil. Hace más de nueve años que María Luisa Borjas no se pone el uniforme policial. Fue despedida luego de acusar a la directora Coralia Rivera, a la inspectora Mirna Suazo, y al asesor Aguilar Godoy, de destrucción de evidencia policial. Por esa y otras incriminaciones más, sus jefes acabaron con sus veinticinco años de carrera con la rapidez de un chasquido de dedos. Desde 2003, se dedica a colaborar con oenegés en materia de seguridad pública.

—¿Por qué no los apresó a todos, ahí en la bodega? ¿No tenía esa facultad?

—Mire, estaba yo sola, y ellos eran tres. ¿Qué iba a hacer? Y aunque me hubiera ido a traer a unos investigadores de la DNIC, ¿usted cree que ellos iban a tener el valor de arrestar al asesor directo del ministro Óscar Álvarez? ¿A la directora Coralia Rivera? ¡Ja, ja, ja! Más bien a mí me hubieran arrestado. ¡Ja, ja, ja!

—¿Qué hizo entonces?

—Ni bruta ni perezosa me fui a la comandancia de guardia para ver quién había autorizado la entrada de ese armero.

La comisionada descubrió que la había autorizado personalmente la inspectora Mirna Suazo. Siguió con las conjeturas y concluyó que Mirna Suazo solo pudo haber actuado bajo órdenes de la directora Coralia Rivera, la única que en Casamata sabía que los fiscales irían al día siguiente por esas armas. Y fuera de Casamata solo había tres personas más que conocían esa información: la misma Borjas, el fiscal contra el Crimen Organizado y el ministro Álvarez.

—¿Quién avisó a Coralia Rivera? Siga la pista de la cadena de mando. Dudo mucho que el fiscal le haya avisado. Él lo que hizo fue avisarle al jefe de la directora. Así que lo único que me quedó fue sacarle copia a esa orden, pedir a los fiscales que llegaran, por gusto, porque no llegaron, y me fui a mi casa.

Al día siguiente los fiscales confirmaron que las armas habían sido manipuladas, y armaron un caso por destrucción de evidencia. Un caso que Borjas también perdería.

Dos años después, en el juicio, la directora Coralia Rivera declaró a los medios de comunicación que nunca supo que esas pruebas eran evidencia policial. «Se nos ha querido involucrar en acciones administrativas propias (...) que yo giré órdenes en su momento oportuno (...) después las quisieron relacionar con casos que se investigaban y todo eso es producto de las locuras de María Luisa Borjas», publicó La Tribuna, el 18 de febrero de 2004.

Pese a las pruebas documentales y a la confesión del jefe de la bodega y del armero —quienes aceptaron haber recibido órdenes para destruir seis AK-47—, Rivera, Suazo y el asesor del ministro Álvarez fueron absueltos de todos los cargos por un juez penal.

Cinco años después de aquel juicio, Salomón de Jesús Escoto Salinas, el oficial que envió las armas desde San Pedro Sula hacia Tegucigalpa, fue juramentado como director general de la Policía en el último año de gobierno de Manuel Zelaya. Cuando lo nombraron, inmediatamente surgió la protesta de los organismos pro derechos humanos. Escoto Salinas fue miembro del 3-16, el batallón del Ejército encargado de torturar y desaparecer a disidentes políticos en la década de los ochenta.

***

Después del episodio de los fusiles AK-47, a María Luisa Borjas le quitaron sus principales investigadores. Luego la privaron de su dotación de gasolina, de su automóvil oficial y, por último, del acceso a su propia oficina.

Sus jefes habían descubierto que la comisionada no se había quedado de brazos cruzados y seguía investigando otro caso que tenía relación con la misma estructura que se deshizo de los AK-47. Una estructura a la que puso el nombre de *Los Magníficos*. La comisionada Borjas quería una revancha.

Los fusiles no solo estaban involucrados en el asesinato de supuestos pandilleros robacarros, sino que, según Borjas, también en el crimen del diputado y exministro de Economía Reginaldo Panting. Al menos a eso la llevaban sus pistas. Secuestrado el 18 de mayo de 2002, Panting apareció muerto quince días después, luego de que la familia pagara, en vano, un millonario rescate.

Para la comisionada Borjas, había una relación entre los secuestradores y un grupo de policías de San Pedro Sula, entre los que figuraba Juan Carlos Bonilla —*El Tigre* Bonilla, como le conocen en Honduras—. Solo eso explicaría que, según las investigaciones de Borjas, Bonilla, otros dos comisarios y un inspector hubieran asesinado, en junio de 2002, a Jorge Luis Cáceres, uno de los líderes de la banda que secuestró y asesinó a Panting. Querían eliminar testigos, según Borjas.

—¿Que la hizo concluir eso?

—Ellos como autoridad tenían la obligación de apresarlo. Pero lo que hicieron fue intentar deshacerse de la conexión que tenían con los secuestradores.

Cuando la policía encontró el cuerpo de Cáceres, este había sido incinerado y tenía rastros de haber sido acribillado a balazos.

Como parte de la investigación del caso, Borjas interrogó a Bonilla. A la salida de aquel encuentro, la comisionada aseguró a la prensa hondureña que este le había respondido con una frase que confirmaba todas sus sospechas.

—Si a mí me quieren mandar a los tribunales como chivo expiatorio, esta Policía va a retumbar, porque yo le puedo decir al propio ministro de Seguridad en su cara que yo lo único que hice fue cumplir con sus instrucciones —fue, según Borjas, la frase de Bonilla.

Se refería al ministro Óscar Álvarez.

Borjas se enfrentaba a una estructura compleja, en la que los distintos implicados se protegían entre sí y en la que, según asegura, los oficiales a los que ella procesaba, o a los que intentó procesar, cumplían órdenes de más arriba.

—Por eso la que salió procesada y depurada fui yo, ja, ja, ja...

***

Juan Carlos *El Tigre* Bonilla fue exonerado de los cargos en su contra y, con el paso del tiempo, subió escalones en la estructura policial. Hasta septiembre de 2011 fue jefe regional de tres departamentos fronterizos con Guatemala y El Salvador. Un área dominada por los señores de la droga del norte de Honduras. Hasta septiembre —porque en septiembre de 2011 el presidente Porfirio Lobo destituyó al ministro de Seguridad, Óscar Álvarez, que en 2010 había regresado al cargo en medio de vítores—. Días antes de su destitución, Álvarez dijo que revelaría los nombres de una veintena de oficiales que alertaban a las narcoavionetas que aterrizan en territorio hondureño, y anunció una depuración en la Policía.

El anuncio de depuración hecho por Álvarez causó un terremoto en la institución policial. Lobo lo había llevado al Ministerio tomando en cuenta que fue Álvarez quien, diez años atrás, durante el gobierno de Maduro, había impulsado el plan *mano dura* en Honduras y había logrado reducir los índices delincuenciales del primer lustro del nuevo siglo. Pero Óscar Álvarez era, también, un político perseguido por una larga sombra.

Hace mucho tiempo Álvarez fue militar, de las fuerzas especiales del Ejército. En una entrevista concedida en 1995 al *Baltimore Sun* —para un reportaje en el que se denunciaba que el Gobierno estadounidense, a través de la CIA, patrocinó y entrenó a los cuerpos contrainsurgentes del Ejército hondureño—, Álvarez dijo: «Los argentinos vinieron primero y ellos nos enseñaron cómo desaparecer gente. Los Estados Unidos *eficientaron* todo».

Óscar Álvarez es el sobrino de uno de los fundadores del Batallón 3-16, el general Gustavo Álvarez. Jefe del estado mayor del Ejército entre 1981 y 1983, quien fue acribillado en 1989 presuntamente por un comando guerrillero. En sus últimas declaraciones a la prensa había dicho que se arrepentía de las violaciones a los derechos humanos en la década de los ochenta, y que él había cumplido órdenes superiores.

Veintiún años más tarde, su sobrino vería terminar su carrera en el gabinete de Seguridad de Honduras luego de advertir que denunciaría a los corruptos. «Era más fácil que me fuera yo, que los policías corruptos», dijo Óscar Álvarez, hoy diputado del Congreso hondureño refugiado en Houston, Texas.

***

Hace diez años, en su primer periodo al frente de la cartera de Seguridad, Óscar Álvarez lideró el plan antipandillas del Gobierno hondureño, y la sombra de su pasado militar lo alcanzó en tres episodios concretos.

La denuncia que Borjas hace en su contra, cuando lo ubica al mando de estructuras dedicadas a la limpieza social en 2003 y 2004, es solo una de las muchas que oficial o extraoficialmente pesan sobre él en las calles de San Pedro Sula y La Ceiba, ciudad costera con el mejor índice de desarrollo de todo el país.

En esas dos ciudades, en 2003 y 2004 ardieron dos centros penales dirigidos por jefes policiales ligados a Álvarez. En total hubo más de doscientas víctimas, la gran mayoría de ellas pandilleros del Barrio 18, reos a los que los custodios —agentes de Policía— no quisieron evacuar durante los incendios. El caso de San Pedro Sula se investiga actualmente en la Corte Interamericana de Derechos Humanos, porque en Honduras nunca se dedujeron responsabilidades.

Durante aquella primera época de Óscar Álvarez al frente de la Seguridad de Honduras, las madres de decenas de pandilleros denunciaron la desaparición de sus hijos, pero no lograron su atención. Cofadhe, una organización nacida para denunciar a los desaparecidos a manos del Ejército durante los años ochenta, atribuyó la mayoría de esas desapariciones a la Policía. El Centro para la Prevención contra la Tortura, CPTR, hizo públicas denuncias por abusos de autoridad, corrupción y asesinatos sistemáticos en los centros penales del país. Casa Alianza, una organización que intenta salvar a niños huérfanos, huelepegas y niñas explotadas sexualmente, no solo denunció el maltrato de la Policía contra esos menores en las calles malolientes y desvencijadas del centro de Tegucigalpa, sino que denunció internacionalmente los casos de jóvenes que aparecían muertos en lo que parecían ejecuciones extrajudiciales, similares a las que se veían dos décadas atrás.

El gobierno de Maduro tuvo que ceder a la presión no de esas organizaciones, sino de la comunidad internacional, y creó una oficina de investigación de muertes de menores, que para 2012 tiene un fiscal saturado de trabajo porque el equipo lo conforman solo él, su alma y la ayuda de dos abogados que no son fiscales. Ese fiscal está harto de escuchar el término «ejecuciones extrajudiciales», porque asegura que de eso no hay nada, o que eso no es lo que arrojan sus investigaciones. Esas investigaciones las elabora para él una unidad de la Policía hondureña.

En el ínterin entre la salida de Álvarez de su primer mandato en 2006 y su regreso triunfal en 2010, los hombres que él había puesto al frente de la Policía en San Pedro Sula y La Ceiba ascendieron y estuvieron a cargo de varias direcciones generales de la Policía. Es el caso de Salomón de Jesús Escoto Salinas, quien salió de San Pedro Sula luego del escándalo de los AK-47 para ocupar el puesto que dejó Coralia Rivera al frente de la Policía Preventiva. Luego, en

2009, ascendió a director general, en el último año del gobierno de Manuel Zelaya.

La salida de Álvarez tampoco supuso el fin de la violencia ejercida por la Policía o bajo su responsabilidad. En las calles cercanas a las cárceles hondureñas fueron asesinados reos que recién habían recobrado la libertad, y en el penal de Támara, el más grande del país, unos pandilleros fueron asesinados cuando las autoridades los metieron en sectores dominados por sus enemigos, los reos comunes, aun sabiendo que esos pandilleros tenían que estar aislados para garantizar su seguridad. En ese mismo penal, en marzo de 2009, los custodios dejaron entrar una granada que luego fue lanzada por encima de un muro, y mató a tres pandilleros retirados que vivían en una zona de aislamiento. Y su regreso a la cartera de Seguridad no alteró ese rumbo. Bajo la onda expansiva del golpe de Estado, en Honduras se han producido entre 2009 y 2011 el asesinato y desaparición de una veintena de periodistas, de líderes de la Resistencia Nacional —que se opuso al golpe y al gobierno de Roberto Micheletti—, de maestros, abogados, obreros, sindicalistas, universitarios, madres, padres, hijos, hijas... En 2010, la cifra de homicidios llegó a 6,236.

Ahora hay personas con nombres y apellidos, como Katy López, Gladys Villalta o Nubia Carvajal, que denuncian que sus hermanos, hijos o esposo han desaparecido, presuntamente a manos de la Policía, o que la Policía de San Pedro Sula no ha investigado sus casos. Estas mujeres, que hace un año no eran escuchadas, ahora forman un frente único junto con Julieta Castellanos y Aurora Rodríguez. El impacto generado por el caso de los universitarios asesinados les ha devuelto el orgullo, un orgullo cargado de rabia. «Al menos ahora sí creen que la Policía es capaz de hacer cualquier cosa. ¡Ahora sí nos creen!», grita Katy López, hermana de Óscar López, secuestrado hace más de siete meses por presuntos policías de la DNIC en un barrio pobre de San Pedro Sula.

Llanto, dolor, sangre, muerte, cadáveres quemados, baleados, amarrados, cuerpos no encontrados, cuerpos sin justicia. Miles de hondureños sin justicia, porque la impunidad empieza con casos no resueltos y termina con unos agentes capaces de matar a sangre fría. Esta era Honduras cuando Óscar Álvarez anunció, en septiembre de 2011, un plan de depuración de la Policía. Para muchos, la gran pregunta era con qué legitimidad iba a hacerlo, y por dónde iba a empezar.

La destitución de Óscar Álvarez ocurrió un mes y medio antes del asesinato de los estudiantes universitarios, y quienes conocen cómo opera la institución policial —ex asesores del gabinete de Seguridad y exfuncionarios que hablan desde el anonimato— dicen que su salida fue un reacomodo, un cambio de timón exigido por una parte de la Policía que se sintió amenazada por la posible depuración que iba a impulsar Álvarez. En la carrera de relevos que describía aquel exfiscal, fue un simple traslado de estafeta.

—Lo normal es que donde mande capitán no mande marinero. Y aquí en Honduras, con la salida de Álvarez, quedó comprobado que quien pone al ministro no es el presidente de la República, sino alguno de los bandos adentro de la Policía —dice un exfuncionario del gabinete de Seguridad.

Para cuando mataron a los estudiantes, los oficiales a los que Álvarez en su segundo mandato había puesto en los puestos más altos de la Policía, ya habían sido relegados a cargos sin importancia. Ya no tenían poder. Entre estos estaban Juan Carlos *El Tigre* Bonilla y otro elemento considerado uno de los más importantes asesores de Óscar Álvarez: el subdirector de la Policía, René Maradiaga Panchamé, otro excomandante del 3-16. Según la comisionada Borjas, Maradiaga Panchamé era otro de los líderes en *Los Magníficos*.

***

Quizá no exista otro lugar en el que los policías o los fiscales repartan informes confidenciales como si se tratara de hojas volantes en medio de una campaña política. A comienzos de noviembre de 2011, al informe que reveló al cártel de La Granja, se sumó otro dado a conocer nada menos que por Juan Carlos *El Tigre* Bonilla, recién relegado de su jefatura regional tras la destitución de Álvarez.

Durante las semanas posteriores al crimen hubo periodistas hondureños que diseccionaron más de doscientas páginas de informes recientes que hasta ese momento se presumían confidenciales y que nunca derivaron en una orden de captura contra nadie.

El informe de Bonilla iba en contra de un oficial ascendido por la cúpula que tomó el poder en la Policía tras la renuncia de Álvarez. En el informe, José Balarraga, jefe de la región metropolitana de la Policía, aparecía señalado por supuestos nexos con el narcotráfico en Copán, la zona que Bonilla custodiaba. Según *El Tigre* Bonilla, ese testimonio se lo había solicitado personalmente el exministro Álvarez en 2010. Cuando apareció este informe, Balarraga ya había sido suspendido, junto con el director de la Policía, José Luis Muñoz Licona, y el subdirector —y jefe de la DNIC— Marco Tulio Palma Rivera, por permitir que se fugaran los policías involucrados en el asesinato de los estudiantes.

—En parte fue por eso. Solo en parte —dijo el actual ministro de Seguridad, Pompeyo Bonilla.

De los agentes a los que se les permitió irse de fin de semana libre los días inmediatos al asesinato de Alejandro y Carlos David, cuatro fueron capturados cuando se presentaron a trabajar el lunes.

Eran los que ayudaron a encubrir el asesinato, los de la segunda patrulla. De los autores materiales, los que los detuvieron a balazos y luego mataron con tiros de gracia a los universitarios, en medio de una hondonada, solo uno ha reaparecido. No porque la Policía lo encontrara, sino porque él se entregó y aceptó confesar los detalles del crimen a cambio de protección y con la esperanza de recibir un trato preferencial en un eventual juicio.

***

Cuando María Luisa Borjas conduce por Tegucigalpa, siempre da varias vueltas antes de llegar a su destino. La comisionada hoy anda con más precauciones.

Desde que la despidieron en 2002, su voz siempre tuvo peso en la opinión pública. Cada policía que actuaba como delincuente era una invitación directa para que la prensa le metiera grabadora a la experta en corrupción policial.

Intentaron amedrentarla, callarla. En 2003, agentes de Policía arrestaron a sus dos hijos en dos operativos llenos de irregularidades. A uno lo acusaron de entrar a la casa de su novia «de manera violenta», y al otro solo esperaron que cumpliera cieciocho años para celebrárselos en una posta policial. Cuando los medios de comunicación preguntaron por qué habían apresado al segundo, los policías dijeron que no lo habían apresado, sino que estaban queriendo «darle consejos de civilidad». Pero lo que los enemigos de Borjas lograron con estos episodios fue darle más notoriedad. A ojos de la opinión pública, se convirtió en una mujer que luchaba sola contra un sistema policial que olía mal.

Aun así, tuvieron que pasar diez años y morir dos jóvenes universitarios para que todo el país se volcara contra la Policía, exigiendo una depuración total. Y es paradójicamente ahora que todos corean sus denuncias cuando la comisionada Borjas, por primera vez, dice que está midiendo sus palabras. Cree tener razones para hacerlo. El 7 de diciembre de 2011, dos sicarios en una motocicleta balearon a Alfredo Landaverde, un exasesor de la Secretaría de Seguridad y reconocido líder de la lucha contra el narcotráfico y a favor de la depuración policial. Landaverde compartió oficina con el diputado German Leitzelar en la comisión que, a inicios de los noventa, lideró el génesis de la nueva Policía. Landaverde era un María Luisa Borjas.

Días antes de morir, Landaverde dijo en un programa de televisión que tenía una lista, con nombres y apellidos, de oficiales hondureños ligados al crimen organizado y al narcotráfico. Esa, al parecer, fue su sentencia de muerte. La noticia de su asesinato fue una segunda estocada para un país que todavía no se recuperaba del golpe producido con el caso de los estudiantes universitarios. El crimen de Landaverde sobrecogió porque demostraba poder e impunidad de sus asesinos, porque en Honduras los malos también pueden hacer cualquier cosa. Es rumor recurrente en Tegucigalpa que policías estuvieron detrás de su asesinato, pero no hay ninguna prueba que lo confirme.

Borjas teme por su vida. Por eso, a petición de su familia, ha armado un plan de contingencia y está lista para huir del país ante la menor provocación.

—Hace unos días puse una denuncia ante la fiscalía de Derechos Humanos porque dos sujetos estaban chequeando mis entradas y salidas de la colonia. Los tenemos en video —dice.

En la mesa, junto a las galletas, ahora hay un *dossier* de copias de informes con sellos oficiales y recortes de periódicos viejos. Son los recuerdos de sus casos. Esos, por los que la desterraron de las filas de la Policía. Llama la atención que uno de esos papeles sea un diploma fechado en 2010, y firmado y sellado por el entonces jefe de la Unidad de Asuntos Internos. Es un reconocimiento a su trabajo en esa oficina. Para Borjas no es más que un papel arrugado que le entregaron con un año de retraso.

—Es que mire, hasta para eso. ¿Sabe cuándo me lo mandaron?

Se lo mandaron a finales de 2011.

El ministro, la viceministra y el director de gafas oscuras

Corría 1977, Aurora Rodríguez ya había alcanzado la mayoría de edad y quería ser policía. Solo debía aprobar todos los exámenes, vencer a cuatrocientos noventa y nueve jóvenes como ella y sería una de las primeras cuatro mujeres policía de Honduras. Las cuatro elegidas iban a ser enviadas a estudiar a Chile, a la escuela de los Carabineros, una élite de las fuerzas de seguridad latinoamericanas.

Una de sus compañeras en esos exámenes fue María Luisa Borjas. También estuvo Mirna Suazo.

Aurora Rodríguez siempre quiso ser policía, pero cuando lo tenía todo —la plaza con una de las mejores notas, el boleto a Chile, el permiso de sus padres— decidió hacerse a un lado. Muy joven, muy crédula, se dejó convencer por unos amigos militares que le dijeron que la carrera policial no era para mujeres como ella, que era un mundo demasiado peligroso.

Hasta que ocurrió el asesinato de su hijo, Aurora se quedó con las ganas de ser policía. Antes del crimen todavía miraba *CSI* en la televisión y se emocionaba.

No está nada claro cómo ocurrió, porque ni Aurora Rodríguez ni María Luisa Borjas recuerdan que Coralia Rivera participara en el concurso por una de esas cuatro plazas. Lo cierto es que la plaza y el boleto de avión que eran de Aurora Rodríguez los ocupó la mujer que, treinta y un años después de viajar a Chile para iniciar su carrera policial, y nueve después de la destrucción de seis fusiles AK-47 que supuestamente incriminaban a policías en grupos de exterminio, ahora es la segunda al mando en la Secretaría de Seguridad de Honduras.

***

Al mediodía del 13 de enero de 2012, la conmemoración del 130o. aniversario de la Policía hondureña se vio sacudida por las declaraciones del ministro de Seguridad, Pompeyo Bonilla. «Está demostrado que atravesamos la peor crisis de la institución policial en toda su historia», dijo.

Luego lo repitió, como para que no quedaran dudas en la cúpula policial ni en los suboficiales y agentes que hacían formación: «Esta es, hoy por hoy, la peor crisis en la historia de la Policía hondureña».

Hasta ahí llegaron los lamentos. Luego vendrían las condecoraciones a las familias de los oficiales caídos en cumplimiento de su deber, y un mensaje de esperanza de Bonilla para sus subordinados: «Estoy seguro de que estos hombres y mujeres están comprometidos en sacar adelante a esta Policía. Con su ayuda y la de toda la sociedad hondureña estoy seguro de que lo lograremos».

En primera fila aplaudían la viceministra Coralia Rivera y el director de Tránsito, un hombre grande que escondía la mirada detrás de uno lentes profundamente oscuros.

Luego del asesinato de Alejandro Vargas y Carlos David Pineda, el ministro Pompeyo Bonilla —un militar retirado, exdiputado, amigo del presidente Porfirio Lobo— tomó el protagonismo oficial en la campaña de depuración, promovida desde la sociedad por la rectora Julieta Castellanos, apoyada por el diputado German Leitzelar, familiares de desaparecidos y organismos de derechos humanos.

—¿Hasta dónde llega la depuración, ministro?

—Es total, en toda la estructura. La depuración es total.

—¿No le parece que se manda un mal mensaje si como segunda al frente de esa depuración está una funcionaria cuestionada por encubrir delitos, hace más de nueve años? Le hablo de la viceministra Rivera.

—No se puede estar diciendo que las personas no están en condiciones de estar en posiciones, porque en un momento se les hizo una investigación que no dio… porque tal vez era algo que no era correcto por lo cual los estaban denunciando.

—¿Usted mete las manos al fuego por la probidad y honestidad de su gabinete de seguridad, de su cúpula policial?

—Mire, mi amigo, yo no meto las manos al fuego por nadie, pero soy hombre de acción y superviso todas las acciones que se están haciendo en la Policía. Tengo confianza en que todos están con la mejor intención de reivindicar a la institución. Aquí es el fortalecimiento institucional el que nos dará la salida para recuperar la confianza con el pueblo hondureño.

***

En 2004, el mismo año en el que salió absuelta de la acusación por la eliminación de evidencia policial, en un caso investigado por Asuntos Internos, Coralia Rivera confirmó a la Fiscalía Especial contra el Crimen Organizado y el Narcotráfico que tenía una investigación abierta contra un comisario llamado Randolfo Pagoaga Medina.

El 25 de febrero de 2004, en una carta dirigida al entonces director de la Oficina de Lucha Contra el Narcotráfico, el general Julián González Irías, Coralia Rivera informó que Randolfo Pagoaga Medina había sido relevado de la unidad que comandaba para facilitar las investigaciones en su contra.

Ocho años después, el informe que narra la investigación contra Pagoaga Medina y su esposa es un archivo que está en manos de la Oficina de Lucha Contra el Narcotráfico, del ministro Pompeyo Bonilla, y de periodistas. Ese archivo, compuesto por doscientas veintiún páginas, fue otro de los informes filtrados a la prensa después del crimen de los estudiantes universitarios. En esas páginas se narran seguimientos a los movimientos bancarios de Pagoaga Medina, sus viajes al extranjero, sus inversiones inmobiliarias y comerciales desde 2003 hasta 2010. El informe habla de los nexos del policía con el narcotraficante Manuel Antonio Durón Avilés —capturado en Colombia en septiembre de 2002 y posteriormente extraditado a Estados Unidos—. En las publicaciones periodísticas que a finales de 2011 se hicieron de este caso en Honduras el nombre de Pagoaga Medina fue censurado.

El informe inicia narrando una transacción de cocaína en Santa Rosa de Copán.

El domingo 03 de agosto en horas de la noche y en casa de la señora Tania Tabora en la aldea El Derrumbo de Santa Rosa de Copán el comisario Randolfo Pagoaga le estaba entregando una cantidad de *coca y heroína a unos hombres que andaban en un carro con placas de Guatemala...*[*]

En aquella época, Pagoaga Medina tenía un rango menor. Ahora tiene más años, es grande, y gusta usar lentes muy oscuros en todos los actos públicos a los que asiste. Pagoaga Medina es el director de Tránsito de la Policía hondureña y el 13 de enero aplaudía el discurso de Bonilla, sentado muy cerca de Coralia Rivera.

***

—Ministro, en la cúpula policial hay un director que ha sido denunciado...

El ministro Pompeyo Bonilla no dejó terminar la pregunta.

—El 60%, 70% de los policías tienen denuncias, porque como están expuestos a solucionar problemas entre diferentes personas de la sociedad, el que cree que la Policía lo ha afectado los denunciará.

El ministro Pompeyo Bonilla se subió a su vehículo, escoltado por sus guardaespaldas.

***

El 14 de febrero de 2012, en Comayagua —ciudad ubicada a noventa kilómetros al noreste de Tegucigalpa—, ocurrió la peor tragedia en el sistema carcelario no solo de Honduras, sino de toda Latinoamérica. Allí, trescientas sesenta y un personas murieron calcinadas en el interior de unas celdas donde ningún policía penitenciario llegó a prestar auxilio. Y ningún policía llegó a prestar auxilio porque se giró una orden para no dejar salir a nadie de la prisión, porque era preferible eso que una fuga.

El ministro de Seguridad, esta vez, no era Óscar Álvarez, sino Pompeyo Bonilla.

La mujer que se enfrentó al monstruo

Luego de lo que le pasó, hay quienes en Honduras se atreven a profetizar que la rectora Julieta Castellanos —sin quererlo, producto de la circunstancia— se está labrando un camino al estrellato político. Denunció el crimen de Alejandro y de Carlos David, exigió depuración y lideró la construcción de un proyecto de reforma que está en manos del Congreso. Si ya era conocida en Honduras, su imagen se proyectó exponencialmente en los medios en los últimos cinco meses.

---

[*] Texto transcrito literalmente del original.

El país la ve como una heroína.

Ella, sin embargo, todavía llora cuando se le pregunta por el crimen de Alejandro y Carlos David.

Julieta Castellanos recién ha despedido a un delegado de una universidad española que llegó a ratificar un convenio de cooperación. Ya es de noche. La rectora canceló una reunión con su equipo de trabajo porque había prometido dar una entrevista más. Sobre la chaqueta, en el pecho, lleva colgados dos pines. En uno está la imagen de Alejandro, que sonríe. En el otro aparece su hijo abrazado con Carlos David.

—Ellos deben darse cuenta de que voy a luchar, tienen que estar claros de que voy a luchar. Porque lo que me hicieron es todo. No hay algo más que le puedan hacer a una madre —dice Castellanos.

En esta oficina, amplia, brillosa, cómoda, recibió a un equipo de investigadores de la Policía en la mañana del sábado 22 de octubre, cuando se dio cuenta de que su hijo y Carlos David estaban desaparecidos. La rectora se enteró de la desaparición a las diez de la mañana, cuando uno de los amigos de su hijo le habló para preguntarle si Alejandro y Carlos David estaban en su casa. Inmediatamente movió sus influencias, que llegaban hasta el propio Presidente. Lobo la pasó con el ministro Pompeyo Bonilla, y Pompeyo Bonilla mandó a unos investigadores a esta oficina. Los policías que llegaron le dijeron que podía tratarse de un secuestro.

—Creo que ellos a esas alturas ya sabían lo que había pasado. Era imposible que no lo supieran —dice la rectora.

Para el mediodía, Julieta Castellanos y Aurora Rodríguez ya sabían que sus hijos habían sido asesinados. Pero Julieta Castellanos tampoco sospechó que a su hijo lo hubieran matado unos policías.

—Uno sabe que en la Policía puede haber gente metida en drogas, y que entre ellos pueden ajustar cuentas... pero uno no los ve en un ataque de la Policía hacia la ciudadanía, en un afán de asesinarlos de esa manera. Es muy difícil que uno los crea capaces de asesinar a sangre fría.

Alguna vez Julieta Castellanos fue funcionaria de las Naciones Unidas en Honduras. Dirigió una oficina de prevención de la violencia y creó un observatorio de la violencia que a la fecha sigue funcionando. El observatorio ahora opera desde la UNAH. Por todos los contactos que hizo cuando dirigió ese programa, y por los contactos que tiene como rectora con los médicos graduados de la universidad, Castellanos se rodeó de un grupo de voluntarios que la ayudaron a resolver el caso del asesinato de su hijo Alejandro. Los forenses se pusieron a la orden para encontrar evidencias en los cuerpos de los jóvenes y, después de los análisis en los cadáveres y en la escena del crimen, le dijeron que el patrón respondía a un ajusticiamiento cometido por policías.

Otro equipo de la universidad hizo el recorrido que habían hecho los dos universitarios y detectó las cámaras de seguridad. El éxito de la investigación, para Castellanos, es que los forenses y su grupo impidieron que la Policía tomara el control de la investigación. Todas las pruebas que encontraron, todas, las remitieron a la Fiscalía.

Los policías que participaron en el crimen habían retirado todos los casquillos, abandonaron el vehículo que conducía Alejandro Vargas cerca de la hondonada en donde quedaron los cuerpos, y lavaron las patrullas, tratando de eliminar los rastros de sangre.

No limpiaron bien. Una semana después del asesinato, el viernes 28 de octubre, las pruebas de ADN determinaron que la sangre encontrada en una de las patrullas era la del hijo de la rectora.

***

La Tribuna, miércoles 11 de enero de 2012: «*¡Ajaá! Y por acá te estoy viendo unas 'manchas' más grandes...*».

En la imagen, un tigre rayado, visiblemente enojado, se sostiene la quijada con la pata izquierda mientras las patas traseras le cuelgan en el aire, porque la caricatura de Julieta Castellanos le ha levantado la cola, y le ausculta las rayas con una lupa.

En una caricatura más añeja, del 6 de noviembre de 2011, Julieta Castellanos carga una vara sobre su hombro derecho. Al final de la vara hay un tigre que cuelga, amarrado de las patas. «Creo que así nos ayudan mejor», dice la rectora al tigre, que tiene cara de asustado.

—Ja, ja, ja. Esos de los periódicos... Mire, no es la demanda por justicia en el caso de mi hijo lo que resuelve el problema. Tal vez eso puede resolverlo en el ámbito personal, ¿pero en el ámbito de país? El problema del funcionamiento institucional queda. Y esa claridad es lo que hace centrar la demanda en el núcleo, que es la depuración policial.

—¿Se está depurando a la Policía?

—No como nosotros quisiéramos. Están suspendiendo oficiales pero hace falta investigación, judicialización, condenas.

***

El 1 de marzo de 2012, noventa días después de haber sido nombrado en el cargo, el director de Investigación y Evaluación de la Carrera Policial —una unidad creada en noviembre de 2011 para sustituir a la unidad de Asuntos Internos— renunció a su puesto. El abogado Óscar Arita alegó pretextos personales para justificar su salida. Con anterioridad, él había dicho que la dirección recién creada carecía de recursos y apoyos para lograr la depuración policial.

Publicada el 19 de marzo de 2012

La frontera de *los señores*

Óscar Martínez

A la orilla de la carretera hacia La Entrada orina un hombre atrás de su carro. Anochece en la frontera hondureña con Guatemala. *El Tigre* Bonilla da la orden a su subordinado para que el convoy policial revise al borracho. Al vaquero gordo que orina lo acompañan su guardaespaldas y una señora que espera en el auto. Adentro, por supuesto, hay dos armas de fuego. El guardaespaldas muestra los permisos de ambas. El vaquero le grita algo a Rivera Tomas, el jefe policial del municipio de Florida, subordinado de *El Tigre*.

En ese momento, al otro lado de la calle, una camioneta repleta de pasajeros, y con música norteña a todo volumen, sube la cuesta. Al ver la escena, el conductor frena con brusquedad y seis hombres armados bajan de ella. De inmediato, los veinte policías rodean y apuntan a los recién llegados.

—¡Soy el alcalde de La Jigua, pendejos! —grita el más gordo de todos los que acaban de llegar, y luego da un empujón en el pecho al agente que pretende revisarlo.

El Tigre, que observa a la distancia, no puede contenerse cuando mira la agresión contra el policía.

—¡A ver, qué papadas pasa aquí! —interviene.

El alcalde de La Jigua, Germán Guerra, lo ve, ve a *El Tigre*, y entonces entrega no una, sino las tres pistolas que tenía. Dos no tienen permiso, son armas ilegales.

La escena más descriptiva de esta frontera empezó a ocurrir aquí, ya a unos kilómetros de El Paraíso, un lugar que resultó ser un fiasco.

***

El Paraíso es un fiasco. Es un lugar vacío, solitario, de polvo o de lodo, depende de la temporada. Ahora es de lodo. Nada que ver con lo que me habían anunciado. Un lugar sorprendente, dijeron, un sitio que no muchos han visto. Un lugar del que jamás saldrás con vida si osas entrar sin permiso.

Nada de eso ha pasado. Aquí hay poco que ver, al menos si uno entra como yo entré. Si es así, El Paraíso es un fiasco. Lo del palacio sí es cierto, es imponente. Es un bloque de dos pisos, justo en el centro del poblado, con sus cinco pilares largos en la fachada. Diminuto, en medio de la tormenta que hoy arrecia, asoma el guardián del palacio a la par de uno de los pilares. Es apenas del tamaño de la base. Porque el palacio sí es como uno espera: majestuoso, impoluto. Y allá arriba, encima de la estructura y de los pilares, en el techo, digamos, un helipuerto, como si en El Paraíso hubiera mucha gente que necesitara un helicóptero para salir volando.

Todo ocurrió así porque la gente que alguna vez estuvo allá me dijo que no había otra manera de entrar, que llegar por llegar, como un turista desorientado, era inverosímil. Que, con suerte, solo sería expulsado de El Paraíso. Por eso tuve que entrar como entré, en caravana.

Así, El Paraíso es un fiasco. Es obvio que los vigilantes de este lugar nos detectaron desde que descendíamos entre precipicios por la vereda lodosa y turbulenta que conduce a El Paraíso, este municipio hondureño que hace frontera con el departamento de Izabal, Guatemala, y que es señalado como *la puerta de oro de la droga* entre estos dos países.

***

En Honduras todo empieza mal desde arriba. Es de esperar que cuando uno busca entrar en un territorio bajo control del crimen organizado las advertencias fatalistas empiecen a darse en cierto momento, a medida que uno se acerca al lugar.

No se puede entrar.

Ellos lo ven todo.

Si —quién sabe cómo— entrás, no salís.

En Honduras esto ocurre desde el inicio, desde la capital, Tegucigalpa, distante a ocho horas en vehículo.

Era una tarde de sábado y en la mesa me acompañaban dos expertos reporteros del país. Ambos con experiencia en cobertura de crimen organizado. Al poco tiempo se nos unió una fuente de confianza de ellos, un fiscal que también en varias ocasiones ha llevado casos que involucraron a familias dedicadas al crimen organizado —que en Honduras se dedica principalmente al tráfico de drogas, la explotación maderera y la trata de personas—.

Para hablar del tema, abandonamos la fresca terraza y, a petición de uno de los colegas, nos encerramos en el apartamento a susurrar.

—Cerca de la calle ni *mu* —dice uno de los reporteros.
El fiscal llega para reafirmar las restricciones.
—Copán es un lugar donde te podemos abrir contactos.
Yo, al menos, tengo a alguien de confianza en la capital, Santa Rosa,
pero hasta ahí. De ahí para la frontera con Guate es territorio de *los
señores*. Allá no hay Estado que valga.
Por primera vez escuché hablar de El Paraíso. En esa conversación, era algo lejano, sin nombre, un lugar mítico gracias a su
palacio municipal.
—Hay por ahí un pueblito en medio de esa zona de la
frontera que sí es jodido. Dicen que tienen pista para helicópteros
en el techo de la alcaldía, y que el alcalde se jacta de que ahí no les
falta nada, de que no necesitan cooperación porque les sobra el dinero —contó uno de los periodistas.
—En esos lugares, cerca de ese pueblo, el Estado no tiene
fiscales asignados exclusivamente para esa región, tiene pocos policías
y ninguno de investigación, de unidades especiales. Esa zona, el Gobierno ha decidido entregarla a *los señores* —complementó el fiscal.

***

Estoy convencido de que *El Tigre* Bonilla no está satisfecho. Son más de las diez de la noche cuando salimos de El Paraíso.
Los veinticinco policías que componen la aparatosa caravana están
cansados. El ímpetu que mostraron al inicio del recorrido, cuando
al mediodía registraban enérgicos cada vehículo que trastabillaba en
estas veredas, ha desaparecido. Tiemblan de frío. Sus uniformes están empapados y el viento se los recuerda allá atrás en las camas de
los pick ups. Pero *El Tigre* Bonilla quiere más.
El comisionado policial Juan Carlos Bonilla, *El Tigre*, es un
agente de cuarenta y cinco años con casi veinticinco de servir en la
institución. Ahora mismo, es el jefe de tres departamentos hondureños que hacen frontera con Guatemala y El Salvador. Él manda en
Copán, donde estamos ahora, frontera con Izabal y Zacapa —departamentos guatemaltecos bajo el control de los Mendoza y los Lorenzana
que, según la Policía chapina, son dos de las familias más emblemáti-
cas del narco guatemalteco—. Manda también en Nueva Ocotepeque —frontera con Chiquimula, Guatemala y con Chalatenango, El Salvador—. Este departamento hondureño es frontera con
San Fernando, el minúsculo pueblo chalateco donde inician los
dominios del cártel de Texis. *El Tigre* también es el jefe policial
de Lempira —que hace frontera con Chalatenango y Cabañas, en
El Salvador—. Por encargarse de Copán, *El Tigre* está al mando
del punto de salida de lo que en Honduras se conoce como «el
corredor de la muerte», la ruta del tráfico de cocaína que inicia

en la frontera con Nicaragua —en la caribeña región de Gracias a Dios— y que recorre por la costa otros cuatro departamentos antes de llegar a esta frontera con Guatemala. Entre ellos, Atlántida, el departamento centroamericano más violento.

El Tigre es un descomunal hombre grueso y de casi 1.90 metros, con un rostro duro, como esculpido en roca, que recuerda a las mexicanas cabezas olmecas. Entre sus colegas tiene fama de bravo, y a él le gusta que así se le reconozca.

—Todos saben que conmigo no se anda con mierdas —repite frecuentemente.

En 2002, la Unidad de Asuntos Internos de la Policía acusó a *El Tigre* de participar en un grupo de exterminio de supuestos delincuentes en San Pedro Sula —una de las ciudades más violentas de Centroamérica, con 119 homicidios por cada 100 mil habitantes—. Incluso, hubo un testigo que dijo haber presenciado una de las ejecuciones de este grupo de exterminio llamado *Los Magníficos* y formado, supuestamente, por policías. *El Tigre* tuvo que pagar una multa de 100 mil lempiras (más de 5 mil dólares) por su libertad durante el juicio. Luego, en un proceso que muchos tachan de amañado —en el que la principal promotora de la denuncia, la ex jefa de la unidad acusadora, quedó fuera de su cargo a medio juicio—, Bonilla fue exonerado.

—¿Ha matado fuera de los procedimientos de ley? —le pregunté, mientras dejábamos atrás El Paraíso.

—Hay cosas que uno se lleva a la tumba. Lo que le puedo decir es que yo amo a mí país y estoy dispuesto a defenderlo a toda costa, y he hecho cosas para defenderlo. Eso es todo lo que diré.

La entonces inspectora, María Luisa Borjas, aseguró ante los medios hondureños que durante el interrogatorio de la inspectoría interna, *El Tigre* pronunció una frase.

—«Si a mí me quieren mandar a los tribunales como chivo expiatorio, esta Policía va a retumbar, porque yo le puedo decir al propio ministro de Seguridad en su cara que yo lo único que hice fue cumplir con sus instrucciones» —fue, según Borja, la frase de *El Tigre*, que luego llamó al entonces viceministro de Seguridad, Óscar Álvarez, hoy número uno en esa oficina.

Estamos aquí porque *El Tigre* quiere demostrar que no es verdad lo que le dije. Le conté que, según funcionarios, alcaldes, periodistas, defensores de derechos humanos, sacerdotes, hombres y mujeres que piden que se oculten sus nombres, ciertas zonas de la frontera de Copán, su frontera, están controladas por el narcotráfico. Por *los señores*, dicen.

El Tigre, en una tarde, montó un operativo. Me aseguró que los hace como rutina, y que hoy yo podía elegir adónde ir, para que me diera cuenta de que él entra donde le da la gana.

—A El Paraíso, quiero ir a El Paraíso.

—Está bien... Donde quiera entro yo... Niña, deje esos informes y prepare una buena comitiva de agentes. Llame a los de caminos, pero no les diga a dónde vamos, que sea sorpresa.

El Tigre no confía en sus policías. Él dice que solo confía en uno de los de su zona: él mismo.

***

El agente hondureño de inteligencia era más desconfiado que cualquier otro de Centroamérica con el que he trabajado. El de Nicaragua incluso accedía a tomar unas cervezas a orillas del Caribe, pero aquel asesor de inteligencia del Gobierno hondureño ni siquiera aceptó bajarse del carro. Dio vueltas por Tegucigalpa durante una hora mientras conversábamos, vueltas cuyo único patrón era no repetir la misma calle.

Yo buscaba preguntar un poco por la zona de Copán, conocer el sitio al que entraría. Sin embargo, la mitad del tiempo lo gastamos en preguntas de él hacia mí. Cuando al fin habló, lo que dijo retrató una zona de vaqueros y ranchos.

—Santa Rosa de Copán es un lugar de descanso de *los señores*, de oficina. Ahí hacen tratos, se reúnen, tienen a sus familias y casas de descanso. Ahí también hacen trato con aquellos policías, alcaldes y funcionarios que tienen comprados, sus reuniones políticas.

El agente diferenció Copán de otros departamentos hondureños —sobre todo de aquellos como Olancho o Gracias a Dios, puertas de entrada de la cocaína que sube desde Colombia hasta Honduras—. Allá, las balaceras son música cotidiana. Ayer hubo una de dos horas en Catacamás, la segunda ciudad en importancia de Olancho, porque los narcos de ese lugar disputan el control de las rutas con las familias de Juticalpa, la capital. En Copán, la efímera paz de los narcos reina de momento. Cuando tras sus batallas uno de ellos se proclama rey, durante un tiempo lo dejan reinar. Solo durante un tiempo.

—En Copán todos saben quién manda. Ese es territorio de gente vinculada al cártel de Sinaloa, aunque no son exclusivos de ellos. Operan como agentes libres de quien pague, pero tienen una estrecha relación con Sinaloa. Incluso tenemos una alerta constante porque sabemos que (Joaquín) *El Chapo* Guzmán (jefe del cártel de Sinaloa) suele venir a los municipios fronterizos con Guatemala. Este año hemos detectado presencia de Los Zetas. Eso, de confirmarse su interés por la zona, cambiaría el panorama.

Dimos más vueltas por Tegucigalpa. Entramos a una zona residencial y al poco tiempo aparecimos en una avenida principal de la que pronto volvimos a salir. El agente de inteligencia del Estado continuó su descripción de Copán como una zona de narcos más organizados, con más experiencia. Dice que gran parte del control de esa frontera lo tiene la familia Valle, con sede en El Espíritu, una aldea de poco menos de 4 mil habitantes a una hora de la frontera con Guatemala. De frontera sin aduana, obviamente, de frontera en pleno monte.

El agente defiende la teoría de que Guatemala es la cabeza centroamericana en cuanto a transporte de cocaína hacia Estados Unidos. Ahí están los hombres de confianza de los mexicanos y de los colombianos. Sin embargo, aseguró que las organizaciones hondureñas del occidente del país, como las de Copán, tienen un fuerte poder de negociación, gracias a su experiencia, y que eso queda demostrado por el constante envío de emisarios mexicanos a concertar tratos a ciudades como Santa Rosa de Copán, sin intermediarios guatemaltecos de por medio.

—Y ya, que hoy solo íbamos a conocernos y ya empecé a hablar —dijo.

Detuvo el carro en una acera de Tegucigalpa, en medio de una colonia poco transitada. Cada vez que el carro no estaba en marcha, su mano estaba en la cacha de su Beretta. Con un gesto amable, me invitó a bajar. Lo hice y él se fue.

***

Parece que aquí un hombre sin pistola no es hombre. No exagero. Desde que iniciamos el recorrido, al mediodía, hasta ahora que salimos de El Paraíso, *El Tigre* continúa revisando a todos los tripulantes de cuanto carro nos cruzamos; solo dos personas no han llevado al menos una pistola en el cinto. Hemos revisado a catorce hombres. Solo uno, un pobre campesino en un carro destartalado, llevaba un revólver sin permiso, y ahora viaja esposado en la cama del pick up que escolta al nuestro.

En estos caminos de tierra, las pistolas y los rifles son de lo más común, pero también más allá, donde el lodo termina en asfalto.

Descendemos por la calle pavimentada que va del desvío hacia El Paraíso hasta La Entrada —un punto de carretera del municipio de Florida, como a una hora de la frontera—. Este lugar es paso obligado para ir a El Paraíso, para ir a El Espíritu, para ir a la frontera donde *los señores* se mueven a sus anchas— es un asentamiento cada vez mayor, clave para el paso de la cocaína y la mercadería robada que transita la zona. Es, digamos, el punto intermedio entre la Copán civilizada y la Copán pistolera.

A la orilla de esta carretera hacia La Entrada orina un hombre atrás de su carro. Anochece. *El Tigre* da la orden para que el convoy haga la revisión. El hombre vocifera, le grita algo a Rivera Tomas —jefe policial del municipio de Florida, subordinado de *El Tigre*—. Entonces aparece la camioneta del alcalde de La Jigua, repleta de hombres armados. Los policías rodean y apuntan a los hombres. El alcalde arma su zafarrancho, se pone a insultar.

—¡A ver, qué papadas pasa aquí! —interviene *El Tigre*.

El alcalde de La Jigua, Germán Guerra, lo ve, ve a *El Tigre*, y entonces entrega no una, sino las tres pistolas que tenía. Dos no tienen permiso, son armas ilegales.

—Hola, *Tigre*, gusto de verlo otra vez. Vaya, está bueno, llévese las pistolitas, pero yo tengo que irme a un velorio —pide, lambiscón.

—Entiéndase con Rivera Tomas —responde con desdén *El Tigre*. Se acerca a Rivera Tomas, lo toma del brazo y le dice en voz baja:

—Haga el procedimiento. ¡Lo miro temblando! Deje la cagazón. Así como llevó al indito del revólver, lleve a estos señores.

La Jigua es uno de los cinco municipios considerados zonas de control de los narcotraficantes de Copán, debido a que está en la franja del departamento que colinda con Guatemala.

Rivera Tomas ordena que los suban a la cama del pick up, esposados, y los lleven a la delegación de La Entrada. Es evidente el nerviosismo de Rivera Tomas, y que el alcalde de La Jigua solo cambió de actitud cuando vio a *El Tigre*. Es evidente que lo ve pocas veces, y que está acostumbrado a tratar a los policías como a sirvientes.

—¿Ve? Conmigo no se andan con mierdas —se pavonea *El Tigre*.

***

—Si yo creyera que dar mi nombre cambiaría algo, te daría mi nombre, pero no sirve de nada, porque *los señores* que mandan en esta frontera no están solos. Detrás de ellos están los hombres de corbata que gobiernan el país —justificó el exalcalde, que no se identificará en la conversación.

Nos reunimos a desayunar en un restaurante en las afueras de Santa Rosa de Copán. Para que accediera a presentarse, este exalcalde de un municipio de la zona fronteriza de Copán solicitó todo el protocolo habitual. Un conocido de confianza de él le dijo que se fiara de mí. Le dijo que no publicaría su nombre, que no diría el lugar de la reunión ni el municipio que gobernó. Le dijo que tampoco le sacaría fotos. Entonces aceptó hablar, e hizo un muy ilustrativo resumen.

—Mirá, aquí las cosas que parecen mentira, invento o exageración, no lo son. Hacen lo que quieren porque tienen todo el apoyo político que les viene en gana. *El Chapo* Guzmán sí que ha pasado por aquí, todos lo sabemos. Ha estado en una hacienda en El Espíritu protegido por la familia Valle, los grandes lavadores de dinero de la zona, con hoteles en Santa Rosa de Copán y otro montón de negocios. Y ha estado en El Paraíso.

Por primera vez pregunté, de manera directa, por El Paraíso, su bonanza, su helipuerto y su alcaldía con ínfulas de El Capitolio.

—Mirá, todos los alcaldes de la zona sabemos cómo opera el alcalde de El Paraíso. No siempre te ofrece dinero. Cuando tenés ferias municipales él te manda a ofrecer lo que querrás… jaripeos, grupos norteños mexicanos de prestigio que te atraen gente, y así recaudás más. Luego, él te pedirá favores. Eso nos pasó a muchos alcaldes. Y vos te preguntás, «si mi municipio es tan pobre, tan rural como el de él, ¿por qué él tiene tanto dinero como para traer grupos mexicanos que cobran miles de dólares por una función?».

Lo que el exalcalde me contó mientras desayunábamos fue confirmado por otro alcalde en funciones, que también recibió ofertas del edil en mención. Este notable personaje de El Paraíso se llama Alexander Ardón, y viaja en una camioneta blindada escoltada por otras dos en las que se movilizan los veinte hombres armados que lo custodian día y noche.

El interés mediático por El Paraíso se acrecentó cuando, en 2008, el exministro de Seguridad de Honduras, Jorge Gamero, calificó a ese municipio como «el punto negro de Copán», un departamento ya de por sí célebre por ser clave en el tránsito de la cocaína sudamericana.

En una entrevista publicada en agosto de 2008 por el periódico hondureño *La Prensa* —la única que ha concedido Ardón—, el alcalde se jacta de haber estudiado solamente hasta quinto grado, de haber nacido pobre y de tener en la actualidad crédito de millones de lempiras con los bancos. Asegura que su municipio y él son ricos por la leche y el ganado. Dice que ese es un negocio millonario. Ardón se define como un hombre humilde, pero asegura que es, literalmente, el rey del pueblo. Rehúye las respuestas sobre sus vinculaciones con el narcotráfico y acepta que, por estar en la frontera, muchos ganaderos como él se han beneficiado del contrabando de ganado. Por lo demás, Ardón no da entrevistas ni recibe a ningún medio.

Quien sí lo hace es el obispo de Copán, Luis Santos, que desde 2008 ha declarado ante diferentes medios usando frases que bien podrían ser impactantes titulares, si no fuera porque en Copán ya cualquier declaración sobre el mundo del narcotráfico, por estrambótica que sea, se lee como algo normal. «En El Paraíso solo la iglesita queda, porque todo lo demás ya lo compraron los narcos», expresó. «En El Paraíso hay aldeas donde pueden verse mansiones», dijo también. «En El Paraíso las muchachitas no aceptan al novio si no tiene un carro último modelo, que los narcos sí tienen», declaró en otra ocasión.

No nos perdamos: recordemos que El Paraíso es un municipio refundido en la frontera, refundido en Honduras, con acceso de tierra, de lodo.

—Hay cosas que todos sabemos. Como que en El Paraíso, para las elecciones de alcaldes y diputados de 2009, las urnas se cerraron a las once de la mañana con ayuda de hombres armados, que repartieron tres mil lempiras a cada delegado del Partido Liberal y los despacharon. Se llevaron las urnas y las terminaron de llenar —me dijo el exalcalde en el desayuno.

Dos entrevistados más me confirmaron este hecho en Santa Rosa de Copán. Uno de los que lo hizo es miembro del Partido Nacional, al que pertenece el alcalde Ardón. Los números de las votaciones hablan de unos muy inusuales resultados en El Paraíso en comparación con el resto de municipios. De los 12 mil 536 votantes que podían decidir, 9 mil 583 fueron a las urnas. Es el municipio que menos abstención tuvo en todo el departamento de Copán. De esos votantes, solo 670 eligieron al Partido Liberal. Los otros 8 mil 151 dieron el triunfo al Partido Nacional. Fue tanta la diferencia que El Paraíso estuvo a menos de 1 mil votos de conseguirle un diputado más a su partido en ese departamento. En los otros veintidós municipios de Copán, la diferencia de votos entre un partido y otro nunca superó las seiscientas marcas. En el municipio de Ardón, su partido barrió por 7 mil 481 votos a sus contrincantes.

Es un hecho. Si alguien se acerca a Copán a preguntar por el narco, el nombre de El Paraíso y de su alcalde terminarán saliendo a la plática. Eso le ocurrió, por ejemplo, al investigador y periodista estadounidense Steven Dudley, quien en su trabajo de investigación —realizado en febrero de 2010 para el Woodrow Wilson Center y la Universidad de San Diego— obtuvo información de la inteligencia policial, así como de oficiales de la misma institución, que le aseguraron que Ardón trabaja directamente con el cártel de Sinaloa y que es usual que en este municipio se celebren fiestas de capos centroamericanos y mexicanos. Por eso nadie se extrañó cuando, en febrero de 2010, el actual ministro de Seguridad hondureño, Óscar Álvarez, declaró a la mexicana Radio Fórmula que *El Chapo* Guzmán, el capo mexicano más poderoso, vacaciona en El Paraíso.

Álvarez también dijo que a El Paraíso han llegado a tocar Los Tigres del Norte, para amenizar fiestas de capos organizadas por el alcalde. Sin embargo, y aunque el folclor llama más la atención, pocos reparan en lo que me hizo ver mi informante de inteligencia.

—Con todo y su mala fama, Ardón es el alcalde de un pueblito perdido, pero es capaz de convocar, como lo hizo para la inauguración de su palacio municipal con helipuerto, a los políticos y empresarios más importantes de este país. Es un hecho. Por eso no se permitió sacar fotografías en el evento. ¿Por qué pasa eso? Porque uno de los mecanismos más eficientes para asegurarte tu tranquilidad, tu bienestar como señor de la frontera, es financiar campañas políticas departamentales y nacionales. Así, cualquier problema futuro se resuelve con una llamadita a tu amigo, el importante político.

Según el alcalde en funciones y el exalcalde con quienes hablé, aquella inauguración del pulcro palacio de El Paraíso fue una alfombra roja de diputados, funcionarios y empresarios.

***

El Tigre no quedó satisfecho con las órdenes que le dio a Rivera Tomas. Está estresado. Las oficinas no son su fuerte. Primero, condujo a toda marcha para encontrar un furgón que fue robado con todo y su carga: un tractor. Efectivamente, el furgón estaba a orillas de la carretera que va de La Entrada a Santa Rosa de Copán. Como era de esperar, el tractor había desaparecido. O sea que entre las cinco de la tarde que lo robaron y las once de la noche que llegamos, los delincuentes trasladaron un tractor de plataforma a plataforma y desaparecieron.

—Es que aquí no son rateros de cartera los que andan. Esto es frontera, aquí hay señores criminales. ¡Es por gusto, vámonos! Ese tractor ya ha de estar entrando a El Salvador por algún lugar de Ocotepeque —ordena *El Tigre* a los dos policías que escrutaban la oscuridad que rodeaba el camión, mientras apuntaban al monte con sus M-16.

Pasó lo del camión, y ya hace media hora que estamos en la delegación de La Entrada, para que *El Tigre* se cerciore de que Rivera Tomas no dejará ir al alcalde de La Jigua. Alrededor de la delegación, donde el alcalde firma furioso las actas de detención, se apostaron diez personas que, si no son guardaespaldas, intentan parecerlo. Nos examinan; nos filman a los policías y a mí con las camaritas de sus celulares; hablan por teléfono, nunca dejan de hacerlo, y se acercan para que los escuchemos: «Ya lo vamos a sacar. No saben con quién se metieron estos pendejos. Le vamos a llamar al ministro. En unos minutos lo sacamos».

Pero *El Tigre* no está de acuerdo. Allá en la esquina azora a Rivera Tomas diciéndole que cuidadito y deja al alcalde de La Jigua pasar la noche en su casa.

Subo a la patrulla con *El Tigre*. Vamos solos en la cabina. En la cama del pick up van tres agentes. Avanzamos en silencio hasta que una llamada suena en su celular.

—¿Que qué? ¿Que llamó a Barralaga? ¡Me vale verga! ¡Ahí me lo tiene!

Jorge Barralaga es el jefe policial de Copán. *El Tigre* es su jefe regional, y no se llevan nada bien. *El Tigre* pidió que se investigara a Barralaga por haber permitido, contra sus órdenes, que sesenta policías de Copán brindaran seguridad a la alcaldía de El Paraíso el 28 de febrero de este año, durante la inauguración. «¿Dónde se ha visto que se descuide todo un departamento para cuidar una alcaldía perdida?», se pregunta *El Tigre*. No solo fueron los sesenta que envió Barralaga, sino que —según correspondencia interna policial que pude ver en Tegucigalpa— se enviaron otros veinte agentes y algunos militares. Un ejército resguardó la inauguración de una alcaldía que gobierna a poco más de 18 mil personas. En algunas delegaciones solo quedó el motorista. Luego del evento —dice el documento en poder de la dirección nacional de la Policía— los más de ochenta servidores públicos se formaron y recibieron mil lempiras cada uno, como agradecimiento. La alcaldía de El Paraíso agradeció con más de 80 mil lempiras (casi 5 mil dólares) el gesto multitudinario de los encargados de la seguridad de esta frontera.

En su carta de protesta, anexa al documento, *El Tigre* se quejó de que esto representaba «una violación y desprestigio de la imagen», porque evidenciaba que «nuestra Policía está al servicio de individuos dedicados a la actividad del narco».

La queja de *El Tigre* terminó en un llamado de atención hacia él por su mala relación con los alcaldes de la frontera.

Seguimos en silencio por la carretera unos cinco minutos. Nueva llamada en su celular.

—Ajá, dígame. ¿Que qué? ¿Que también llamó el ministro de Seguridad preguntando que por qué han detenido al alcalde? Bueno, hasta que no les diga que lo liberen, ahí me lo tienen.

Cuelga.

—Condenados estos, no dejan de mover sus hilos —me dice, riendo.

Seguimos en silencio. Tres minutos nada más. Nueva llamada.

—Ajá, ajá, dígame… Sí, ahí lo tengo detenido, publíquelo… Ajá, entonces no es información lo que usted quiere, sino que yo libere al alcalde.

Tapa la bocina de su celular, pone el altavoz y me dice en susurro que es una periodista importante de la zona.

—Fíjese que me llamó el diputado Marcio Vega Pinto (legislador por Copán), que intercediera, que porque yo tengo contactos con usted me dijo —dice la voz de mujer.

—Pero ya sabe que en eso no la puedo ayudar —responde El Tigre.

—Se van a enojar todos esos alcaldes. Ellos son bien amigos.

—Sí, ya sé que todas esas fieras me van a recordar de por vida.

—Mire, tenga cuidado, dicen que ese alcalde es socio de los Valle, los de El Espíritu.

—¿Y qué? ¿A esos Valle no les entra el plomo, acaso?

Quita el altavoz para despedirse de la periodista.

—No va a dejar de sonar el teléfono —me dice El Tigre—. Hasta que suelten a ese alcalde.

Aquí, en la frontera entre Guatemala y Honduras, entre Honduras y El Salvador, el dominio de los señores del narco se parece menos a un pueblo lodoso en la frontera y más a unas llamadas telefónicas que contesta gente que está muy lejos.

Seguimos en silencio. Esta vez, es un silencio que hace que El Tigre se sienta incómodo.

—¡Bueno, bueno, está bien! —irrumpe—. Si me dice que los señores controlan la frontera porque saben cada vez que entro a El Paraíso o El Espíritu, le digo que sí. Me pregunta por qué, y respondo que porque mi gente está infiltrada.

Seguimos en silencio, todavía incómodo, porque El Tigre me voltea a ver, como esperando que yo lo interrumpa.

—Se quedó inquieto —le digo.

—Es que… está bien. Si usted me dice que los señores narcos mueven libremente las drogas en esta frontera, yo le digo que sí, porque nunca he decomisado ni un granito de cocaína…

El Ministerio de Seguridad calcula que cada año trescientas toneladas de cocaína atraviesan el país. Copán es considerada la principal puerta de salida terrestre de esa droga hacia Guatemala.

—¿En todo este año no ha decomisado ni un granito, en tres departamentos que hacen frontera con Guatemala y El Salvador?

—Nada de nada. Y me pregunto por qué. ¡Eso sí, yo no me le ahuevo a nadie! ¿Vio o no vio?

—Es cierto, Tigre, veo que no se le ahuevó al alcalde, ¿pero de qué sirve eso?

Seguimos en silencio, hasta llegar a Santa Rosa de Copán.

Publicada el 14 de agosto de 2011

El hombre que quiere vender sus recuerdos

Daniel Valencia Caravantes

La primera vez que supe de las fotografías fue porque el protagonista de esta historia intentó vendérmelas en un bar del paseo El Carmen, la zona viva de la ciudad de Santa Tecla, La Libertad, El Salvador. De eso hace más de un año.

—Aquí hay historia, compa. ¿Cuánto me da por estas?

Little Scrappy esparció las fotografías sobre la pequeña mesa de vidrio y estas cayeron con la contundencia con la que cae cualquier sorpresa. El mesero abrió los ojos, tan grandes como los míos, puso las cervezas a un lado de las fotos y regresó a la barra.

Little Scrappy sabía que esas imágenes llamarían la atención de cualquiera; pero, sobre todo, la mía. Tomó una cerveza con su mano izquierda y le pegó un trago. Devolvió el envase a la mesa y me dio una palmada en el hombro izquierdo.

—¿Son *pija* de fotos *veá*, compa?

Luego les puso un precio, según él, simbólico.

—Deme 200 *varos*, compa, y son suyas.

Luego intentó seducirme:

—Mire que no se las vendo a cualquiera, sino a quien yo sé que las va a saber apreciar y cuidar.

***

31 de julio de 2012. Acera del Gran Hotel Sula. San Pedro Sula, Honduras. Diez de la mañana. Sobre la acera, una niña de unos trece años se pasea moviendo las caderas y las piernas. Lleva una pequeña falda negra que deja ver su ombligo. Al otro lado de la calle, sentados bajo la sombra de un árbol, un grupo de hombres, algunos ya ancianos, no dejan de mirarla.

Little Scrappy pasa en medio de ese grupo. Cruza la calle, se acerca. Nos damos un apretón de manos, nos damos un abrazo.

Después de los saludos vamos al grano. Yo quiero ver las fotos; él, venderlas.

—¿Trajiste las fotos?
Él las ha olvidado en casa.

La casa de *Little Scrappy* es una casa de pobres. Es un pequeño cuadrado con dos habitaciones. En la primera hay un sillón, una mesa, cuatro sillas, una cocina, un refrigerador y el fregadero. Apretujados. En la segunda, una pequeña regadera con retrete a un lado, una cama, una cuna, un armario y, encima del armario, un televisor viejo y de perilla.

Aquí son contadas las fotografías que hay colgadas en la pared. Apenas tres. Están en el dormitorio, que comparte con su mujer y sus dos hijos. En una de las fotos aparece un *Little Scrappy* niño: cachetón, ojos claros, pelirrubio, careto. Su hijo Vladimir, hoy de año y medio, se le parece. La otra fotografía es del rostro lacónico del Che Guevara. La tercera es del *Little Scrappy* de hace diez años: más joven, más delgado. Lleva una camisa manga larga (de botones, le tapa los tatuajes que tenía en las muñecas) y un pantalón de vestir café. Posa como si todavía fuera un *homie* de respeto: mirada altiva, brazos entrecruzados, el pie izquierdo recto y el derecho hacia afuera. Si sus piernas fueran las manecillas de un reloj, marcaría las 6 con 35. Para la época en que se tomó esa foto, él ya se había alejado de la pandilla Barrio 18. *Little Scrappy* observa y dice:

—¿Ya vio la mirada de furioso que tenía, compa?

Little Scrappy tiene mala memoria. Hace tres años, por indicaciones suyas, conocí esa mirada: la de uno de los más fieros pandilleros del centro de San Pedro Sula. Está inmortalizada en el minuto dos de un documental sobre pandillas que divulgó Discovery Channel en 2009. Hace doce años, un camarógrafo trepó los muros de la penitenciaría Marco Aurelio Soto, en la región de Támara, ubicada a cuarenta y cinco minutos de la capital de Honduras. El camarógrafo apuntó a un grupo de reos en el sector de Casa Blanca. Hoy ese sector alberga a los líderes del crimen organizado, pero entonces era para los pandilleros del Barrio 18. Los reos miran a la cámara y le hacen señas: *rifan el barrio*. Discovery Channel recopiló ese material y lo difundió en un documental para que los 6.2 millones de visitantes que lo hemos visto intentemos descifrar el mensaje que hacen con las manos *Little Scrappy* y sus compañeros. Y sí, su mirada era furiosa, como él mismo dice. Aunque suene trillado, es una mirada que todavía hoy, al verla, intimida.

Salimos de la casa. Es imposible ver las fotos frente a Isabel, su mujer, porque esas imágenes la descomponen. Hace muchos años ella también fue pandillera, y recordar el pasado le da fuertes dolores de cabeza.

Paramos un microbús en la esquina de la cuadra y, antes de

abordar, *Little Scrappy* estira el cuello para analizar, desde afuera, a los pasajeros. Es un escaneo fugaz, casi imperceptible. Adentro de la unidad van tres jóvenes, el conductor y cuatro mujeres.

—Es seguro, compa. Súbase.

Little Scrappy de verdad que tiene mala memoria. O a lo mejor me mintió hace tres años. Cuando lo conocí, en su casa, me dijo que ya no le tenía miedo a la calle. Él es un *peseta*, y para los pandilleros él es un traidor. Ya se borró los tatuajes que cargaba en el dorso de las muñecas. Ahora lleva ahí unas cicatrices voluptuosas: unas protuberancias de carne lisa, brillosa. Serían impolutas si no fuera por las pequeñas salpicaduras de tinta que sobrevivieron al químico con el que le borraron la mayor parte de los tatuajes. El del cuello desapareció, y está «a una sesión» de borrarse el tatuaje más grande: un «XV3» que inicia desde el ombligo y termina debajo del pecho. Eso lo emociona.

Hoy entiendo que él reconoce el miedo. Sabe que en cualquier momento algún pandillero de la Mara Salvatrucha o del mismo Barrio 18 se le puede cruzar en la calle y reclamarle por su pasado. Cree que es muy difícil que las nuevas generaciones guarden respeto por los méritos que alguna vez cosechó. En su mejor época fue discípulo de las cuatro clicas más importantes del Barrio 18 de Honduras. Se codeó con los principales *palabreros* del país, aprendió de ellos y, si no se hubiera salido, quizá y hasta hubiera logrado que su clica, la Santana Locos, se convirtiera en una quinta clica con poder. Pero *Little Scrappy* se salió, y en el mundo de las pandillas, la parábola del sembrador solo funciona si se continúa siendo un miembro activo. O al menos esa es la norma. Las excepciones son muy contadas, y por eso predomina aquella que dicta que un pandillero lo es hasta la muerte, o es un traidor que merece la muerte porque se alejó del barrio o vendió al barrio con la Policía.

—Si veo algo sospechoso o siento una mala vibra, no me subo. Viera que feo, compa, eso de sentir la mala vibra. Uno que ya estuvo metido en pedos lo siente en el ambiente. Dan escalofríos.

El microbús regresa hasta al parque central de la ciudad. Caminamos un par de cuadras y llegamos a mi hotel. En esta ciudad, la más violenta del mundo por su tasa de homicidios, *Little Scrappy* no se atreve a soltar esas fotos en ninguna mesa de ningún restaurante. Eso llamaría la atención, podría traerle consecuencias.

Cerramos la puerta con llave.

***

Las fotografías están ligeramente ordenadas sobre la cama. Su dueño las ha colocado según la importancia que tienen para él. Forman tres columnas y parecen las pistas que algún policía recopiló

319

durante una investigación para determinar la estructura de una organización criminal. En la primera columna, la de la izquierda, están las fotografías de aquellos que alguna vez fueron importantes líderes de la pandilla Barrio 18 en Honduras. Posan para una cámara que el dueño de esta historia y de estos retratos logró colar cuando él también estuvo encerrado junto con ellos, en el penal de Támara, aquel en donde una cadena de televisión internacional inmortalizó su mirada furiosa.

La segunda columna, la del centro, es una colección de imágenes de sus *homies* más cercanos en la pandilla. Fueron sus amigos. Sus confidentes, sus hermanos. Fueron sus soldados. Él hizo a la mayoría, él contó los dieciocho segundos para la mayoría, cuando ellos se *brincaron* en la clica que él dirigió: la Santana Locos de San Pedro Sula. Han transcurrido tres lustros desde aquellos ritos de iniciación.

Es importante que recalque algo: de los veintiún jóvenes tatuados que aparecen en esas fotografías, solo él continúa con vida.

La tercera columna es una colección más íntima, más personal. La mayoría son fotos en las que su dueño, entonces más joven, más delgado, más pandillero, posa ora sin camisa, ora con una camisa desmangada, ora con una camisa blanca y de botones. En todas *rifa* el Barrio 18. Con una mano, con las dos, hincado, sentado, de pie; con el pelo rapado, con el pelo abultado,… En todas tiene la mirada furiosa, la mirada furiosa, la mirada furiosa.

Destacan en esa columna dos fotos amarillentas, escandalosamente más añejas que las demás. Llaman la atención porque están más gastadas y porque no fueron tomadas en Honduras. El hombre que aparece en esas fotos posa en alguna calle de Los Ángeles, California, Estados Unidos. Su nombre era René Chévez, *El Rana*. Sin quererlo, ese hombre —que parece más un aficionado a la halterofilia que un pandillero tumbado— es la razón principal por la cual esta historia tiene un principio.

—Este es mi tío, mire, compa. Este es *El Rana*. ¿Se acuerda que le hablé de él?

Ese *bato cholo*, pandillero de la 7 & Broadway, lleva gafas oscuras y una camisa blanca a la que le cortó las mangas. «Santa Monica Beach, California», se lee en la camisa. Los músculos están perfectamente definidos. El pelo va engominado hacia atrás.

En la foto no se distingue, pero en el cuello, de la nuca hacia abajo, ese hombre lleva un tatuaje. Es un «*eigthteen with a bullet*», la frase que inmortalizó Pete Wingfield en 1975, en la canción con el mismo nombre. Es un *oldie* en el mundo del Barrio 18.

El cuarto se inunda con un chillido agudo y forzado que sale de los labios de *Little Scrappy*. Menea la cabeza hacia adelante y hacia atrás: «*Do, do, do, do, do, do-do-do-do... I'm eighteen with a bullet...*».

—¿De verdad no la ha escuchado, compa?

Por curioso que parezca, esa canción no se la enseñó su tío, como tampoco aprendió de él la cultura y costumbres de la pandilla. Eso sí, fue por René Chévez, *El Rana*, que *Little Scrappy* terminó convirtiéndose en pandillero del Barrio 18.

***

Little Scrappy revuelve las fotografías que hay sobre la cama y las tres columnas se desordenan. Él lo hace como para confirmar aquello que desde siempre ha sabido:

—No, compa. De mi primer maestro, pues, el primero que me enseñó a sobrevivir en las calles, no tengo ninguna fotografía.

El de *Little Scrappy* fue un caso típico. Su padre, un narcomenudista de San Pedro Sula, y su madre, una mujer cansada de las desventuras de su marido, migraron, por separado, hacia los Estados Unidos. Él y su hermana se quedaron a vivir en casa de la abuela. Vivía de las remesas, viajaba en microbús escolar, pero al llegar a casa se sentía solo. Era un niño de doce años que odiaba el mundo y no sabía la razón. A esa edad comenzaron las fugas, las idas al centro de maquinitas y a los cines del centro de la ciudad. *Little Scrappy* era aficionado al Mortal Kombat y a las películas de guerra. Cuando la bisabuela Rosa supo de sus malandanzas, cortó sus fondos. En represalia, *Little Scrappy* robó a la bisabuela las ganancias de la venta de pollos asados que administraba la familia. La bisabuela lo metió en un reformatorio.

Si hay dudas sobre la veracidad de la vida de *Little Scrappy* —el último Santana Locos con vida—, valdría la pena ir a revisar los archivos del año 1995 del centro de readaptación de menores El Carmen, ubicado en las afueras de San Pedro Sula. Fue ahí, en medio de cuartos como calabozos, pasillos húmedos y salones grises, que *Little Scrappy* conoció a su primer amigo del Barrio 18: «el *homie Puñalito*».

Puñalito era un ladrón juvenil que asaltaba en el centro de la ciudad. Esa era su cancha principal. Era conocido con ese nombre porque a aquellos que se oponían al asalto les hundía un puñal. Esa era la fama que se había creado él mismo. Bien pudo haberse llamado *Scarface*. «Tenía una cicatriz que le cruzaba el lado derecho de la cara», dice *Little Scrappy*, mientras se pasa el dedo índice por la mejilla. *El Puñalito* era originario de la colonia La Pradera, que para 1995 era el comienzo o el final de una calle que atravesaba cuatro territorios en disputa por la Mara Salvatrucha y el Barrio 18.

En el reformatorio, *Puñalito* le enseñó a su discípulo a fumar marihuana, a traficar con cigarrillos y a pelearse a puño limpio con aquellos que le faltaban el respeto. El pequeño *Little Scrappy*, el niño que encontró en un delincuente juvenil una sombra en la cual cobijarse, dice que *Puñalito* vio en él algo y por eso lo protegió. ¿Habrá sido lástima? La primera noche que durmió en el reformatorio, en la habitación en la que dormía *Puñalito*, este lo acribilló con una ráfaga de preguntas sobre su procedencia, sobre sus fechorías. En medio de la noche, aquel niño atemorizado le confesó que estaba ahí porque su abuela lo había delatado, y fue cuando escuchó una advertencia. «Esta es una casa de lobos, y si usted no se pone pilas, compa, se lo van a devorar. ¡Cambie esa historia, compa!», le dijo. Quién sabe qué vio en *Little Scrappy*, pero lo cierto es que lo convirtió en su primo: un asaltante de casas profesional. Tres meses después, ambos se fugaron del reformatorio y se fueron a vivir a la colonia La Pradera, territorio del Barrio 18, la cabeza o la cola de una calle que atravesaba cuatro colonias infestadas de pandilleros.

Little Scrappy no duró mucho tiempo ahí.

Al cierre de ese 1995, cerca de las festividades navideñas, *Little Scrappy* extrañó a su familia. El 22 de diciembre se despidió de *Puñalito* y regresó a casa. *El Rana*, su tío, llegó seis meses después.

***

En el cuarto de hotel, el aire acondicionado brama. O más bien parece que agoniza. Dieciséis grados y aquí se suda como en un baño sauna. Los vasos llenos con café granizado escurren gotas de agua sobre el taburete que hemos colocado como mesa de entrevistas. En un lado está sentado *Little Scrappy*. Las columnas de fotos sobre la cama han desaparecido, y de entre ese charco de imágenes revueltas saca las dos fotos que le quedan de *El Rana*, su tío.

—¿Era 7 & Broadway?

—Angelino. Lo deportaron porque se volvió *peseta*.

—¿Por qué se salió?

Little Scrappy me habla a mí pero en realidad mira a su tío.

—El me contó que traficaba droga para el Barrio, pero la Policía le tendió una trampa con unos compradores ficticios. La cosa es que el Barrio le cobró el precio de la droga que perdió, y como no podía pagar…

—¿Lo amenazaron de muerte?

—Es correcto, compa. Entonces pidió protección a la Policía y luego lo deportaron.

El Rana, de vuelta en San Pedro Sula, se convirtió en el padre que *Little Scrappy* nunca tuvo.

***

Sunseri se llama la colonia en la que creció *Little Scrappy*. Hoy es un laberinto de pasajes amplios con calles polvorientas en la zona urbana de la ciudad. Es una de las principales canchas de la Mara Salvatrucha, y en el último año, según la Policía, la principal plaza del narcomenudeo. Hoy día, incluso frente a la posta policial de la colonia, pueden encontrarse distribuidores de droga, y la Policía es solamente un testigo cómplice del movimiento de la cocaína y el *crack*. Hace dieciséis años, ese reinado de la MS en la Sunseri apenas iniciaba.

Para esa época *Little Scrappy* fumaba mucha marihuana. En el día pelaba plátanos verdes en el negocio de su abuela, y en la noche se gastaba la paga fumando con los pandilleros de la Mara Salvatrucha que controlaban ese sector. Que lo controlaran no era algo extraño. Esos jóvenes habían nacido ahí y eran los amigos de infancia de *Little Scrappy*. Pero aún y con toda esa cercanía, él jamás se atrevió a contarles a ellos, los MS, de su pequeña aventura con *Puñalito* y los dieciocheros de la colonia La Pradera. Él no quería meterse en *pedos*. Y como nunca se le había ocurrido ser pandillero, él creía que su paso por La Pradera de *Puñalito* había sido solo un episodio forzado por las circunstancias. No había nada que atara a *Little Scrappy* con el Barrio 18, ni siquiera la llegada de su tío, *El Rana*, un dieciochero recién deportado de los Estados Unidos.

Cuando *El Rana* llegó a la colonia de *Little Scrappy*, y se enteró que su sobrino fumaba marihuana junto a los MS, lo reprendió. Pero no porque se reuniera con la pandilla rival ni porque temiera que su sobrino terminaría convirtiéndose en un MS. A *El Rana* le molestaba que su sobrino tuviera vicios. Luego, con el paso del tiempo, le molestó también la fijación que su sobrino tenía con sus tatuajes, con su propia historia pandilleril. Era una fijación hacia el Barrio 18. Por eso, cuando *Little Scrappy* le contó de su pequeño episodio en la pandilla de su amigo *Puñalito*, *El Rana* lo reprendió de nuevo. Le dijo que así como la pandilla abraza a sus miembros con fuertes lazos de hermandad, los obliga a hacer cosas de las que cualquiera se arrepiente… y los extermina con la misma fuerza. *El Rana* le dijo a su sobrino que si no fuera por sus tatuajes, aquellos que un día le dieron orgullo, él no tendría nada que temer. Los tatuajes lo delataban. Pero *Little Scrappy* no entendía de qué carajos le hablaba, sobre todo porque *El Rana* salía a la calle con una camisa desmangada, los músculos definidos, los tatuajes en franca y abierta exposición. Una calzoneta tumbada, tela de jeans; una bandana azul colgando de la bolsa trasera. Medias blancas hasta las pantorrillas y unos pulcros nike cortés en los pies. «Bien *friendly* él. Lo hubiera visto, compa».

323

Bien *friendly El Rana* con sus tatuajes del Barrio en territorio de la MS, rodeado por emeeses.

Little Scrappy no entendía que pese a las poses, en el fondo, *El Rana* tenía miedo.

***

Little Scrappy se levanta de la silla. Camina al baño, se moja la cara. Regresa, se sienta. Toma un sorbo del café granizado, que a estas alturas es un café helado, nada más. Dice que está feo, que ya no se lo va a tomar.

—¿Cómo murió *El Rana*?

—A eso voy, compa.

Una tarde, los amigos con los que *Little Scrappy* fumaba marihuana llegaron hasta la venta de pollos rostizados de la colonia Sunseri.

Llegaron a picar a *El Rana*.

—Oiga, René: ¿la Mara para y controla, verdad *panocho*? —le dijo uno.

El Rana respondió un «sí, sí» con la cara agachada y eso llamó la atención de su sobrino. Era la primera vez que miraba a su tío bajando la mirada. Era la primera vez que lo miraba intimidado, con miedo. Esa tarde, mientras *El Rana* levantaba pesas en el patio de la casa, quiso salir de dudas.

—¿Qué es eso de *panocho*, tío? ¿Esa es la pandilla de la que usted era?

—¡No seas pendejo! —le respondió—. Eso es un insulto para el Barrio 18.

El Rana sabía que las cosas no terminarían ahí.

Había en la colonia Sunseri un deportado de la Mara Salvatrucha al que le decían *El Maldito*. Era el hijo de uno de los vecinos más respetados de la colonia, cuya familia administraba una ferretería.

Como era lo más natural, *El Maldito* supo de *El Rana* y una noche lo enfrentó en el negocio de la bisabuela. Iba adentro de un Datsun escarlata cuando le gritó: «*Where are you from!?*». *Little Scrappy* recuerda muy bien cómo terminó esa discusión. *El Maldito* le mostró a su tío una pistola y le dio una advertencia: en San Pedro Sula las cosas no funcionaban como en Estados Unidos. A *El Rana* le respondió diciéndole que no se preocupara, que si le molestaba su presencia, él se largaría de la Sunseri.

Al cabo de unas semanas, el cuerpo agonizante de *El Rana* fue encontrado en el asiento trasero de un Datsun color escarlata estrellado en un tramo del bulevar. Tenía la cabeza destrozada pero

324

los golpes no habían sido provocados por el accidente. Al *Rana* le habían pegado con un objeto contundente. «Como con un bate», recuerda *Little Scrappy* que dijo uno de los doctores. En el Catarino, el hospital público de la ciudad, le dijeron a la familia que René Chévez tenía un diez por ciento de probabilidades de sobrevivir.

En el cuarto del hospital, *Little Scrappy* apretó la mano derecha de su tío que agonizaba, y juró venganza.

—Le dije: «Basuras, tío. ¡Basuras! En tu nombre voy a ser mejor que vos para vengarme del maldito que te hizo esto».

Aquel que nunca conoció a un padre, cuando por fin tuvo uno, la MS se lo quitó. Para siempre.

Aquella noche, *Little Scrappy* se marchó de la colonia Sunseri y se dirigió hasta el final del camino, hasta la colonia Pradera, hasta el refugio que había conocido meses atrás gracias a *Puñalito*. En contra de los consejos de su tío, iba decidido a *brincarse* al Barrio 18.

—Quiero *brincarme* para vengar la muerte de mi tío…

Solo eso alcanzó a decir, porque otro pandillero lo detuvo en el acto.

—¡Ni pija! ¡Vos sos *peseta*, mierda seca, basura! Este vive con los MS, allá en la Sunseri… Allá lo hemos visto cerca de una venta de pollos… Dale gracias a Dios que no te matamos, ¡basura!

En el mundo de las pandillas, un joven que viva en un sector que domina el bando contrario es blanco de todas las sospechas. Por eso le quitaron la mochila y las zapatillas tenis. Lo asaltaron, lo escupieron con fuerza y sin oportunidad para dar explicaciones.

Creyeron que era un soplón.

Esa noche, ya muy noche, *Little Scrappy* se sintió solo y completamente derrotado.

Una semana después, regresó a La Pradera. No solo llegó con toda su ropa, sino también llevó más lágrimas y más rabia en los ojos. También se llevó las fotografías de su tío —estas que ahora ocupan el centro de la mesa, en este pequeño cuarto de hotel—. Esas fotos iban a permitirle comprobar su filiación al Barrio. Pero él pensó, por primera vez como pandillero, que había algo más que a los dieciocho de La Pradera les importaría. Y para eso también iba preparado. Les sirvió en bandeja la ubicación de la cancha de los MS en la colonia Sunseri. Él, mejor que nadie, la conocía, porque a ese lugar iba a fumar marihuana todas las noches.

Los diecicheros de La Pradera se tardaron dos días en confirmar su historia. Llamaron a los líderes de la clica Hollywood Gangster de la colonia La Planeta, en aquel entonces una de las cuatro más importantes de San Pedro Sula. Esos líderes, que también habían pasado por California, recordaron a *El Rana* y autorizaron que su sobrino se *brincara* en la Santana Locos.

***

Se ríe el protagonista de esta historia al recordar su pasado «*friendly*». Se ríe y ladea la cara hacia la derecha. Es apenas un intento fallido para mitigar la pena que lo sonroja. *Little Scrappy*, cuando entró a la pandilla, no se llamaba así. Esa es solo la última de sus tres tacas. Su primer alias fue *El Peluche*, en honor a su fisionomía: era bajito, rubio, ojos verdes, ropa de marca, siempre bien oloroso. En La Pradera las chicas siempre preguntaban por él. Esa su fama de Don Juan Barrio 18 incluso alcanzó a su mujer, Isabel, que lo conoció cuando ambos habían dejado las pandillas. «Era terrible», me dijo ella en una ocasión, hace tres años.

Desde que entró al Barrio, *Little Scrappy* demostró que quería dejar huella. Su ascenso meteórico se explica porque, durante su primer año, participó en muchas *pegadas*, porque era un gatillero por naturaleza. Su misión era impulsada, dice ahora, 16 años después, por la venganza. Quería llevarse a la tumba a cuantos MS pudiera. Los odiaba por haberle quitado aquello que él más quería.

Las fotos que hablan del liderato de *Little Scrappy* en la Santana Locos son pocas: cinco en total. En una de ellas posa con camisa floja, negra, de las de fútbol americano, con un 18 blanco estampado en el frente. Gorra hacia atrás, la mirada furiosa, la mano derecha *rifa el barrio* y la izquierda luce un número 8 tatuado en el dorso.

Cuando fue un líder aguerrido —a los diecisiete años— y quería matar a sus enemigos, en más de una ocasión *Little Scrappy* se escondió ese tatuaje metiéndose la mano en la bolsa del pantalón y, sin pudor, se atrevió a *rifar el barrio* de la pandilla contraria.

—…entonces llegaba a una esquina y gritaba, para despistar: «¡La mara para y controla!». Y hacía la garra, y enseñaba el número 1 que tenía tatuado en el dorso de la mano derecha…

Little Scrappy se para, dramatiza, el cuarto por fin se ha enfriado.

—Los *vatos* esperaban que del otro sacara el número 3, pero yo les sacaba una pistola .358.

***

Era de noche cuando un pandillero del Barrio se acercó a saludar a tres jóvenes que departían en una de las esquinas de la colonia La Luciana. Hace quince años, La Luciana era uno de los sectores en disputa entre la MS y el Barrio 18. Era un territorio fronterizo con La Pradera. Los tres jóvenes, tres MS, fumaban hierba.

El Peluche iba bravo por el alcohol que recién había traga-do. Unas horas antes, junto con dos escoltas, habían asaltado una joyería, y la cadena de oro que le colgaba del cuello era un trofeo de ese atraco. Llevaban en un vehículo unos 50 mil lempiras. Desde el interior de ese vehículo, parqueado a la orilla de la calle, *El Duende* y *El Neta* vigilaban los pasos de *El Peluche,* su *palabrero.*

El Peluche, para esa época, ya tenía tatuado un 18 color negro debajo de la tetilla derecha. En el dorso de la muñeca izquier-da cargaba un 8 estilo gótico, y en la derecha, el 1 que completaba el combo.

—¡La Mara Salvatrucha para y controla! —gritó *El Peluche,* y alzó una garra, mostrando el tatuaje de su mano derecha.

La izquierda la dejó escondida en la bolsa delantera del pantalón.

—¡Simón! ¡La Mara! Pásele compa —respondió uno de los sujetos, que estaba hincado fumando, y no imaginaba lo que se le venía encima.

El Peluche tampoco imaginaba lo que se le vendría encima.

***

Dice el protagonista de esta historia que los disparos de un fusil AK-47 pueden imitarse de tres manera distintas. En el primer tiempo, en ráfagas de tres disparos, el fusil suena más o menos así:

—¡*Papapá*! ¡*Papapá*! ¡*Papapá*!

En el segundo tiempo, en ráfagas de seis disparos, cambian las sílabas y la entonación es más pausada y menos escandalosa:

—*Piku-piku-piku-piku-piku-piku. Piku-piku-piku-piku-piku-piku.*

En el tercer tiempo, el recuerdo de una AK-47 en acción atropella las sílabas y le hace golpear la lengua contra los dientes superiores a una velocidad pasmosa.

—¡*Trrrrrrrrrrrr*! ¡*Trrrrrrrrrrrr*! ¡*Trrrrrrrrrrrr*!

Little Scrappy toma una de las fotografías de la columna del centro y la contempla con nostalgia. En la fotografía aparece un jo-ven posando de espaldas a la cámara y sin camisa. Es una espalda muy joven. Unos brazos muy de niño, una cabeza muy pequeña. Debajo de la nuca, en letras góticas y gruesas, ese joven tiene tatuado un «Eighteen» más verde que negro. En el costado derecho del torso, sobresale un escorpión que pareciera querer irse a explorar el vientre y el ombligo de su dueño.

¿Cómo se forja una amistad? ¿Qué hay que hacer para que un amigo sea considerado un hermano? *Little Scrappy* cree que la respuesta está en aquellos que son capaces de dar la vida por el otro.

Ese de la fotografía, el *homie Duende*, era de esos.

Little Scrappy revuelve de nuevo las fotografías que hay sobre la cama. Ya no hay rastros de columnas, y con cada foto que toma en sus manos se le escapa alguna pequeña historia de los fotografiados. Sonríe, recuerda, piensa algo, se enoja, se lamenta.

—Creo que tenía otra del *homie Duende*, donde se le miraba la cara, pero no la encuentro. Es que ha pasado tanto tiempo... algunas se me han perdido...

El Duende y *El Peluche* se habían hecho camaradas porque, aunque *El Duende* respondía a una clica de otro sector —la Columbia Little Psycho—, su familia y su residencia estaban en La Pradera, la colonia en donde *El Peluche* se *brincó*, la colonia que, por sus méritos, por gatillero, por asesino de MS, terminó controlando.

El *homie Neta*, el tercero en aquella misión suicida, fue uno de los primeros soldados fieles a *El Peluche*. También era oriundo de La Pradera.

Después de que *El Peluche rifó la Mara* a los tres MS que fumaban hierba, se sacó de la espalda una pistola .358 y la descargó en el pecho y en la cara de dos de sus tres víctimas. El tercero, que tenía el puro en la boca, corrió despavorido, y hasta la fecha no se sabe si habrá sobrevivido. Él le disparaba, pero también le disparaban *El Duende* y *El Neta*, que al observar los movimientos de su líder salieron para imitarlo.

Lo que ninguno de los tres se esperaba es que otro MS, *El Oso*, un veterano en silla de ruedas, saliera desde la otra esquina armado con un fusil AK-47.

—¡*Papapá*! ¡*Papapá*! ¡*Papapá*!

***

Si algo enorgullecía en esa época a *El Peluche* era poder pavonearse con sus soldados, diciéndoles que había recorrido todos los territorios enemigos que rodeaban a La Pradera. Aquella noche, sin embargo, esa osadía le pasó factura.

Se alejó de la calle principal y se metió en un lugar en el que nunca antes había estado. Dirigidos por él, los otros dos pandilleros huyeron de las balas enemigas y se refugiaron en un pasaje sin salida. Acorralados, escondidos entre un carro y un muro de concreto, escuchaban cómo allá abajo, en la entrada del pasaje, poco a poco iba formándose una muchedumbre que exigía sus cabezas.

Preso de la desesperación, *El Duende* se subió al techo del vehículo y brincó al muro. Se convirtió en un gato y en cuestión de segundos ya estaba del otro lado. La muchedumbre lo vio, y desde lejos bañaron el muro con disparos. Tronaban la AK-47, pistolas y escopetas. *El Peluche* intentó lo mismo que *El Duende* pero por su tamaño se le hizo más difícil. Mientras brincaba del carro al muro, podía escuchar las balas que le zumbaban en el oído. Veía a su lado cómo estas despeñicaban el cemento. Luego sintió que algo caliente lo golpeó en la espalda baja. Cuando logró cruzar sintió un escalofrío, se tocó allá adónde le dolía y se descubrió manchado con sangre. Mientras, al otro lado del muro, *El Neta* moría entre el tronar de las balas y sus propios gritos desesperados. Murió parapetado, solo, acorralado. *El Peluche* se imaginó brincando el muro de regreso y disparando en caída libre para rescatar a su amigo, pero las piernas ya no le respondían.

Desde el otro lado, los MS intentaban escalar, gritaban que irían «por esos perros». *El Duende* se echó en hombros a *El Peluche*, salieron a la calle, detuvieron un taxi y se fueron al hospital. En el trayecto, *El Peluche* se ahogaba, sin que *El Duende* se diera cuenta.

—¡Sóplele! ¡Sóplele en la boca! —gritó el taxista.

El Duende resopló en la boca de *El Peluche*, y allá en la espalda, por el agujero que abrió la bala, salió expulsado un chorro de sangre coagulada.

***

Little Scrappy se ha sentado. Mira con nostalgia las fotografías revueltas que hay sobre la mesa. Mira hacia el suelo. Suspira. Se toca la espalda.

—Ahí cargo la bala todavía, compa. Se me alojó en unas arterias justo debajo del corazón.

Toma con la mano la foto del *homie* Duende.

—Con él nos reencontramos en Támara…

Hay cincuenta fotografías regadas encima de la cama, desordenadas sobre la mesa, pero esas imágenes no logran contar, por completo, la evolución de *El Peluche*, el gatillero desenfrenado, hasta *Little Scrappy*, el pandillero que quería ser el mejor de todos. En resumen, basta decir que él llegó a ser un gran líder, y que como *palabrero* de la Santana Locos ganó muchos méritos. Estuvo a punto de convertir a su clica en la quinta gran plaza de la 18 en San Pedro Sula. Eso lo enorgullece. Lo cuenta como si estuviera hablando de una corporación empresarial. «Estábamos abriendo una nueva plaza», dice, con un dejo de nostalgia en la mirada.

Pero él quería ser el mejor 18 de todos, y eso pasaba por ceder su puesto a otros. Él sabía que necesitaba crecer en la pandilla, y eso solo lo lograría desde el interior de una cárcel. A finales de la década de los noventas, los pandilleros centroamericanos que caían presos formaron adentro de las cárceles una especie de escuela. Se nutrían del conocimiento de los líderes deportados de Estados Unidos, y de la iniciativa y nuevas reglas de los líderes formados en suelo centroamericano. En San Pedro Sula esa dinámica no era la excepción. Y *El Peluche*, dos años después de convertirse en *palabrero*, quiso estar preso, aprendiendo de los más sabios. Por sus habilidades como líder, le asignaron la coordinación física del sector de Casa Blanca, en la cárcel de Támara, aquella en donde Discovery Channel inmortalizó su mirada furiosa. Luego, ascendió y se convirtió, adentro de la cárcel, en el principal comerciante de drogas para el Barrio.

El homie *Duende* no tenía tanta ambición. Él no quería estar preso, él quería regresar a la calle, y adentro de la cárcel, se aisló. Uno ganaba méritos y el otro era un pandillero del montón.

La penitenciaría de Támara hoy es un amplio complejo en donde conviven pandilleros, los más fieros líderes del crimen organizado de Honduras, delincuentes comunes y pesetas (o pandilleros retirados). Pero en las fotografías de *Little Scrappy*, Támara es apenas un pequeño patio y un alto muro, coloreado con un inmenso número 18.

Hay tantos rostros en esas fotografías de los pandilleros presos de Támara que por ratos todos ellos parecieran ser la misma persona, el mismo rostro, la misma mirada furiosa. Uno de esos rostros es el del *homie Bad Boy*, quien fuera, en vida, *palabrero* de la Colonia Planeta, hoy la principal cancha del Barrio 18 en toda Honduras. Fue *Bad Boy* quien autorizó que *El Peluche* se convirtiera en pandillero, luego de reconocer a *El Rana* en un par de fotografías. *Bad Boy* también se había formado en Los Ángeles y había conocido, allá, los méritos de *El Rana*.

Ambos se reencontraron en Támara y *Bad Boy* le dio *clecha* y también su segunda taca: *El Peluche* se convirtió en *Teddy*. A cambio, *Teddy* se lo agradeció haciéndose su enfermero personal. *Bad Boy* padecía tuberculosis. Por eso en las fotografías él es el único rostro disonante: aparece consumido, esquelético, como acabado.

—¿Qué fue de *Bad Boy*?

—Murió en la carretera hacia Tegucigalpa…

En un intento de fuga, en la carretera que de Támara conduce a Tegucigalpa, la ambulancia que transportaba a *Bad Boy* se volcó.

—¿Y qué fue de *El Duende*?

—Cuando salí de Támara, él quedó ahí. Después supe que viajó a Los Ángeles, regresó, y terminó viviendo en La Planeta. Dicen que se convirtió en el *palabrero* de la Planeta. Supe que me anduvo buscando, que quería hablar conmigo. Me hubiera gustado, pero no tuve el valor…

Little Scrappy, retirado de las pandillas, le temía a aquel que fue su gran amigo.

El Duende cayó acribillado por la Policía en un enfrentamiento en la colonia La Planeta, el 24 de mayo de 2011. Junto a él murieron seis sujetos más. Su nombre era Bryan Gilberto Alcerro. Tras su muerte, el presidente de Honduras, Pepe Lobo, declaró a La Planeta como una colonia «libre de pandillas».

***

Little Scrappy ya no quiere hablar de nada. Le ha caído una migraña. Dice que siempre que recuerda su pasado, durante tanto tiempo, le causa el mismo efecto. Han pasado ocho horas desde que empezamos a ver las fotografías y me pregunta si ya vamos a terminar.

Me detengo en una sola fotografía y le pido que me confirme si ellos son quienes yo creo. La fotografía nos obligan regresar a Támara.

Si la historia de este expandillero inicia con la muerte de *El Rana*, su tío, aquel bajado de Los Ángeles que presuntamente fue asesinado por la Mara Salvatrucha, la misma historia termina con los dos personajes que hay en esta fotografía: *El Scrappy* y *El Shadow*. Por el primero alcanzó su máximo grado de respeto dentro de la pandilla; por el segundo, terminó abandonándola.

El Scrappy y *El Shadow* eran líderes de la clica Shadow Park, una de las cuatro más importantes del Barrio 18 en aquella época. La Santana Locos, a la que pertenecía *Little Scrappy*, era una hija de estas. Fue una quinta plaza abierta en una ciudad en la que se necesitaban ojos, brazos y armas para conquistar y dominar territorios. *El Scrappy* y *El Shadow* también fueron deportados y no pasó mucho tiempo para que cayeran presos en San Pedro Sula. Con los movimientos carcelarios de inicios del nuevo siglo —y que buscaban evitar masacres entre los reos de la Mara Salvatrucha y el Barrio 18— esos dos veteranos recalaron en Támara, donde se volvieron a juntar con su discípulo.

Su reencuentro coincidió con los desencuentros en la pandilla Barrio 18. En esos años, mientras los líderes que venían de Estados Unidos pedían a sus *homies* calma, planificación, estrategia para realizar un golpe en contra de la Mara Salvatrucha —acostumbrados a una Policía más investigativa, que los obligaba en Estados Unidos a matar solo si era absolutamente necesario—, los líderes locales los acusaban de cobardes, de no tener huevos, de tenerle miedo a las batallas donde mandaba más la fiereza, las ganas de pelear, el arrojo más que la pausa y la planificación. El cisma provocó enfrentamientos y traiciones.

Y una de estas traiciones llegó hasta *El Shadow*. Se le presentó como la gran familia que terminó traicionándolo. Para *Little*

331

Scrappy aquello que alguna vez le advirtió su tío, René Chévez, *El Rana*, cobró sentido. En el penal de Támara, sus propios *homies* de la 18 asesinaron a *El Shadow*. Los que se oponían a la *clecha*, la calma y las costumbres de los bajados de Estados Unidos, mandaron un mensaje.

El 6 de noviembre del año 2000, *El Shadow* se levantó con un dolor en el estómago.

—Traeme agua —dijo a *Little Scrappy*.

El Shadow se la empinó y después cayó al suelo, restregándose contra el piso de cemento.

Little Scrappy aún no sabe si el veneno con el que lo mataron iba en el agua o en el vaso con chicha que le estuvieron rellenando a *El Shadow*, mientras departía en una pequeña fiesta que se celebró la noche anterior.

—¡Me mataron! —gritó *El Shadow* antes de ahogarse en su propio vómito.

Murió en los brazos de *Little Scrappy*, en una celda del sector Casa Blanca, en Támara.

En una de las fotografías de esa época, *Little Scrappy* posa frente a un placazo conmemorativo, pintado en una pared de la cárcel, en honor a ese que fue uno de sus últimos maestros.

***

El Scrappy quizá corrió una peor suerte que *El Shadow*. Pero antes de separarse maestro y aprendiz, *El Scrappy* le dio su último placazo a nuestro protagonista. Hacían juntos rutinas de ejercicios, uno le transmitía al otro la historia angelina de la pandilla y le enseñaba los *oldies* como la canción *Eighteen with a bullet*.

Cuando *El Scrappy* creyó que su discípulo había ganado suficientes méritos, le ofreció un tatuaje. La noticia, en la cárcel, fue una sensación. Sobre todo porque *El Scrappy* era considerado como un carnicero tatuador: tatuaba con unas puntas hechizas, diseñadas por él, que penetraban hondo en la carne. *Teddy* aceptó, y a partir de ese momento dejó de llamarse así. Evolucionó a *Little Scrappy*, el hombre que se dejó tatuar por un carnicero un inmenso XV3 que le baja del pecho hasta el ombligo. Es la tinta que está a una sesión con rayos láser para desaparecer de su cuerpo.

Little Scrappy dejó el penal de Támara a finales de 2001. Su salida de la pandilla fue una de esas conversiones extremas. De ser uno de los referentes más importantes en San Pedro Sula, con una docena de rivales asesinados como mérito, lo dejó todo y se convirtió en un desertor. Se convirtió en un *peseta*. Incidieron en su cambio los ruegos de su padre, Graco Joel, un exnarcomenudista que reapareció en su vida luego de muchos años de abandono.

Cuando *Little Scrappy* era un niño, Graco Joel se fue hacia Estados Unidos. Allá dejó el negocio de las drogas porque se convirtió en un ferviente evangélico. Años después regresó a Honduras, convencido de que su misión en la vida era rescatar a su hijo. Lo intentó durante cinco años, y lo consiguió hasta el sexto. Le ayudó a Graco Joel el hecho de que a su hijo, sus propios *homies* le abrieron los ojos cuando asesinaron a *El Shadow*.

Un año después de su salida de la prisión, y del Barrio, en Honduras arrancó el Plan cero tolerancia contra las pandillas, durante el gobierno del expresidente Ricardo Maduro. De manera oficial, la Policía incrementó redadas, realizó capturas y desarticuló clicas enteras en San Pedro Sula y Tegucigalpa. Mientras esto ocurría, organizaciones de derechos humanos, familiares de jóvenes pandilleros y hasta una comisionada policial denunciaron una política de exterminio ideada desde el despacho del que fuera, para esa época, ministro de Seguridad de Honduras. Su nombre era Óscar Álvarez.

Little Scrappy también denunció el exterminio y hay una fotografía que lo comprueba. En la imagen hay cuatro hombres encapuchados con pasamontañas de color negro. Es la fotografía de una conferencia, ocurrida en el 2003, en la que *Little Scrappy* y sus compañeros pedían que las autoridades dejaran de perseguir y de asesinar a los pandilleros retirados de San Pedro Sula.

Justo en el epicentro de esas denuncias, decenas de pandilleros eran trasladados de un centro penal a otro. Pero el problema no era que los trasladaran, sino que las autoridades penitenciarias los metían, indefensos, en jaulas de lobos. A líderes de la 18 los metían en sectores de la MS y viceversa. O encerraban pandilleros junto a reos comunes, conocidos como *paisas*. En Támara hay reclusos que sobrevivieron a algunas de esas masacres. En uno de esos traslados murió *El Scrappy*: como una oveja en una jaula llena de *emeeses*.

En medio de esa coyuntura, dos centros penitenciarios se incendiaron en Honduras: la cárcel de San Pedro Sula y la cárcel de El Porvenir, en la ciudad de La Ceiba, en la costa caribeña del país. Más de 500 reos murieron calcinados. La mayoría eran pandilleros del Barrio 18. Muchos eran amigos de *Little Scrappy*.

***

Little Scrappy se levanta de la silla por última vez. Quien lo viera en estas condiciones, jamás pensaría que este hombre fue uno de los más aguerridos pandilleros de una generación que ha desaparecido por completo. Debajo de los ojos se le han formado unas bolsas. Es el cansancio, es la migraña que le produce recordar tanto, y a tantos. *Little Scrappy* recoge las fotografías que hay en la mesa y ahora

333

recoge las que hay regadas en la cama. De pie, las mira con melancolía. Se detiene en una, en la que hay un grupo de pandilleros que forman una fila, arropados por un gigantesco 18 pintado en un muro alto de la cárcel de Támara. Menciona los nombres de los que posan para la cámara.

—Aquí esta *Caballo, Scrach, Demente, Ganya, El Scott, Payaso, Bad Boy, Spidey, Sonkey, Duende Colombia, Little Brown, Pájaro, Big Pájaro, El Bestia, Sleepy*, el *homie Snider, homie Curly, Chino Machete, Lágrima, Boxer, El Boss, Landro Boy*...

—¿Todos muertos?

—Todos muertos, compa. Así como lo oye.

Little Scrappy guarda las fotografías en un sobre y las coloca sobre la mesa. Quiere venderlas, me pregunta si se las voy a comprar. Me insiste que se las compre.

Después de tanto tiempo, no sé si *Little Scrappy* ahora está mejor o peor que cuando fue pandillero. Siempre que nos hemos visto, en los últimos tres años, lo he encontrado en malas condiciones. Es un tipo que no tiene trabajo fijo, es un tipo que no tiene como alimentar a su mujer y a sus hijos. Se la pasa abogando por los que son como él, pandilleros retirados en las mismas condiciones en la que está él. Desde 2003 intenta que otros cambien como ha cambiado él. Dirige una organización que sobrevive más por principios que por fines reales. Se llama Generación X. Lo han invitado a conferencias, ha viajado a Europa, pero sigue sin tener un empleo fijo.

En once años ha rehabilitado a muchos y ha visto morir a muchos. Convertidos en expandilleros desarmados, han muerto presas de la que fuera la pandilla rival, la que fuera su clica o en extraños enfrentamientos con la Policía, en donde han caído los expandilleros pero ningún oficial armado.

Hace once años que *Little Scrappy* dejó la pandilla, y en estos once años se ha dado cuenta de que regresó al punto de inicio. El mundo que lo ha cobijado desde que se salió de la pandilla es exactamente el mismo que dejó cuando decidió *brincarse*. O quizá hoy está peor. ¿Y contra ese cómo se lucha? Al menos él ha demostrado ser tozudo. Pero a veces ha pensado, como muchos otros, en volver a delinquir. El hambre hace que la tentación sea demasiado poderosa. Al sentirse en aprietos, sin dinero, cuando sus hijos no tienen qué comer, «cuando siente como si el diablo se le mete por dentro», azuzándolo, provocándolo, sale a caminar, y siempre se le ocurre la misma idea loca: buscar compradores para sus fotografías.

Le digo que no puedo comprarle las fotografías, pero que a cambio le ofrezco otro trato.

—Y yo, ¿qué gano con esto? —me pregunta. Y por más que le digo que a lo mejor alguien se interesa en esta historia, en estas fotografías, porque quizá así cambie algo… siempre regresa al punto de inicio. A esa idea loca.

—Vea, hermano, está bien. Pero dígales a sus compas que me compren las fotografías. Que me den algo, aunque sea simbólico. Es que yo estoy hecho pija, compa…

Inédita, escrita en agosto de 2012

Se hunde Atlántida

Daniel Valencia Caravantes

—¿¡Para qué se lo van a llevar!?

—Cálmese, señora…

—¡No se lo lleven! ¡Es mi hermano!

—Por favor, señora, déjenos hacer nuestro trabajo…

—¿¡Pero para qué se lo van a llevar, si ya está muerto!? ¿¡Lo van a revivir acaso!?

El cuerpo dejó de sangrar. Estaba rodeado por familiares y curiosos; muchos ni se bajaron de las bicicletas. En esta ciudad gustan de la bicicleta. También de motos, como la Yamaha azul que custodiaba un soldado a un lado de la escena. Las motos son bastante codiciadas por los ciudadanos y por los ladrones y sicarios, que las ocupan para sus menesteres. Por el robo de esa moto azul mataron a Roberto Funes, de cuarenta y dos años, con cuatro hijos, dos hermanas, una sobrina y doce amigos que lo lloran. Para muchos, aquel era un espectáculo. Duró una hora, mientras los forenses investigaban la escena, levantaban el cuerpo, se llevaban la moto y los curiosos se marchaban comentando que sobre la cuneta ensangrentada había un hombre muerto. «Diez balazos le metieron». Pero eso ocurriría hasta dentro de una hora. En aquel momento todos querían ver el cadáver. Mientras una de sus hermanas reclamaba el cuerpo de Roberto Funes y un policía intentaba calmarla, dos niñas uniformadas compraban granizadas de fresa. El vendedor las servía y las niñas comían emocionadas, mientras contemplaban el cadáver y a las moscas que hacían fiesta sobre la boca inerte. ¿Por qué mataron a Roberto Funes? Hasta que el día estaba a punto de terminar, empecé a tenerlo más o menos claro.

***

Resulta que Atlántida —ubicada en la costa, justo al norte de Tegucigalpa y al sur de Roatán— es como cualquier moneda, con sus dos caras. Una está intacta. Es un paraíso. Tiene una hermosa costa, arena blanca, mar Caribe y una ciudad cabecera desde donde se pueden tomar avionetas o abordar barcos con rumbo a las Islas de la Bahía, un tesoro natural a hora y media de distancia en bote. En ese paraíso la población tiene el mejor índice de desarrollo humano del país y hasta estrellas de Hollywood como Michael Douglas y Catherine Zeta-Jones caen seducidos por sus encantos; la pareja visitó la región en 2008 y recorrió las reservas naturales de Pico Bonito y Cuero Salado.

La otra cara de la moneda, la gastada y escondida, ha logrado que Atlántida —el destino turístico más próspero de Honduras— sea el departamento más violento de Centroamérica. El año 2010 cerró con una tasa de 131 homicidios por cada 100 mil habitantes, y en la cabecera, para este año, el promedio es de un homicidio diario. Esta región se ubica una posición debajo de la mexicana Ciudad Juárez, la ciudad más violenta del mundo, y supera a las capitales de los tres países más violentos de América (Honduras, Guatemala y El Salvador).

Siete horas antes de que mataran a Roberto Funes yo estaba en la oficina de Óscar Ardón —jefe de la División Nacional de Investigación Criminal (DNIC) de la Policía en La Ceiba, capital de Atlántida—. Él dirige al equipo que investiga el sesenta por ciento de los homicidios cometidos en Atlántida. Es decir, los que se cometen en la ciudad principal y sus alrededores. Él es quien mejor conoce por qué se está hundiendo Atlántida. Él sabe por qué aquí se están matando tanto.

La oficina de Ardón es pequeña, pero acogedora y cómoda. Es fría gracias al aire artificial. Sobre el suelo, en la esquina del escritorio, había una ofrenda de frutas que un ciudadano agradecido le obsequió. A sus treinta y siete años, el jefe es un tipo moreno, sonriente, de voz suave y buenas maneras. Hace un año y medio está en La Ceiba. Antes coordinaba operativos en San Pedro Sula, otra de las ciudades más violentas del mundo. Allá, *donde la cosa está caliente* —como él dice—, Ardón nunca corrió tanto peligro como el que ha corrido aquí, en este paraíso que comienza a convertirse en otra cosa. Este paraíso donde, hace dos meses, Ardón casi perdió la vida.

En la ofrenda de frutas que le regalaron sobresalían dos racimos de plátanos y una caja de piñas. Mientras esperaba que apareciera esa mañana, desde la otra esquina de su oficina, dos voces se cruzaron en la línea del radio-comunicador dispuesto sobre el esquinero.

—Sierra, Sierra, reportando robo de motocicleta Yamaha azul en el sector Yasur. Se llevaron el maletín de la víctima y un GPS. Lo está monitoreando la empresa —informó un policía.

—Copiado, copiado. Desplegar operativo, tal vez los podemos alcanzar —ordenó un superior.

—Afirmativo, Sierra, estamos en persecución.

—Que no se escape, lleguen sin sirenas… Siempre con las medidas de seguridad, que estos jodidos andan bien armados…

Media hora más tarde atravesó la puerta de la oficina un policía moreno, bajito y fornido, con cara cuadrada y manos gruesas. Él coordinaba la persecución de la motocicleta y por un momento pensé que era el jefe, pero resultó ser su mano derecha: el subinspector González. Vestía jeans pegados, camisa manga larga metida y botas de vaquero. Se veía compacto pero poderoso con su revólver al cinto. «Ya viene el jefe», dijo. La DNIC hace de todo: desde investigaciones de homicidios hasta persecuciones de motocicletas. Dos jefes, tres técnicos, diez investigadores y dos carros; uno de ellos no funciona del todo bien. A veces hay que empujarlo para que arranque.

—Sierra, Sierra…

—Adelante.

—Ubicada la motocicleta…

—Recuperemos esa moto. Que no se nos escapen…

González dio esa orden a las diez de la mañana. En Atlántida hay doscientos policías. Todos quieren que sean más, pero los recursos no alcanzan ni para mejorar el sueldo de los agentes. Un oficial clase uno gana, en lempiras, el equivalente a 320 dólares, menos descuentos. Un investigador como los que dirige Ardón, 350 dólares, menos descuentos. González anotaba datos en una libreta cuando su jefe apareció por fin. Ardón le ordenó a González que preparara el operativo que me había prometido. Me llevarían a una zona caliente de la ciudad. Ardón se disculpó con una sonrisa y luego ofreció la anécdota de un enfrentamiento violento con la pandilla del Barrio 18, ocurrido hace un mes. «Una papada que duró seis horas». En la Atlántida violenta, las pandillas juegan un papel importante.

Óscar Ardón contó el operativo frente a siete de sus muchachos. Todos eran jóvenes y vestían jeans, camiseta y tenis. Mientras él cargaba un vídeo que quería mostrarme, ellos revisaban sus armas. González, en una esquina, seguía pidiendo información vía radio sobre la motocicleta robada.

Ardón es un tipo que no necesita dar órdenes para que sus subalternos lo entiendan. Uno de sus muchachos, impaciente, le preguntó que si ya podían irse antes de que el jefe acabara el relato. Ardón lo miró, tranquilo, no le dijo nada y lo ignoró. Luego me sacó de la oficina y me llevó a otra, donde otro de su equipo tenía en buen estado el vídeo que tanto quería enseñarme.

El vídeo era la grabación de una balacera. «*Ra-ta-ta-ta-ta… ¡Pum!*», escupieron los parlantes. «¿¡Oyó!? —interrumpió

Ardón— Esa fue una de las granadas que nos tiraron». Luego pidió al oficial que retrocediera la escena. «¿Ve? Ahí va a ver cuando yo me muevo en dirección a la casa».

El perfil que se ve al final de la imagen es irreconocible. Pero es él, el jefe Ardón, la voz que más citan los periódicos hondureños cuando pasa algo violento en La Ceiba. La granada lo hubiera matado, pero estalló a sus espaldas, detrás de una pared y un policía que recibieron casi todo el impacto. «Quedó gravemente herido, pero ya se está recuperando». Ardón se emocionó contando la escena como cualquier guerrero que sabe que se libró por pelitos de la muerte. Entonces se paró, orgulloso, y me dijo que «así de complicada» está la cosa mientras en el ordenador aparecía él, moviendo la boca, minutos después de la primera explosión. En la toma suda como si tuviera fiebre, suelta palabras que se atropellan unas con otras y por ratos parece que se quedara sin aire. También pareciera que tiembla.

—Se ve afectado —le digo.

—¡Ja! Creo que seguía en pie por la adrenalina. Estuvo feo eso. Mire: esos pandilleros estaban armados hasta los dientes.

***

Resulta que la Atlántida se hunde, entre otras cosas, porque es el cordón umbilical del corredor del Atlántico. Por la región pasa la droga que llega a las costas de Honduras —en los departamentos caribeños de Gracias a Dios y Colón— o a través de las pistas clandestinas en el departamento de Olancho. Atlántida es la mancha urbana más próspera, con infraestructura, puerto, aeropuerto y carretera principal, ubicada en el área justo antes de donde Honduras se convierte en vastos terrenos inexpugnables, alejados de la mano del Estado en los departamentos del oriente del país. Atlántida es, en resumen, el puente más corto para llegar hasta el norte, a la frontera con Guatemala, en Puerto Cortés y Copán. Por eso, aquí convergen pandilleros, reyes del narcomenudeo, grupos de limpieza social, bandas dedicadas a los *quites* de droga y sicarios de narcos. Los pedazos del rompecabezas que dejan sueltos son los que luego recopilan Ardón y su equipo para poder afirmar que «el 80% de los homicidios que se cometen aquí tienen que ver con el narcotráfico».

El papel que interpretan las pandillas en la región es claro: consiguen tratos para abastecer sus mercados en San Pedro Sula y Tegucigalpa, defienden territorio y permiten que los reyes del narcomenudeo crezcan en la costa, siempre y cuando paguen un tributo a la Mara Salvatrucha, en la ciudad de Tela, y al Barrio18, en La Ceiba.

Por esos vínculos se explica que en la batalla de seis horas ocurrida hace dos meses, uno de los líderes del Barrio 18 se defendiera hasta con granadas para detener el avance de sesenta policías. Por la captura de ese pandillero, el equipo de Ardón está en la mira de sus jefes. Él lo sabe y enseña sus medallas con un orgullo similar al de un niño frente a un padre cuando el primero sabe que ha hecho bien su tarea.

Antes de regresar a su oficina, con su equipo, Ardón le pidió a una de sus asistentes que abriera otras carpetas en el ordenador. Quería mostrarme al pandillero que les opuso resistencia. «Es *El Flash*», dijo, y señaló en la pantalla al hombre flaco, tatuado y con bigote, que sostenía un pedazo de cartón: «Javier Evelio Hernández Escobar, cuarenta y seis años». En La Ceiba hay tan pocos recursos que hasta esos rótulos son improvisados. Cuando la unidad de Ardón tiene que hacer cosas más complicadas, como ocupar luminol para detectar rastros de sangre en una escena, deben esperar dos horas para que el químico llegue, si es que hubo buena voluntad de la departamental de San Pedro Sula para que les regalen un poco.

—Ese es el líder nacional de la 18 —dijo Ardón.
—¿Y cómo lo sabe?
—¿Por qué cree que se defendieron tanto, pues?

«¡De aquí no me se sacan vivo, hijos de puta! ¡Vengan pues, aquí los espero!», recuerda González que retaba *El Flash*, cuando se descubrió solo. González se salió de la oficina de Ardón cuando escuchó que este pedía que me mostraran las fotos del operativo. González también participó de la balacera y acompañó a su jefe a narrar la captura de *El Flash*. Cuando los policías ingresaron al primer piso de la casa se toparon con dos jóvenes en calzonetas que terminaron boca abajo, convertidos en un charco de sangre. Ellos disparaban con revólver y una ametralladora para cubrir a su líder. Pero el pandillero solo se rindió cuando un *cobra* —un policía antimotines— tiró al cuarto una granada de humo y esta incendió un sillón. «¡No quiso morir quemado!», dijo González, entre risas.

Unos minutos después, al subinspector le sonó de nuevo el radio-comunicador. Se salió de la oficina y regresó alegre: «¡Recuperamos la moto, jefe! Pero se han robado otra…». En el 80% de los homicidios ocurridos en La Ceiba —según el equipo de técnicos que maneja las estadísticas en la división de Ardón—, los asesinos han llegado en motocicleta a matar a sus víctimas. El asesinato de Roberto Funes, el cadáver que recogimos más tarde, fue el tercero cometido con el mismo *modus operandi* durante esa semana: sicarios en moto. Hasta julio de 2011, doscientas cuatro motos habían sido robadas en La Ceiba.

***

En la Atlántida que se hunde hay una banda mucho más fiera y con más recursos que cualquier otra. Incluso es más poderosa que las pandillas y tiene mejores patrocinios. Mientras los pandilleros se enfrentan con la Policía en batallas de seis horas, Los Grillos casi nunca entablan lucha con la autoridad, porque tienen gente infiltrada que les avisa cuándo van por ellos.

En mi primera noche en la ciudad, un taxista fue quien originalmente mencionó el nombre de la banda. El chofer me dio un recorrido por los puntos con mayor movimiento en La Ceiba: la colonia Bonitillo, en las afueras, cerca del aeropuerto; el centro de la ciudad, la zona viva, con sus bares abiertos todas las noches; El Hoyo, en el Barrio Inglés, con su narcomenudeo. «Esos son pesados, mire. Y solo robando motos pasan. Tenga cuidado con los que andan en moto, porque uno nunca sabe».

Al siguiente día fue un periodista oriundo de La Ceiba quien añadió más al relato sobre Los Grillos. Este periodista sabe historias, tiene contactos, teléfonos, pero nunca publica nada al respecto. Sabe que escribir sobre ello es complicado. Solo se mantiene informado y a él contactan aquellos en Tegucigalpa a quienes les interesa saber qué pasa en la región. «Aquí, que un periodista se meta con los narcos o con los actores que se mueven alrededor de la droga le puede costar la vida», me dijo, mientras almorzábamos en un restaurante de la ciudad.

—En esta región han asesinado a cuatro de los periodistas, lo que ahora denuncian a escala internacional. Y yo estoy convencido de que nada tiene que ver la represión, que sí existe. Tres de ellos metieron demasiado las narices donde no debían.

—¿Y el cuarto?

—A ese lo mataron esta semana por una imprudencia. ¿No viste la noticia? Querían robarle una *laptop* que llevaba entre las manos. Yo ando mi *laptop*, pero la llevo en el maletín. Él salió con ella así, al descubierto, se opuso al robo y lo mataron.

—¿Lo mataron Los Grillos? Me han dicho que es la banda de ladrones más grande de la zona.

—No, Los Grillos no matan por tonteras. Ellos se dedican a robar autos y motocicletas para deshuesadoras; extorsionan, secuestran y hacen *pongas* o *quites* de droga y dinero del narcotráfico. Cuando pregunté por ellos, tené cuidado, porque nacieron cómplices de la Policía.

Hace diez años, agentes de la Atlántida —eran elementos de La Ceiba, Tela y Arizona— se aliaron con ladrones de la localidad para operar «de manera impune», según me dijo un investigador de la Policía que le lleva la pista a Los Grillos. Nadie sabe —o nadie quiere decir con exactitud— quiénes fueron los fundadores. A este investigador lo conocí mejor un día después de reunirme con el periodista. Apareció en la oficina de Ardón justo después de que el jefe me enseñara las fotos del líder pandillero que aventaba granadas contra policías. Este investigador me dijo, agazapado, susurrando, viendo para todos lados en un cuarto escondido de la delegación, que «aquí no sabemos quiénes son amigos o enemigos».

Los Grillos se han hecho más poderosos tras descubrir que por Atlántida pasa droga, que los policías pueden hacer retenes, que los civiles pueden disfrazarse de agentes, y que hay camionetas todoterreno que llevan compartimentos escondidos. En esos compartimentos llevan droga hacia el norte y dólares hacia el sur. «Se hicieron más poderosos haciendo *pongas* o *quites*. Ellos tienen armas pesadas, mejores que las nuestras. Autos del año, camionetas, carros tipo turismo», dijo el investigador.

El último golpe por el que este investigador quisiera acusar a algunos miembros de la banda ocurrió tres semanas antes de mi visita. Se dice que *quisiera* porque él sabe que eso implica ir con cuidado y ocupar su tiempo libre para investigaciones que le exigen más horas de las que tiene al día. El 11 de julio, un retén policial detuvo en la jurisdicción de San Juan Pueblo —un lugar conocido como *La Nueva Colombia* por sus nexos con el narcotráfico— a dos jóvenes que conducían un pick up todoterreno. Horas después de practicado el retén, los jóvenes fueron encontrados muertos en un camino vecinal del municipio de Arizona. La camioneta fue incendiada y al vehículo le hacía falta uno de los compartimentos del combustible. Cuando la familia reclamó que sus fallecidos aparecieron muertos después de ser retenidos por policías, la jefatura de Atlántida tuvo que confirmar la retención. En teoría, los jóvenes fueron liberados por los agentes. En teoría…

—Todo apunta a que estos muchachos iban con un pago de droga en el vehículo. La banda lo supo y los interceptaron. Lo que no supieron es que esa camioneta llevaba vigilancia de otros vehículos adelante y atrás. Por eso supo la familia lo que les había pasado. Los mismos narcos les avisaron.

—¿Se sabe cuánto dinero iba encaletado?

—No. Pero dicen que entre 800 mil y 2 millones de dólares.

Cuatro días después, entre las rocas bajo el puente Saopín, en la ciudad de La Ceiba, apareció el cadáver de Jony Vásquez López, uno de los policías de tránsito que participaron de ese operativo. Apareció sobre el lecho del río, boca abajo, con el cráneo y la cara partidos, pero sin heridas de bala ni de arma blanca. Vásquez López «se cayó» del puente, que tiene una altura de unos veinte metros aproximadamente. El investigador cree que lo aventaron.

—Es raro que los narcos hagan esto, y en eso radica el poder de Los Grillos: tener de lado a la Policía. Los narcos, para no hacer bulla, prefieren no entrar en pleito con la Policía. Pero vea: creo que muchos *quites* estaban haciendo en esa zona y querían mandar un mensaje. ¡Es que esto es un cagadal!

El investigador pareció molestarse y se retorció en la silla antes de repetir: «¡Es que esto es un cagadal!». Es joven, como era el policía al que «aventaron» desde el puente. Me dijo que si alguien tenía que pagar no tenía que haber sido ese muchacho, que era «buena persona» y que seguro solo recibía órdenes.

En La Ceiba en estos días todos hablan en susurros sobre los supuestos infiltrados. Sobre todo porque la jefatura, tras el incidente, trasladó a todos esos policías de San Juan Pueblo hacia la cabecera. Nadie confía en nadie. «Esto es como si usted durmiera con el enemigo. Es complicado», me dijo Ardón, después de enseñarme la foto del pandillero que aventaba granadas, después de que González le informara que ya habían recuperado una moto, y justo antes de que apareciera en escena el investigador de Los Grillos.

Pregunté por teléfono al comisionado Carlos Aguilera, jefe departamental de Atlántida, si estaban investigando el caso de San Juan Pueblo. Aguilera respondió que sí. También me dijo que el oficial Jony Vásquez López había tomado licor antes de morir, y en un momento de imprudencia se cayó del puente. «Fue meramente accidental. Todo apunta a que fue una caída del puente en estado de ebriedad», dijo.

—Con falta de recursos, salarios bajos, tentaciones fuertes producto del legado del narcotráfico, ¿diría que la Policía de Atlántida está infiltrada? —pregunté.

—No somos químicamente puros, pero tampoco podría decirle que lo que me dice es cierto.

—¿Por qué movieron a los agentes de San Juan Pueblo a La Ceiba?

—Cuando denuncian públicamente que policías tienen que ver o están relacionados con un hecho criminal, tienen que ser suspendidos de ese cargo para que no entorpezcan las investigaciones.

—¿El oficial Jony y la gente de San Juan Pueblo estaban ligados a Los Grillos?

—No puedo darle valoraciones sobre esto. No podemos llevarnos por presunciones. No podemos presumir. La prueba para nosotros es práctica, objetiva y científica.

La mata original de Los Grillos está en Bonitillo, la colonia en donde Ardón coordinó un operativo para que yo pudiera ver a sus muchachos en acción.

***

A las once de la mañana, frente a una veintena de motocicletas que una veintena de víctimas nunca llegó a reclamar después de que se las robaran, nos despedimos de Ardón. Quedamos de reunirnos al regresar del operativo en Bonitillo. Pero justo antes de subirnos al pick up apareció un ceibeño que llegó a reclamar una Yamaha azul. Venía agitado y lamentándose. Se la habían robado temprano en la mañana, junto con su mochila, 8 mil 500 lempiras y un GPS. «Es que son bobos —dijo González, cuando nos subimos al vehículo—. Las empresas por eso compran GPS, para que ellos los instalen en la moto, pero no lo hacen. Suerte tuvo que la encontráramos. A ese seguro le tocará reponer el dinero y el aparato».

De camino a Bonitillo paramos en una gasolinera para echar combustible al vehículo. Detrás nuestro venía el resto del equipo, en otro pick up prestado por la Fiscalía. En ese también venía la fiscal con la que Ardón y su gente coordinaron el operativo.

Bonitillo es el refugio principal de Los Grillos. Llegaron ahí después de que un grupo de hombres armados, a quienes llaman Los Pumas, los anduvieron cazando por toda La Ceiba. De eso hace aproximadamente dos años. Atlántida es una mezcla compleja de ingredientes que resultan en una densa masa violenta. Los Pumas son líderes de colonias organizadas —algunos apadrinados por empresarios— que, cansados de la inseguridad, se toman la justicia en las manos. El asesinato más celebre que la gente —y algunos investigadores— le achacan a Los Pumas ocurrió el 28 de diciembre de 2009. Ese día, unos sujetos en automóvil dispararon once balazos a Donaldo Imgram James Cobarn, mejor conocido como *Begué*. Aquel negro de cuarenta y nueve años, gorra para atrás, camisa y jeans flojos, era el hombre más poderoso del bajo mundo de la ciudad. Vivía en el Barrio Inglés, uno de los primeros núcleos que dieron origen a La Ceiba, ubicado a una cuadra de la cárcel y a cien pasos frente al mar. *Begué* era tan poderoso que nadie creía que fuera cierto que lo hubieran matado. «Como era día de los inocentes…», me dijo otro taxista que se mueve entre el centro de la ciudad y la zona viva.

Cuando salí de la ciudad me quedé con la impresión de que no hay taxista, periodista, policía, empresario o fiscal que no conozca la historia de *Begué*. La casa que heredó a su esposa y a sus hijos es un pequeño palacio sobre la calle más turística de La Ceiba. La calle que todos los meses de mayo se convierte en paseo obligado del carnaval y en la que, en un extremo, los ceibeños presumen su «zona viva». Es una casa con portón grande de metal, desván de lujo en el segundo piso —que contrasta con la precariedad de las casas vecinas y de los arrabales ubicados cerca del muelle— y vigilancia vecinal. La casa está ubicada frente a El Hoyo, el mercado principal del narcomenudeo. Dicen que *Begué* lo regentaba, pero él siempre dijo que su dinero venía de una camaronera.

Si en Atlántida se le quiere poner cara a los actores que se mueven alrededor del narcotráfico, no hay mejor rostro que el de *Begué*. El último año de su vida lo pasó preso, acusado de narcotráfico, lavado de dinero y juegos ilícitos (había creado una lotería clandestina). En prisión organizaba torneos de fútbol en el que jugadores del Fútbol Club Vida de La Ceiba, de primera división, se enfrentaban con reos de la ciudad. A la cárcel también llevó a Kabeto, uno de los cantantes de reggae más famosos de Honduras. Hay un video en YouTube que registra la actuación del cantante en la cárcel del Barrio Inglés. Al final de la toma, Kabeto y *Begué* se funden en un abrazo.

En esa cárcel, Begué demostró qué tan amigo era de hombres poderosos. En septiembre, a la cárcel fue enviado Fredy Mármol, un joven empresario, entonces de treinta años, acusado de lavado de dinero y narcotráfico. A Mármol lo capturaron en San Pedro Sula, en un restaurante. Celebraba el cumpleaños de uno de sus hijos. En el operativo le decomisaron una pistola Pietro Beretta con baño de oro. *Begué* y Mármol compartieron cárcel dos meses. A finales de octubre de 2009, *Begué* fue liberado con un fallo cuestionado por la Fiscalía. Días después, fue asesinado a escasos metros del portón de su casa. «Todavía recuerdo la humareda de pólvora que se vino desde la calle», me dijo el viejo *Guachi* —así lo llamaba *Begué*—, el cuidandero del cementerio del Barrio Inglés. El cementerio está ubicado detrás de la mansión del otrora *rey de La Ceiba*. «Es que eso era. Él no necesitaba que le pidieran para ayudar a la gente pobre, me dijo *Guachi* —un anciano bajito y moreno que alguna vez fue vigilante—. Por eso me decía así: tome *Guachi*, para los cigarros, y me daba unas mis 500 lempiras (unos 27 dólares)».

El día que lo enterraron, dice el viejo *Guachi*, más de cinco mil dolientes le rindieron tributo en el cementerio. Hubo mariachis y se repartió comida. Su tumba hoy sobresale entre todas con un mural en el que Donaldo Imgram James Cobarn, alias *Begué*, alza el puño izquierdo y abraza a su padre con el brazo derecho. Es la tumba del rey *Begué*, el hombre que todos creen fue asesinado por Los Pumas.

La fama de este grupo de hombres justicieros creció con el gobierno de Ricardo Maduro (2002-2006), cuando en toda Honduras se libró una cacería extraoficial de pandilleros y delincuentes, y hasta una comisionada policial denunció lo que parecía ser una política de exterminio girada por altas autoridades. Su nombre es María Luisa Borjas y, para cuando hizo las denuncias, dirigía la unidad de asuntos internos de la Policía. Borjas no duró mucho en el puesto.

Lo que hay hoy en La Ceiba es el remanente de Los Pumas: grupos de hombres que para la gente «son Los Pumas pero que entre ellos se identifican como miembros del comité de seguridad del barrio o la comunidad», me dijo el periodista, cuando me explicó el asesinato de un reconocido puma de Bonitillo.

Cuando Los Grillos se refugiaron en ese sector, nunca supieron que Julio Funes, un empresario olanchano de autobuses, les opondría resistencia. Él y sus seguidores en el sector les plantearon batalla y comenzaron la cacería. En 2010 se reportaron cuatro homicidios. En 2011, en los primeros meses, nueve. Según el investigador de Los Grillos, esas bajas son producto de la guerra entre la gente de Funes y Los Grillos.

—¿Cómo mataron a Julio? —le pregunté.

—¡Otro cagada! Le metieron cuarenta y ocho balazos y se llevaron en cuenta a dos pasajeras que se acababan de subir al autobús.

A Funes le habían advertido que dejara de manejar el autobús, pero nunca agarró consejo. Días antes de que lo mataran, unos policías lo detuvieron y le decomisaron las pistolas que portaba. Entonces, el 30 de abril salió desarmado, y diez minutos después de dejar el centro de la ciudad lo mataron. En esa fecha, según el investigador, Los Grillos celebraron la muerte de su enemigo en Iría, una colonia pegada a Bonitillo, donde se replegaron. Días después, la unidad de Ardón hizo tres capturas relacionadas con esa muerte. Uno de los capturados, dice el investigador de Los Grillos, fue policía de Atlántida.

Por eso es que los hombres de Ardón iban a Bonitillo fuertemente armados y con chalecos antibalas. En un primer momento pensé que era más una demostración de poder, de *show* de parte del equipo de Ardón. Que González me dijera que ahí se ponía *caliente* me entraba por un oído y me salía por el otro, cuando descubrí lo que fuimos a hacer a Bonitillo. Allí no caería ningún grillo ni ningún puma ni ningún pandillero. Allí fieros policías fueron a rescatar a un grupo de niños desnutridos, luego de una denuncia de un vecino. «¡Mami, mami!», gritaba una de las niñas y lloraba. «No quiero que se lleven a mis hijos», dijo la madre, también llorando, cuando se dio cuenta de que se irían con esos hombres extraños que entraban y salían de la casa sin pedir permiso.

La fiscal le preguntó a la mujer pobre, en una casa de pobres, cuándo era la última vez que habían comido. La mujer no supo qué responder, pero en el piso de tierra había rastros de aguacates que cortaron del palo en el patio para alimentarse ese día. En una andadera enmohecida estaba el cuchillo con el que horas o minutos antes los habían partido.

El operativo duró menos de cuarenta minutos y la gente coordinada por González hacía perímetro en una casa de pobres. Yo no entendía por qué. Tampoco entendí la cara de aflicción que tenían todos cuando uno de los pick ups no quiso encender. Entonces González y otro policía golpearon los bornes de la batería y empujaron el carro para que arrancara. Y fue hasta entonces cuando nos largamos del lugar a toda prisa.

Nos fuimos a otra colonia, y González y el resto del equipo le quitaron una bebé de cinco meses a una madre adolescente que lloraba desconsolada en el asiento de atrás, a la par mía. A la muchacha la denunciaron porque la niña a menudo se ahogaba en su propio llanto mientras ella se emborrachaba en la casa.

—¡Se me calma! —le gritó, severo, el subinspector González—. Yo solo acepto llantos cuando hay muertos. Y aquí no ha habido ningún muerto, ¿o sí?

Ese día me quedé con la impresión de que Ardón, con su sonrisa, González, con su porte de pequeño vaquero, y toda la unidad de homicidios de La Ceiba me habían tomado el pelo. Me quedé pensando que los centros de resguardo infantil del país colapsarían si todos los policías de Honduras hicieran operativos para complacer la curiosidad de los periodistas extranjeros, porque Honduras es tan pobre como El Salvador, como Guatemala, como esta región en donde hay malos matando gente y unos policías que, para lucirse, llegan a joder a una familia pobre solo porque no tienen qué comer.

Ni el asesinato que estaba a punto de contemplar —en el que un cuerpo quedó tirado frente a unas niñas que comen granizada, cerca de una moto Yamaha azul— ni la confesión que González me haría en esa escena del crimen me sacaron esa imagen de la cabeza: policías haciéndose los rudos donde pueden. Cambié de opinión hasta el siguiente día, cuando me quejé con el investigador de Los Grillos de la actuación de sus compañeros.

—No lo vea así... es que mire, en Bonitillo sigue viviendo la gente de don Julio.

—¿Y eso qué?

—Que esa gente, armada, cree que todos los policías estamos con Los Grillos. Ya le dije, ahí está Iría, donde van a celebrar sus golpes. Cuando lo hacen, la gente de don Julio ha querido ir a buscar pleito, pero siempre se topan con patrullas de la Policía Preventiva que rodean el sector, como protegiendo a Los Grillos.

—¿Así de infiltrados están?

—Así. Es que mire: ¡esto es un cagadal!

***

Cuando regresamos de Bonitillo, uno de los policías procesó a los menores de edad en la oficina fiscal ubicada en las instalaciones de la Policía. Las dos madres lloraban desconsoladas en la sala de espera. Los niños de la madre pobre ya se habían calmado. González me dijo que habían localizado la segunda moto que habían robado en la mañana y me invitó a la persecución. Hoy era yo el que estaba caliente y preferí quedarme con la mamá de los niños pobres y desnutridos. Ese día le quitaron a sus hijos y hasta este día no se los han devuelto.

Una hora después nos reencontramos con Ardón en su oficina. En eso apareció González. La moto se les escapó de nuevo. Iba a preguntarle a Ardón qué por qué en lugar de mandarlos a investigar homicidios manda a siete policías a Bonitillo para que rescaten a niños pobres, cuando sonó el radio-comunicador de la oficina. El oficial informaba que en una colonia de las afueras de la ciudad había un muerto. Ardón nos prestó su carro, el que le han asignado, el que a veces le presta a González, y este se fue por todo el camino diciéndome: «Al rato y ni llegamos y se va sin un muerto. Al rato y ni llegamos...». El carro estaba a un pelo de quedarse sin gasolina.

Cuando llegamos al lugar, la escena ya estaba acordonada y una mujer gritaba desde el otro lado de la cinta.

—¡No se lo llevan! ¡No se lo llevan! —gritaba la hermana de Roberto Funes.

—Señora: ¡deje el llanto y déjenos trabajar! No lo ponga más difícil —le advirtió González, cansado de las amenazas de la mujer doliente, que en segundos logró que unas doce personas gritaran lo mismo:

—¡El cuerpo no se lo llevan! ¡De nada sirve que ustedes hagan algo!

En eso, otro investigador colocó sobre el pecho del cadáver un fajo de lempiras que acababa de sacar de la cartera de la víctima. El robo quedó descartado. Este investigador era el mismo que procesó el caso de los niños pobres.

—¡Valencia! ¡Venga! —gritó González, y me apartó de los dolientes.

Caminamos apenas unos metros hacia el parqueo de la gasolinera del lugar. González me llevó frente a la cama de un pick up de la Policía Preventiva; lo custodiaba un soldado. Sobre la cama había otra moto Yamaha color azul. González intuyó rápido lo que le iba a preguntar y apenas me dejó pronunciar un par de palabras antes de interrumpirme.

348

—Les dimos persecución, pero se nos escaparon. Del río se saltaron para acá y vinieron a dar el golpe...

—La moto...

—La querían para dar este golpe. Como interceptamos la primera, robaron la segunda. Ya estaba planeado. Si hubiéramos interceptado esta también, este fulano se hubiera salvado.

La familia, González y Ardón creen que a Roberto Funes lo mataron por lo que hacía. En teoría, lo asesinaron miembros de una banda de asaltantes que opera en esa zona. En teoría, fue una *vendetta* parecida a la de Los Grillos y Julio, a la del narco y Los Grillos/policías, a la de Los Pumas y *Begué*. Roberto Funes pertenecía al comité de vigilancia de la colonia Los Melgar, ubicada a diez minutos de donde murió.

De vuelta en la delegación nos topamos con Ardón, que se escapaba por una ventana sin vidrios que da al parqueo, cerca de las motos incautadas. Ahí hay una especie de bodega que conecta con la oficina, su puerta trasera. Ardón se sabe interceptado y ríe, apenado.

—¡Me descubrieron!

El jefe Ardón terminaba de armar sus maletas para un descanso de fin de semana. Le contamos a Ardón el incidente de la colonia Melgar y afinó con González algunos detalles sobre el seguimiento. Entonces le pregunté qué se siente no poder resolver nada y dejar los casos en teorías, aquí, en Atlántida, el departamento más violento de la región más violenta del mundo.

Un día después, fue González quien dio mejor respuesta: «Se hace lo que se puede con lo que se tiene». Me dijo que no hay luminol, que a veces tienen que sacar huellas dactilares improvisando con papel carbón. Me dijo que cuando las autoridades quieren reforzar a la Policía solo piensan en Tegucigalpa y San Pedro Sula, pero que «en Atlántida *never*».

Antes de que Ardón se fuera, le pregunté sobre la certeza en la que basa su principal suposición: «El 80% de las muertes tienen que ver con ajustes de cuentas de problemas relacionados con el narcotráfico». ¿Cómo lo sabe, si nada queda resuelto; si todas son sospechas, suposiciones?

—Hasta donde podemos llegar, todo apunta en esa dirección, están relacio...

González lo interrumpió.

—¿Le contamos el chiste de la unidad, jefe?

—¿No se lo sabe? —me preguntó Ardón.

—No.

—Cuénteselo.

González se dejó ir:

—Aquí solo hay dos cosas que quedan pendientes en los expedientes...

—¿Cuáles?

González miró a Ardón a los ojos. Ardón ya se estaba riendo. González y yo estamos a punto de acompañarlo.

—¡Descubrir a los responsables y capturarlos! ¡Ja, ja, ja!

Publicada el 29 de agosto de 2011

Sobre los autores

Carlos Martínez

Licenciado en periodismo (2002). Estudió en México una maestría en ciencias políticas (2006-2008). Periodista con doce años de experiencia como reportero. Sus textos han sido publicados en medios de Colombia, México, España, El Salvador, Guatemala, Nicaragua, Chile y otros de circulación latinoamericana. Sus trabajos han sido reconocidos en prestigiosos concursos periodísticos iberoamericanos (finalista premio FNPI; primer lugar en el Fernando Benítez, entregado en la Feria Internacional del Libro de Guadalajara; y el Ortega y Gasset). Ha aparecido en uno de los dos materiales compilatorios de crónicas, *Lo mejor del periodismo en América Latina*, editado por la Fundación Nuevo Periodismo Latinoamericano, de Gabriel García Márquez (FNPI), y en la compilación hecha por Alfaguara *Antología de crónica latinoamericana actual*.

Ha trabajado en medios salvadoreños dando cobertura al área política; actualmente se ha especializado en temas de seguridad pública y violencia. Desde hace más de dos años investiga el fenómeno de las pandillas Mara Salvatrucha 13 y Barrio 18 en Los Ángeles (California, EE.UU.), Guatemala y El Salvador.

Roberto Valencia

Nació en Euskadi, España, en 1976, aunque vive en El Salvador desde 2001 y se considera un centroamericano más. Licenciado en periodismo por la Universidad del País Vasco, su formación ha sido complementada en talleres con maestros de la crónica como Leila Guerriero, Alma Guillermoprieto y Julio Villanueva Chang. Sus relatos —que tienen en el submundo de las maras una de sus principales materias primas— han sido publicados en Gatopardo, El

Faro, Courrier International, elmundo.es, Ciper, Frontera D, Periodismo humano, entre otros. Es autor del libro de perfiles *Hablan de Monseñor Romero*, coautor del libro de crónicas *Jonathan no tiene tatuajes*. Una de sus crónicas fue incluida en *Antología de crónica latinoamericana actual* (Alfaguara, Madrid, 2012).

Daniel Valencia Caravantes

Nació en San Salvador, El Salvador, en 1983. Licenciado en la Universidad Centroamericana (UCA), escribe para elfaro.net desde 2002. Sus relatos han sido retomados por revistas y periódicos en Francia, España, Chile, Argentina, Venezuela, Colombia, Honduras, Guatemala y Nicaragua. Es coautor del corto documental *Las masacres de El Mozote* (El Faro, 2011), del libro de crónicas *Jonathan no tiene tatuajes*, y recibió mención honorífica en el premio de investigación periodística IPYS (Perú, 2007).

José Luis Sanz

Nació en Valencia, en 1974, y desde 1999 vive y hace periodismo en El Salvador. Fue editor jefe de las revistas Vértice y Enfoques, y jefe de información de La Prensa Gráfica. Se unió al periódico El Faro en 2001 como editor y codirector, y desde entonces ha ascendido hasta lograr ser únicamente reportero. En los últimos años se ha dedicado a denunciar la realidad carcelaria salvadoreña y a retratar a las pandillas en Centroamérica, especialmente a la Mara Salvatrucha y el Barrio 18. Es coautor del libro de crónicas *Jonathan no tiene tatuajes* y dirigió los documentales *La última Ofensiva* (El Salvador/España, 2009) y *La semilla y la piedra* (Guatemala, 2010).

Óscar Martínez

Periodista salvadoreño de treinta años de edad. Fue coordinador del proyecto En el camino y actualmente es coordinador del proyecto Sala Negra, ambos del periódico elfaro.net y dedicados a periodismo de profundidad en temas de migración en México, y de violencia y crimen organizado en Centroamérica. Es autor del libro de crónicas *Los migrantes que no importan*, coautor del libro de crónicas *Jonathan no tiene tatuajes*, y ha sido antologado en compilaciones como *Crónicas de otro planeta*, *Nuestra aparente rendición* y *Antología de crónica latinoamericana actual* (Alfaguara, 2012). En 2008 recibió el Premio Nacional de Periodismo Cultural Fernando Benítez, entregado en la Feria Internacional del Libro de Guadalajara, en México.

352

Es Premio Nacional de Derechos Humanos por la Universidad José Simeón Cañas de El Salvador. En 2009 obtuvo el tercer lugar del Premio de Periodismo de Investigación entregado por el Instituto de Prensa y Sociedad. Ha realizado coberturas en Colombia, México, Centroamérica, Estados Unidos e Irak.

Juan Martínez

Antropólogo salvadoreño de veintiséis años de edad. Ha trabajado temas relacionados con violencia de pandillas y conflictos sociales. Fue consultor en instituciones como Action on Armed Violence (Inglaterra), Soleterre, (Italia) y la Universidad Francisco Gavidia de El Salvador. Es autor de obras como *Las mujeres que nadie amó;* autor también de *Los sistemas de poder y control al interior de la Mara Salvatrucha 13: un acercamiento antropológico,* que es una etnografía digital sobre el día a día de una clica de la Mara Salvatrucha 13; y de *La Última Comunidad de la Colina* (elfaro.net, 2011); coautor del libro de historias de vida de jóvenes en riesgo *Juventudes, realidades y utopías.* Es colaborador del equipo de Sala Negra.

Aguilar es un sello del Grupo Santillana

www. aguilar.es

Argentina
Av. Leandro N. Alem, 720
C 1001 AAP Buenos Aires
Tel. (54 114) 119 50 00
Fax (54 114) 912 74 40

Bolivia
Avda. Arce, 2333
La Paz
Tel. (591 2) 44 11 22
Fax (591 2) 44 22 08

Colombia
Calle 80, No. 9-69
Bogotá, D.C.
Tel. (57 1) 639 6000
Fax (57 1) 236 93 82

Costa Rica
La Uruca
Del Edificio de Aviación Civil 200 m al Oeste
San José de Costa Rica
Tel. (506) 220 42 42 y 220 47 70
Fax (506) 220 13 20

Chile
Dr. Aníbal Ariztía, 1444
Providencia
Santiago de Chile
Tel. (56 2) 384 30 00
Fax (56 2) 384 30 60

Ecuador
Avda. Eloy Alfaro, 33-347 y Avda. 6 de
Diciembre
Quito
Tel. (593 2) 244 66 56 y 244 21 54
Fax (593 2) 244 87 91

El Salvador
Siemens, 51
Zona Industrial Santa Elena
Antiguo Cuscatlan - La Libertad
Tel. (503) 2 505 89 y 2 289 89 20
Fax (503) 2 278 60 66

España
Avenida Los Artesanos 6
28760 Tres Cantos,
Madrid
Tel. (34 91) 744 90 60
Fax (34 91) 744 92 24

Estados Unidos
2023 N.W. 84th Avenue
Doral, F.L. 33122
Tel. (001 305) 591 95 22
Fax (001 305) 591 91 45

Guatemala
26 Avenida 2-20 Zona 14
Guatemala C.A.
Tel. (502) 24 29 43 00
Fax (502) 24 29 43 43

Honduras
Colonia Tepeyac
Boulevard Juan Pablo, Casa 16-26
Contigua a Banco Cuscatlan
Tegucigalpa
Tel. (504) 239 08 95

México
Avda. Universidad, 767
Colonia del Valle
03100 México D.F.
Tel. (52 5) 554 20 75 30
Fax (52 5) 556 01 10 67

Panamá
Avda. Juan Pablo II, n°15. Apartado Postal
863199, zona 7. Urbanización Industrial
La Locería - Ciudad de Panamá
Tel. (507) 260 09 45

Paraguay
Avda. Venezuela, 276,
entre Mariscal López y España
Asunción
Tel./fax (595 21) 213 294 y 214 983

Perú
Avda. Primavera 2160
Surco
Lima 33
Tel. (51 1) 313 4000
Fax. (51 1) 313 4001

Puerto Rico
Avda. Roosevelt, 1506
Guaynabo 00968
Puerto Rico
Tel. (1 787) 781 98 00
Fax (1 787) 782 61 49

República Dominicana
Juan Sánchez Ramírez, 9 Gazcue
Santo Domingo R.D.
Tel. (1809) 682 13 82 y 221 08 70
Fax (1809) 689 10 22

Uruguay
Constitución, 1889
11800 Montevideo
Tel. (598 2) 402 73 42 y 402 72 71
Fax (598 2) 401 51 86

Venezuela
Avda. Rómulo Gallegos
Edificio Zulia, 1° - Sector Monte Cristo
Boleita Norte
Caracas
Tel. (58 212) 235 30 33
Fax (58 212) 239 10 51

Esta obra se terminó de imprimir en abril de 2013
en los talleres de Litográfica Ingramex, S.A. de C.V.
Centeno 162-1, Col. Granjas Esmeralda,
C.P. 09810, México, D.F.